BLICKPUNKT DEUTSCHLAND

Jack Moeller
Jermaine Arendt
Manfred Heuser
Lieselotte Schachner

Editorial Advisor
George E. Smith

HOUGHTON MIFFLIN COMPANY   BOSTON

Atlanta   Dallas   Geneva, Illinois   Hopewell, New Jersey   Palo Alto

Acknowledgments

The editors wish to express their gratitude to the following authors, publishers, and agents for their permission to use copyrighted material.

Peter Bichsel, "Ein Tisch ist ein Tisch", from *Kindergeschichten*. © 1969 by Hermann Luchterhand Verlag, Neuwied and Berlin.

Günther Weisenborn, "Die Aussage", from *Memorial*, Rowohlt Verlag. Reprinted by arrangement with Frau Margarete Joy Weisenborn, Berlin.

Heinrich Spoerl, "Der Stift", from *Man kann ruhig darüber sprechen*. R. Piper & Co. Verlag, München.

A. Bockenheimer, "Das letzte Jahr in der Schule" and "Der letzte Tag in der Schule", from *Der Roller*. Reprinted by permission of Mary Glasgow Publications Limited, London.

"Repertoire", "Tischtennis", "Gelähmt", excerpts from *Die junge Generation in der Bundesrepublik Deutschland*. Reprinting, including excerpts, only by permission of the publisher, Deutsches Nationalkomitee für internationale Jugendarbeit, 5300 Bonn, Simrockstr. 27.

Wilhelm Jacobs, "Und einer verkauft z. B. Zeitungen". Reprinted by permission of the author.

Wolfdietrich Schnurre, "Der Brötchenclou", from *Schnurre Heiter*. Copyright 1970 by Walter-Verlag AG, Olten.

"Schülerlokal: Trainingsplatz fürs Leben?", based on Gerhard Weise, "Schweigend sitzen sie an der Theke". By permission of the author.

Franz Kafka, "Brief an den Vater". Reprinted by permission of Schocken Books Inc. from *Hochzeitsvorbereitungen auf dem Lande*, by Franz Kafka. Copyright © 1953 by Schocken Books Inc., New York.

Wolf Biermann, "Frühzeit", "Kleinstadtsonntag", and "Spielzeug", from *Die Drahtharfe*. Copyright by Verlag Klaus Wagenbach, Berlin.

Hermann Kasack, "Mechanischer Doppelgänger", from *Deutsche Erzähler der Gegenwart*. Reprinted by arrangement with Dr. Wolfgang Kasack, Bonn-Bad Godesberg.

Heinrich Böll, "Der Bergarbeiter", from *Im Ruhrgebiet*. Copyright by Verlag Kiepenheuer & Witsch, Köln.

Mia Jertz, "Man muß nur inserieren". Reprinted by permission of *Detroiter Abendpost*, Detroit.

Dieter Zimmermann and Fred Jay, "Diese Welt". Copyright © 1971 by Edition Intro Gebr. Meisel oHG, Berlin.

Wolfgang Borchert, "Der viele viele Schnee" and "Lesebuchgeschichten". Reprinted by permission of Rowohlt Verlag. From *Das Gesamtwerk* by Wolfgang Borchert, © Copyright 1949, Rowohlt Verlag, Hamburg.

Anne Frank, "Tagebucheintragung vom 3. Februar 1944", from *Das Tagebuch der Anne Frank. 14. Juni 1942–1. August 1944*. 9. Auflage, Verlag Lambert Schneider: Heidelberg 1969.

Erich Kästner, "Das Märchen von der Vernunft", from Kästner, *Der tägliche Kram*. Copyright Atrium Verlag, Zürich.

Werner Lord, "Das Pech, aus Bayern zu kommen". Reprinted by permission of the author.

Dieter Wildt, "Deutschland, deine Preußen", from *Deutschland, deine Preußen. Mehr als ein Schwarzweiß-Porträt*, by Dieter Wildt. Copyright © Hoffmann und Campe Verlag, Hamburg, 1966.

Manfred Bieler, "Barbo spricht", from *Der junge Roth, Erzählungen*. Copyright by Biederstein Verlag, München.

Anna Seghers, "Thomas", from *Die Entscheidung*. Reprinted by permission of the author.

Hildegard Baumgart, "Briefe aus der Deutschen Demokratischen Republik", from *Briefe aus einem anderen Land*. Copyright by Hoffmann und Campe Verlag, Hamburg.

Karlhans Frank, "Mauer", from *Stolperstellen*. Copyright by Claasen Verlag, Düsseldorf.

"Die ersten deutschen Einwanderer", based on *Historical Sketch: German Society of the City of New York*, by permission of The German Society of the City of New York; and "Die ersten deutschen Einwanderer", from *Detroiter Abendpost*, Detroit.

Alice Herdan-Zuckmayer, "Einwanderung", from *Die Farm in den grünen Bergen*, © Alice Herdan-Zuckmayer, 1968. Reprinted by permission of S. Fischer Verlag, Frankfurt a/M.

The Dodge County Pionier. Reprinted by permission of the publisher of *The Mayville News*, Wisconsin.

"Die Rivalen" and "Der Kaiser und der Maler", from *Langenscheidts Sprach-Illustrierte*, Heft 2/71, Jahrgang XVII. Reprinted by permission of Presseagentur Günter Zeutschel, Karlsruhe.

Robert Spaethling, "Goethe—Beethoven: Begegnung in Teplitz", from "Ein Vortrag über das Verhältnis zwischen Goethe und Beethoven", from *Advanced Placement German Examination—Form SBP* of the College Entrance Examination Board. Copyright © 1970 by Educational Testing Service. All rights reserved. Reprinted by permission.

Christian Bock, "Nachtgespräche". Reprinted by permission of the author.

Hanns Heinz Ewers, "Abenteuer in Hamburg", from *Grotesken*. Reprinted by permission of Frau Josephine Ewers, Söcking.

Wilhelm Busch, "Die beiden Enten und der Frosch". Copyright by Südwest Verlag Neumann and Company, K.G., München.

Wolfgang Hildesheimer, "Der hellgraue Frühjahrsmantel", from *Lieblose Legenden*. Reprinted by permission of Suhrkamp Verlag. Copyright © 1962, Suhrkamp Verlag, Frankfurt a/M.

Christian Morgenstern, "Zäzilie", from *Alle Galgenlieder*. Copyright by Insel Verlag, Frankfurt a/M.

Joachim Ringelnatz, "Im Park", from *Gedichte von Joachim Ringelnatz*. Copyright by Henssel Verlag, Berlin.

They also wish to thank Professor Mary Seeger, of Grand Valley State College, Michigan, for her contributions to chapter on *Die Deutschen in Amerika*.

PREFACE

In your study of German you have now reached a point at which you have mastered most of the aspects of grammar necessary to understand, speak, read, and write German as it is spoken and written in everyday situations. *Blickpunkt Deutschland* is designed to further increase your ability to read German. Understanding, speaking, and writing skills are not neglected; but the major emphasis is to increase your ability to successfully read mature, original selections representing a variety of genres. Selections by both East and West German writers, from newspapers, diaries, letters, lectures, interviews, radio plays, poems, songs, and short stories are included. If you have successfully completed two years of high school German or one year of college German, you should be able to progress through *Blickpunkt Deutschland* with a minimum of difficulty. *Blickpunkt Deutschland* will further develop your ability to read without translating and your ability to determine the meaning of new words in context; it will also help you to achieve a better understanding of how many new words are formed from basic stems and increase your active vocabulary by approximately 500 words.

The heart of *Blickpunkt Deutschland* is the great variety of readings within each of the ten chapters, each devoted to a specific theme. (Turn to the Table of Contents for a complete listing of the thematic topics in each of the chapters.) Because each unit is self-contained, your instructor may choose to study the chapters in a different order than the one suggested by the authors. Particularly in the first half of the book, a given chapter may be studied without taking into account the preceding or following chapter. A typical chapter consists of the following sections:

1 — Chapter introduction to the theme of that chapter.
2 — Introduction to the following reading selection, relating that selection to the chapter as a whole.
3 — *Verstehen Sie diese Wörter und Ausdrücke* (Do you understand these words and expressions), containing eight to ten new words introduced in the reading selection. These are defined and illustrated.
4 — The reading selection itself, with side glosses in German where it can be easily understood and in English when necessary.
5 — *Fragen* (questions) concerning the reading selection you have just read.
6 — *Verwandte Wörter* (related words), giving words derived from the new words which you have just learned.

7 — *Wortschatzübung / Satzbildung* (vocabulary exercise / sentence building), exercises using the new vocabulary.

8 — *Diskussionsthemen / Anregung / Berichte* (discussion themes / suggested activities / reports), relating to the selection you have just read.

This series of sections, numbers 2 through 8, is repeated for each reading selection in the chapter, or two to three times per chapter.

At the end of each chapter there is also a review of selected grammar topics. Although *Blickpunkt Deutschland* does not contain a systematic review of all of the grammar covered previously, discussions and exercises are provided to refresh your knowledge of tenses, verbs, and other somewhat difficult constructions. A summary of case endings for nouns and adjectives, the principal parts of strong verbs, and a list of prepositions following adjectives and verbs are found in the Appendix. Students who have used other texts will find the selected grammar review useful in making the change from another textbook to *Blickpunkt Deutschland*.

Other Aids: Further help in reinforcing the material in *Blickpunkt Deutchland* can be found in the tape program and workbook that accompany this text.

By the end of the course, you should be able to read original German prose, representing a variety of genres, with ease. You should have reached a point in your study of German at which you can enjoy the fruits of two or three years of work and can pick up a German newspaper, periodical, or novel, etc., and read it without a great deal of difficulty. You should also be able to communicate effectively with a native German. Naturally, this depends on your ability to successfully master the material in *Blickpunkt Deutschland*. It will take a great deal of work on your part — but the results will greatly increase your enjoyment of German and your sense of accomplishment.

CONTENTS

GENERATIONSKONFLIKT   85

MODERNES LEBEN   127

OSTEN / WESTEN   247

DIE DEUTSCHEN IN AMERIKA   285

DIE KUNST 323

HUMOR 367

SPRACHE

Worin unterscheidet sich° der Mensch von anderen Lebewesen° auf *ist anders als / Organismen*
dieser Welt? Er spricht. Wissen wir genau, daß die Tiere nicht
sprechen? Machen sie uns nicht oft genug durch Laute auf Gefahren
aufmerksam?° Das mag stimmen, doch der Mensch allein gebraucht *machen ... aufmerksam:*
5 eine Anzahl° verschiedener Zeichen,° um das auszusprechen, was er **zeigen**
denkt. Diese Zeichen nennt man Lautzeichen. Sie werden zu *Zahl / Symbole, Signale*
Wörtern und Sätzen zusammengestellt, die eine Sprache bilden.° *formen*
Wenn jemand anderen mitteilen° möchte, was er denkt, gebraucht er *sagen*
eine Sprache. Man könnte also sagen, daß beim Menschen das
10 Denken zum Sprechen führt.

Der Mensch gebraucht also Laute, um von anderen Menschen
gehört zu werden. Wenn man diese Laute nicht nur versteht, sondern
sie selbst benutzt, dann spricht man miteinander. Um mit anderen
Menschen in einer Familie, in einer Stadt, in einem Land zusammen-
15 zuleben, muß man miteinander sprechen können. Wie sollte man
sonst wissen, was die anderen Menschen denken und fühlen? Ohne
Sprache wäre man an die Welt der eigenen Gedanken gebunden. Es
gäbe keinen Gedankenaustausch,° kein gemeinsames° Arbeiten und *Austausch: exchange /*
Planen. ***zusammen***

20 Dem Menschen ist aber die Sprache gegeben. Ob man als Kind
in den Ländern Europas, in Afrika, Asien oder Amerika aufwächst,
man ahmt° die Sprache der Erwachsenen nach, bis man diese *ahmt ... nach: imitiert*
Sprache beherrscht.° Dann spricht man seine Muttersprache. Auf *meistert*
diese Weise° lernen die Kinder in Deutschland, Österreich und in *Art*
25 Teilen der Schweiz die deutsche Sprache. In Frankreich lernen sie
Französisch, in Spanien die spanische Sprache, und in England
sprechen sie Englisch. Hört° damit die menschliche Verständigung° *hört ... auf: endet /*
an den Grenzen° eines Landes auf? *einander verstehen*
Linie zwischen zwei Ländern

Um mit allen Menschen auf dieser Welt zusammenzuleben,
30 muß man in der Lage° sein, mit ihnen in ihrer Muttersprache zu *in der Lage sein: können*
sprechen. Neben der eigenen Muttersprache sollte man darum noch
fremde° Sprachen lernen. *unbekannt*

1

MACHT H
eure Wer
eigene
Ich finde, dass DIE SCHMIE
TU WAS DAGEGEN
DU SHOWMAKER
Ich lebe
von ihr!
SIEHE DIR
IN DEINEM LADEN
MEHR!

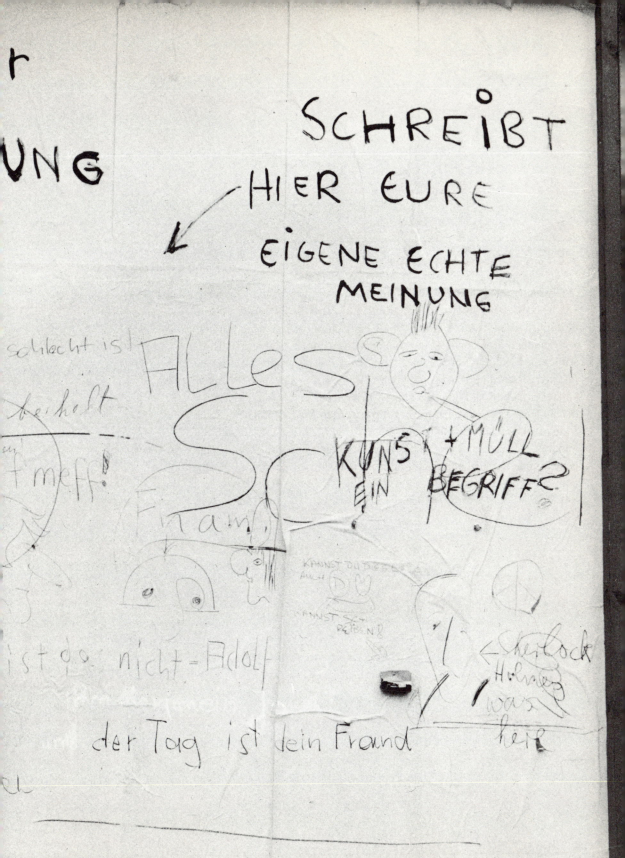

PETER BICHSEL: Ein Tisch ist ein Tisch

Wie wichtig die Sprache als Kommunikationsmittel° für die Menschen   *means of communication*
ist, beweist° Peter Bichsels Erzählung *Ein Tisch ist ein Tisch*. Einem   *zeigt*
einsamen° alten Mann macht es Spaß, für sich selbst eine neue Sprache   *allein*
zu erfinden. Stolz benutzt er die neue Sprache in seinen Selbstge-
5 sprächen. Fleißig übt er sich in ihrem Gebrauch, bis er die alte Sprache
fast vergessen hat. Doch plötzlich kann er die Leute nicht mehr
verstehen. Komisch klingt die alte Sprache in seinen Ohren. Aber auch
die anderen Leute können nicht mehr mit dem Mann sprechen. Seine
Individualsprache hat eine neue Welt für ihn aufgebaut, in der die
10 anderen Menschen sich nicht zurechtfinden° können. Ohne eine   *den Weg finden*
gemeinsame Sprache aber bleibt dem alten Mann nur noch die Einsamkeit.

Verstehen Sie diese Wörter und Ausdrücke?

NOTE: The letters in parentheses after the verbs indicate stem changes in the second and third person singular and the stem vowel of the simple past and compound past of strong verbs. After nouns they indicate the genitive singular and the nominative plural.

beschreiben (ie, ie): erzählen, wie etwas genau aussieht, oder wie etwas passiert ist / *Er beschreibt das Bild für uns.* / *Wollen Sie bitte den Unfall ganz genau beschreiben?*

unterscheiden (ie, ie): den Unterschied, die Ungleichheiten zwischen Dingen oder Personen erkennen / *Ich kann die beiden Schwestern kaum voneinander unterscheiden; eine sieht fast genauso aus wie die andere.* / *Schreiben Sie bitte etwas deutlicher! Man kann kein* a *von einem* o *unterscheiden.*

der Stock (es, die Stockwerke): der obere Teil des Hauses / *Es tut mir leid; Sie müssen vier Treppen steigen. Ich wohne nämlich im vierten Stock.* / *Die Bibliothek ist im zweiten Stock.*

der Wecker (s, –): eine Uhr, die klingelt / *Stell bitte den Wecker auf sieben Uhr! Ich möchte nicht wieder verschlafen.* / *Was hat da geklingelt? War es das Telefon oder der Wecker?*

der Nachbar (n, n): einer, der neben jemandem sitzt oder wohnt / *Während Frau Engel einkaufen ging, paßte die Nachbarin auf die Kinder auf.* / *Herr Lehmann ist mein Nachbar; er wohnt nebenan.*

der Knopf (es, ̈e): ein meist rundes Ding, womit man Mäntel, Hemden, usw. zumacht (zuknöpft) / *An deiner Jacke fehlt ein Knopf.* / *Machen Sie diesen Knopf zu! Es ist kalt draußen.*

aufschließen (o, o): mit einem Schlüssel öffnen / *Er schloß die Tür auf.* / *Die Wörterbücher sind im Schrank. Wollen Sie ihn bitte aufschließen!*

die Wut (–, die Wutanfälle): der Ärger; Wut haben = zornig sein / *Er hatte eine Wut auf ihn.* / *Vor Wut warf er die Bücher aus dem Fenster hinaus.*

heben (o, o): in die Höhe bringen / *Hebe die Hand, wenn du etwas sagen willst!* / *Bitte, hilf mir! Ich kann den Sack nicht allein heben. Er ist viel zu schwer.*

stützen: Halt geben, damit es nicht fällt / *Er stützte den Kopf in die Hand.* / *Der alte Mann stützte sich auf seinen Stock.*

Ein Tisch ist ein Tisch

Ich will von einem alten Mann erzählen, von einem Mann, der kein
Wort mehr sagt, ein müdes Gesicht hat, zu müd zum Lächeln und zu
müd, um böse zu sein. Er wohnt in einer kleinen Stadt, am Ende der
Straße oder nahe der Kreuzung.° Es lohnt° sich fast nicht, ihn zu
5 beschreiben, kaum etwas unterscheidet ihn von andern. Er trägt einen
grauen Hut, graue Hosen, einen grauen Rock° und im Winter den
langen grauen Mantel, und er hat einen dünnen Hals, dessen Haut°
trocken und runzelig° ist, die weißen Hemdkragen° sind ihm viel zu
weit.

10   Im obersten Stock des Hauses hat er sein Zimmer, vielleicht war
er verheiratet und hatte Kinder, vielleicht wohnte er früher in einer
andern Stadt. Bestimmt war er einmal ein Kind, aber das war zu einer
Zeit, wo die Kinder wie Erwachsene angezogen waren. Man sieht sie so
im Fotoalbum der Großmutter. In seinem Zimmer sind zwei Stühle,
15 ein Tisch, ein Teppich, ein Bett und ein Schrank. Auf einem kleinen
Tisch steht ein Wecker, daneben liegen alte Zeitungen und das Fotoalbum, an der Wand hängen ein Spiegel und ein Bild.

    Der alte Mann machte morgens einen Spaziergang und nach-
mittags einen Spaziergang, sprach ein paar Worte mit seinem Nach-
20 barn, und abends saß er an seinem Tisch.

    Das änderte° sich nie, auch sonntags war das so. Und wenn der
Mann am Tisch saß, hörte er den Wecker ticken, immer den Wecker
ticken.

    Dann gab es einmal einen besonderen Tag, einen Tag mit Sonne,
25 nicht zu heiß, nicht zu kalt, mit Vogelgezwitscher,° mit freundlichen
Leuten, mit Kindern, die spielten — und das Besondere war, daß das
alles dem Mann plötzlich gefiel.

    Er lächelte.

    „Jetzt wird sich alles ändern", dachte er. Er öffnete den obersten
30 Hemdknopf, nahm den Hut in die Hand, beschleunigte° seinen Gang,°
wippte° sogar beim Gehen in den Knien und freute sich. Er kam in

*wo zwei Straßen
   zusammenkommen/
lohnt sich:* **ist wert**

Jacke

skin

wrinkled/*Halsteil am
   Hemd*

änderte sich: **wurde anders**

Vogelgesang

ging schneller/Gehen
bounced

seine Straße, nickte° den Kindern zu, ging vor sein Haus, stieg die Treppe hoch, nahm die Schlüssel aus der Tasche und schloß sein Zimmer auf.

nickte . . . zu: **nodded**

Aber im Zimmer war alles gleich, ein Tisch, zwei Stühle, ein Bett.

5 Und wie er sich hinsetzte, hörte er wieder das Ticken, und alle Freude war vorbei, denn nichts hatte sich geändert.

Und den Mann überkam° eine große Wut.

kam über ihn

Er sah im Spiegel sein Gesicht rot anlaufen,° sah, wie er die Augen zukniff;° dann verkrampfte° er seine Hände zu Fäusten,° hob

rot werden

*narrowed/clenched/
geballte Hände*

10 sie und schlug mit ihnen auf die Tischplatte, erst nur einen Schlag, dann noch einen, und dann begann er auf den Tisch zu trommeln° und schrie dazu immer wieder:

drum (with his fingers)

„Es muß sich ändern, es muß sich ändern!"

Und er hörte den Wecker nicht mehr. Dann begannen seine

15 Hände zu schmerzen, seine Stimme versagte,° dann hörte er den Wecker wieder, und nichts änderte sich.

er konnte nicht sprechen

„Immer derselbe Tisch", sagte der Mann, „dieselben Stühle, das Bett, das Bild. Und dem Tisch sage ich Tisch, dem Bild sage ich Bild, das Bett heißt Bett, und den Stuhl nennt man Stuhl. Warum denn

20 eigentlich?" Die Franzosen sagen dem Bett „li", dem Tisch „tabl", nennen das Bild „tablo" und den Stuhl „schäs", und sie verstehen sich. Und die Chinesen verstehen sich auch.

„Weshalb heißt das Bett nicht Bild", dachte der Mann und lächelte, dann lachte er, lachte, bis die Nachbarn an die Wand klopften

25 und „Ruhe" riefen.

„Jetzt ändert es sich", rief er, und er sagte von nun an dem Bett „Bild".

„Ich bin müde, ich will ins Bild", sagte er, und morgens blieb er oft lange im Bild liegen und überlegte,° wie er nun dem Stuhl sagen

dachte nach

30 wolle, und er nannte den Stuhl „Wecker".

Er stand also auf, zog sich an, setzte sich auf den Wecker und stützte die Arme auf den Tisch. Aber der Tisch hieß jetzt nicht mehr Tisch, er hieß jetzt Teppich.° Am Morgen verließ also der Mann das Bild, zog sich an, setzte sich an den Teppich auf den Wecker und

carpet

35 überlegte, wem er wie sagen könnte.

Dem Bett sagte er Bild.

Dem Tisch sagte er Teppich.

Dem Stuhl sagte er Wecker.

Der Zeitung sagte er Bett.

40 Dem Spiegel sagte er Stuhl.

Dem Wecker sagte er Fotoalbum.

Dem Schrank sagte er Zeitung.

Dem Teppich sagte er Schrank.

Dem Bild sagte er Tisch.

45 Und dem Fotoalbum sagte er Spiegel.

Ein Tisch ist ein Tisch **7**

Also:

Am Morgen blieb der alte Mann lange im Bild liegen, um neun läutete das Fotoalbum, der Mann stand auf und stellte sich auf den Schrank, damit er nicht an die Füße° fror, dann nahm er seine Kleider
5 aus der Zeitung, zog sich an, schaute in den Stuhl an der Wand, setzte sich dann auf den Wecker an den Teppich und blätterte° den Spiegel durch, bis er den Tisch seiner Mutter fand.

Der Mann fand das lustig, und er übte den ganzen Tag und prägte° sich die neuen Wörter ein. Jetzt wurde alles umbenannt:° Er
10 war jetzt kein Mann mehr, sondern ein Fuß, und der Fuß war ein Morgen und der Morgen ein Mann.

Jetzt könnt ihr die Geschichte selbst weiterschreiben. Und dann könnt ihr, so wie es der Mann machte, auch die anderen Wörter austauschen:°
15 läuten heißt stellen,
friren heißt schauen,
liegen heißt läuten,
stehen heißt frieren,
stellen heißt blättern.
20 So daß es dann heißt:

Am Mann blieb der alte Fuß lange im Bild läuten, um neun stellte das Fotoalbum, der Fuß fror auf und blätterte sich auf den Schrank, damit er nicht an die Morgen schaute.

Der alte Mann kaufte sich blaue Schulhefte und schrieb sie mit
25 den neuen Wörtern voll, und er hatte viel zu tun damit, und man sah ihn nur noch selten auf der Straße.

Dann lernte er für alle Dinge die neuen Bezeichnungen° und vergaß dabei mehr und mehr die richtigen. Er hatte jetzt eine neue Sprache, die ihm ganz allein gehörte.
30 Hie und da träumte er schon in der neuen Sprache, und dann übersetzte er die Lieder aus seiner Schulzeit in seine Sprache, und er sang sie leise vor sich hin.

Aber bald fiel ihm auch das Übersetzen schwer, er hatte seine alte Sprache fast vergessen, und er mußte die richtigen Wörter in seinen
35 blauen Heften suchen. Und es machte ihm Angst, mit den Leuten zu sprechen. Er mußte lange nachdenken, wie die Leute zu den Dingen sagen.

Seinem Bild sagen die Leute Bett.
Seinem Teppich sagen die Leute Tisch.
40 Seinem Wecker sagen die Leute Stuhl.
Seinem Bett sagen die Leute Zeitung.
Seinem Stuhl sagen die Leute Spiegel.
Seinem Fotoalbum sagen die Leute Wecker.
Seiner Zeitung sagen die Leute Schrank.
45 Seinem Schrank sagen die Leute Teppich.

8 SPRACHE

Seinem Tisch sagen die Leute Bild.

Seinem Spiegel sagen die Leute Fotoalbum.

Und es kam so weit, daß der Mann lachen mußte, wenn er die Leute reden hörte.

Er mußte lachen, wenn er hörte, wie jemand sagte:

„Gehen Sie morgen auch zum Fußballspiel?" Oder wenn jemand sagte: „Jetzt regnet es schon zwei Monate lang." Oder wenn jemand sagte: „Ich habe einen Onkel in Amerika."

Er mußte lachen, weil er all das nicht verstand.

Aber eine lustige Geschichte ist das nicht. Sie hat traurig angefangen und hört° traurig auf.

hört . . . auf: **endet**

Der alte Mann im grauen Mantel konnte die Leute nicht mehr verstehen, das war nicht so schlimm.

Viel schlimmer war, sie konnten ihn nicht mehr verstehen.

Und deshalb sagte er nichts mehr.

Er schwieg,°

sprach nur noch mit sich selbst,

grüßte nicht einmal mehr.

sagte nichts

Fragen

1 Von wem erzählt die Geschichte?

2 Wo wohnte er?

3 Beschreiben Sie seine Kleidung!

4 Welche Möbelstücke sind in seinem Zimmer?

5 Was tat der Mann gewöhnlich?

6 Warum gab er den Dingen andere Namen?

7 Wie hießen in seiner Sprache der Tisch und der Wecker?

8 Warum war es schwer, die Lieder aus seiner Schulzeit zu übersetzen?

9 Warum hatte er Angst, mit den Leuten zu sprechen?

10 Warum lachte er, wenn er die Leute reden hörte?

11 Warum ist die Geschichte nicht lustig?

Verwandte Wörter

Ergänzen Sie:

beschreiben   *die Beschreibung (–, en)   eine genaue Angabe über eine Person oder ein Ding*

Hier ist eine genaue . . . . . . des Bildes.

Sie haben den Unfall gesehen. Bitte, ... Sie ganz genau, was passiert ist!

Ein Tisch ist ein Tisch   **9**

unterscheiden *der Unterschied (s, e) eine Ungleichheit*

Ich konnte die Kinder leicht ....

Kennen Sie den ...... zwischen einem Sessel und einem Wecker?

der Wecker *wecken   aus dem Schlaf reißen*
           aufwecken   wachmachen

...... mich bitte um sieben Uhr!

Der ...... hat wieder nicht geklingelt.

...... Paul nicht ......! Er hat die ganze Nacht schwer gearbeitet.

der Knopf *aufknöpfen   öffnen*
          zuknöpfen   zumachen

Deine Finger sind eiskalt. Soll ich den Mantel ......?

Du solltest die Jacke .... Es ist hier sehr kalt im Zimmer.

An der grauen Jacke fehlt auch ein ....

aufschließen *(zu)schließen (o, o)   die Tür zumachen*

Willst du bitte den Schrank ......?

...... bitte das Gartentor ......, damit der Hund nicht wegläuft.

die Wut *wütend   sehr zornig*

Sie konnte vor ...... kaum sprechen.

Du sollst nicht immer so ...... werden.

heben *sich erheben (o, o)   aufstehen*

Der Polizist ...... den Arm und das Auto stoppte.

Dann ...... sich der Schüler und sprach das Gedicht.

Wortschatzübung I

Ergänzen Sie:

aufschließen, heben, Knopf, Nachbar, schließen, Stock, stützen, Wecker, Wut

1 Er schlug vor ...... auf den Tisch.
2 ...... Sie sich auf meinen Arm!
3 Wir wohnen im zehnten .... Hier haben wir eine besonders schöne Aussicht auf die Berge.
4 Helfen Sie mir bitte, das Paket vom Wagen zu .... Es ist so furchtbar schwer.

5 Wenn der ...... morgen wieder nicht klingelt, dann kaufe ich mir einen neuen.

6 Meiers sind gute .... Wenn wir verreist sind, holen sie die Post herein.

7 Es ist zu dumm. Ich kann keine passenden ...... für diese Jacke finden.

8 Erst mußt du die Tür ......, dann kannst du das Licht einschalten.

9 Wenn du zur Zeit aufstehen willst, mußt du den ...... stellen.

10 Wenn du etwas sagen willst, mußt du die Hand ....

11 Der Fahrstuhl fährt nur bis zum sechsten ......

12 Du sollst nicht von deinem ...... abschreiben.

13 Ich habe eine schreckliche ...... auf Peter. Er kommt immer zu spät.

14 ...... die Tür ganz leise ......, damit Großmutter nicht geweckt wird!

15 Sie hat neue ...... für ihre Bluse gekauft.

16 Ich bin noch recht schwach. Kannst du mich etwas ......?

Wortschatzübung II

Ergänzen Sie:

> änderte, Angst, erfand, Faust, Haut, hört . . . auf, prägte . . . ein, schmerzen, selbst, Sprache, Stock, überlegte, Wecker

Es war ein alter Mann, dessen ...... trocken und runzelig war. Er wohnte im obersten ...... des Hauses. Auf dem Tisch neben seinem Bett tickte ein .... Jeden Tag tat er dasselbe; das ...... sich nie. Weil er so unglücklich war, schlug er mit der ...... auf die Tischplatte. Seine Hände begannen zu .... Er ...... sich, was er machen sollte. Um sein Leben zu ändern, ... er eine neue Sprache. Er übte den ganzen Tag und ...... sich die neuen Wörter .... Aber nur er allein verstand die neue .... Er hatte ......, mit anderen Leuten zu sprechen. Deshalb ...... die Geschichte traurig .... Er sprach nur noch mit sich ....

Diskussionsthemen

1 Warum ist der alte Mann am Anfang der Geschichte so traurig?

2 Was ist der Sinn einer Sprache?

3 Hat die erfundene Sprache des alten Mannes noch Sinn?

4 Warum gebraucht der Autor eine so einfache Sprache?

Die deutsche Sprache

Nicht alle Menschen, die deutsch reden, sprechen dieselbe deutsche Sprache. Oft ist der Unterschied zwischen dem gesprochenen und dem geschriebenen Deutsch sehr groß. Man spricht einen Dialekt. Auch heute lernen viele Kinder zuerst nur die Mundart° der Gegend, in der
5 sie aufwachsen. Erst später müssen sie das einheitliche° Hochdeutsch° benutzen, damit alle Menschen sie verstehen können.

      Daß es jetzt eine einheitliche Sprache, die sogenannte° hochdeutsche Schriftsprache,° gibt, verdanken° wir Martin Luthers Bibelübersetzung. Der Kirchenreformator reformierte auch die Sprache. Von
10 den vielen Mundarten wählte er die sächsische Kanzleisprache° für seine Übersetzung. Um die komplizierte Bürosprache einfacher° zu machen, gebrauchte er auch Wörter, die das Volk auf der Straße benutzte. Auf diese Weise wurde mit der neuen Bibel zugleich° eine neue deutsche Sprache verbreitet.°

15   Durch den gerade erfundenen Buchdruck° wurde Luthers Bibelübersetzung sehr schnell bekannt. In allen verschiedenen Mundartgebieten° Deutschlands konnte man das Lutherdeutsch verstehen. So wurde Luthers Bibelübersetzung zur Grundlage° für eine neue deutsche Sprache, die mit der Zeit die verschiedenen Dialekte ersetzte.° Dennoch
20 brachte die gemeinsame Sprache keine politische Einheit wie in anderen Ländern. In dem heute geteilten° Deutschland hat die gemeinsame deutsche Sprache eine besondere Aufgabe. Sie soll ein Volk zusammenhalten, das seine politische Einheit verloren hat.

Dialekt

unified/*die offizielle Sprache Deutschlands*

so-called

die geschriebene Sprache/ owe

offizielle Sprache

unkomplizierter

zur selben Zeit

spread

printing

Zonen für Dialekte

Basis

replaced

divided

Die rätselhafte° deutsche Sprache

Trotz der einheitlichen deutschen Schriftsprache, die heute existiert, gibt es beim Erlernen° des Deutschen als Fremdsprache° immer noch viele Schwierigkeiten zu überwinden.° So behauptete° Mark Twain einmal, daß man einen deutschen Text viel leichter lesen könnte, wenn
5   man ihn vor einen Spiegel hielte. Man müßte also die ganze Konstruktion nur auf den Kopf stellen, um die Sätze schneller und besser zu verstehen. Natürlich war diese Bemerkung nicht ernst gemeint. Aber es gibt manchmal wirklich verwirrende° Rätsel, die man lösen° muß, um die Sprache zu verstehen.
10   Als eine typische Eigenheit° der deutschen Sprache kann man zum Beispiel die vielen Wortformen nennen, die ein einziges Stammwort° annehmen kann. Durch den Gebrauch verschiedener Vor- und Nachsilben° oder durch den Zusatz° anderer Ausdrücke kann sich die Bedeutung eines Wortes sehr verändern.° Man denke nur an das Wort
15   halten. Die Verwandtschaft mit dem englischen Äquivalent *to hold* ist deutlich genug, so daß ein Student der deutschen Sprache keine Hindernisse° erwarten sollte. Doch was geschieht? *Halt!* ruft der Verkehrspolizist an der Ecke, wenn er seinen Arm *hochhält* und die Autos *anhält.*° Die Fußgänger, die *sich rechts halten*, werden von ihm *ange-*
20   *halten,*° sich beim Überqueren° der Straße nicht *aufzuhalten.*° Wie können sie aber schnell über die Straße gehen, wenn sie wie die Autos *angehalten* werden? Manche Fußgänger sind sehr *ungehalten*° darüber, denn sie *halten* diese Mahnung° für unnötig. In der Nähe gibt es eine *Haltestelle.*° Ist das ein Platz, wo man etwas *halten* muß? Gestern hat
25   dort ein Politiker *eine Rede gehalten.* Heute stehen nur einige Leute da, die eine Zeitung in der Hand *halten.* Andere *unterhalten* sich über das schlechte Wetter, das so lange *anhält*° (wie die Autos?), daß es kaum *auszuhalten*° ist. Einem kleinen Jungen wird *vorgehalten,*° sich an der Mutter *festzuhalten* und zugleich *den Mund zu halten.* Ob der Kleine
30   genug Hände dafür hat? Er muß sich schon *dranhalten,*° mit seiner laufenden Mutter *mitzuhalten.*° Wird er das lange *aushalten,* ohne seine

	puzzling
	Lernen/andere Sprache
	overcome/*sagte*
	***unverständliche*/solve**
	Charakteristik
	root word
	prefix/suffix/addition
	sich . . . verändern: **anders werden**
	Schwierigkeiten
	stoppt
	gewarnt/über die Straße gehen/ stehen zu bleiben
	zornig
	Warnung
	wo eine Straßenbahn anhält
	dauert
	endure/reproached
	eilen
	mitzukommen

Haltung° zu verlieren? Dort an der Ecke verliert gerade ein junger Mann   **composure**
seine *Haltung,* der sich zuviel an den Alkohol *gehalten* hat. Oder verliert
er seinen *Halt*?° Wie kann er etwas verlieren, was der Verkehrspolizist   *Stütze*
ruft? Aber es ist klar, daß er die anderen Fußgänger auf der Straße gut
5 *unterhält.* Wie ist das möglich, wenn er gar nicht spricht? Jedenfalls
wird der Polizist ihn bestimmt *im Auge behalten,* sollte er sich nicht
mehr *hochhalten* können.

Wie soll sich da ein Student *verhalten,*° der die deutsche Sprache   *sich . . . verhalten:* **sich**
erlernen möchte? Das kann er nicht alles *behalten.*° Wenn er sich aber   **benehmen**
    sich erinnern
10 *an die Arbeit hält* und sein *Ziel*° *im Auge behält,* so wird er sich bald auf   **goal**
Deutsch *unterhalten* können.

Fragen

1   Was ist eine Fremdsprache?
2   Wie nennt man die Sprache, die man als Kind lernt?
3   Welche Sprache sprechen die Franzosen?
4   Hat Mark Twain recht, wenn er behauptet, daß man einen deutschen Text
    viel leichter lesen könnte, wenn man ihn vor einen Spiegel hielte?
5   Was ist eine Haltestelle?

Wortschatzübung

Ergänzen Sie:

> anhält, behalten, Bemerkung, festhalten, halten, Haltestelle, Schriftsprache,
> Schwierigkeiten, Spiegel, Stammwort, Überqueren, unterhalten

Heute existiert eine einheitliche deutsche .... Trotzdem gibt es noch ......
beim Erlernen des Deutschen als Fremdsprache. Mark Twain wollte den deutschen
Text vor einen ...... halten. Er hat aber diese ...... nicht ernst gemeint.

Die deutsche Sprache kann viele Wörter aus einem einzigen ...... bilden, zum
Beispiel aus dem Wort *halten.* Wenn der Polizist seinen Arm hochhält, müssen die
Autos .... Beim ...... der Straße dürfen sich die Fußgänger nicht aufhalten.
Andere Leute warten an der ...... auf die Straßenbahn. Sie ...... sich über das
Wetter, das sehr lange .... Eine Mutter sagt ihrem Jungen, er müsse sich an
ihr .... So geht es beim Erlernen der Sprache. Der Student muß alles ....

GÜNTHER WEISENBORN: Die Aussage

Günther Weisenborns Erzählung *Die Aussage*° demonstriert, daß die
Sprache als Kommunikationsmittel sogar lebenswichtig sein kann. Das
Leben eines Mannes im Gefängnis° hängt° von der Aussage eines
anderen Gefangenen ab. Glücklicherweise sitzt der andere in der
5 nächsten Zelle.° Wie soll er aber mit seinem Nachbarn sprechen? Wie
kann er ihm erklären, daß er seine Aussage zurücknehmen muß? Die
Mauer ist dick und der Posten° beobachtet° sie. Selbst wenn er sich mit
seinem Nachbarn verständigen könnte, dürfte er wirklich auf Rettung
hoffen?

°testimony

°prison/*hängt . . . ab:*
depends on

°*kleiner Raum im
Gefängnis*

°guard/*schaut auf*

Verstehen Sie diese Wörter und Ausdrücke?

das Licht (es, er): die Lampe; der Schein / *Er machte das Licht an, denn er wollte lesen.* / *Die Lampe gibt nur sehr schlechtes Licht.*

blicken: schauen; eine kurze Zeit sehen / *Er blickt auf die Uhr.* / *Sie blickt von einem zum anderen.*

unregelmäßig: mal jetzt — mal später; mit Unterbrechungen / *Er kommt unregelmäßig nach Hause.* / *Der Motor läuft wirklich unregelmäßig.*

die Verzweiflung: völlige Hoffnungslosigkeit / *Er wußte nicht mehr aus noch ein. Er hat es aus Verzweiflung getan.* / *Er sah keinen Ausweg mehr; er hat aus Verzweiflung gehandelt.*

das Zeichen (s, –): ein Signal; ein Symbol / *Diese Verkehrszeichen sollten erneuert werden; man kann sie nicht mehr erkennen.* / *Er gab ihr einen Ring als Zeichen der Liebe.*

begreifen (begriff, begriffen): etwas verstehen / *Ich kann nicht begreifen, warum er soviel schläft.* / *Mathematik ist schwer. Ich kann diese neue Methode einfach nicht begreifen.*

unbedingt: gewiß; sicher; mit Bestimmtheit / *Du mußt unbedingt meine Schwester kennenlernen. Sie denkt genauso wie du.* / *Diesen Film müßt ihr unbedingt sehen. Er ist einfach großartig.*

sich verständigen: verstehen; klar ausdrücken; sich unterhalten / *Mein amerikanischer Freund spricht fast kein Deutsch. Wir können uns nur schwer verständigen.* / *Obwohl sie nicht die gleiche Sprache sprechen, können sie sich ganz gut verständigen.*

zurückkehren: wiederkommen; noch einmal zurückkommen / *Er kehrt jedes Jahr einmal in seine Heimatstadt zurück.* / *Wann wirst du aus Berlin zurückkehren?*

erstaunt sein: überrascht sein; sich wundern / *Ich war sehr erstaunt; er sprach ein fehlerfreies Deutsch.* / *Als er ins Zimmer trat, war er doch sehr erstaunt. Es sah ganz anders aus.*

Die Aussage

Als ich abends gegen zehn Uhr um mein Leben klopfte, lag ich auf der Pritsche° und schlug mit dem Bleistiftende unter der Wolldecke° an die Mauer. Jeden Augenblick flammte das Licht in der Zelle auf und der Posten blickte durch das Guckloch.° Dann lag ich still.

5   Ich begann als Eröffnung° mit gleichmäßigen° Takten.° Er erwiderte genauso.° Die Töne waren fein und leise, wie sehr entfernt. Ich klopfte einmal — a, zweimal — b, dreimal — c.

Er klopfte unregelmäßig zurück. Er verstand nicht.

Ich wiederholte, er verstand nicht.

10   Ich wiederholte hundertmal, er verstand nicht. Ich wischte mir den Schweiß° ab, um meine Verzweiflung zu bezwingen.° Er klopfte Zeichen, die ich nicht verstand, ich klopfte Zeichen, die er nicht verstand.

Ratlosigkeit.°

15   Er betonte einige Töne, denen leisere folgten. Ob es Morse war? Ich kannte nicht Morse. Das Alphabet hat 24 Buchstaben. Ich klopfte für jeden Buchstaben die Zahl, die er im Alphabet einnahm:° für h achtmal, für p sechzehnmal.

     Es tickten andere Takte herüber, die ich nicht begriff. Es schlug 20 zwei Uhr. Wir mußten uns unbedingt verständigen. Ich klopfte:

. = a, . . = b, . . . = c

ganz leise und fern die Antwort:

— . — . — . .

     Keine Verständigung. In der nächsten Nacht jedoch° kam es 25 plötzlich herüber, ganz leise und sicher:

. , . . , . . . ,

     Dann die entscheidenden Zeichen: zweiundzwanzig gleiche Klopftöne. Ich zählte mit, das mußte der Buchstabe V sein. Dann fünf Töne. Es folgte ein R, das ich mit atemlos° kalter Präzision auszählte. 30 Danach ein S, ein T, ein E, ein H, ein E!

. . . verstehe . . .

Bett im Gefängnis/wool blanket

peep hole
Anfang/regelmäßig/beats
auch so

sweat/overcome

Hilflosigkeit

occupied

aber

breathless

Ich lag starr° und glücklich unter der Wolldecke. Wir hatten Kontakt von Hirn° zu Hirn, nicht durch den Mund, sondern durch die Hand.

Unser Verstand hatte die schwere Zellenmauer des Gestapo-5 kellers° überwunden.° Ich war naß vor Schweiß, überwältigt° vom Kontakt. Der erste Mensch hatte sich gemeldet.° Ich klopfte nichts als:

... gut ...

Es war entsetzlich° kalt, ich ging den Tag etwa zwanzig Kilometer in der Zelle auf und ab, machte im Monat 600, in neun Monaten 5400 10 Kilometer, von Paris bis Moskau etwa, wartende Kilometer, fröstelnd,° auf mein Schicksal° wartend, das der Tod sein mußte. Ich wußte es, und der Kommissar hatte gesagt, daß bei mir „der Kopf nicht dran" bleiben würde.°

Die zweite Aussage lag° eben vor, daran war nichts zu ändern. 15 Es war nur eine Hoffnung, wenn K. diese Aussage zurücknehmen würde. In der Nacht klopfte ich ihn an:

„Du ... mußt ... deine ... Aussage ... zurücknehmen ..."

Er klopfte zurück:

„Warum?"

20 Ich: „Ist ... zweite ... Aussage ... gegen ... mich ... bedeutet ... Todesurteil° ..."

Er: „Wußte ... ich ... nicht ..."

Ich: „Wir ... sind ... nicht ... hier ... um ... Wahrheit ... zu ... sagen ..."

25 Er: „Nehme ... zurück ..."

Ich: „Danke ..."

Er: „Morgen ..."

Ich: „Was ... brauchst ... du ... ?"

Er: „Bleistift ..."

30 Ich: „Morgen ... Spaziergang ..."

Es wurde plötzlich hell. Das Auge der SS° blickte herein. Ich lag still unter der Decke. Es wurde wieder dunkel. Ich hatte Tränen in den Augen. „Nehme zurück!" Das werde ich nie vergessen. Es kam ganz fein und leise taktiert° durch die Wand. Eine Reihe von kaum wahr-35 nehmbaren° Tönen, und es bedeutete, daß für mich die Rettung unterwegs war. Sie bestand° diese Nacht nur im Gehirn eines Todeskandidaten, drüben in Zelle acht, unsichtbar,° winzig.° Morgen würden es oben Worte werden, dann würde es ein unterschriebenes° Protokoll im Büro sein, und eines Tages würde dies alles dem Gericht° vorliegen. Dank 40 in die Ewigkeit, K.

Ich brach von meinem Bleistift die lange Graphitspitze° ab und trug sie während des Spaziergangs bei mir. Es gingen ständig° sechs Mann, immer dieselben, die ich nicht kannte, im Kreis° um den Gestapohof.°

benumbed
brain

Geheime Staatspolizei (secret police)/over-come/*überwunden*
Zeichen gegeben

furchtbar

frierend
fate

daß ... würde: *daß ich sterben würde*
lag ... vor: *existierte*

death sentence

Schutzstaffel (storm troopers)

geklopft
hörbar
existierte
invisible/*sehr klein*
signed/*Bericht*
court

dünnes Bleistiftende
dauernd
circle
Hof: *freier Platz*

Zurückgekehrt standen wir auf unserem Flur zu drei Mann, weit voneinander entfernt, und warteten einige Sekunden, bis der Posten uns nachkam.° Ich eilte heimlich° auf Zelle acht zu, riß° die Klappe° auf, warf die Bleistiftspitze hinein, schloß die Klappe lautlos und stellte mich eilig an meinen Platz. Ich werde nie das erstaunte Aufblicken° seiner sehr blauen Augen, sein bleiches° Gesicht, die Hände, die gefesselt° vor ihm auf dem Tisch lagen, vergessen. Der Posten kam um die Ecke. Das Herz schlug mir bis in den Hals. Wir wurden eingeschlossen.

Später klopfte es: „Danke . . . habe . . . Aussage . . . zurückgenommen.“ Ich war gerettet.

Vielleicht.

***später kam*/stealthily/*riß . . . auf:* *öffnete*/hatch**

raised glance

blaß

chained, tied

Fragen

1 Wer hat diese Geschichte geschrieben?
2 Wo spielt die Geschichte?
3 Warum klopft der Mann an die Mauer?
4 Wie viele Buchstaben hat das deutsche Alphabet?
5 Warum wollte sich der Mann mit seinem Nachbarn verständigen?
6 Warum sollte der Nachbar die Aussage zurücknehmen?
7 Warum lief der Autor in der Zelle unruhig auf und ab?
8 Was wollte der Nachbar vom Autor haben?
9 Wie paßte der Posten auf den Gefangenen auf?
10 Was sah der Autor, als er in die Nachbarzelle blickte?
11 Wodurch wurde der Gefangene gerettet?

Verwandte Wörter

Ergänzen Sie:

blicken *der Blick (es, e)* *kurzes Hinschauen*
der Ausblick *die Rundschau*

Werfen Sie bitte schnell einen . . . . . . in das neue Buch!
Die Aussicht ist hier besonders schön; man hat einen einzigartigen . . . . . . auf die Berge.
Er ist dann nie mehr gekommen. Er hat sich nie mehr bei uns . . . . . . lassen.

unregelmäßig *regelmäßig* *gleichmäßig; im selben Tempo*

Der Motor läuft jetzt wieder ganz . . . .
Ich schreibe ihm in . . . . . . Zeitabständen, weil ich nicht immer soviel Zeit habe.

die Verzweiflung   *verzweifeln*   *die Hoffnung aufgeben*

Heute geht es mir aber schlecht. Es ist zum ...... !
Kopf hoch, nicht gleich ....
Seine ...... war groß, als er von dem Unglück hörte.

begreifen   *der Begriff (s, e)*   *eine Bedeutung; eine feste Idee*

Er ist entweder schwer von ...... oder nur faul.
Das ist doch nicht so schwer. Kannst du es immer noch nicht ...... ?

sich verständigen   *der Verstand*   *wenn man etwas versteht; der Intellekt*

                    das Verständnis   *die Kunst, verstehen zu können*

Ohne eine Sprache kann man sich schwer ....
Das verstehe ich nicht; das geht einfach über meinen ...... !
Er hat keine Eltern. Du mußt aus diesem Grund etwas mehr ...... für ihn
aufbringen.

erstaunt sein   *staunen*   *sich sehr wundern*
                  erstaunlich   *überraschend*
                  das Erstaunen   *Überraschung, Verwunderung*

Das hättest du wohl nicht gedacht. Da ...... du, nicht wahr?
Zu meinem großen ...... ist er immer noch hier.
Das ist eine unerwartet gute Arbeit; wirklich ...... !
Ich bin wirklich ......, daß du das nicht begreifen kannst.

Wortschatzübung

Ergänzen Sie:

begreifen, blicken, erstaunt, Licht, unbedingt, unregelmäßig, sich verständigen, Verzweiflung, Zeichen, zurückkehren

1   Seine dummen Fragen bringen mich bald zur ....
2   Ich werde sehr ...... sein, wenn er zur Zeit ....
3   Kannst du ......, warum das ...... so ...... an und ausgeht?
4   Er muß mir nun ...... ein ...... seiner Liebe geben.
5   Das Kind ...... erwartungsvoll von einem zum anderen.
6   Ich muß Max vor der Vorstellung ...... sprechen. Wie kann ich mich nur
    mit ihm ...... ?

Satzbildung

1 er / schlagen / mit d- Bleistift / an / d- Mauer (*Imperfekt*)
2 Nachbar / klopfen / Zeichen // die / er / verstehen / nicht (*Imperfekt*)
3 er / warten / auf / d- Tod (*Imperfekt*)
4 Nachbar / sollen / zurücknehmen / Aussage (*Imperfekt*)
5 er / versprechen / zurücknehmen / Aussage (*Imperfekt*)
6 um / d- Hof / gehen / sechs / Mann // die / ich / kennen / nicht (*Imperfekt*)
7 er / sich / stellen / an sein- Platz (*Imperfekt*)
8 er / zueilen / heimlich / auf Zelle 8 // und / hineinwerfen / Bleistiftspitze (*Imperfekt*)
9 Nachbar / retten / Mann (*Perfekt*)

Diskussionsthemen

1 Wie kann man Kontakt mit einem Menschen schaffen?
2 Halten Sie es für möglich, daß Menschen sich durch Zeichensprache oder Pantomime verständigen können?
3 Es war sicherlich gefährlich, den Bleistift durch die Klappe zu werfen. Finden Sie, daß der Autor richtig gehandelt hat?

Anregung

Versetzen Sie sich in die Lage des Gefangenen. Sie sind allein in der Zelle. Sprechen Sie Ihre Gedanken laut aus!

CHRISTIAN MORGENSTERN (1871-1914): Der Werwolf

Ein Werwolf eines Nachts entwich°   *lief weg*
von Weib° und Kind und sich begab°   *Frau/ging*
an eines Dorfschullehrers Grab°   *grave*
und bat ihn: „Bitte, beuge° mich!"   *dekliniere*

5 Der Dorfschulmeister stieg hinauf
auf seines Blechschilds° Messingsknauf°   *metal sign/brass knob*
und sprach zum Wolf, der seine Pfoten°   *paws*
geduldig° kreuzte vor dem Toten: *patiently*

„Der Werwolf", — sprach der gute Mann,
10 „des Weswolfs, Genitiv sodann,
dem Wemwolf, Dativ, wie man's nennt,
den Wenwolf, — damit hat's ein End."

Dem Werwolf schmeichelten° die Fälle,°   *flattered/cases*
er rollte seine Augenbälle.
15 „Indessen",° bat er, „füge° doch   *inzwischen/add*
zur Einzahl° auch die Mehrzahl° noch!"   *Singular/Plural*

Der Dorfschulmeister aber mußte
gestehn,° daß er von ihr nichts wußte.   *zugeben*
Zwar Wölfe gäb's in großer Schar,°   *Menge*
20 doch „Wer" gäb's nur im Singular.

Der Wolf erhob sich tränenblind —
er hatte ja doch Weib und Kind!!
Doch da er kein Gelehrter° eben,   *Wissenschaftler*
so schied° er dankend und ergeben.°   *ging weg/humbly*

GRAMMATIK

Present and Past Time of Verbs

In conversation, Germans use primarily only two tenses: present and compound past (perfect tense).

Present and Future Time

> Ich lerne jetzt Deutsch. (I am learning German at the present time.)
> Ich lerne seit zwei Jahren Deutsch. (I started learning German two years
>   ago and am still learning it.)
> Ich fahre morgen nach Hause. (I will go home tomorrow.)

Present tense expresses what is happening now, what started some time ago and is still happening, and what will happen in the future.

Past Time

Compound Past

> Ich habe zwei Jahre auf der Universität studiert. (I studied at the university
>   for two years but no longer do so.)

In conversation, single completed actions in the past are expressed by the compound past.

> One would not say: Ich *studierte* zwei Jahre auf der Universität.

Simple Past

Simple past is used to narrate reports, stories, and other connected events, especially in writing.

> However, even in conversation the simple past is used in the following instances:

Modals

> Ich wollte gestern abend arbeiten, aber ich bin ins Kino gegangen.
> (*not:* ich ging ins Kino)

haben and *sein*

Er war gestern krank, denn er hatte zuviel gegessen.
(*not:* er aß zuviel)
Als er noch jünger war, hatte er immer Angst im Dunkeln.

After *als*

Hat er dich nicht gesehen, als der Zug ankam?

Damals war er schon 4 Jahre auf der Universität und war immer noch nicht
   fertig. (At that time he had been at the university for 4 years and he still
   was not finished.)

The simple past tense expresses action which continued to a certain point in
the past. It is comparable to the use of present tense in the similar situation:

Er ist jetzt ein Jahr auf der Universität und studiert Medizin. (He has been
   at the university for a year and is studying medicine.)

Past Perfect Tense

Er hatte das schon längst vergessen. (He had forgotten that long ago.)
Er war bis gestern nicht einen Tag krank gewesen. (Until yesterday he had
   not been sick a single day.)

The past perfect tense is formed with the simple past of *haben* or *sein* and the past
participle.

Ich hatte das Buch schon vergessen, als ich es wieder fand.
Nachdem er mir das gesagt hatte, habe ich ihm nicht mehr geglaubt.

The past perfect tense is used to report an event or action which took place
before another event or action in the past. The subordinate conjunction *nachdem*
is often used in context with past perfect.

wann, wenn, als

wann

Wann kommt er nach Hause?
Ich weiß nicht, wann er nach Hause kommt.

Wann is used in questions, both direct and indirect. *Wann* is equivalent to *when* (*at
what time*).

wenn

Wenn er uns besuchte, erzählte er immer von seinen Reisen.
Wenn er morgen kommt, kann ich ihm helfen.

Wenn is equivalent to English *when* or *whenever* and is used to refer to present, future, or repeated time in the past.

In future time *wenn* can be equivalent to either *if* or *when*. The distinction is not made in German.

als

Als er gestern kam, haben wir ihn nicht wieder erkannt.

Als is equivalent to English *when* and is used to refer to a definite completed action occurring in the past.

The simple past or past perfect is used in an *als*-clause. In conversation, the main clause will take the compound past.

Als may also be used with the historical present tense to express simultaneous actions. Historical present is used for lively narrative, but the action is still understood to be in the past (therefore the conditions for *als* still pertain).

Gestern abend wollte ich ins Kino gehen. Ich hatte meinen Mantel an und ich wollte gerade die Tür aufmachen, als das Telefon klingelte. Ich ärgere mich, aber ich gehe an den Apparat. Als ich den Hörer abhebe, sehe ich das Feuer. Die ganze Küche steht in Flammen. Ich . . . usw.

ÜBUNGEN

A Wählen Sie die logische Antwort!

1 Ich habe drei Jahre in Bonn gewohnt.
a Gefällt es Ihnen jetzt dort?
b Wo wohnen Sie jetzt?

2 Wir haben schon lange nach Deutschland fahren wollen. Endlich ist es soweit.
a Schade. Vielleicht nächstes Jahr.
b Wann reisen Sie denn ab?

3 Wie lange sitzt du denn schon hier?
a Eine Viertelstunde.
b In einer Stunde.

4 Wir fahren in einer Woche nach Europa.
a Dauert es denn so lange?
b Freust du dich darauf?

5 Er hat erst vor zwei Wochen seinen Freund wiedergesehen.

   a   Wo ist sein Freund denn gewesen?

   b   Sieht er ihn denn jeden Tag?

6 Ich habe nur zwei Monate bei der Firma gearbeitet.

   a   Warum sehe ich Sie nie? Ich bin auch bei der Firma.

   b   Wann sind Sie weggegangen?

7 Er durfte ein ganzes Jahr keinen Sport treiben.

   a   Spielt er denn immer noch Fußball?

   b   Welchen Sport treibt er jetzt?

8 Wie lange kannst du hierbleiben?

   a   Leider nur einen Augenblick.

   b   Vor ein paar Minuten.

9 Er kann seit zwei Jahren nicht arbeiten.

   a   Wovon lebt er denn?

   b   Es ist gut, daß er wenigstens noch zwei Jahre arbeiten kann.

10 Sie hat uns oft besucht.

   a   Kommt sie immer noch jeden Tag?

   b   Warum kommt sie nicht mehr?

B   Bilden Sie das Perfekt (compound past)!

1   Der Mann sagt kein Wort mehr.

2   Er wohnt in einer kleinen Stadt.

3   Ich erzähle eine komische Geschichte.

4   Er freut sich auf den Besuch.

5   Trägst du deinen grauen Mantel?

6   Die Zeitungen liegen auf dem Tisch.

7   Wir machen morgens einen Spaziergang.

8   Sie spricht selten mit ihrem Nachbarn.

9   Warum sitzt ihr immer an diesem Tisch?

10   Die Sonne scheint heiß.

C   Bilden Sie Sätze im Präsens! Gebrauchen Sie die Sätze von Übung B und die folgenden Wörter:

seit Wochen, seit seiner Jugend, schon zwei Stunden, zwei Wochen lang, schon zwei Tage, dieses Jahr, seit Juli, seit Monaten, schon drei Wochen lang, seit einer Stunde

D Bilden Sie aus den zwei Sätzen einen Hauptsatz mit einem Nebensatz! Gebrauchen Sie: *wenn, wann* oder *als*!

1 „Halt!" ruft der Verkehrspolizist. Er hält seinen Arm hoch.
2 Der Verkehrspolizist hielt seinen Arm hoch. Die Autos hielten an.
3 Die Fußgänger gehen über die Straße. Sie dürfen nie in der Mitte stehenbleiben.
4 Die Fußgänger ärgerten sich darüber. Sie durften nicht über die Straße gehen.
5 Ich weiß nicht. Der Bus ist angekommen.
6 Wir standen gestern an der Ecke. Wir haben die Rede eines Politikers gehört.
7 Man muß schwer arbeiten. Man studiert auf der Universität.
8 Ich möchte wissen. Er hat den Brief geschrieben.

E Bilden Sie Sätze in der Vergangenheit (past time)! Gebrauchen Sie Imperfekt (simple past) oder Perfekt, wie es der Satz verlangt!

1 (*Als*) Ich klopfe an die Wand. Niemand antwortet.
2 Der Nachbar kann die Zeichen nicht verstehen.
3 Ich bin müde von der Arbeit.
4 (*Weil*) Es ist so kalt. Ich muß in der Zelle auf- und abgehen.
5 Die Töne bedeuten Rettung für mich.
6 Ich breche von meinem Bleistift die Spitze ab.
7 (*Als*) Der Posten blickt weg. Ich eile auf Zelle acht zu.

F Bilden Sie eine Antwort mit den angegebenen Wörtern! Beginnen Sie die Antwort mit *nachdem*!

Wann ist er wieder eingeschlafen? (Wecker/klingeln) *Nachdem der Wecker geklingelt hatte, ist er wieder eingeschlafen.*

1 Wann ist er ins Haus gezogen? (*heiraten*)
2 Wann hat er mit den Nachbarn gesprochen? (*Spaziergang machen*)
3 Wann hat er sein Zimmer aufgeschlossen? (*Schlüssel aus der Tasche nehmen*)
4 Wann ist der Mann wütend geworden? (*sich nichts ändern*)
5 Wann ist der Mann wieder ruhig geworden? (*Nachbar / an die Wand klopfen*)
6 Wann hat er sich angezogen? (*aufstehen*)
7 Wann haben sie auf dem Flur gestanden? (*sie / zurückkommen*)

G Ergänzen Sie mit Perfekt oder Plusquamperfekt (past perfect)!

Er schläft heute lange; der Wecker <u>hat</u> nicht <u>geklingelt</u>. *(klingeln)*
Er konnte ein paar neue Wörter sagen; er <u>hatte</u> sie lange <u>geübt</u>. *(üben)*

1 Die Leute konnten ihn nicht verstehen; er . . . . . . eine neue Sprache . . . .
  (erfinden)
2 Ich konnte nicht übersetzen; ich . . . . . . die Sprache nicht . . . . *(lernen)*
3 Er spricht nicht mehr mit Leuten; er . . . . . . ihre Sprache . . . . *(vergessen)*
4 Ich konnte nichts sehen; sie . . . . . . das Licht . . . . *(ausmachen)*
5 Er war glücklich; der Nachbar . . . . . . ihn . . . . *(verstehen)*
6 Er ist gerettet: der Nachbar . . . . . . seine Aussage . . . . *(zurücknehmen)*
7 Hier ist der neue Roman; ich . . . . . . ihn dir . . . . *(kaufen)*

WORTBILDUNG

Adverbs with *-erweise*

Some adverbs may be formed from adjectives by adding *-erweise*. They express an
opinion of the speaker.

A Machen Sie aus den zwei Sätzen einen Satz! Gebrauchen Sie ein Adverb
  mit *-erweise*!

Ich bin glücklich. Er hat mich nicht gesehen. *Er hat mich glücklicherweise
nicht gesehen.*

1 Das ist dumm. Ich habe mein Geld zu Hause vergessen.
2 Das ist erstaunlich. Er hat das nicht schreiben können.
3 Das war überraschend. Er ist nicht gekommen.
4 Das ist normal. Sie verbringt das Wochenende bei uns.
5 Es ist möglich, daß das Paket nicht angekommen ist.
6 Es ist merkwürdig, daß er allein nach Europa gereist ist.
7 Das ist komisch. Er hat mich nicht gesehen.

Adverbs with *-ens*

Some adverbs may be formed from the superlative form of the adjective by adding
-ens.

frühest *frühestens* *at the earliest*
nächst *nächstens* *in the near future*

B Gebrauchen Sie die folgenden Adjektive als Adverbien und bilden Sie
  Sätze!

meist *meistens (mostly)* *Er ißt meistens allein zu Hause.*

1 nächst- . . . . *(in the near future)*
2 höchst- . . . . *(at most)*

3	frühest-	. . . .	(*at the earliest*)
4	spätest-	. . . .	(*at the latest*)
5	meist-	. . . .	(*mostly*)
6	wenigst-	. . . .	(*at least*)
7	ehest-	. . . .	(*at the soonest*)

viel, wenig, sehr

Adjectives

In the singular, *viel* and *wenig* usually do not have endings:

> Er hat viel Geld.
> Wir haben jetzt wenig Zeit.

Adjectives which follow *viel* (plural *viele*) or *wenig* (plural *wenige*) are strong; i.e. they take the endings of *dieser* words (see Appendix page 392):

> Er trinkt zuviel kalt*es* Wasser.
> Viele jung*e* Leute waren da.

Pronouns

In the singular, *viel* or *wenig* refers to things:

> Er hat viel gelesen.
> Wir haben in der Stadt wenig gesehen.

Adjectives following *viel* or *wenig* are capitalized and are strong:

> Er hat viel Gutes getan.
> Sie hat wenig Neues gehört.

Adverbs

Viel and *wenig* may be used as adverbs preceding comparatives:

> Thomas ist viel größer als seine Schwester.
> Er ist wenig älter als sie.

Sehr and *viel* are often confused by English speakers. They are equivalent to English *very* or *very much* but are not interchangeable. *Sehr* may stand alone, unlike English *very*.

> Sie liebt das Kind sehr. (She loves the child very much.)
> Ich wünsche mir so sehr, daß er kommt. (I wish so much that he would come.)
> Sie war sehr müde. (She was very tired.)

> NOTE: Sie weint viel.　　She cries a lot.　(often)
> 　　　 Sie hat sehr geweint.　She cried very much.　(strongly)

C Ergänzen Sie die Endungen, wenn nötig!

1 Wieviel ... Fleisch hast du gekauft?

2 Mein Sohn hat viel ... gut ... Freunde.

3 Hast du noch viel ... deutsch ... Geld?

4 Wir haben sehr wenig ... Bücher mitgebracht.

5 Hat das Kind in der Schule viel ... gelernt?

6 Mit so wenig ... Geld soll man keine Reise unternehmen.

7 Er ist eigentlich mit wenig ... zufrieden.

8 Von ihm habe ich wenig ... Interessant ... erfahren.

9 Ich habe in Deutschland viel ... interessant ... Tage verlebt (verbracht).

10 Trinkst du immer so viel ... kalt ... Orangensaft?

11 Ich habe zuviel ... Arbeit.

12 Wie viel ... Schüler sind in der Klasse?

13 Viel ... Gut ... kann man von ihm nicht erwarten.

14 Ich nehme sehr wenig ... Milch für meinen Kaffee.

15 Wir haben wenig ... lustig ... Filme gesehen.

D Ergänzen Sie mit *viel* oder *sehr*!

1 Er weiß ...... gut, was er tun soll.

2 Er weiß ...... mehr als ich.

3 Es regnet ....

4 Es ist ...... freundlich von Ihnen, das zu sagen.

5 Er hat mich so ...... gebeten, daß ich doch gekommen bin.

6 Ich danke ....

7 Er ist ...... reicher als du denkst.

8 Das ist ein ...... nettes Mädchen.

9 Er arbeitet ....

10 Du weißt, wie ...... er sie liebt.

11 Ich bin ...... dagegen.

12 Freust du dich auf die Reise? Ja, ...!

Anregung

1 Manche englische Wörter haben mit Gedankenaustausch zu tun, zum Beispiel: *letter, postcard, tell, say, understand*, etc.
Nennen Sie die deutschen Wörter, die damit zu tun haben!

2 Schreiben Sie einen Dialog zwischen zwei Nachbarn, die gerade herausgefunden haben, daß sie den alten Mann in *Ein Tisch ist ein Tisch* nicht verstehen können!

3 Versuchen Sie, eine neue Sprache zu erfinden!

Diskussionsthemen

1 Haben Tiere eine Sprache?

2 Wie könnte man sich ohne Lautsprache verständigen?

3 Halten Sie es für möglich, daß jemand seine Muttersprache vergißt?

4 Was halten Sie von einer Universalsprache, von einer Sprache also, die alle Menschen lernen und verstehen können?

5 Denken Sie darüber nach, wie man zu einer Universalsprache kommen könnte!

6 Welche Sprache wird am meisten in der Welt gesprochen?

7 Wie viele Menschen sprechen Englisch als Muttersprache?

8 Warum soll man Deutsch lernen?

JUGEND

Jung sein bedeutet Spiel und Sport. Jung sein bedeutet Tanz und Vergnügen. Jung sein bedeutet Fröhlichkeit° und Sorglosigkeit.° Jung sein bedeutet auch konzentriertes Lernen und ernsthaftes Denken, Zweifel,° Verbote, Enttäuschungen° und Schwierigkeiten.
5 Ist es wirklich möglich, jung und sorglos zu sein?

     Die Jugendzeit ist ein wichtiger Teil des Lebens. Sie kann einerseits als Verlängerung der Kindheit betrachtet° werden, als eine Zeit, in der das Leben meistens ruhig und ohne große Schwierigkeiten verläuft. Das Interesse an ungestörtem° Spiel steht im Vordergrund.°
10 Andrerseits ist die Jugend auch eine Periode, in der man sich auf das wirkliche Leben vorbereitet° — auf die zukünftige° Lehrzeit,° auf den späteren Beruf oder das Universitätsstudium. In dieser Vorbereitungszeit spielt die Schule eine äußerst° wichtige Rolle. In der Erinnerung erscheinen° besonders die ersten Schuljahre als fröhliche Laus-
15 bubenzeit.° Die Sorgen der Kindheit sind nicht so ernst und sind schnell vergessen. Dennoch übt die Schule als Autorität einen äußerst großen Einfluß auf die Entwicklung des jungen Menschen aus. An die strikten Regeln° und die Prüfungsängste° der späteren Schuljahre erinnert man sich sein Leben lang. Wäre es darum nicht
20 leichter, schon als Sechzehnjähriger mit dem Eintritt in einen Beruf das wirkliche Leben zu beginnen? Der Lehrling° wird bereits wie ein Erwachsener behandelt. Er kann selbst entscheiden, welchen Weg er gehen möchte. In seiner Freizeit darf er tun, was ihm gefällt. Da er jetzt Geld verdient,° kann er sich schon etwas leisten.° Der Augen-
25 blick ist gekommen, in dem er endlich sein Leben und seine Freizeit genießen kann. Bleibt er aber von Sorgen ganz verschont?°

     Eine besondere Stellung nimmt der Universitätsstudent ein. Das Studium verlängert seine Jugendzeit und führt zu einem späteren Eintritt in das wirkliche Leben. Vergleicht° man ihn mit den Gleichal-
30 trigen° im Beruf, so bleibt er vorerst noch abhängig,° besonders finanziell gesehen. Allerdings wird seine Lebensweise weder von der Universität noch von den Eltern kontrolliert. Sollte er also die Berufstätigen° um ihr unabhängiges Leben beneiden?° Oder hat der Student es in seiner Freiheit besser?

Freude/being carefree

doubt/disappointments

angesehen

ununterbrochen/fore-
ground

sich . . . vorbereitet: **sich
präpariert**/*später*/time
of apprenticeship

sehr

zeigen sich

mischievous years

rules/*Angst vor Examen*

apprentice

ausgezahlt kriegt/afford

frei

vergleicht man: **if one
compares . . .**
of the same age/dependent

die Arbeitenden/envy

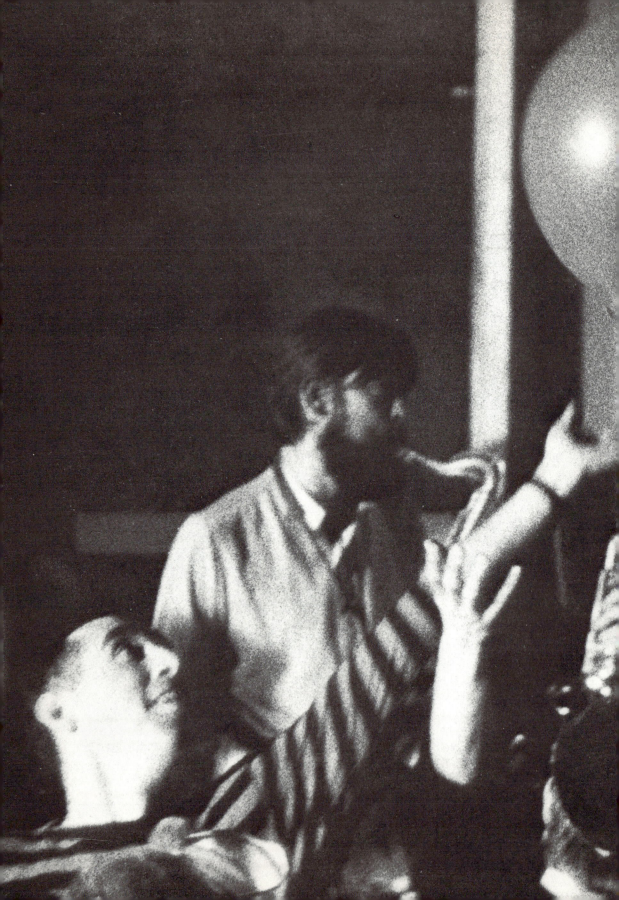

HEINRICH SPOERL: Der Stift°

pin (in doorknob)

In Deutschland sind die Schulen anders organisiert als in Amerika. Eine Schulklasse bleibt zum Beispiel vom ersten bis zum letzten Jahr für alle Fächer zusammen. Nicht die Schüler, sondern der Lehrer wechselt° jede Stunde das Klassenzimmer. Da die Schüler sich mit den

5 Jahren recht gut kennen, fangen sie gemeinsam an, ihren Lehrern Streiche° zu spielen. Besonders in den Pausen zwischen den Stunden, wenn die Schüler für einige Minuten allein sind, entstehen° die besten Pläne. Immer wieder geht es um die Frage, wie man die nächste Stunde ohne unbequeme Arbeit überstehen° könnte. Wie wäre es möglich, den

10 Unterricht° *interessanter* zu machen?

In Heinrich Spoerls Erzählung war die Sache mit dem Stift genauestens geplant. Die Schüler glaubten im voraus zu wissen, was der Lehrer tun würde. Aber nicht alles verlief, wie es geplant war. Manchmal vergessen nämlich die Schüler, daß die Lehrer auch einmal Schüler

15 waren.

changes

Tricks

werden . . . gemacht

überleben

Klassenstunde

Verstehen Sie diese Wörter und Ausdrücke?

ausführlich: sehr genau; alle Details geben / *Wir wissen alles, denn er hat einen ausführlichen Bericht geschrieben.* / *Er hat das Thema ausführlich behandelt.*

die Untersuchung (–, en): ein genaues Examen; ein Test / *Die Untersuchung des Patienten ist zu Ende.* / *Er mußte eine ärztliche Untersuchung haben.*

gleichgültig: desinteressiert; bedeutungslos / *Der junge Mann ist mir gleichgültig.* / *Es ist mir ganz gleichgültig, was er denkt.*

schlau: nicht dumm; raffiniert / *Frag doch Peter! Er studiert Mathematik und ist ein ziemlich schlauer Junge.* / *Das hat er sehr schlau gemacht.*

merkwürdig: verwunderlich; komisch / *Sie benimmt sich so merkwürdig. Ich verstehe sie nicht.* / *Er ist ein merkwürdiger Mensch; er macht nur dumme Sachen.*

unvorsichtig: gedankenlos handeln / *Seien Sie nicht so unvorsichtig! Passen Sie auf, daß Sie nicht fallen!* / *Ich möchte sie nicht allein fahren lassen. Sie ist immer so unvorsichtig.*

fortfahren (ä; u, a): etwas weiter tun; wieder damit beginnen / *Fahren Sie fort, die Geschichte zu lesen!* / *Lassen Sie mich fortfahren! Warum unterbrechen Sie mich immer?*

der Unterricht (s, Plural selten): bei einem Lehrer lernen / *Der Deutschunterricht beginnt um acht Uhr.* / *Meine Kinder haben täglich sechs Stunden Unterricht.*

kauen: mit den Zähnen zerkleinern; essen / *Man soll das Essen gut kauen.* / *Er hat nichts zu tun. Deshalb kaut er wieder an dem Bleistift.*

schonen: gut behandeln; an seine Gesundheit denken / *Der alte Mann darf nicht arbeiten. Er muß seine Gesundheit schonen.* / *Das Kind soll abends nicht soviel lesen. Es soll die Augen schonen.*

Der Stift

Eine Türklinke° besteht° aus zwei Teilen, einem positiven und einem negativen. Sie stecken ineinander, der kleine wichtige Stift hält sie zusammen. Ohne ihn zerfällt° die Herrlichkeit.

Auch die Türklinke an der Obertertia° ist nach diesem bewährten° Grundsatz° konstruiert.

Als der Lehrer für Englisch um zwölf Uhr in die Klasse kam und mit der ihm gewohnten° konzentrierten Energie die Tür hinter sich schloß, behielt er den negativen Teil der Klinke in der Hand. Der positive Teil flog draußen klirrend° auf den Gang.°

Mit dem negativen Teil kann man keine Tür öffnen. Die Tür hat nur ein viereckiges° Loch.° Der negative Teil desgleichen.°

Die Klasse hat den Atem° angehalten und bricht jetzt in unbändige° Freude aus. Sie weiß, was kommt. Nämlich römisch° eins: Eine ausführliche Untersuchung, welcher schuldbeladene° Schüler den Stift herausgezogen hat. Und römisch zwei: Technische Versuche, wie man ohne die Klinke die Tür öffnen kann. Damit wird die Stunde herumgehen.

Aber es kam nichts. Weder römisch eins noch römisch zwei. Professor Heimbach war ein viel zu erfahrener Pädagoge,° um sich ausgerechnet° mit seiner Obertertia auf kriminalistische Untersuchungen und technische Probleme einzulassen.° Er wußte, was man erwartete, und tat das Gegenteil:

„Wir werden schon mal wieder herauskommen", meinte er gleichgültig. „Matthiesen, fang mal an. Kapitel siebzehn, zweiter Absatz."°

Matthiesen fing an, bekam eine drei minus.° Dann ging es weiter; die Stunde lief wie jede andere. Die Sache mit dem Stift war verpufft.°

Aber die Jungen waren doch noch schlauer. Wenigstens einer von ihnen. Auf einmal steht der lange Klostermann auf und sagt, er muß raus.

„Wir gehen nachher alle."

Margin glossary:

door handle/besteht aus: hat

fällt auseinander

fünfte Klasse der höheren Schule/bewiesen Prinzip

gewöhnlich

hart klingelnd/Korridor

rectangular/Öffnung/ das gleiche breath

sehr große/Roman numeral

schuldig

Lehrer

gerade

sich . . . einzulassen: to engage in

paragraph

3 = satisfactory

petered out

Er muß aber trotzdem.

„Setz dich hin!"

Der lange Klostermann steht immer noch; er behauptet, er habe Pflaumenkuchen° gegessen und so weiter.

5   Professor Heimbach steht vor einem Problem. Pflaumenkuchen kann man nicht widerlegen.° Wer will die Folgen° auf sich nehmen?

Der Professor gibt° nach. Er stochert° mit seinen Hausschlüsseln in dem viereckigen Loch an der Tür herum. Aber keiner läßt sich hineinklemmen.°

10   „Gebt mal eure Schlüssel her." Merkwürdig, niemand hat einen Schlüssel. Sie krabbeln° geschäftig in ihren Hosentaschen und feixen.°

Unvorsichtigerweise feixt auch der Pflaumenkuchenmann. Professor Heimbach ist Menschenkenner. Wer Pflaumenkuchen gegessen hat und so weiter, der feixt nicht.

15   „Klostermann, ich kann dir nicht helfen. Setz dich ruhig hin. Die Rechnung kannst du dem schicken, der den Stift auf dem Gewissen° hat. — Kebben, laß das Grinsen und fahr fort."

Also wieder nichts.

Langsam, viel zu langsam, wird es ein Uhr. Es schellt.° Die
20 Anstalt° schüttet° ihre Insassen° auf die Straße. Die Obertertia wird nicht erlöst.° Sie liegt im dritten Stock am toten Ende eines langen Ganges.

Professor Heimbach schließt den Unterricht und bleibt auf dem Katheder.° Die Jungen packen ihre Bücher. „Wann können wir
25 gehen?" — „Ich weiß es nicht. Wir müssen eben warten."

Warten ist nichts für Jungen. Außerdem haben sie Hunger. Der dicke Schrader hat noch ein Butterbrot und kaut schon mit vollen Backen;° die anderen kauen betreten° an ihren Bleistiften.

„Können wir nicht vielleicht unsere Hausarbeiten machen?"

30   „Nein, erstens werden Hausarbeiten, wie der Name sagt, zu Hause gemacht. Und zweitens habt ihr fünf Stunden hinter euch und müßt eure zarte° Gesundheit schonen. Ruht euch aus; meinethalben° könnt ihr schlafen."

Schlafen in den Bänken hat man genügend° geübt. Es ist wunder-
35 voll. Aber es geht nur, wenn es verboten ist. Jetzt, wo es empfohlen wird, macht es keinen Spaß und funktioniert nicht.

Eine öde° Langeweile° kriecht° durch das Zimmer. Die Jungen dösen.° Der Professor hat es besser: er korrigiert Hefte.

Kurz nach zwei kamen die Putzfrauen, die Obertertia konnte nach
40 Hause, und der lange Klostermann, der das mit dem Stift gemacht hatte und sehr stolz darauf war, bekam Klassenhiebe.°

Zwetschgenkuchen

refute/consequences

gibt nach: **gives in/***bohrt herum*

squeeze in

grope/*grinsen*

conscience

läutet
*Schule/***pours out/***Leute in einem Gebäude*
befreit

Podium

cheeks/*unglücklich*

tender/*ich habe nichts dagegen*

genug

*leer/***boredom/***creeps*
schlafen halb

wurde von den Schülern geschlagen

Fragen

1 Warum konnte der Professor die Tür nicht aufmachen?
2 Was erwarten die Schüler unter römisch I?
3 Was erwarten sie unter römisch II?
4 Wie enttäuscht Professor Heimbach seine Schüler?
5 Hat Klostermann wirklich Pflaumenkuchen gegessen?
6 Warum weiß Professor Heimbach, daß Klostermann nicht wirklich rausgehen muß?
7 Verläuft die Stunde anders als gewöhnlich?
8 Warum wollen die Schüler nicht länger im Klassenzimmer bleiben?
9 Warum essen sie nichts?
10 Warum dürfen sie die Hausaufgaben nicht machen?
11 Was macht der Professor die ganze Zeit?
12 Wer hat die Klasse aus dem Zimmer rausgelassen?
13 Was machten die Schüler mit Klostermann?

Verwandte Wörter

Ergänzen Sie:

ausführlich *die Ausführlichkeit (–, en) eine bestimmte Genauigkeit*

Er soll es uns in aller . . . . . . erklären.
Schreiben Sie uns bitte . . . . . ., was wir machen sollen.

die Untersuchung *untersuchen genau nachsehen*

Der Arzt . . . . . . den Patienten genau.
Die . . . . . . durch den Arzt war sehr ausführlich.

gleichgültig *die Gleichgültigkeit desinteressierte Art und Weise*

Man kann diese schöne Landschaft nicht mit . . . . . . anschauen.
Das Mädchen ist ihm nicht . . . .

unvorsichtig *vorsichtig mit Überlegung handeln
die Vorsicht die Überlegung*

Man muß immer . . . . . . sein, damit man nichts kaputtmacht.
Er hat einen Unfall gehabt, weil er so . . . . . . gefahren ist.
Er handelt immer mit . . . .

der Unterricht *unterrichten lehren*

Wir nehmen . . . . . . in Chemie und Biologie.
Herr Krause . . . . . . schon sechs Jahre Deutsch an dieser Schule.

schonen   *die Schonung   die vorsichtige Behandlung*

Das arme Kind war lange krank. Es braucht jetzt erst einmal . . . .
Du hast in der letzten Zeit zuviel gearbeitet. Du sollst dich etwas . . . .
Der Körper des Patienten braucht . . . .

Wortschatzübung

Ergänzen Sie:

> ausführlich, fortfahren, gleichgültig, kauen, merkwürdig, schlau, schonen,
> Unterricht, untersuchen, unvorsichtig, vorsichtig

1   Ich möchte alle Details hören. Erzählen Sie alles . . . .
2   Der Junge ist gar nicht so dumm. Er ist sehr . . . .
3   Er ist wirklich ein komischer Mensch. Er benimmt sich immer so . . . .
4   Passen Sie doch etwas mehr auf! Seien Sie nicht immer so . . . . . . !
5   Der Lehrer gibt . . . . . . in Geographie.
6   Das Brot ist zu alt. Man kann es kaum . . . .
7   Er interessiert sich für nichts. Ihm ist alles . . . .
8   Er treibt den ganzen Tag Sport. Das ist zuviel. Er soll sich mehr . . . .
9   Wenn Sie sich nicht wohl fühlen, sollten Sie sich vom Arzt . . . . . . lassen.
10 Er überlegt alles zehnmal, ehe er handelt. Er ist ein . . . . . . Mensch.
11 Laß dich nicht stören! . . . . . . in deiner Geschichte . . . . . . !

Satzbildung

Bilden Sie Sätze im Imperfekt!

1   als / Lehrer / schließen / Tür // er / behalten / Klinke / in d- Hand
2   Klasse / erwarten / ausführlich- Untersuchung // aber / Professor / tun /
    Gegenteil
3   Professor Heimbach / können / nicht helfen / Klostermann // und / er /
    müssen / sich hinsetzen / wieder
4   Schüler / fortfahren / übersetzen
5   Schüler / dürfen / nicht machen / Hausarbeiten // denn / sie / müssen /
    schonen / ihr- Gesundheit

Diskussionsthemen

1   Welche Unterschiede gibt es zwischen deutschen und amerikanischen
    Schulen?
2   Was hätten Sie — als Lehrer — in der gegebenen Situation getan?

A. BOCKENHEIMER: Das letzte Jahr in der Schule und Der letzte Tag in der Schule

Warum machen nur so wenige Schülerinnen und Schüler in Deutschland das Abitur? Vielleicht ist das schwierige Jahr vor der Abschlußprüfung der Grund dafür. Nach dreizehn Schuljahren soll man sein Wissen in allen Fächern° beweisen, die man bis zur letzten Klasse gehabt hat:

5 Deutsch, Fremdsprachen,° Geographie, Geschichte, Kunstgeschichte, Zeichnen,° Musik, Religion, Mathematik, Physik, Chemie, Biologie und Sport. Dabei werden nicht nur die Schüler, sondern auch die Lehrer auf eine harte Probe° gestellt. Weder Studienreisen noch Parties, Theateraufführungen oder Ferien können die große Nervosität

10 eindämmen.°

Endlich ist der letzte Tag da. Die schriftlichen° Prüfungen sind längst vorbei. Wenn nur der mündliche° Teil erst überstanden wäre. Dann hätte man es geschafft.° Auf diesen Augenblick warten alle deutschen Abiturienten.°

° subjects
° andere Sprachen
° drawing

° Test

° lessen, check
° geschriebene
° gesprochene
° erreicht
° Schüler

Verstehen Sie diese Wörter und Ausdrücke?

fort: weg; entfernt / *Als ich nach Hause kam, war er schon fort.* / *Als ich ins Auto stieg, bemerkte ich, daß meine Brieftasche fort war.*

wert: wichtig; lieb; teuer / *Berlin ist eine Reise wert.* / *Dieser Ring ist sicher viel Geld wert.*

sich erholen: sich ausruhen / *Nach dieser vielen Arbeit sollte er sich einmal ausruhen und sich richtig erholen.* / *Der Urlaub an der See war großartig. Wir haben uns sehr gut erholt.*

böse: zornig; schlecht; krank / *Während des Krieges gab es böse Zeiten.* / *Er ist leider böse auf mich.*

die Prüfung (–, en): der Test; das Examen / *Ehe er an der Universität studieren durfte, mußte er eine Prüfung bestehen.* / *Jeden Freitag schreiben wir eine Prüfung in Physik.*

schrecklich: furchtbar; sehr schlecht / *Die Unfallstelle bot einen schrecklichen Anblick.* / *Ich habe heute schrecklich viel zu tun.*

egal: gleich; gleichmäßig; gleichgültig / *Die beiden Strümpfe sind nicht ganz egal. Der eine ist hellblau, der andere ist etwas dunkler.* / *Ich will nichts mehr davon hören. Mir ist jetzt ganz egal, was er tut.*

sich vorbereiten: vorher fertigmachen; präparieren / *Auf diese Frage war sie nicht vorbereitet.* / *Ich habe jetzt wenig Zeit; ich muß mich noch auf das Examen vorbereiten.*

das Gedächtnis (ses, se): die Fähigkeit, sich etwas zu merken und sich später daran zu erinnern / *Ich habe kein gutes Gedächtnis für Namen.* / *Er hat ein fantastisches Gedächtnis.*

malen: etwas in Farbe wiedergeben; ein Bild schaffen / *Ich male am liebsten mit Pastellfarben.* / *Sie hat ein buntes Bildchen gemalt.*

Das letzte Jahr in der Schule

Fast 13 Jahre lang drücken° die deutschen Abiturienten des Jahrgangs° 19— schon die Schulbank. Jetzt geht es in den Endspurt. Das mündliche° Abitur beginnt in ein paar Wochen. Die Schüler haben während der letzten Monate viele Arbeiten für das schriftliche Abitur geschrie-
5 ben. Angela aus Frankfurt schreibt uns, wie das war.

*drücken . . . die Schulbank: **zur Schule gehen**/class*

gesprochene

2. September

Die Sommerferien sind vorbei, und das Abitur steht vor der Tür. Die Lehrer sind nervös. Sie warnen uns vor viel Arbeit und schwierigen Aufgaben. Privatleben—genauer gesagt: Freunde und Partys—das gibt es in den nächsten Monaten nicht mehr. So warnen die Lehrer. Und
10 wir wünschen uns alle weit fort. Also planen wir eine Reise nach Wien.

6. September

Hurra! Es geht los! Um 7.40 Uhr brausen° wir mit dem D-Zug° nach Österreich. Es ist eine Studienreise, denn man reist so kurz vor dem Abitur nicht mehr zum Spaß. Ob Studienreise oder nicht—ein paar
15 Tage keine Mathematik, kein Englisch—das ist die Reise wert.

eilen/Durchgangszug (express train)

18. September

Die Studienreise ist längst vorbei. Die Lehrer mahnen° jeden Tag: „Ihr müßt für das Abitur lernen!" Aber wir finden neun Monate sind noch eine lange Zeit. Das sind noch 270 Tage, noch 6480 Stunden—da kann man noch viele Partys feiern.°

warnen

genießen

6. Oktober

20 Wir wollen im November ein Theaterstück aufführen, eine Komödie von Kotzebue.° Spaß muß sein!

Dramatiker

23. Oktober

Nun sind endlich Herbstferien. Wir haben sie nötig. Die letzte Eng-
lischarbeit war eine Katastrophe. Wir müssen uns von dem Schock
erholen. Außerdem müssen wir unsere Rollen für das Theaterstück
lernen.

8. November

5 Die Aufführung gestern war ein toller Erfolg.° Das Publikum war   *positives Resultat*
begeistert. Nur die Lehrer machten böse Gesichter.

2. Dezember

Heute hören wir, daß wir unser Sport-Abitur schon am 21. Januar
machen müssen. Nun turnen° wir den ganzen Tag.   *Gymnastik treiben*

12. Januar

Erster Schultag nach den Weihnachtsferien. Wir sind vom Skifahren
10 fit und turnen wieder.

21. Januar

Heute ist also der wichtige Tag. Sport-Abitur! Um 9.00 Uhr stehen wir
alle in schwarzen Trikots° vor den Prüfern.° Nach ein paar ernsten   *tights/jemand, der prüft*
Worten turnen° wir vor. Wir sind natürlich alle nervös, aber es geht   *turnen . . . vor:* **Turnübungen**
alles gut.   **öffentlich zeigen**

13. Februar

15 Wir lernen, wirklich. Tag für Tag.

25. Februar

Wir lernen noch immer, allerdings nicht unbedingt für das Abitur.
Viele von uns studieren jetzt Verkehrszeichen statt Chemie oder
Deutsch, denn wir lernen Autofahren.

16. März

Heute morgen sind wir alle blaß. Ich glaube, letzte Nacht hat keiner
20 von uns gut geschlafen. Heute beginnt das schriftliche Abitur. Das   *Stückchen Papier mit*
heißt Arbeiten schreiben — ohne Spickzettel,° ohne Wörterbücher und   *Notizen*
andere Hilfsmittel.° Wir warten zitternd.° Der Raum ist kahl.° Die   *Hilfe/trembling/bare*
Tische stehen weit auseinander, damit wir nicht abschreiben° können.   *vom Nachbarn abschreiben*
Ein Lehrer kontrolliert unsere Aktentaschen.° Es darf kein Buch darin   *Tasche für Bücher, Hefte,*
25 sein, nur unser Frühstück. Der Direktor öffnet ernst den Umschlag und   *usw.*
liest die Themen vor. Wir haben fünf Stunden Zeit für die Arbeit. In
diesen fünf Stunden hört man seltsame Geräusche:° Seufzen,° das   *Töne/sighing*
Knallen° von Cola-Flaschen und natürlich das Kratzen° der Federn.°   *popping/scratching/Füller*
So geht das nun eine ganze Woche lang!

19. März

Heute ist der schrecklichste Tag. Wir zittern alle. Heute schreiben wir die Mathematikarbeit. Ein paar Schüler geben dem Lehrer die Arbeit nach zwei Stunden. Sie wissen, daß sie schlecht in Mathematik sind. Sie wissen, es hat keinen Sinn. Sie gehen in ein Café und trinken einen
5 starken Kaffee, denn sie müssen sich von dem Schreck erholen.

20. März

Heute schreiben wir die letzte Arbeit, einen französischen Aufsatz über *Antigone*° von Jean Anouilh.°

    Endlich ist diese schreckliche Woche vorbei. In zwei Tagen beginnen die Osterferien. In zehn Wochen beginnt das mündliche
10 Abitur.

Drama/französischer Dramatiker

Der letzte Tag in der Schule

8. Mai

Vor sieben Wochen schrieben wir die letzte Abitursarbeit. Heute morgen um 8.00 Uhr kam unsere Direktorin ins Klassenzimmer und sagte uns die Resultate. Wir waren alle sehr nervös. Manche Schüler stöhnten,° andere freuten sich, ein paar waren wütend und schimpften
15 auf die Lehrer. Die Direktorin blieb ganz ruhig und sagte: „Die mündliche Prüfung findet am 3. Juni statt." Wir waren plötzlich alle still. Niemand stöhnte, lachte oder schimpfte mehr.

groaned

3. Juni

Der 3. Juni war ein heißer, schöner Sommertag. Aber das war uns egal. Wir saßen im Klassenzimmer und warteten. Die Mädchen trugen alle
20 neue Kleider und sahen sehr hübsch aus. Aber das war uns heute auch egal. Die Mütter hatten uns Sandwiches und Kuchen eingepackt. Aber niemand aß etwas. Wir waren alle zu nervös. Ein Schüler nach dem anderen ging in das Prüfungszimmer. Plötzlich hörte ich meinen Namen. Ich bekam mein Thema. Es war die Photosynthese. Ich durfte
25 mich 20 Minuten lang darauf vorbereiten. Das ist nicht viel Zeit, wenn der Kopf vor Nervosität ganz leer ist. Dann rief man mich ins Prüfungszimmer. Die Lehrer sahen mich mit ernsten Gesichtern an. Ich wäre gern wieder hinausgelaufen. Aber der Prüfer rief mich an die Tafel. Ich nahm automatisch die Kreide in die Hand, sah den Schwamm°
30 und dachte sofort: „Der Waldboden ist wie ein Schwamm. Er saugt° die Feuchtigkeit° auf . . ." Das gehört nicht hierher. Ich war hier, um über die Photosynthese zu reden. Irgendwo in meinem Gedächtnis tauchten° endlich ein paar Formeln auf. Ich begann zu reden und an die

sponge

saugt . . . auf: **nimmt auf**

leichte Nässe

tauchten . . . auf: **waren plötzlich da**

Tafel zu schreiben. Der Prüfer stellte eine Frage. Ich antwortete. Ein Lehrer nickte.° Der Prüfer stellte noch eine Frage. Ich redete, bis mein Mund ganz trocken war. Endlich sagte der Prüfer: „Danke, das ist genug." Ich durfte gehen. Draußen klopften mir die anderen auf die Schulter. Mein Klassenlehrer lobte° mich. Jetzt wußte ich, daß ich das Abitur bestanden hatte.

senkte den Kopf

praised

Ich hatte plötzlich großen Hunger und aß vier Sandwiches und zwei Stückchen Kuchen. Die anderen aßen auch. Die letzten Schüler kamen aus dem Prüfungszimmer und ein paar Minuten später kamen auch die Lehrer. Sie gratulierten uns. Wir hatten das Abitur alle bestanden und durften die Schule auf immer verlassen.

Zum letzten Mal rannten wir in den Zeichensaal,° malten *Abitur* in großen Buchstaben auf Pappe° und Zeichenpapier. Wir klebten° die Schilder an die Autos von ein paar Schülern und fuhren laut hupend° durch die stillen Straßen unserer kleinen Stadt. Wir fanden das sehr lustig, aber die Polizei nicht. Sie gab uns an Ort und Stelle einen Strafzettel.° Aber das war uns auch egal.

art room
cardboard/pasted
honking

traffic ticket

Fragen

1 Wie viele Jahre muß man die Schulbank drücken, ehe man das Abitur machen darf?
2 Warum sollen die Schüler nicht mehr an Parties und Freunde denken?
3 Wohin machten sie eine Studienreise?
4 Warum machten die Lehrer böse Gesichter, als sie das Theaterstück von Kotzebue sahen?
5 Wie verbrachten die Schüler die Weihnachtsferien?
6 Was studierten manche Schüler statt Chemie oder Deutsch?
7 Warum kontrolliert ein Lehrer die Aktentaschen vor dem schriftlichen Abitur?
8 Wie lange dauerte die erste schriftliche Prüfung?
9 Welche Geräusche hörte man im Raum?
10 Warum gaben einige Schüler ihre Mathematikarbeit schon nach zwei Stunden zurück?
11 Wieviel Zeit hatte man zwischen dem schriftlichen und dem mündlichen Abitur?
12 Warum waren die meisten Schüler vor der mündlichen Prüfung so nervös?
13 Welches Thema bekam der Schreiber des Artikels zur mündlichen Prüfung?
14 Warum malten die Abiturienten das Wort *Abitur* auf Schilder und Autos?
15 Wie fuhren die Schüler durch die Straßen?

Verwandte Wörter

Ergänzen Sie:

> wert   *der Wert (es, e)*   *der Preis; die Bedeutung*
> *wertvoll*   *von hohem Wert*

Dieses Bild ist wenigstens 200 Mark . . . .
Deine Erklärung ist sehr . . . . Jetzt verstehe ich diese Sache viel besser.
Das Geldstück hat keinen besonderen . . . . . . ; es ist fast wertlos.

> sich erholen   *die Erholung (–, en)*   *der Ferienaufenthalt; eine*
>   *Ruheperiode*

In deinen Ferien solltest du aber verreisen. Zu Hause hast du doch nicht die
richtige . . . .
Er hat sich in den Bergen wirklich gut . . . .

> böse   *boshaft*   *schadenfroh; gemein*
>   *die Bosheit*   *die Gemeinheit; die Schadenfreude*

Er tut das aus reiner . . . . Er sollte sich schämen!
Sei doch nicht immer so . . . .

> die Prüfung   *prüfen*   *kontrollieren; untersuchen*
>   *der Prüfer (s, –)*   *jemand, der prüft*
>   *der Prüfling (s, e)*   *jemand, der geprüft wird*

Beim Abitur ist der Lehrer der . . . . . . und der Schüler ist der . . . .
Würden Sie bitte diesen Geldschein auf seine Richtigkeit . . . . . . ?
Der Schüler hat die . . . . . . nicht bestanden.

> schrecklich   *der Schrecken (s, –)*   *die plötzliche Angst; der*
>   *Schock*
>   *erschrecken*   *jemanden ängstigen*

Habe ich dich . . . . . . ? Das tut mir leid, ich habe dich nicht kommen sehen.
Den . . . . . . dieser Stunde werde ich nie vergessen.
Er führte ein . . . . . . Leben.
Man soll kleine Kinder nicht . . . .

> (sich) vorbereiten   *die Vorbereitung (–, en)*   *die Präparation*

Die Krankenschwester soll jetzt den Patienten für die Operation . . . .
Die . . . . . . für die Staatsprüfung wird Monate dauern.

> malen   *der Maler (s, –)*   *jemand, der malt*

Dieses Gemälde wurde von einem ganz berühmten . . . . . . geschaffen.
Albrecht Dürer hat viele schöne Bilder . . . .

Wortschatzübung

Ergänzen Sie:

> böse, egal, sich erholen, fort, Gedächtnis, malen, Prüfung, schrecklich, sich vorbereiten, wert

1 Er darf das jetzt noch nicht tun. Er muß sich erst richtig darauf . . . .
2 Das war wirklich ein . . . . . . Unfall.
3 Ich habe für Zahlen einfach kein . . . .
4 Dieses Bild finde ich großartig. Wer hat es . . . . . . ?
5 Hast du dich schon auf den Besuch aus Deutschland . . . . . . ?
6 Sei doch nicht immer so . . . . . . !
7 Diese Sammlung ist sicher nicht viel . . . .
8 Ich will nichts mehr über ihn hören. Was ihm passiert, ist mir völlig . . . .
9 Diese Gegend ist wirklich nicht sehr schön. Nur bald wieder . . . . . . von hier.
10 Du siehst wieder gesund aus. Hast du dich gut . . . . . . ?
11 Ich arbeite jetzt für die . . . . . . , denn ich möchte diese Klasse nicht wiederholen.

Satzbildung

Bilden Sie Sätze im Perfekt!

1 kurz vor d- Abitur / Schüler / machen / Studienreise
2 i- November / sie / aufführen / Theaterstück
3 viel- Schüler / studieren / Verkehrszeichen / statt / Chemie
4 bei d- schriftlich- Abitur / Direktor / vorlesen / Themen
5 sie / erfahren / bald // daß / sie bestehen / d- mündlich- Abitur

Diskussionsthemen

1 Was halten Sie von dem Abitur?
2 Was halten Sie von schriftlichen und mündlichen Prüfungen?
3 Gibt es eine bessere Möglichkeit, jemand auf sein Wissen zu prüfen?

Anregung

Setzen Sie eine Abiturprüfung in Szene! Sie und Ihre Klassenkameraden sind die Prüflinge, die Prüfer und das Lehrerkollegium. Gebrauchen Sie nur die deutsche Sprache und wählen Sie allgemeine, leichte Themen!

Repertoire — Tischtennis — Gelähmt

Jede Altersgruppe muß mit ihren Problemen selbst fertig werden.
Nicht immer bringen das Ende der Schulzeit und der Eintritt in das
Berufsleben die lang ersehnte° Freiheit. Was bedeutet es eigentlich,
„frei" zu sein? Wie hatte man es sich doch als Schüler so herrlich
5 vorgestellt,° keine Hausaufgaben mehr machen zu müssen! Man würde
dann als Erwachsener angesehen werden. Als Lehrling könnte man
schon seine eigenen Entscheidungen treffen.° Man könnte tun und
lassen, was man wollte!

    Wie sieht das Leben eines Lehrlings wirklich aus? Wer hätte
10 früher geglaubt, daß Freizeit langweilig° sein könnte? Man möchte
etwas mit seinen Abenden anfangen. Aber was und mit wem? Vielleicht
könnte man sich für Musik und Musizieren, Sport und Spiel, Tanz,
Theater oder Kino interessieren. Erst wenn man sich entschieden hat,
was man vom Leben erwartet, wird man mit sich selbst und seinem
15 Leben zufrieden sein.

herbeigewünscht

sich . . . vorgestellt: **sich gedacht**

machen

nicht interessant

Verstehen Sie diese Wörter und Ausdrücke?

wöchentlich: jede Woche / *Wir treffen uns dreimal wöchentlich.* / *Die Detroiter Abendpost wird zweimal wöchentlich geschickt.*

kürzlich: vor gar nicht langer Zeit / *Kürzlich haben wir einen Beat-Wettbewerb mitgemacht.* / *Wir haben diesen Bericht erst kürzlich gelesen.*

aufmerksam: konzentriert; nett sein / *Man ist auf unsere Band aufmerksam geworden.* / *Er ist immer sehr aufmerksam.*

probieren: nur etwas davon essen, trinken, usw., um zu erfahren, ob es gut ist; versuchen / *Dieser Moselwein soll sehr gut sein. Probiere ihn einmal! / Probieren geht über Studieren.*

der Feierabend (s, e): das Arbeitsende eines Tages; mit der Arbeit aufhören / *Nach acht Stunden Arbeit freut man sich auf den Feierabend.* / *Nun ist aber Schluß. Jetzt machen wir Feierabend!*

die Unterhaltung (–, en): das Gespräch; etwas, was einen amüsiert / *Auf der Party kam eine gute Unterhaltung zustande.* / *Von diesem Roman lernt man nichts; er ist nur zur Unterhaltung geschrieben.*

die Beschäftigung (–, en): der Job; was man tut / *Er sucht eine passende Beschäftigung.* / *Lesen ist seine Lieblingsbeschäftigung.*

seltsam: merkwürdig; wunderlich; komisch / *Ich habe keine Angst, aber ich habe ein seltsames Gefühl.* / *Da stimmt doch etwas nicht. Das kommt mir seltsam vor.*

langweilig: ermüdend; uninteressant / *Lade nur nicht Müllers zum Kaffee ein. Das ist ja eine ganz langweilige Gesellschaft.* / *Seine Rede war sehr langweilig; ich bin fast eingeschlafen.*

selten: sehr wenig; außergewöhnlich / *Er ist Philatelist; er sammelt seltene Briefmarken.* / *Seitdem Paul auf die andere Schule geht, sehen wir uns nur noch sehr selten.*

Repertoire

Als Gitarrist in einer Beat-Band treffe° ich mich mit meinen Freunden
drei- bis viermal wöchentlich. Wenn man am Ball bleiben will, muß
man sein Repertoire ständig° ergänzen. Kürzlich haben wir bei einem
öffentlichen Beat-Wettbewerb mitgemacht. Wenn wir auch keinen
5 Preis gewonnen haben, so ist man doch auf uns aufmerksam geworden.
Wir probieren jetzt einen neuen Sound, und wenn der ankommt,°
bleiben° die Engagements nicht aus. Trotzdem soll unsere Musik nur
unser Hobby bleiben. Wir haben schon viele Freunde gewonnen, und
die Mädchen sind wie wild hinter uns her. Weil wir unsere Musik sehr
10 ernst nehmen, bleibt uns zu einer anderen Beschäftigung nach Feierabend keine Zeit mehr . . .

Peter F., 17 Jahre
kaufmännischer Lehrling°

treffe . . . mich: **komme zusammen**

immer

ein Hit ist
bleiben . . . aus: **kommen nicht**

apprentice in commerce or trade

Tischtennis

Ich wohne in einem Jugendheim und bin Mitglied° der Gewerkschafts-
15 jugend.° Im Haus haben wir alles, was man zur Unterhaltung braucht.
Wenn man müde von der Arbeit kommt, steht° einem der Sinn nicht
nach anstrengender° Freizeitbeschäftigung. Ich spiele gern Tischtennis
und gelegentlich° auch mal einen Skat.° Samstags oder sonntags gehe
ich regelmäßig ins Kino. Wenn ich ein Mädchen dabei habe, gehen wir
20 anschließend° noch in ein Gasthaus ein Bier trinken. Aus° Tanzen
mache ich mir nicht viel.

Peter B., 18 Jahre
Metallarbeiter

member
youth group of the union
steht . . . nach: **denkt man nicht an**
ermüdend
manchmal/ein Kartenspiel

gleich danach/aus . . . viel: **Tanzen gefällt mir nicht**

Gelähmt°

lame

Es geht° oft seltsam zu auf der Welt. Man sitzt am Arbeitsplatz und guckt° hundertmal auf die Uhr, wenn man eine Arbeit vor sich hat, die einem nicht so gefällt. Man macht Pläne für den Feierabend. Verläßt° man dann das Büro, sind die guten Vorsätze° wieder vergessen. Man

5 trödelt° nach Hause, beschwert° sich bei der Mutter, wenn das Essen nicht gleich auf dem Tisch steht und läßt° an den Geschwistern seine schlechten Launen aus. Dann ärgert man sich über das Fernsehprogramm, weil man es als zu langweilig empfindet.° Im Bett schließlich ärgert man sich über sich selbst, daß man wieder einen Tag sinnlos

10 vertan° hat. Doch seit einiger Zeit sind die leeren Tage für mich selten geworden. Peter, mein Arbeitskamerad, und ich haben einen neuen Freund gefunden. Er heißt Harald und ist querschnittgelähmt°...

Karl B., 19 Jahre
Versicherungskaufmann°

geht . . . zu: *geschieht*

blickt

if one leaves . . .

Pläne

geht langsam/beschwert sich: **complains**
läßt . . . aus: **takes out his bad mood on his brothers and sisters**
spürt

wertlos verbracht

paralyzed

insurance salesman

Fragen

Repertoire

1 Wie oft spielen die Mitglieder der Band zusammen?
2 Welches Instrument spielt der Lehrling Peter F.?
3 Hat die Band kürzlich einen Preis gewonnen?
4 Was erwarten die Musiker von dem neuen Sound, den sie probieren?
5 Möchten die jungen Leute Berufsmusiker werden?
6 Warum haben sie keine freie Zeit nach Feierabend?
7 Was halten die Mädchen von der Musik und den Musikern?

Tischtennis

1 Wo wohnt Peter B.?
2 Womit beschäftigt sich Peter in der Freizeit?
3 Warum möchte er nicht zuviel nach Feierabend unternehmen?
4 Wohin gehen Peter und seine Freunde nach der Kinovorstellung?
5 Was denkt Peter über das Tanzen?

Gelähmt

1 Wann vergeht dem jungen Mann die Zeit so langsam?
2 Worüber beschwert sich Karl zu Hause?
3 Warum ärgert man sich über das Fernsehprogramm?
4 Warum ärgert Karl sich über sich selbst?
5 Was ist los mit Harald?
6 Was ist ein Arbeitskamerad?
7 Wie kann man sich interessant beschäftigen?

Verwandte Wörter

Ergänzen Sie:

aufmerksam   *die Aufmerksamkeit (–, en)*   *die Freundlichkeit*

In der Schule soll man ...... sein.
Die Blumen waren nur eine kleine ....

der Feierabend   *feiern*   *nicht arbeiten; ein Fest halten*
                  die Feier (–, n)   *das Fest*
                  der Feiertag (es, e) *der Festtag; ein arbeits- oder schul-
                                          freier Tag*

Zu Weihnachten haben die Deutschen immer zwei ....
Ich bin zu einer kleinen ...... eingeladen.
Jetzt machen wir aber ......! Es ist schon 5 Uhr.
Werden Sie Ihren Geburtstag zu Hause ......?

die Unterhaltung	sich unterhalten (ä; ie, a)	miteinander reden; sich amüsieren
	jemanden unterhalten	sich mit jemandem beschäftigen

Die Kapelle hat uns nett . . . .
Bitte, ... Sie unseren Gast, bis ich zurückkomme!
Ich wünsche Ihnen gute . . . . . . !
Wir haben uns über das neue Theaterstück . . . .

die Beschäftigung	sich beschäftigen	Arbeit finden; eine Aufgabe erfüllen
	beschäftigt sein	Arbeit haben; etwas zu tun haben

Um gesund zu werden, muß er eine tägliche . . . . . . haben.
Ich kann dir leider nicht helfen; ich bin im Moment sehr . . . .
Die Polizei . . . . . . sich mit dieser Affäre.
Seine . . . . . . als Verkäufer hat ihn nicht ausgefüllt.

langweilig	sich langweilen	nicht wissen, was man tun soll
	die Langeweile	wertlose Zeit; das Nichtbeschäftigtsein

Die Landschaft war nicht schön. Keine Berge, keine Seen, nur flaches Land, richtig

. . . .

Ich werde mich wieder schrecklich . . . .
Hier ist immer was los. Bei uns gibt es keine . . . .
Ich bin sicher, seine Rede ist wieder sehr . . . .

Wortschatzübung

Ergänzen Sie:

> aufmerksam, Beschäftigung, Feierabend, kürzlich, langweilig, probieren, selten, seltsam, Unterhaltung, wöchentlich

1 Er hat viel gelernt, denn er war sehr . . . .
2 Das ist genug für heute. Machen wir . . . . . . !
3 In der Welt geht es oft . . . . . . zu.
4 Ich möchte Sie darauf . . . . . . machen, daß ich den Brief noch nicht geschrieben habe.
5 Er wohnt nicht mehr hier. Er ist . . . . . . nach Deutschland gezogen.
6 . . . . . . Sie, ob diese Torte gut schmeckt!
7 Ich habe interessantere Sachen gelesen. Dieses Buch ist wirklich recht . . . .
8 Im Sommer gehe ich zweimal . . . . . . Wasserski fahren.
9 Der Film war langweilig. Das war für mich keine gute . . . .
10 Dieses Geldstück wird nicht mehr gemacht. Es ist sehr . . . .

11 Sie werden nicht wissen, ob es möglich ist, bis Sie es . . . . . . haben.
12 Wann machen die Arbeiter am Samstag . . . . . . ?
13 Er arbeitet im Wald. Das ist eine sehr gesunde . . . . . . für ihn.
14 Der Film ist nicht sehr alt. Ich habe ihn erst . . . . . . gesehen.
15 Da er so beschäftigt ist, besucht er uns nur noch einmal . . . .

Satzbildung

1 Gitarrist / in ein- Beat-Band / nehmen Musik / ernst (*Präsens*)
2 in sein- Jugendheim / Peter B. / haben / alles // was / er / brauchen / zu Unterhaltung (*Präsens*)
3 er / gehen / regelmäßig / in- Kino (*Präsens*)
4 Karl / haben / Arbeit / vor sich // die / gefallen / ihm / nicht (*Präsens*)
5 wenn / Essen / stehen / auf d- Tisch / nicht // er / sich beschweren / bei d- Mutter (*Präsens*)
6 man / sich ärgern / über d- Fernsehprogramm (*Präsens*)
7 vor einig- Zeit / er / finden / ein- neu- Freund (*Perfekt*)

Diskussionsthemen

1 Warum interessieren sich mehr junge Leute für moderne Musik?
2 Finden Sie Musik ein gutes Hobby?
3 Finden Sie, daß Peter B., der Metallarbeiter, seine Freizeit gut ausfüllt?
4 Womit beschäftigen Sie sich in Ihrer Freizeit?

WILHELM JACOBS: Und einer verkauft z.B. Zeitungen

Auf den ersten Blick scheint der deutsche Universitätsstudent ein ideales Leben zu führen. Er darf jede Vorlesung° besuchen, die ihn interessiert. Einen Vorlesungszwang° gibt es genausowenig wie regelmäßige Prüfungen am Ende eines jeden Semesters. Ohne weiteres kann
5 er die Universität wechseln,° um vielleicht einen anderen Professor zu hören. Die langen Ferien zwischen den Semestern sind auch recht angenehm.° Man möchte also glauben, daß der deutsche Universitätsstudent sich auch heute noch jenes romantisch-sorglosen° Daseins° erfreut, um das man ihn so oft beneidet.°
10   Wie sieht aber das Studentendasein heute wirklich aus? Zugegeben,° im allgemeinen° darf der Student ein freies, unabhängiges° Leben führen, darf sich vollkommen° auf sein Studium konzentrieren. Selbständig° trifft er alle Entscheidungen. Zwingen° finanzielle Schwierigkeiten ihn jedoch, plötzlich selbst Geld zu verdienen,° so fällt es ihm
15 sehr schwer, sich auf diese ungewohnte Situation einzustellen.° Im Gegensatz zum Lehrling ist er ein Neuling in jeder praktischen Arbeit.
    Auch der Student in der folgenden Erzählung muß sich auf eine neue Situation einstellen. Er muß Zeitungen verkaufen. Wie soll er sich dabei verhalten?° Schließlich° hatte er immer nur Zeitungen gekauft
20 und nie verkauft. Natürlich wäre es viel einfacher aufzugeben.° Aber wovon sollte er dann leben?

lecture
required lectures

zu einer anderen . . . gehen

schön
carefree/*Existenz*
envies

admittedly/*gewöhnlich*/ independent
ganz
unabhängig/if . . . force
ausgezahlt kriegen
sich . . . einstellen: adjust

sich verhalten: **sich benehmen**/after all
give up

sauber: rein; ordentlich / *Karl, sind deine Hände sauber? | Die Wäsche ist sauber gewaschen.*

die Vorlesung (–, en): eine Form des Lehrens an Universitäten / *Der Professor hält eine Vorlesung über Photosynthese. | Die Studenten hören Vorlesungen in Chemie und Geschichte.*

das Blatt (es, ¨er): das Stück Papier; die Blätter eines Baumes / *Im Herbst fallen die Blätter. | Ich habe ein Blatt Papier vollgeschrieben.*

verdienen: für geleistete Arbeit Geld bekommen; wert sein / *Er verdient jetzt acht Mark in der Stunde. | Sie hat sich ihr Studium verdient.*

aufhören: nicht weitermachen; beenden / *Petra, hör auf mit dem Weinen! | Er redete, ohne aufzuhören.*

zunächst: zuerst; vor allem / *Zunächst werde ich einmal gar nichts unternehmen. | Warte damit noch! Das ist zunächst noch nicht so wichtig.*

sich verspäten: später als erwartet kommen / *Ich habe mich leider um dreißig Minuten verspätet. | Das macht nichts. Der Zug ist auch verspätet angekommen.*

ausmachen: gleich sein; stören; etwas zusammen besprechen und planen / *Davon braucht niemand etwas zu wissen. Das machen wir ganz unter uns aus. | Macht es Ihnen etwas aus, wenn ich morgen nicht helfe?*

darum: deshalb; weil / *Der Zug könnte zwei Stunden Verspätung haben. Darum ist es besser, wenn wir nicht warten. | Er hat es nur darum getan, weil er keinen anderen Ausweg wußte.*

tatsächlich: wirklich / *Hat er das tatsächlich gesagt? | Ist der Unfall tatsächlich so passiert?*

froh: freudig; glücklich / *Wir haben frohe Ferien verlebt. | Weihnachten ist ein frohes Fest.*

loswerden (i; u, o): sich freimachen; weggeben oder verkaufen / *Ich kann den Gedanken daran einfach nicht loswerden. | Sei vorsichtig! Hier kannst du viel Geld loswerden.*

Und einer verkauft z.B. Zeitungen

Einige machen Schreibarbeiten. Einige tragen° Plakate aus. Einige
haben schon eine Zeitlang überhaupt nichts gehabt oder nur unregelmäßig: Abladen° für eine Baufirma, Teppichklopfen oder sonst etwas.
    Von einem weiß ich, daß er jeden Morgen ein Kontor° sauber
5 macht, noch vor den Vorlesungen.
    Und einer verkauft z.B. Zeitungen.
    Ich. Ich verkaufe von heute an Zeitungen.
    Ja.
    Und da stehe ich nun mit meinen Zeitungen.
10   Ich sehe meinen Stoß° Zeitungen etwas kritisch an. Jedes Blatt
kostet zwar nur wenige Pfennige, aber es soll immerhin° an° den Mann
gebracht werden. Und weil jedes Blatt nur wenige Pfennige kostet,
verdiene ich natürlich auch an jedem Blatt nur wenige Pfennige. Ich
muß also sehr viele Zeitungen verkaufen, wenn ich überhaupt etwas
15 verdienen will.
    Aber ich muß etwas verdienen.
    Es sieht zwar nicht nach vielen Blättern aus, was ich über meinem
Arm trage, aber es sind viele. Es sind fast ein halbes Tausend. An ein-
halbtausend Leute soll ich meine Blätter verkaufen.
20   Aber noch ist es nicht soweit. Ich habe noch eine Viertelstunde zu
gehen, bis ich da bin, wo ich anfangen soll. Ich habe die Straßen
angegeben bekommen,° denn in anderen Straßen verkaufen wieder
andere. Es ist noch eine Viertelstunde zu gehen, bis ich da bin, wo
meine Straßen anfangen. Ich gehe nicht sehr schnell. Ich könnte
25 natürlich schneller gehen, dann wäre ich noch einige Minuten früher
da und könnte schon anfangen. Ich gehe sogar immer etwas langsamer.
Ich sage mir zuletzt, wenn ich fünf Minuten später ankomme, schadet
es auch nichts.
    Wenn ich aber so langsam gehe wie jetzt, werde ich am Ende erst
30 zehn Minuten später ankommen. Aber im Grunde° schadet auch das
nichts.

tragen . . . aus: **carry advertising signs**

Entleerung von Lastwagen

Büro

bundle

jedenfalls*/an . . . werden:* ***verkauft werden***

angegeben bekommen: **assigned**

schließlich

Zuletzt bleibe ich stehen. Ich bleibe deshalb stehen, weil mir der rechte Arm lahm° wird. Auf dem rechten Arm liegen die Blätter. Ich bleibe stehen und lege die Blätter erst einmal auf den linken Arm und gehe dann weiter.

5   Ich bleibe aber noch einmal stehen, weil mir die Blätter auch auf dem linken Arm wieder zu schwer werden.

Und dann bleibe ich wieder stehen und wieder, weil mir die Blätter immer wieder zu schwer werden. Ich lege° die Blätter jedesmal um. Ich ordne die Blätter gleichzeitig° auch immer etwas, damit sie

10   nicht auseinanderrutschen.°

Wenn der Arm, auf dem die Blätter liegen, auch noch nicht lahm geworden ist, ist es doch gut, wenn ich die Blätter auch zwischendurch° einmal ordne.

Und deshalb muß ich jetzt immer öfter stehenbleiben.

15   Aber die Straßen, wo ich anfangen soll, kommen doch. Ich sehe sie schon. Wenn ich um die Ecke biege, bin ich da.

Ich muß meinen Stoß Zeitungsblätter doch wohl noch einmal auf den anderen Arm legen. Und noch einmal ordnen. Und —? Nein, mehr brauche ich mit dem Stoß nicht zu tun, aber das muß ich noch,

20   unbedingt muß ich das noch. Und deshalb bleibe ich noch einmal stehen.

Diesmal dauert es sehr lange, bevor ich weitergehe. Noch einmal kann ich nicht stehenbleiben, das weiß ich. Ich bin gleich da. Noch einmal, das ginge nicht.

25   Es ginge doch. Nur, dann könnte ich das Verkaufen überhaupt lassen.

Ob ich es lasse?

Ich müßte dann zurückgehen und den Stoß wieder abliefern.° Hier einfach den Stoß irgendwo hinlegen und weggehen, das ginge

30   natürlich nicht. Ich muß für die Zeitungen aufkommen.° Wenn es ginge, würde ich es bestimmt jetzt getan haben. Es geht aber nicht, es geht nur so, daß ich jetzt mit dem ganzen Stoß umkehre° und zurückgehe. Das wäre an sich zwar auch noch nicht das Schlimmste. Nur, ich müßte ihn abliefern, wo ich ihn empfangen° habe, und sagen — ja, was

35   sagen?

Aber nun liegt der Stoß richtig auf meinem Arm. Es ist auch alles geordnet. Und nun höre ich auch nicht mehr auf zu gehen, bis ich da bin, wo die Straßen anfangen, in denen ich verkaufen soll.

Ich bin jetzt in einer der Straßen. In der ersten Straße. An der

40   Ecke ist ein Kino. Hier soll ich mit dem Verkaufen anfangen, zunächst erst einmal hier vor dem Kino.

Es ist bereits dunkel. Das Kino ist hell erleuchtet.

Vor dem Kino ist schon alles leer. Ich habe mich um eine Viertelstunde verspätet. Es war so berechnet,° daß ich hier sein sollte, wenn

gelähmt

lege . . . um: lege anders zur selben Zeit auseinanderkommen

in der Zwischenzeit

zurückgeben

zahlen

wieder zurückgehe

bekommen

kalkuliert, geplant

gerade eine Vorführung° beendet wäre. Ich sollte dann hier vor dem Kino stehen und an die Leute verkaufen, die herauskommen. Daraus wird nun nichts, weil die Vorführung schon seit einer Viertelstunde beendet ist und die neue bereits angefangen hat. Auch die Leute, die zur
5 neuen Vorstellung gekommen sind, sind schon alle drinnen. Das Kino ist zwar noch hell erleuchtet, aber vor dem Eingang° ist alles leer. Nur der Portier° steht noch vor dem Eingang, einzig allein der Portier.

Vorstellung

Tür
doorman

Und ich jetzt noch mit meinen Zeitungen.

Wie kommt es eigentlich, daß es mir gar nichts ausmacht, daß
10 die Leute schon alle fort sind und ich gar nichts mehr hier vor dem Kino verkaufen kann? Mir ist sogar etwas — nein, wohler ist mir nicht geworden, nur macht es mir eben gar nichts aus.

Ob den Portier wohl ein Blatt von mir interessiert? In meinen Blättern steht immerhin etwas, was interessieren könnte. Aber ob es
15 wohl gerade den Portier interessiert? Vielleicht wartet er sogar darauf.

Vielleicht kann ich ja schon eins an den Portier verkaufen.

Ich sehe mir die Bilder vor dem Kino an und komme dabei dicht° an den Portier heran. Ich halte den Arm mit den Blättern so, daß der Portier etwas aus den Blättern lesen kann, daß er sehen kann, was ich
20 überhaupt für Blätter bei mir habe. Ich sehe mir die Bilder vor dem Kino an und halte dem Portier die Blätter ganz unauffällig° hin.

nahe

nicht auffallend

Aber das ist vielleicht gerade verkehrt,° denke ich jetzt, ich muß es auffällig machen, damit er sieht, daß ich sie verkaufen will. Und gerade ihm verkaufen.

falsch

25 Aber dann denke ich wieder, wegen des einen Portiers? Und dann interessieren mich zuletzt auch die Bilder nicht mehr und das ganze Kino nicht mehr. Wegen des einen Portiers? Es kommen Nachzügler.° Aber die Nachzügler haben es eilig. Sie laufen an mir vorbei. Auf die Nachzügler brauche ich nicht zu warten, die werden alle vorbeilaufen.
30 Und nur wegen des einen Portiers?

verspätet Kommende

Ich gehe schließlich die Straße weiter hinunter. Es ist dunkel, wo ich jetzt gehe, nur vor dem Kino war Licht. Ich denke an das Theater, das in einer Stunde Pause hat. Die Theaterbesucher werden zu einem Teil vor dem Theater auf der Straße stehen, und ich muß sehen, daß
35 ich auch an sie meine Blätter verkaufe. Aber das hat noch eine Stunde Zeit. In zwei Stunden macht° das Kino, vor dem ich eben war, Schluß, dann muß ich wieder vor dem Kino sein. Etwas später dann wieder das Theater. Ich habe einen ganzen Plan.

macht . . . Schluß: schließt

Und jetzt habe ich erst einmal eine Stunde Zeit, in der ich sehen
40 muß, daß ich auch auf der Straße etwas verkaufe.

An der Straßenbahnhaltestelle° zum Beispiel: An der Straßen- bahnhaltestelle bei der Kreuzung.° Da gehe ich jetzt erst einmal hin.

Da will ich endgültig° mit dem Verkaufen anfangen.

So hell wie vor dem Kino ist es an der Straßenbahnhaltestelle

streetcar stop
wo zwei Straßen zusam-
  menkommen
für immer

nicht. Da wird niemand meine Blätter erkennen° können. Da müßte ich rufen. *sehen*

Rufen.

„Sie müssen natürlich Ihre Blätter ausrufen", hat man mir
5 gesagt, wo ich die Blätter empfangen habe, „selbstverständlich müssen
Sie Ihre Blätter ausrufen. Immer auf- und abgehen und rufen." Aber
vor dem Kino hätte ich es erst einmal so versucht, ohne zu rufen. So
versuchen kann ich es jetzt aber nicht mehr. Wenn ich an der Haltestelle bin, muß ich gleich mit dem Rufen anfangen. Ich bin gleich an der
10 Haltestelle.

Ich bin jetzt da.

An der Haltestelle steht bereits eine ganze Reihe von Menschen.
Es scheint eine ganze Zeit keine Bahn gekommen zu sein. Sie stehen und
warten. Sie stehen in Gruppen und einzeln. Einige unterhalten sich.
15 Einige sehen die Straße herunter, und man merkt, daß sie ärgerlich
sind, daß noch immer keine Bahn kommt. Einige stehen nur so da.

Aber keiner sieht mich an. Ich habe mich zu ihnen gestellt,° aber *mich . . . gestellt:* **bin**
keiner sieht mich darum an. Es kommen auch noch andere dazu, die **gekommen**
aber auch niemand darum ansieht, weil sie sich dazugestellt° haben. **joined**
20 Wenn ich jetzt rufe? Vielleicht sehen mich dann alle an? Auch
die zum Beispiel, die sich jetzt unterhalten. Vielleicht unterbrechen sie
dann ihre Unterhaltung und sehen mich an. Und die, die nur so daste-
hen und vor sich hinsehen, vielleicht sehen die mich dann auch an. Und
die, die ärgerlich sind, daß noch immer keine Bahn kommt, auch. Die
25 vergessen vielleicht sogar ihre Bahn.

Aber ich muß ja rufen. Und schließlich: mögen sie mich ansehen.
Mögen sie mich alle ansehen. Sie müssen mich ja auch ansehen. Sie
sollen ja etwas von mir kaufen.

Ich habe zuletzt auch gar nichts mehr dagegen, wenn sie mich
30 ansehen. Ich habe mich ganz darauf eingestellt.° Nur auf die, die gar *mich . . . eingestellt:* **gewöhnt**
nicht daran denken, ein Blatt von mir zu kaufen, die mich ansehen und
kein Blatt von mir kaufen, die mich dann nur so einfach ansehen, auf
die habe ich mich noch nicht eingestellt. Und darum ist es auch, daß
ich immer noch nicht angefangen habe zu rufen.
35 Aber wenn es doch fast dunkel hier ist, mit der Helligkeit vor dem
Kino gar nicht zu vergleichen?

Ich rufe erst einmal.

Ich rufe. Ich sage ganz laut, was auf den Blättern steht, die ich
über dem Arm trage. Und dann sage ich den Preis.
40 Der Preis ist das schwerste. Aber jetzt habe ich alles heraus: erst
die Überschriften° und dann den Preis. Jetzt wissen alle Leute, die hier *headlines*
stehen, was in meinen Blättern steht und was sie kosten und daß ich
möchte, daß sie mir ein Blatt abkaufen.

Oder wissen sie es noch nicht? Ich habe es doch einmal gerufen.

Ich habe zwar nicht sehr laut gerufen, aber zumindest° eine Reihe in meiner Nähe müßte es gehört haben. *wenigstens*

Ich habe es doch selbst gehört. Ich habe es selbst sehr genau gehört, was ich gerufen habe, auch den Preis. Es klang auch sehr
5 deutlich, das kann ich beurteilen.° Zumindest der Anfang. Mit dem *judge*
Preis habe ich noch etwas gezögert.° Aber gehört müssen sie auch den *gewartet*
Preis haben.

Einige sehen mich auch an. Aber nur einige. Es kauft keiner. Kein einziger kauft. Aber einige sehen mich an.
10 Jetzt möchte ich, daß die Bahn kommt. Aber die Bahn kommt immer noch nicht.

Ich muß wohl noch einmal rufen. Und diesmal muß ich wohl den Preis ganz laut mitrufen. Ebenso laut wie die Überschriften, vielleicht noch lauter.
15 Ganz laut rufe ich auch diesmal nicht, und der Preis kommt wieder zu kurz. Daß es mit dem Preis so schwer ist. Aber ich habe immerhin noch einmal gerufen.

Diesmal ist mir, als ob sogar einige wieder wegsähen. Es kauft wieder keiner. Aber weil einige wieder wegsehen, bekomme ich Mut° *courage*
20 und rufe noch ein drittes Mal.

Beim dritten Mal höre ich mein eigenes Rufen auch nicht mehr so stark. Und diesmal kommt tatsächlich ein Herr auf mich zu und fragt, was ich denn da zu verkaufen hätte.

„Ich habe es doch ganz laut gerufen", will ich ihm erst sagen.
25 Aber ich lasse es dann doch. Ich sage ihm nur noch einmal in aller Deutlichkeit die Überschriften und den Preis und den Namen der Zeitung. Ich sage ihm alles in aller Deutlichkeit und brauche diesmal gar nicht zu rufen.

Und er kauft.
30 Er kauft und bezahlt. Er kauft eines der Blätter, die ich über dem Arm trage, und bezahlt den Preis, den ich dafür ausgerufen habe.

Dann kommt die Bahn.

Die an der Haltestelle sehen jetzt alle in eine Richtung. Einige gehen sogar vom Bürgersteig° herunter und gehen der Bahn entgegen. *sidewalk*
35 Und jetzt rufe ich wieder. Und noch einmal. Und das Rufen geht jetzt sogar leicht. Niemand sieht mich an, sie sehen alle auf die Bahn, und das Rufen geht jetzt sogar leicht.

Es kaufen sogar einige. Jetzt kaufen sie mit einemmal.° Sie *plötzlich*
kommen noch schnell zu mir gelaufen, bevor die Bahn ganz da ist, und
40 kaufen. Sie haben jetzt auch verstanden, was es für Blätter sind, die ich zu verkaufen habe.

Ich nehme jedesmal das Geld und gebe die Blätter aus, bis die Bahn anfährt.° Dann bleibe ich mit mehreren Geldstücken in der Hand *losfährt*
schließlich allein an der Haltestelle zurück.

Ja, die Bahn ist jetzt fort, und ich bin allein an der Haltestelle zurückgeblieben. Und ich brauche im Augenblick auch gar nicht mehr zu rufen, weil jetzt doch keiner mehr an der Haltestelle ist.

Dann kommen wieder welche, zwei, drei. Dann mehr. Jetzt
5 könnte ich mit dem Rufen wieder anfangen. Jetzt ist das Rufen aber auch wieder schwerer, weil die, die hier stehen, noch eine ganze Zeit hier stehen und dann die ganze Zeit sehen, wenn ich rufe.

Aber etwas besser geht das Rufen doch schon.

Wenn ich die Bahn sehe — und ich glaube, ich bin jedesmal der
10 erste, der die Bahn überhaupt sieht — , dann geht das Rufen jedesmal sogar gut. Dann rufe ich dauernd. Zuletzt kann ich sogar rufen, während ich noch beim Verkaufen bin. So habe ich wenigstens schon etwas Übung im Rufen, wenn ich vor dem Theater meine Zeitungen verkaufe. Und ich muß jetzt hier an der Haltestelle abbrechen° und   *nicht weitermachen*
15 zum Theater gehen, weil das Theater in meinem Plan steht.

Die Pause hat auch schon begonnen, und die Leute stehen schon vor dem Theater auf der Straße, als ich beim Theater ankomme. Ich habe mich etwas verspätet, weil ich eine Bahn noch abwarten° wollte.   *warten auf*

Aber hier vor dem Theater kann ich plötzlich nicht mehr rufen.
20 An der Straßenbahnhaltestelle konnte ich es doch schon so gut. Aber hier geht es plötzlich viel schwerer. Hier geht es überhaupt nicht.

Ich gehe auf und ab mit meinen Blättern, aber ich kann nicht rufen, nicht einmal so, wie ich es beim erstenmal an der Haltestelle der Straßenbahn gekonnt habe. Und ich dachte, ich könnte es schon so gut.
25 Es geht nicht.

Ob es deshalb nicht geht, weil ich heute abend erst auch ins Theater wollte, gerade in das Theater, vor dem ich jetzt stehe und rufen soll? Heute abend wollte ich dahin. Für heute abend hatte ich mir das Geld zusammengespart. Es ist immerhin keine unbedeutende Auffüh-
30 rung heute. Und da kam es, daß ich Geld verdienen konnte, viel Geld, wie man mir sagte, eine Gelegenheit.° Die Blätter, die ich bei mir trage,   *Chance* seien immerhin eine Gelegenheit, sagte man mir. Und deshalb bin ich nicht ins Theater gegangen, für das ich gespart hatte, und stehe jetzt davor und soll rufen.

35 Ich soll an die Leute meine Blätter verkaufen, mit denen ich sonst hier gestanden hätte. Und das geht nicht so ohne weiteres. Jetzt möchte ich wieder die Blätter nehmen und sie einfach irgendwo hinlegen. Ob ich es tue? Und bei der Straßenbahnhaltestelle ging das Rufen schon so gut.

40 Daß man mir auch gerade das Gebiet° gegeben hat, in dem das   *Stadtteil* Theater liegt, in das ich heute abend gehen wollte.

Ich gehe noch immer vor dem Theater auf und ab und kann nicht rufen.

Was ich wohl geantwortet hätte, wenn mir vor noch gar nicht

langer Zeit jemand gesagt hätte, daß ich noch einmal vor einem Theater stehen werde und rufen? Rufen und verkaufen. Zeitungen und Preise ausrufen und verkaufen. Pfennige einstecken und froh sein. Froh nicht, aber irgendwie so sein, als wenn — man kann das eigentlich gar nicht so sagen. Was ich wohl geantwortet hätte?

Drinnen im Theater klingelt es. Jetzt müßte ich wenigstens rufen.

Jetzt ist es so, als ob an der Haltestelle die Bahn käme. Die Leute gehen langsam in das Theater hinein.

Es klingelt noch einmal. Jetzt rufen!

Da entdecke ich mich dabei, daß ich wirklich rufe. Als die letzten, die draußen gestanden haben, langsam durch die breiten Glastüren wieder in das Theater hineingehen, rufe ich.

Ich rufe. Aber ich habe nur einmal gerufen. Ich habe mein Rufen selber gehört. Es hörte sich so an, als — und da konnte ich plötzlich nicht mehr rufen. Und alle, die noch vor den Glastüren waren oder schon halb drinnen, haben sich umgedreht.° Nicht nur mich angesehen, nicht nur wie die an der Haltestelle beim erstenmal mich einfach so angesehen, sondern sie haben sich eigens° nach mir umgedreht. Und da habe ich nicht noch einmal rufen können und bin mit meinen Blättern hinter einen Pfeiler° gegangen.

sich umgekehrt

besonders

pillar

Ich glaube auch, daß einige mir etwas abkaufen wollten. Aber es war wohl nur, weil ich so gerufen habe.

Es ist jetzt leer vor dem Theater. Alle sind drinnen, alle sind da, wo ich eigentlich heute abend auch sein wollte, und ich kann jetzt hinter meinem Pfeiler hervorkommen. Es ist keiner da, der mir etwas abkaufen kann.

Ich denke jetzt wieder daran, die Blätter wegzuwerfen und auch ins Theater zu gehen. Irgendwie werde ich schon hineinkommen. Dann ginge ich ins Theater ohne Blätter und wäre ein Mann, der ins Theater geht und keine Blätter verkauft.

Irgendwie werde ich schon ins Theater hineinkommen. Ich kenne zum Beispiel den Portier. Ich kenne ihn von früher, als ich oft hier ins Theater ging. Vielleicht wird er mich sogar so hereinlassen, ich meine, ohne daß ich ihm etwas dafür gebe, weil ja die Vorstellung schon zur Hälfte vorbei ist. Und dann, weil er mich kennt. Ich werde ihm einfach sagen — ja, was werde ich ihm sagen? Ich werde ihm natürlich nicht sagen —

Da hält mich jemand am Ärmel,° ganz leicht am Ärmel, und sagt: „Was haben Sie denn da für Blätter?"

sleeve

Es ist der Portier.

Er zeigt auf meine Blätter, und dann hält er mir auch schon Geld hin und nimmt sich ein Blatt. Er wartet gar nicht erst, bis ich es ihm gebe. Und was es für Blätter sind und was die Blätter kosten, habe ich ihm auch noch nicht gesagt, ich bin noch gar nicht dazu gekommen.

Der Betrag,° der jetzt in meiner Hand ist, ist auch viel zu hoch.   *Summe*

Ich bin noch gar nicht dazu gekommen, es ihm zu sagen, und ich komme auch jetzt noch nicht dazu, weil es derselbe Portier ist, dem ich eben noch etwas ganz anderes sagen wollte. Zum Beispiel, ob er mich
5 vielleicht noch hineinlassen könne, ich hätte mich verspätet, ich hätte zwar auch noch keine Karte, aber ob es nicht auch ohne Karte ginge, er kenne mich ja. Ich sei zwar lange nicht im Theater gewesen, aber er kenne mich ja. Oder ob ich es sonst irgendwie gutmachen solle. Die Hauptsache, ich käme hinein.

10 Und jetzt soll ich ihm sagen, er habe mir für ein Blatt einige Pfennige zuviel gegeben? Und hier seien die Pfennige. Soundsoviel Pfennige bekomme er noch zurück.

Ich weiß nicht einmal, ob er mich erkannt° hat. Er würde mich am   **recognized**
Ende erkennen, wenn ich es ihm sagte.

15 Oder er würde mit der Hand abwinken:° wegen der paar Pfennige,   **decline**
und dabei würde er mich erkennen.

Oder er hat mich schon erkannt und hat deshalb soviel gegeben. Oder er wartet darauf, daß ich etwas sage.

Das könnte alles sein.

20 Ich laufe. Plötzlich laufe ich. Ich laufe vom Theater weg und vom Portier. Ich habe meinen Stoß Zeitungen unter den Arm geklemmt°   **squeezed**
und laufe so lange, bis ich wieder an der Haltestelle bin, wo ich mit dem Rufen begonnen habe.

Und hier rufe ich wieder. Hier kann ich wieder rufen. Hier kann
25 ich jetzt sogar rufen, ganz gleich, ob eine Bahn kommt oder nicht. Ich rufe und verkaufe. Ich vergesse schließlich das Theater und den Portier, weil ich nur immer rufe. Ich verkaufe noch einen ganzen Teil meiner Blätter.

Auch nachher vor dem Kino noch, denn da gehe ich auch noch
30 hin.

Vom Kino gehe ich wieder zur Haltestelle.

Nur zum Theater gehe ich nicht mehr.

Ich bin einen ganzen Teil meiner Blätter noch losgeworden. —

Als ich den Rest meiner Blätter abliefere,° sehe ich allerdings, daß   *zurückgebe*
35 die anderen noch mehr losgeworden sind, noch viel mehr. Einige alle Blätter.

So ganz ist man darum auch nicht mit mir zufrieden. Aber immerhin, meint man, es sei ja das erstemal gewesen. Das nächstemal werde es schon besser gehen.

40 „Ja, ja."

„Sie können natürlich auch aufhören, uns ist das gleich."

„Nein, nein, ich will weitermachen. Nur wenn ich das nächstemal ein anderes Gebiet bekommen könnte. Wenn das ginge."

„Aber Sie haben doch ein gutes Gebiet gehabt, immerhin das mit
45 dem Theater."

„Ja, aber trotzdem.“

„Wie Sie wollen.“ Man zuckt° mit den Schultern.° „Aber Sie **shrug/shoulders**
wollen doch weitermachen?“ Sicherheitshalber° fragt man noch **um sicher zu sein**
einmal.

5 „Doch, doch“, sage ich, „auch wenn es schließlich wieder dasselbe Gebiet sein müßte. Auf jeden Fall.“° **Bestimmt.**

Fragen

1 Womit will sich der Autor sein Studium verdienen?
2 Wie viele Zeitungen muß er täglich loswerden?
3 Warum verdient er an jedem Blatt sehr wenig?
4 Warum geht er so langsam zum Kino?
5 Warum soll er vor dem Kino Zeitungen verkaufen?
6 Sind die Blätter wirklich so schwer?
7 Warum möchte er die Blätter wegwerfen und lieber ins Theater gehen?
8 Warum hat er vor dem Kino keine Zeitungen verkauft?
9 Wohin geht er vom Kino?
10 Warum ruft er seine Zeitungen nicht aus?
11 Handelt es sich um eine Tageszeitung oder um eine Illustrierte?
12 Warum sind die Leute an der Haltestelle ärgerlich?
13 Warum kaufen die Leute zuerst keine Zeitungen?
14 Warum ist es ihm nicht möglich, die Zeitungen vor dem Theater auszurufen?
15 Was wollte der Portier von ihm?
16 Warum verkauft er nicht mehr vor dem Theater?
17 Ist man mit ihm als Zeitungsverkäufer zufrieden?
18 Wo möchte er nicht wieder verkaufen?

Verwandte Wörter

Ergänzen Sie:

sauber *die Sauberkeit die Reinheit*
       säubern saubermachen; reinigen

In Ihrer Wohnung glänzt alles vor . . . .
Morgen möchte sie die Küche . . . . . . machen.
Erst müssen wir die Wunde . . . . . . , dann können wir sie verbinden.

das Blatt   *blättern*   *Seite für Seite ansehen*
               durchblättern   *die Seiten eines Buches umschlagen, ohne alles*
                                  zu lesen

Ich lese es nicht; ich . . . . . . nur in dem Buch.
Es hat auf dem gelben . . . . . . gestanden. Hast du es nicht gelesen?
Er hat nur Zeit, das Buch . . . .

          verdienen   *der Verdienst (es, e)*   *das Geld, das man für seine Arbeit*
                                              bekommt
                   das Verdienst (es, e)   *eine gute Tat zum Wohl anderer*

Ich kann mir den Wagen nicht leisten; ich . . . . . . zu wenig.
Der . . . . . . meines Vaters ist gestiegen.
Wenn es seinem Sohn so gut geht, ist das zum Teil sein . . . .

          sich verspäten   *die Verspätung (–, en)*   *späteres Kommen als erwartet*

Der Zug ist schon mit einer Stunde . . . . . . abgefahren.
Das Schiff hat . . . .
Die Illustrierte ist . . . . . . herausgekommen.

          tatsächlich   *die Tatsache (–, n)*   *etwas, das wirklich geschehen ist*

Es ist alles wahr, was ich sage. Ich halte mich an die . . . .
Er ist . . . . . . der beste Fußballspieler der Mannschaft.
Die . . . . . . ist mir neu.

          froh   *fröhlich*   *glücklich; zufrieden; freudig*

Es ist ein . . . . . . Kind.
Ich bin . . . . . . , daß jetzt alles vorbei ist.
Die Kinder sprangen und tanzten . . . . . . umher.

Wortschatzübung

Ergänzen Sie:

      aufhören, ausmachen, Blatt, darum, froh, loswerden, sauber, tatsächlich,
      verdienen, sich verspäten, Vorlesung, zunächst

1   Diese Kleider sind . . . . . . Sie sind erst gestern gewaschen worden.
2   Dieses . . . . . . ist besonders bunt. Ich habe es im Oktober im Garten gefunden.
3   Ich kann wirklich nichts sparen. Bei dieser Arbeit . . . . . . ich zu wenig.
4   Glauben Sie mir doch! Er hat das . . . . . . gesagt.
5   Welche . . . . . . hast du im Wintersemester gehört?
6   Du sollst jetzt mit den Schulaufgaben . . . . . . und schlafen gehen.

7 ...... ist es wichtig, seinen Namen festzustellen und dann seine Adresse aufzuschreiben.

8 Wenn es Ihnen nichts ......, möchten wir schon um acht Uhr abfahren.

9 Ich habe den Zug verpaßt, weil ich mich ...... habe.

10 Ich bin doch sehr ......, daß diese Prüfung zu Ende ist.

11 Sein Chef hält sehr viel von ihm, denn er leistet immer ...... Arbeit.

12 Ich möchte dich ...... bitten, jetzt etwas leiser zu sein.

13 Für dieses Werk ...... der Künstler den ersten Preis.

14 Er ist ein guter Verkäufer. Er wird diese Platten schon ....

15 Das kann noch warten. Das fangen wir ...... noch nicht an.

16 Das kann so nicht weitergehen. Alles muß einmal ....

17 Er ist ......, daß er das Abitur bestanden hat.

18 Wo ist denn Paul Ahrens? Hat er sich wieder ......?

19 Tu was du nicht lassen kannst. Mir ...... es nichts ....

20 Professor König weiß viel, aber seine ...... sind gewöhnlich langweilig.

21 Du wirst es nicht glauben, aber ich mußte ...... 20 Minuten auf sie warten.

22 Der Bericht über das Fußballspiel steht morgen im Abend ....

Satzbildung

1 einig- Student / machen / Kontor / jed- Morgen / sauber / um / Geld / verdienen (*Präsens*)

2 Zeitungsverkäufer / gehen / langsam // damit / er / können / anfangen / später (*Imperfekt*)

3 er / sich verspäten / um ein- Viertelstunde (*Perfekt*)

4 als / Leute / an d- Haltestelle / anschauen / d- jung- Mann // er aufhören / rufen (*Imperfekt*)

5 er / gehen / nicht / in- Theater // damit / er / können / verdienen / Geld (*Perfekt/Imperfekt*)

6 als / Theaterbesucher / stehen / draußen // er / können / ausrufen / nicht mehr (*Imperfekt*)

7 er / verpassen / Gelegenheit / Zeitungen / verkaufen (*Perfekt*)

8 es / ist / sein- Chef / gleich // wenn / er / aufhören (*Präsens*)

Diskussionsthemen

1 Was erwarten Sie von einer guten Zeitung?

2 Was halten Sie von dem deutschen Schulsystem? Wäre es besser, wenn amerikanische Schüler Prüfungen bestehen müßten, die zeigen würden, was die Schüler in den letzten neun Schuljahren gelernt haben?

3 Wäre es gut, wenn nur die Schüler aufs College oder auf die Universität gehen dürften, die die Prüfungen bestanden haben?

GRAMMATIK

Subjunctive

Subjunctive may refer to present time or to past time.

> Present time: Wenn er Zeit hätte, bliebe er länger da.
> Past time: Wenn er Zeit gehabt hätte, wäre er länger dageblieben.

Present Time Subjunctive

ich, er, sie (sg.), es	*hätte*	*wäre*	*bliebe*
wir, sie (pl.), Sie	*hätten*	*wären*	*blieben*
du	*hättest*	*wär(e)st*	*blieb(e)st*
ihr	*hättet*	*wär(e)t*	*blieb(e)t*

The stem of present time subjunctive verbs is the simple past form. An umlaut is added to strong verbs which have a stem vowel:

> *a, o, u* or *au*

The endings are the same as those of the past tense of weak verbs.

Modals

	könnte	
	müßte	
Ich	dürfte	bleiben.
	möchte	
	sollte	
	wollte	

With the exception of *sollen* and *wollen* the subjunctive forms of the modals take an umlaut.

Past Time Subjunctive

> Ich hätte ihn gesehen, wenn er gekommen wäre.

The past time subjunctive consists of the past participle of the verb and the auxiliary *hätte* or *wäre*.

Conditional

ich, er, sie (sg.), es   *würde*

wir, sie (pl.), Sie   *würden*

du   *würdest*   das machen.

ihr   *würdet*

The conditional is formed with *würde* + infinitive.

Uses of the Conditional and Subjunctive

Wishes

Ich wollte, er käme jetzt.

Wenn er nur (*or* doch) fragen würde!

Polite Requests

Könnte ich bitte ein Glas Wasser haben?

Würden Sie mir bitte die Butter reichen!

Conditions Contrary to Fact

Wenn er Zeit hätte, käme er bestimmt.

Ich würde es gerne machen, wenn er mich darum bäte.

Comparisons with *als*, *als ob*, and *als wenn* (*as if*)

Er sieht aus, als ob (als wenn) er krank wäre.

Er tut, als hätte er uns nicht gesehen.

In an *als ob* (*als wenn*) clause, the verb is at the end. In an *als*- clause, the verb follows *als* directly. (Remember, when the verb stands at the end, *als* means *when*.)

Conditional is preferred to subjunctive if a weak verb refers to the future:

Wenn ich Geld hätte, würde ich es kaufen.

when two weak verbs follow each other:

Wenn es regnete, würden wir die Reise nicht machen.

to avoid a group of verbs which form their subjunctive in an irregular way:

Wenn er könnte, würde er den Ball werfen.

Not: würfe er den Ball

Some of the verbs whose subjunctive forms are to be avoided are: *kennen, nennen, senden, sterben, helfen, werfen, stehen.*

ÜBUNGEN

A   Sagen Sie: Ich wollte, es wäre anders.

Ich habe keine Zeit.   *Ich wollte, ich hätte Zeit.*

1   Ich habe kein Geld.
2   Ich kann nicht ins Theater gehen.
3   Der Regen hört nicht auf.
4   Ich darf nicht nach Deutschland fahren.

Ich habe das Buch verloren.   *Ich wollte, ich hätte das Buch nicht verloren.*

5   Ich habe zuviel gegessen.
6   Ich bin spät ins Bett gegangen.
7   Ich habe so wenig verdient.
8   Er hat sich verspätet.

B   Sagen Sie: Es wäre schön, wenn es anders wäre.

Der Weg ist sehr weit.   *Es wäre schön, wenn der Weg nicht so weit wäre.*

1   Du ärgerst dich oft.
2   Er geht regelmäßig ins Kino.
3   Es ist ihm alles egal.
4   Du fährst so schnell.
5   Der Nachbar hat mich geweckt.
6   Sie waren böse auf uns.
7   Ich komme müde nach Hause.

C   Bilden Sie Wunschsätze mit *würde*!

Hoffentlich lernen sie.   *Wenn sie nur lernen würden!*

1   Hoffentlich fragt er uns.
2   Hoffentlich lächelt er.
3   Hoffentlich erholt sie sich.
4   Hoffentlich probierst du es.
5   Hoffentlich verdiene ich mehr.
6   Hoffentlich hören sie bald auf zu singen.

D Bilden Sie irreale Bedingungssätze (conditions contrary to fact)! Gebrauchen Sie *würde*, wenn nötig!

Er kann früher anfangen. (wenn) Er geht schneller. *Er könnte früher anfangen, wenn er schneller ginge.*

1 Es schadet nichts. (*wenn*) Ich komme fünf Minuten später.
2 Das Zeitungspaket ist nicht so schwer. (*wenn*) Es hat weniger Zeitungen.
3 (*Wenn*) Es geht. Ich werde es bestimmt tun.
4 Er hat mehr Zeitungen verkauft. (*wenn*) Er hat vor dem Theater gestanden.
5 Es hat ihm nichts ausgemacht. (*wenn*) Er hat an der Haltestelle gerufen.
6 (*wenn*) Er ist jetzt an der Haltestelle. Er hat schon mit dem Rufen angefangen.
7 Er zeigt uns die Stadt. (*wenn*) Wir besuchen ihn.
8 Es schadet ihm nicht. (*wenn*) Er macht die Reise allein.
9 Wir verstehen es. (*wenn*) Sie erklären es ausführlicher.
10 Hilfst du uns? (*wenn*) Du hast Zeit.

E Bilden Sie Konjunktivsätze!

Können Sie mir sagen, was das kostet? *Könnten Sie mir sagen, was das kostet?*

1 Können Sie mir helfen?
2 Darf ich fragen, was das kostet?
3 Herr Ober, haben Sie noch einen Tisch frei?
4 Darf ich Sie bitten, das mit der Post zu schicken?
5 Kannst du das bis morgen fertig haben?
6 Hast du jetzt Zeit für mich?
7 Können Sie mir sagen, wo die nächste Haltestelle zu finden ist?

F Bilden Sie Konjunktivsätze mit *würde*!

die Geschichte ausführlicher erzählen *Würden Sie die Geschichte ausführlicher erzählen!*

1 sich besser vorbereiten
2 den Wein probieren
3 den Nachbarn fragen
4 das nicht immer behaupten
5 morgen zurückkehren

G   Bilden Sie Vergleichssätze (sentences of comparison)!

Er redete, als wenn (er will nie aufhören) *Er redete, als wenn er nie aufhören wollte.*

1   Die Kinder sahen aus, als ob (*sie passen aufmerksam auf*)
2   Er tat, als (*es macht ihm nichts aus*)
3   Sie sprachen, als wenn (*sie haben alles begriffen*)
4   Sie sprach, als ob (*sie weiß es schon*)
5   Das Kind schlief schon, als (*es ist nichts passiert*)
6   Er tut, als ob (*er wird endlich anfangen*)
7   Er benimmt sich, als wenn (*er ist zu Hause*)

WORTBILDUNG

Nouns ending in -*ung*

Nouns ending in -*ung* may be formed from some verbs. All such nouns are *die*-nouns.

unterhalten   *die Unterhaltung*

A   Bilden Sie aus den Verben Substantive (nouns). Ergänzen Sie mit den neuen Substantiven!

beschäftigen, sich erholen, prüfen, schonen, untersuchen, sich vorbereiten, vorlesen, sich verspäten

1   Der Lehrer möchte herausfinden, wer die Klinke kaputtgemacht hat. Darum will er eine ausführliche ....
2   Die Schüler dürfen ihre Hausarbeiten nicht in der Schule machen, denn die ...... ihrer Gesundheit ist wichtig.
3   Da die Schüler so fleißig gelernt hatten, machten sie eine Reise zur ....
4   Um das Abitur zu machen, muß man viele schriftliche ...... bestehen.
5   Für die letzte Abiturarbeit hat sie lange gelernt. Ihre ...... war also gut.
6   Der junge Mann ist im Moment arbeitslos und kann keine passende ...... finden.
7   Der Professor hat immer viel Interessantes zu sagen. Ich gehe gern in seine ....
8   Warum stehen Sie nicht früher auf? Sie kommen immer mit einer Viertelstunde .... an.

Prefix *un-*

The prefix *un-* causes the word to have a negative or an opposite meaning.

B   Bilden Sie Sätze mit den eingeklammerten Wörtern (words in parentheses)!

Wir haben nicht erwartet, daß er so früh kommt. (unerwartet)   *Es war unerwartet, daß er so früh kam.*

1   Ich begreife nicht, daß er nicht kommt.   (*unbegreiflich*)
2   Er kommt nicht regelmäßig zum Unterricht.   (*unregelmäßig*)
3   Das Bild war so schön, daß er es nicht beschreiben konnte.   (*unbeschreiblich*)
4   Er hat einen Unfall gehabt, weil er nicht vorsichtig gefahren war.   (*unvorsichtig*)
5   Der Schüler war im Unterricht nicht aufmerksam.   (*unaufmerksam*)
6   Der junge Mann hat kein sauberes Auto.   (*unsauber*)
7   Über die Resultate der Prüfungen sind wir alle selbstverständlich nicht glücklich.   (*unglücklich*)

C   Bilden Sie mit den folgenden Adjektiven Sätze!

unbestimmt, unendlich, unfreundlich, ungemütlich, ungern, unsicher, unwichtig, unzufrieden

---

noch, doch, mehr

noch **expresses**

Continuation of a Condition

Er hat noch Geld. (He still has money.)
Es ist noch Zeit. (There is still time.)

An Expectation

Er wird schon noch kommen. (He will still come.)

Time Not Later than the One Expressed

Ich werde das noch heute tun. (I'll still do that today.)

doch **expresses**

Emphasis

Ich habe es dir doch schon gestern erzählt. (I told you about it yesterday, you know.)
Er ist doch nicht krank? (I do hope he isn't sick.)

Positive Answer to a Negative Question

Kommst du heute nicht? Doch! (Aren't you coming today? Of course, I am.)

mehr expresses

A Comparison

Man soll nicht mehr versprechen, als man halten kann. (One shouldn't promise more than one can keep.)

An Increase or Continuation

Sag kein Wort mehr! (Don't say another word.)
Er kommt nicht mehr zu uns. (He doesn't visit us any longer.)

D Ergänzen Sie mit *noch, doch* oder *mehr*!

1 Ich habe . . . . . . zu tun, als nur dazusitzen.
2 Wir können bleiben, denn die Sonne steht . . . . . . hoch am Himmel.
3 Das machst du . . . . . . morgen, nicht wahr?
4 Er übt . . . . . . als früher.
5 Er hat immer . . . . . . keinen Brief von ihr erhalten.
6 Es bleibt nichts . . . . . . übrig.
7 Wirst du . . . . . . da sein, wenn ich zurückkomme?
8 Du bist kein Kind . . . . . . !
9 Trinken Sie . . . . . . eine Tasse Kaffee?
10 Er hat kein Geld . . . .
11 Hast du das nicht gemacht? . . . . . . ! Ich habe es schon gestern fertiggeschrieben.

E Erklären Sie den Unterschied zwischen den folgenden Satzpaaren!

1 Du bist noch zu klein, um das zu verstehen.
   Du bist doch zu klein, um das zu verstehen.

2 Ich habe ihn noch vor zwei Tagen gesehen.
   Ich habe ihn doch vor zwei Tagen gesehen.

3 Du mußt noch mitkommen, sonst haben wir alle keinen Spaß daran.
   Du mußt doch mitkommen, sonst haben wir alle keinen Spaß daran.

4 Er schläft noch nicht.
   Er schläft doch nicht!

5 Wenn ich das fertigmachen soll, brauche ich noch Zeit.
   Wenn ich das fertigmachen soll, brauche ich doch Zeit.

Anregung

A   Nennen Sie Hobbies, Sportarten, Unterhaltung, usw., die die deutsche Jugend interessieren!

B   Was würden Sie tun,

1   wenn Sie reich wären?
2   wenn Sie im Sommer eine Reise machen dürften?
3   wenn das Wetter heute schön wäre?
4   wenn Sie im Winter Ferien hätten?
5   wenn Sie ein neues Auto kaufen dürften?
6   wenn Sie heute abend keine Schulaufgaben machen müßten?
7   wenn es kein Radio und Fernsehen gäbe?

Mündlicher oder schriftlicher Bericht

1   Wie verbringen Sie Ihren Feierabend?
2   Welche Träume und Wünsche haben Sie?
3   Führen Sie eine Woche lang ein Tagebuch!

GENERATIONSKONFLIKT

Muß es wirklich einen Generationskonflikt geben? Unterscheidet
sich die moderne Jugend so sehr von den jungen Menschen früherer
Generationen? Wen trifft° die Schuld, wenn sich ein solcher Konflikt   *wer hat*
entwickelt? Die ältere Generation? Die Jugend? Diese Fragen
5 gehören alle zu einem Thema, das immer wieder zur Debatte gestellt
wird — durch Zeitungsartikel, Interviews, in literarischen Werken, auf
der Bühne des Theaters oder auch im Film. Wann und wo beginnt
dieser viel diskutierte Generationskonflikt?

Meistens fängt der Konflikt im Elternhaus an. Der junge Mensch
10 möchte heute nicht mehr die untergeordnete° Rolle von früher   subordinate
spielen. Er glaubt, daß Eltern und Kinder jetzt einander gleichberech-   *gleiche Rechte haben/feh-*
tigt° gegenüberstehen sollten. Oft ist auch mangelnde° Aufmerksam-   *lende*
keit° der Eltern schuld an dem Konflikt zwischen den Generationen.   attention
Sie sind mit sich selbst zufrieden, wenn sie ihren Kindern ein leichteres
15 Leben ermöglichen können. Die Jugend aber hat kein Verständnis
für die Bemühungen° und Ziele° der älteren Generation. Sie erwartet   efforts/goals
etwas anderes vom Leben. Schon geht jeder seinen eigenen Weg.

Eine Ausweitung° des Konflikts ergibt° sich durch die Gegen-   *Vergrößerung/ergibt sich:*
sätze zwischen der Jugend und der Gesellschaft,° sei es° in der   *kommt*
20 Schule, im Beruf, im privaten oder politischen Leben. Zum ersten Mal   society/*sei es: ob*
wächst die Jugend Deutschlands in einer freiheitlich-demokratischen
Umwelt° auf. Diese Jugend ist nicht ängstlich, sondern geht   *Milieu*
selbstbewußt° durchs Leben. Sie erkennt° die Gebote° der Gesell-   confidently/*erkennt . . . an:*
schaft an, erwartet jedoch von der älteren Generation dasselbe   *akzeptiert*/rules
25 beispielhafte Verhalten,° das man von der Jugend erwartet. Eine   *Benehmen*
Gesellschaft, die ihre eigenen Regeln° nicht befolgt, wird kritisiert.   *Gebote*
Die Fehler der Jugend aber entschuldigt der junge Mensch einfach°   *nur*
mit der Unvollkommenheit° der Vorbilder.°   imperfection/models

WOLFDIETRICH SCHNURRE: Der Brötchenclou°   bread trick

In Schnurres Erzählung vom *Brötchenclou* gibt es keinen Generationskonflikt. Der Autor berichtet von einem kleinen Jungen, der seinen
arbeitslosen Vater zum Geburtstag überraschen möchte. Dafür hat er
sich einen Plan ausgedacht, durch den er nicht nur Geld verdienen
5 könnte. Er würde dem Vater damit gleichzeitig ermöglichen, wirklich
stolz auf seinen Sohn zu sein. Doch dieser Plan hat einen Nachteil.
Sollte nicht alles so verlaufen, wie der Junge es vorgesehen° hatte, dann   *geplant*
könnten die Menschen ihn auslachen. Wie würde sich der Vater dazu
verhalten? Könnte er weiterhin einen Sohn gern haben, den andere als
10 einen Versager° betrachten? Oder würde er die Absicht° des Jungen   failure/intention
verstehen? Wie wird die Sache wohl enden?

Verstehen Sie diese Wörter und Ausdrücke?

sich schämen: ein schlechtes Gefühl haben, wenn man etwas tut / *Du sollst dich schämen! Wie kann man nur so faul sein? / Er schämt sich seines Benehmens.*

sich anstrengen: schwer arbeiten / *Störe ihn nicht. Er ist gerade erst eingeschlafen. Er hat sich heute bei der Arbeit sehr angestrengt. / Es tut mir leid, diese Arbeit ist mir zu anstrengend.*

der Streit (es, e): ein böser Wortwechsel; eine Auseinandersetzung / *Unsere Nachbarn sind erst sechs Wochen verheiratet, aber bei ihnen gibt es nur Streit. / Setzen Sie diese beiden Jungen lieber nicht nebeneinander. Zwischen den beiden gibt es dauernd Streit.*

sauer: nicht süß; so schmeckend, daß sich der Mund zusammenzieht / *Nimm nicht zu viele Zitronen hinein; die Limonade wird sonst zu sauer. / Im Sommer esse ich gern saure Bonbons.*

bestehen auf (bestand, bestanden): etwas energisch haben wollen / *Ich bestehe darauf, daß man mir den Schlüssel gibt. / Ich wollte es dir nicht sagen, aber da du darauf bestehst, sollst du die volle Wahrheit erfahren.*

sich vorkommen (a, o): den Eindruck haben; scheinen; sich fühlen / *In diesem Anzug komme ich mir komisch vor. / Dieses Lied kenne ich doch. Die Melodie kommt mir sehr bekannt vor.*

andauernd: lange anhaltend; immer wieder; ununterbrochen / *Wegen des andauernden Regens konnten wir uns im Urlaub nicht amüsieren. / Was ist nur los mit ihr? Sie fragt andauernd dasselbe.*

begleiten: mitgehen; zur gleichen Zeit spielen / *Es ist schon spät. Ich werde dich zur Haltestelle begleiten. / Katie begleitet die Sängerin auf dem Klavier.*

sich umdrehen: sich umsehen; sich von der anderen Seite zeigen / *Der Abschied (Weggehen) fiel ihm doch recht schwer. Er nahm seine Koffer und ging, ohne sich umzudrehen. / Du kannst das so nicht sehen; du mußt dich schon umdrehen!*

greifen (griff, gegriffen): mit der Hand nehmen; festhalten / *Er griff nach meiner Hand. / Er greift gern nach einem guten Buch.*

Der Brötchenclou

Anfangs ging es noch; aber als Vater dann auch wieder arbeitslos wurde, da war es aus. Es gab Zank;° Frieda sagte, Vater wäre zu unbegabt,° um Arbeit zu finden.

Vater sagte: „Ach bitte, sag das noch mal."

5 „Du bist zu unbegabt, um Arbeit zu finden", sagte Frieda.

„Ich hoffe", sagte Vater, „du bist dir über die Konsequenzen dieser Feststellung° klar."

Dann nahm er mich bei der Hand, und wir gingen spazieren.

Zum Glück° kam damals gerade ein Rummel° in unsere Gegend.
10 Er war nicht sehr groß, aber es gab eine Menge auf ihm zu sehen. Mit dem Glücksrad° und solchem Kram° hatten wir nicht viel im Sinn. Aber was uns sehr interessierte, das waren die Schaubuden.°

In einer trat° eine weißgeschminkte° Dame auf; wenn man der eine Glühbirne° in den Mund steckte, dann leuchtete sie. Ein Herr sagte
15 einmal während einer Vorstellung, das wäre Schwindel.° Darauf stand Vater auf und sagte, er sollte sich schämen.

Nachher kam die weißgeschminkte Dame zu uns und fragte Vater, ob er Lust hätte, bei sämtlichen° Vorstellungen anwesend° zu sein und etwaigen° Störenfrieden° dasselbe zu sagen wie eben; sie bot
20 Vater eine Mark für den Abend.

Wie Vater mir nachher sagte, hatte er Bedenken.° Es wäre ein Unterschied, sagte er, ob man sich spontan oder auf Bezahlung empörte.° Aber dann sagte° er doch zu, denn ein Teller Erbsensuppe bei Aschinger° kostete nur fünfzig Pfennige.

25 Die weißgeschminkte Dame war jedoch nicht die einzige Attraktion, sie war bloß die Chefin. Zugnummer° war Emil, der Fakir aus Belutschistan.° Er stand barfuß auf einem Nagelbrett,° er spuckte° Feuer und hypnotisierte. Der Clou° seines Auftritts° war die Brötchenwette:° Emil versprach demjenigen zehn Mark, der, wie er, innerhalb
30 von fünf Minuten, ohne was dazu zu trinken, sechs trockene Brötchen vom Vortag° verzehrte.°

	Streit
	ohne Talent
	Bemerkung
	glücklicherweise/carnival
	roulette wheel/*unwichtige Sachen*
	side shows
	trat . . . auf: **war auf der Bühne**/mit weißem Gesicht
	light bulb
	fraud
	allen/da sein
	möglichen/trouble makers
	doubts
	sich . . . empörte: **zornig wurde**/sagte . . . zu: sagte ja
	Restaurant
	größte Attraktion
	Provinz in Pakistan/board with nails/spit
	Höhepunkt/Vorstellung
	Wettbewerb
	gestern/aß

Erst dachten wir, Emil wäre verrückt. Aber dann stellte° sich heraus, es war eine Leistung, und zwar eine einmalige.° Denn so groß auch der Andrang° jedesmal war, niemand kam über drei Brötchen; und an denen würgten° die meisten schon sehr herum, daß wir immer
5 fast von den Stühlen fielen vor Lachen.

Auch Emil mußte sich sehr anstrengen. Das heißt, es kann auch sein, er verstellte° sich nur, denn er war wirklich ein Künstler. Und nicht nur das; auch ein Geschäftsmann: alle mußten für das erste Brötchen zehn Pfennige, und für jedes weitere das Doppelte vom
10 vorher verzehrten bezahlen.

Hätte Vater damals nicht gerade Geburtstag gehabt, ich hätte bestimmt nicht daran gedacht, hier auch mal mein Heil° zu versuchen. Doch ich wollte Vater zum Geburtstag eine Ananas° kaufen. Die Schwierigkeit war jetzt bloß, regelmäßig Geld für die Trainingsbrötchen
15 zu kriegen.

Ich versuchte es, indem ich vor EPA° auf Fahrräder aufpaßte. Das ging ganz gut. Ich bekam zwar oft Streit mit denen, die schon früher auf diese Idee gekommen waren; aber abends hatte ich doch immer so meine fünfzehn, zwanzig Pfennige zusammen.
20 Ich hatte zwei Wochen Zeit. Ich trainierte zweimal täglich, einmal morgens, einmal abends. Zum Glück hatte ich immer sehr großen Hunger, so daß ich bald schon auf vier Brötchen in sechs Minuten kam. Dann sagte ich Vater, ich hätte Bauchweh° und ließ abends die Erbsen weg, und da schaffte ich sechs Brötchen in sieben
25 Minuten.

Dann kam ich auf die Idee, vorher Maiblätter zu lutschen.° Das waren große, grüne, saure Bonbons, sie verhalfen° einem zu unglaublich viel Spucke.° Jedenfalls schaffte ich die sechs Brötchen jetzt in sechs Minuten und dreißig Sekunden; und drei Tage später hatte ich Emils
30 Rekord sogar noch um zwei Zehntelsekunden unterboten.°

Ich war sehr froh; doch ich behielt es erst noch für mich; es sollte ja eine Überraschung werden. Doch da ich, um besser in Form zu sein, abends immer die Suppe stehen ließ, bekam ich dunkle Ringe um die Augen und ganz löchrige° Backen und ausgerechnet,° als nur noch
35 zwei Tage Zeit war, sagte Vater, er sähe sich das nun nicht mehr länger mit an: und wenn ich hundertmal Bauchweh hätte, ich müßte die Suppe jetzt essen.

Ich sträubte° mich; ich sagte, ich ginge kaputt, wenn ich sie äße.
Aber Vater bestand darauf, und was das Schlimmste war, er
40 hatte einen Kochtopf° mitgebracht, in den ließ er sich seine Suppe jetzt einfüllen, und am nächsten Morgen redete° er mir so lange zu, bis ich mir ganz schlecht vorkam und sie auslöffelte.°

Es war furchtbar; ich war so satt wie noch nie. Ich ging sofort raus und steckte den Finger in den Hals, und am Abend war ich dann
45 auch Gott sei Dank wieder ebenso hungrig wie immer.

stellte sich heraus: *zeigte sich*
nicht wiederholbar
Menschenmenge
choked

verstellte sich: tat als ob

Glück
pineapple

Europäische Produktions Agentur: a cooperative chain store

Magenschmerzen

suck
halfen
saliva

surpassed

eingesunken/gerade

sträubte mich: *wollte nicht*

cooking pot
redete . . . zu: *urged*
aufaß

Es war Sonnabend und ein guter Geschäftstag. Als Vater die Menge im Zelt überblickte, nickte° er anerkennend;° er sagte, das wäre genau der richtige Tag, die Chefin um eine Geburtstagsgratifikation° anzugehen.°

5 Geh° du man an, dachte ich. Ich stellte mir schon Vaters Gesicht vor, wenn Emil mir die zehn Mark in die Hand drückte.° Sicher würde es auch allerhand° Beifall geben. Ich überlegte, ob ich mich dann verbeugen° sollte; lieber nicht, das sah immer so anbiedernd° aus.

Ich lutschte andauernd Maiblätter; ich glaube, ich habe noch nie 10 so viel Spucke gehabt wie an dem Abend. Das Publikum war wunderbar; es ging sogar bei Clorullupp, dem Fischmenschen mit, und der war bestimmt so das Langweiligste, was man sich nur vorstellen kann.

Dann kam Emil. Er trat auf das Nagelbrett, er spuckte Feuer und hypnotisierte einen Hilfspolizisten; das Publikum raste.°

15 Und dann folgte, von einem dumpfen° Trommelwirbel° begleitet, der Brötchenclou.

Emil war nicht sehr gut in Form; man sah, diesmal strengte es ihn tatsächlich an. Aber dann hatte er es doch wieder geschafft, und in den losprasselnden° Beifall rein° sagte er, so, und wer ihm das jetzt 20 nachmachte,° der bekäme an der Kasse° zehn deutsche Reichsmark ausbezahlt.

Es waren sehr viele Leute, die daraufhin° nach vorn gingen. Ich ließ sie erst alle ran und sich blamieren;° dann schob ich mir ein Maiblatt unter die Zunge und ging auch nach vorn.

25 Ich spürte deutlich den Blick von Vater im Nacken,° ich drehte mich aber nicht um; ich wußte, sah ich Vater erst an, war es aus. Doch auch die Zuschauer° schienen unruhig zu sein, sie glaubten wohl, ich wäre zu klein, um die Brötchen zu schaffen.

Glaubt, was ihr wollt, dachte ich; wundern könnt ihr euch immer 30 noch.

Und dann war ich dran.

„Ach nee", sagte Emil, als er mich sah und kniff° ein bißchen die Augen zusammen. Dann rief er laut: „Na, und der junge Herr —: auch mal sein Glück versuchen?"

35 „Ja", sagte ich.

Ich griff in die Brötchentüte.° Ich sagte, er sollte die Stoppuhr° einstellen;° Emil stellte sie ein.

„Los", sagte er; und im selben Moment fing hinter dem Vorhang Clorullupp an, die Trommel zu rühren.°

40 Ich hielt die Luft an und biß in ein Brötchen. Doch kaum hatte ich den ersten Bissen° im Mund, da glaubte ich, ich müßte mich übergeben,° so satt war ich auf einmal. Rasch° biß° ich noch mal was ab; doch es war wie verhext,° ich bekam den Bissen nicht runter, der Brötchenbrocken° lag mir wie ein Holzwollknäuel° auf der Zunge.

---

nodded/in recognition

Geld zum Geburtstag bekommen zu bitten

Geh . . . an: **go ahead**

in . . . drückte: **gab**

einigen

bow/familiar, obtrusive

schrie

nicht klar/roll of drums

sudden crackling/*hinein*

genauso machte/**wo man die Eintrittskarten kauft**

dann

sich blamieren: **sich lächerlich machen**

nape of the neck

Publikum

kniff . . . zusammen: **schmäler machte**

Sack/stop watch

set

schlagen

Brötchenstück

mich übergeben: **vomit**/*schnell*/**bit**

bewitched

Bissen (Brot)/ball of wood shavings

Obendrein° rutschte° mir auch noch das Maiblatt in die Luftröhre,° ich verschluckte° mich und bekam einen Hustenanfall.°

außerdem/slid/windpipe
choked/fit of coughing

Erst dachte ich, mein Husten machte den Krach;° aber dann merkte ich, den Krach machten die Leute: sie schrien vor Lachen.

noise

5   Ich bekam eine wahnsinnige° Wut; ich schrie, ich hätte Emils Rekord neulich° sogar unterboten; aber jetzt lachten sie nur noch mehr. Ich heulte;° ich schrie, an allem wäre bloß diese verdammte Erbsensuppe schuld, wenn ich die nicht hätte essen müssen, dann hätten sie jetzt aber mal staunen können.

wild
kürzlich
weinte

10   Sie wollten sich totlachen° darauf; sie schlugen sich auf die Schenkel,° sie klatschten° und schrien wie die Wahnsinnigen.

viel lachen
thighs/applaudierten

Plötzlich erhob sich jemand im Zuschauerraum und kam langsam nach vorn. Ich fuhr mir über die Augen,° und da war es Vater.

Ich . . . Augen: I rubbed my eyes

Er war sehr bleich;° er kam auf das Podium und hob die Hand.

blaß

15   „Einen Moment bitte", sagte er laut.

Gleich war das ganze Zelt still, und alle sahen zu ihm auf.

Vater räusperte° sich. „Es stimmt, was dieser Junge hier sagt", rief er dann; „ich war selbst mit dabei!"

räusperte sich: cleared his throat

Er hatte seinen Satz noch nicht mal zuende, da ging das Gelächter 20 schon wieder los, jetzt aber noch viel lauter als vorher; denn jetzt lachten sie nicht nur über mich, jetzt lachten sie auch über Vater; ich hätte ihr sonst was antun können, der Bande.

Vater versuchte noch ein paarmal, sich Gehör zu verschaffen;° doch der Krach war jedesmal so groß, daß kein Wort durchdrang.° Da 25 legte er mir die Hand auf den Kopf, und als das Gelächter mal einen Augenblick nachließ,° schrie er: „Sie sollten sich schämen!"

sich . . . verschaffen: laut genug zu sprechen
zu hören war

leiser wurde

Doch nun wurde das Geschrei und Gejohle° wieder so laut, daß man das Gefühl hatte, das Zelt stürzte° ein. Ich sah Vater an; er schluckte; die Hand auf meinem Kopf zitterte° etwas.

Schreien
stürzte ein: würde zusammenfallen
trembled

30   „Komm", sagte er heiser.°

mit unklarer Stimme

Er bezahlte Emil das Brötchen, dann gingen wir raus.

Es regnete. Die Wege zwischen den Buden waren leer; nur vor dem Glücksrad standen ein paar Leute, denn da war ein Dach drüber.

Ich wollte was sagen, aber mir fiel nichts ein°...

mir . . . ein: ich konnte an nichts denken

Fragen

1 Warum ging es der Familie schlecht?

2 Warum aß die Familie so oft Erbsensuppe?

3 Wohin gingen Vater und Sohn?

4 Was findet man auf einem Rummel?

5 Was machte die weißgeschminkte Frau?

6 Warum bot sie dem Vater eine Mark für den Abend an?

7 Warum hatte der Vater Bedenken, jeden Abend die Mark anzunehmen?

8 Was war die größte Attraktion?

9 Was ist ein Fakir?

10 Wie viele Brötchen mußte man verzehren, um die Wette zu gewinnen?

11 Was wollte der Junge seinem Vater zum Geburtstag schenken?

12 Wie verdiente der Junge sein Trainingsgeld?

13 Wie lange trainierte er?

14 Welche Ausrede (Entschuldigung) gebrauchte der Junge, um die Suppe nicht essen zu müssen?

15 Warum bestand der Vater darauf, daß der Junge seine Suppe aß?

16 Warum lutschte er saure Bonbons?

17 Wie gefiel dem Publikum Emils Auftritt?

18 Warum wurde das Publikum unruhig, als der Junge nach vorn ging?

19 Wie viele Brötchen konnte der Junge essen?

20 Warum mußte er plötzlich husten?

21 Warum lachte das Publikum?

22 Wußte der Vater, daß der Junge für die Brötchenwette trainiert hatte?

23 Wußte der Vater, daß sein Sohn die Wahrheit sagte?

24 Warum standen die Leute nur vor den Glücksbuden?

25 Hatte der Vater den Sohn noch gern?

26 Hatte der Vater die Absicht des Sohnes verstanden?

Verwandte Wörter

Ergänzen Sie:

der Streit   *streiten (i, i)   einen Streit anfangen; kämpfen*

Diese Bemerkung akzeptiere ich nicht ohne weiteres. Darüber läßt sich . . . .
Das ist ein . . . . . . um nichts.

andauernd   *die Dauer   die Zeitspanne; lange oder kurze Zeit*

Die . . . . . . seines Aufenthalts steht noch nicht fest.
Er redet . . . . . . nur Unsinn.

begleiten   *der Begleiter (s, —)   der Führer; jemand, der mit einem
anderen Menschen mitgeht*

    die Begleitung (—, en)   das Mitgehen; das Mitspielen

Ich bin in . . . . . . von Freunden hier.
Paul ist ihr ständiger . . . .
Bitte, ... mich bis an die Ecke! Es ist schon dunkel und ich habe Angst, allein zu gehen.

(sich) umdrehen   *(sich) drehen   sich um einen Punkt bewegen; in eine andere Richtung bringen*

Wir fahren nach Norden, nicht nach Süden. Du mußt das Auto ......!
Sieh nach vorn! Du sollst dich nicht immerfort ......!
Die Erde ...... sich um die Sonne.

greifen   *der Griff (es, e)   etwas zum Anfassen; ein Knopf*

Da muß der Vater wohl wieder ins Portemonnaie ....
Beim Aussteigen bitte die linke Hand am linken ......!
Halte dich am ...... fest!

Wortschatzübung

Ergänzen Sie:

andauernd, sich anstrengen, begleiten, Begleiter, Begleitung, bestehen auf, Dauer, sich drehen, greifen, Griff, sauer, sich schämen, Streit, streiten, sich umdrehen, sich vorkommen

1   Das hättest du nicht tun sollen; du solltest dich ......!
2   Er muß sich mehr ......, wenn er gewinnen will.
3   Er ist nie zufrieden. Jetzt fängt er einen ...... mit seinem Kollegen an.
4   Ich kann diesen grünen Apfel nicht essen; er ist mir viel zu ....
5   Wenn du darauf ......, das neue Buch zu benutzen, mußt du es selbst kaufen!
6   Es ...... mir ......, als hätte ich diese Arbeit schon einmal geschrieben.
7   Der Junge ...... sich seiner schlechten Noten.
8   Ihr Glück war nur von kurzer ....
9   Er wird Sie bis an die Tür ....
10 Sie kommen gut miteinander aus; sie ...... sich nie.
11 Der Mond ...... sich um die Erde.
12 Nimm mehr Zucker für die Limonade, wenn sie zu ...... ist!
13 Das Messer ist schwer zu halten, da der ...... kaputt ist.
14 ...... Sie darauf, daß wir noch heute kommen?
15 Der Junge dort ...... mir sehr bekannt ....
16 Er stört mich ...... bei meiner Arbeit.
17 Die Reise war teuer. Wir mußten tief in die Tasche ....
18 Wegen der lauten ...... konnte man den Sänger kaum hören.
19 Wenn Sie unbedingt auf den Berg klettern wollen, nehmen Sie einen erfahrenen Bergsteiger als ...... mit!
20 Er kam ins Zimmer, blickte um sich, ... sich ......, und ging wieder hinaus.

Satzbildung

1 Junge / wollen / kaufen / sein- Vater / zu- Geburtstag / Ananas (*Imperfekt*)

2 Junge / verdienen / Geld / für d- Trainingsbrötchen // indem / er / auf Fahrräder / aufpassen (*Imperfekt*)

3 d- Vater / bestehen / darauf // daß / er / essen / d- Erbsensuppe (*Imperfekt*)

4 Junge / sich umdrehen / nicht // als / er / treten / auf d- Bühne (*Imperfekt*)

5 er / greifen / in d- Brötchentüte // und / Emil / einstellen / Stoppuhr (*Imperfekt*)

6 da / er / essen / zuviel Suppe // Junge / können / essen / kein- Brötchen (*Plusquamperfekt/Imperfekt*)

7 als / Publikum / lachen / und / schreien // Vater / sagen // sie / sollen / sich schämen (*Imperfekt*)

Anregung

1 Sie haben einen Zirkus. Sie sind der Zirkusdirektor und Sie wollen mit Ihrem Zirkus in der Stadt gastieren. Schreiben Sie eine Einladung an die Schulen!

2 Malen Sie ein Plakat, das Reklame für Ihren Zirkus macht!

3 Was ist Ihr Lieblingsgericht (Essen)? Können Sie das Rezept dafür auf Deutsch schreiben?

4 Nehmen Sie ein deutsches Kochbuch zur Hand und kochen Sie ein deutsches Gericht!

WOLF BIERMANN (1936-   ): Frühzeit

Heute morgen, als ich noch wohlig° im Bett lag
riß° mich ein grober Klingler aus dem Schlaf.
Wütend und barfuß lief ich zur Tür und öffnete
meinem Sohn, der
5 da Sonntag war
sehr früh nach Milch gegangen war.

Die Zufrühgekommenen sind nicht gern gesehn.
Aber ihre Milch trinkt man dann.

angenehm
riß . . . aus: **weckte**

FRANZ KAFKA: aus *Brief an den Vater*

Im Gegensatz zu Schnurres Erzählung läßt Kafkas *Brief an den Vater*
sofort erkennen,° warum es zu Generationskonflikten kommen kann.   *klarwerden*
Es liegt nicht daran, daß die moderne Jugend kritischer ist als frühere
Generationen. Der junge Mensch fürchtet sich nicht vor den prüfenden
5 Augen der Älteren. Aber er erwartet von seinen Vorbildern, daß sie
ihre Gebote nicht nur aufstellen, sondern auch einhalten.° Er fängt   *befolgen*
selbst an zu kritisieren, wenn man ihn zuviel kritisiert.

      Mit diesem Brief beschreibt Kafka nicht nur das Versagen° seines   **failure**
Vaters. Er deutet° ebenfalls an, welche ernsten Folgen° ein solcher   *deutet . . . an: **zeigt**/**Resultate***
10 Konflikt in der Entwicklung eines Kindes haben kann.

Verstehen Sie diese Wörter und Ausdrücke?

die Einzelheit (–, en): nur ein Teil; das Detail / *Wir haben heute keine Zeit, auf Einzelheiten einzugehen. Wir werden dieses Thema morgen noch einmal besprechen. / Sie sollten die Antwort darauf aber wissen. Ich habe dieses Problem in allen Einzelheiten erklärt.*

der Stoff: die Materie; das Material; eine Masse / *Dieses Kleid ist aus bestem Wollstoff. / Diese Geschichte ist ein guter Stoff für meinen Bericht.*

hauptsächlich: wichtig; besonders; in erster Linie / *Heute besprechen wir hauptsächlich die Grammatik. / Er interessiert sich hauptsächlich für moderne Architektur.*

das Fressen: was Tiere essen / *Halt, du kannst das nicht essen! Das ist das Fressen für die Schweine. / Die jungen Tiere sollen warmes Fressen bekommen.*

kräftig: stark; fest / *Wenn du diese schwere Arbeit machen mußt, sollst du erst ein kräftiges Mittagessen haben. / Ruf doch etwas lauter! Du hast doch sonst eine so kräftige Stimme.*

achtgeben (i; a, e): aufpassen / *Gib doch endlich acht! Du mußt besser aufpassen! / Das Kind ist zu unruhig; es gibt nie acht.*

vollständig: komplett; ganz / *Ist deine Briefmarkensammlung jetzt vollständig? / Warum sind Max und Werner so laut? Sie sind wohl vollständig verrückt geworden.*

ungeheuer: außerordentlich; sehr stark / *Ein Hundertmeterlauf in 11,2 Sekunden ist für ein Mädchen eine ungeheure Leistung. / Eßt nur! Wir haben ungeheure Mengen davon eingekauft.*

Brief an den Vater

Liebster Vater,

Du hast mich letzthin° einmal gefragt, warum ich behaupte,° ich hätte
Furcht vor Dir. Ich wußte Dir, wie gewöhnlich, nichts zu antworten,
zum Teil eben aus der Furcht, die ich vor Dir habe, zum Teil deshalb,
5 weil zur Begründung° dieser Furcht zu viele Einzelheiten gehören, als
daß ich sie im Reden halbwegs zusammenhalten könnte. Und wenn ich
hier versuche, Dir schriftlich zu antworten, so wird es doch nur sehr
unvollständig sein, weil auch im Schreiben die Furcht und ihre Folgen°
mich Dir gegenüber behindern° und weil die Größe des Stoffs über
10 mein Gedächtnis und meinen Verstand weit hinausgeht. . . .

    Da ich als Kind hauptsächlich beim Essen mit Dir beisammen°
war, war Dein Unterricht zum großen Teil Unterricht im richtigen
Benehmen bei Tisch. Was auf den Tisch kam, mußte aufgegessen, über
die Güte des Essens durfte nicht gesprochen werden — Du aber fandest
15 das Essen oft ungenießbar; nanntest es „das Fressen"; das „Vieh"° (die
Köchin) hatte es verdorben.° Weil Du entsprechend° Deinem kräftigen
Hunger und Deiner besonderen Vorliebe° alles schnell, heiß und in
großen Bissen gegessen hast, mußte sich das Kind beeilen,° düstere°
Stille war bei Tisch, unterbrochen von Ermahnungen:° „zuerst iß, dann
20 sprich" oder „schneller, schneller, schneller" oder „siehst Du, ich habe
schon längst aufgegessen." Knochen° durfte man nicht zerbeißen, Du
ja. Essig° durfte man nicht schlürfen,° Du ja. Die Hauptsache war, daß
man das Brot gerade schnitt; daß Du das aber mit einem von Sauce
triefenden° Messer tatest, war gleichgültig. Man mußte achtgeben, daß
25 keine Speisereste° auf den Boden fielen, unter Dir lag schließlich am
meisten. Bei Tisch durfte man sich nur mit Essen beschäftigen, Du aber
putztest und schnittest Dir die Nägel,° spitztest° Bleistifte, reinigtest°
mit dem Zahnstocher° die Ohren. Bitte, Vater, verstehe mich recht, das
wären an sich vollständig unbedeutende Einzelheiten gewesen, nieder-
30 drückend° wurden sie für mich erst dadurch, daß Du, der für mich so
ungeheuer maßgebende° Mensch, Dich selbst an die Gebote nicht
hieltest, die Du mir auferlegtest.° . . .

neulich/sage

Erklärung

Resultate
mich . . . behindern: **es mir
schwer machen**

zusammen

Tier
ungenießbar gemacht/in
    accordance with
preference
sich . . . beeilen: **eilen**/gloomy
Warnungen

bones
vinegar/*laut trinken*

dripping
nicht aufgegessenes Essen

fingernails/sharpened/*putztest*
tooth pick

depressing
authoritative
imposed

Fragen

1 An wen schreibt Franz Kafka diesen Brief?
2 Warum fürchtet er sich vor seinem Vater?
3 Was sollte Franz bei Tisch lernen?
4 Warum durfte Franz bei Tisch nicht sprechen?
5 Warum mußte Franz bei Tisch so schnell essen?
6 Wie mußte das Brot geschnitten werden?
7 Worauf mußte man achtgeben?
8 Befolgte Vater Kafka seine eigenen Tischgebote?
9 Was tat der Vater manchmal bei Tisch?
10 Will Franz an dem Benehmen seines Vaters Kritik üben?

Verwandte Wörter

Ergänzen Sie:

hauptsächlich   *die Hauptsache (–, n)   das Wichtigste; das Besondere*

Nun passen Sie bitte gut auf! Jetzt kommen wir zur . . . .
Ich bin . . . . . . daran interessiert, wenn es kein Geld kostet.
Die . . . . . . ist, daß wir genau um 5 Uhr da sind.

kräftig   *die Kraft, (–, ⁻e)   die Stärke; die Fähigkeit, etwas Schweres zu tun*

Warte, laß mich dir helfen! Mit vereinter . . . . . . geht es besser.
Er ist noch sehr schwach. Warum kochst du ihm nicht eine . . . . . . Suppe?

das Fressen   *fressen (i; a, e)   wenn Tiere essen; viel essen; das Essen schnell essen*

Gib dem Hund sein . . . . . .!
Er ißt nicht nur, er . . . . . . schon.
Es tut mir leid, daß es passiert ist. Ich werde ihm alles erklären. Er wird mich schon nicht . . . .
Dieser Motor . . . . . . zuviel Benzin.
Das ist ein ungenießbares . . . .

achtgeben   *achten auf*   aufpassen
           die Achtung (–, kein Plural)   Aufmerksamkeit, Respekt
           achten   Respekt vor jemandem haben

Er macht alles, was er will. Er . . . . . . nicht auf uns.
. . . . . .! Da kommt ein Auto.
Gib . . . . . ., daß du nicht hinfällst!
Voller . . . . . . steht er vor seinem Großvater.

Wortschatzübung

Ergänzen Sie:

> achten, achtgeben, Achtung, Einzelheit, fressen, Fressen, Hauptsache,
> hauptsächlich, Kraft, kräftig, Stoff, ungeheuer, vollständig

1 Wir lassen den Mantel aus diesem kostbaren . . . . . . arbeiten.
2 Lehmanns Baby ist ein . . . . . . Junge. Es wiegt 9 Pfund und 85 Gramm.
3 Wir müssen dem Schwein noch das . . . . . . geben.
4 Ist dieses Kartenspiel . . . . . . ?
5 Der Sohn tat dies aus . . . . . . vor seinen Eltern.
6 Der Atlas ist . . . . . . teuer, aber sehr schön, bunt und klar.
7 Mich interessiert . . . . . . der zweite Teil des Dramas.
8 Er hat uns den Unfall in allen . . . . . . berichtet.
9 Er hört nicht auf zu arbeiten. Er wird einfach nicht müde. Er hat . . . . . .
   Energie.
10 Und nun passen Sie bitte gut auf! Wir kommen jetzt zur . . . .
11 . . . . . . ! Die Treppe ist kaputt.
12 Er muß sich jetzt erst einmal wieder erholen, sich schonen und . . . . . . sich
   sammeln.
13 Sieh ihn doch nur an! Er schafft das schon. Er hat . . . . . . Arme.
14 Wenn er nicht . . . . . . , wird er noch hinfallen.
15 Ich möchte mich . . . . . . bei meinen Partnern bedanken.
16 Gib mir bitte die . . . . . . , damit ich den Unfall rekonstruieren kann!
17 Haben Sie keinen anderen Lese . . . . . . ? Diese Romane und Zeitungen kenne
   ich schon.
18 Er . . . . . . ihn nicht nur als großen Dichter, sondern auch als Menschen.
19 Menschenkind, nun iß doch mal langsam! Du . . . . . . ja wie ein Elefant.
20 Das Radio war so laut, er mußte mit aller . . . . . . schreien, damit man ihn
   hörte.

Satzbildung

1 Kafka / haben / groß- Furcht / vor sein- Vater   (*Imperfekt*)
2 als / Kind / Kafka / ist / hauptsächlich / bei- Essen / mit sein- Vater / beisammen   (*Imperfekt*)
3 Kind / dürfen / nicht sprechen // ehe / es / aufessen / alles   (*Imperfekt*/
   Plusquamperfekt)
4 Kafka / halten / alles / für vollständig unbedeutend- Einzelheiten   (*Perfekt*)
5 vieles // was / d- Kind / verboten ist // Vater / tut / selber   (*Imperfekt*)

Schülerlokal: Trainingsplatz fürs Leben?

Was ist ein Schülerlokal? Es ist eine Gastwirtschaft,° die nur von Jugendlichen besucht wird. Hier darf der Schüler frei sein. Er ist unabhängig° und wird nicht kritisiert. Trotz seiner Jugend behandelt man ihn als zahlenden Gast, nicht als Schüler. Hier befindet° er sich
5 in seiner eigenen Welt. Benimmt er sich darum anders als in der Welt der Erwachsenen, oder formt sich die jugendliche Gesellschaft nach dem Vorbild der Älteren?

inn, restaurant

frei

befindet sich: ist

Verstehen Sie diese Wörter und Ausdrücke?

herausfinden (a, u): entdecken; die Wahrheit herausbekommen / *Ich muß herausfinden, ob er heute noch kommt.* / *Hat er den Sinn dieses Gedichtes herausfinden können?*

schweigen (ie, ie): nichts sagen / *Warum schweigst du heute? Sonst sprichst du doch soviel.* / *Wenn du schweigen kannst, erzähle ich dir etwas.*

abtrennen: entfernen; teilen; abnehmen / *Du solltest endlich diese alten Knöpfe von der Jacke abtrennen.* / *Nach dem Krieg wurden einige Gegenden im Osten von Deutschland abgetrennt.*

bewußt: bekannt; intentionell / *Er ist nicht schuldig, und ich bin mir auch keiner Schuld bewußt.* / *Das habe ich wirklich nicht bewußt getan.*

der Rücken (s, –): die hintere, die andere Seite; von der Schulter abwärts, aber nicht vorn / *Ich weiß nicht, wer es war. Er hatte mir den Rücken zugekehrt.* / *Einen Rucksack trägt man nicht in der Hand, sondern auf dem Rücken.*

oberflächlich: nicht ausführlich; ohne Ernst / *Ich hatte keine Zeit, die Arbeit zu korrigieren. Ich habe sie nur oberflächlich angesehen.* / *Das ist aber eine oberflächliche Arbeit. Du solltest dich mehr anstrengen.*

plaudern: sich unterhalten / *Wir haben eine Viertelstunde geplaudert.* / *Er hatte nichts Wichtiges zu berichten. Er wollte nur plaudern.*

bestellen: kommen lassen; eine Nachricht weitergeben / *Zum Essen haben wir ein Glas Wein bestellt.* / *Ich soll Ihnen einen Gruß bestellen.*

der Schluß (Schlusses, Schlüsse): das Ende; das letzte Wort oder Kapitel / *Nach Schulschluß gehen die Schüler ins Café.* / *Ich kann nicht mehr arbeiten. Machen wir Schluß!*

verbieten (a, o): man darf etwas nicht tun / *Du kennst ja meinen Arzt. Er wird mir sicherlich diese Reise verbieten.* / *Man sollte das schnelle Fahren in der Innenstadt verbieten.*

Schülerlokal: Trainingsplatz fürs Leben?

Ein Professor interessiert sich für das soziale Leben in einem Schülerlokal. Er möchte herausfinden, wie die Jugendlichen sich hier benehmen, worüber sie sich unterhalten und was sie tun. Was hat diese Untersuchung ergeben?°   *gezeigt*

5 Das Lokal liegt in einer ziemlich engen Straße, nicht weit vom Stadtzentrum.° Obwohl es für jedermann offensteht, wird es fast nur von Schülern und Schülerinnen der sieben Gymnasien der Stadt besucht. Das Erdgeschoß° ist als Espresso, der Keller als Tanzbar eingerichtet.° Schwere Vorhänge und Lampen mit roten Schirmen° tauchen° den
10 Raum in ein dunkles rötliches Licht. An der Theke mit der Espressomaschine können 15 Personen hocken.° Man bekommt dort auch Bier, Limonade und Cola. Laute Musik hört man pausenlos.°

    Es gibt drei Gruppen von Schülern in diesem Lokal. Die eine Gruppe besteht° aus den Theken-Besuchern. Sie sitzen schweigend und
15 abgetrennt an der Bar. Bewußt kehren° sie den anderen Gästen den Rücken zu. Sie distanzieren sich. Immer wieder verfallen sie in eine Art Trance, schauen in ihr Glas und saugen° an der Zigarette. Wer an der Bar Platz nimmt, scheint kein Kind von Fröhlichkeit zu sein. Nur sehr selten unterhalten sie sich mit dem Nachbarn.

20   Eine zweite Gruppe bilden die Jugendlichen, die auf den Wandplätzen sitzen. Von dort aus haben sie einen ausgezeichneten Überblick über den Raum. Sie sehen alles und benehmen sich anders. Jeder neue Gast wird gemustert.° Aber auch hier werden kaum intensive Gespräche geführt. Eigentlich grüßt man sich nur und stellt kurze, ober-
25 flächliche Fragen.

    Wer Gesellichkeit° sucht, findet sie an den größeren Tischen der Fensterseite und der Mitte des Espressos. Hier sitzt man sich gegenüber und plaudert ungezwungen.° Anfangs werden aktuelle° Schulprobleme besprochen, doch bald wird das Gespräch privater, persönlicher.
30 Niemand fällt aus dem Rahmen.° Man übt hier eine Art Gesellichkeit. Die Jugendlichen sind jedoch° nicht ganz unter sich. Es gibt noch einen

Stadtmitte

Stockwerk zu ebener Erde/ furnished
lamp shades/plunge

auf einem hohen Stuhl sitzen
ohne Pause

besteht aus: **consists of**

kehren . . . zu: **drehen . . . zu**

lutschen

prüfend betrachtet

sociability

frei/heutige

fällt . . . Rahmen: **benimmt sich ungewöhnlich**
aber

Geschäftsführer und zwei Kellnerinnen.° Nur Getränke° werden ausgegeben, meistens alkoholfreie. Mehr als eins bestellt niemand.

Unmittelbar° nach Schulschluß, zwischen 12 und 13 Uhr, und am späten Nachmittag ist das Lokal am stärksten besucht. Ab 22 Uhr ist
5 es beinahe leer. Man findet dort dreimal so viele Jungen wie Mädchen. Nur am frühen Nachmittag sieht man auch berufstätige° Jugendliche im Lokal. Sie haben in der Nähe ein eigenes Lokal. Man betrachtet das andere Lokal als *Beat-Schuppen°* und es hat schon öfters Schlägereien° dort gegeben. Deshalb versuchten Schule und Eltern, den Espresso-
10 Besuch zu verbieten. Sie glaubten, ein Lokal sei wie das andere. Die Schüler hörten aber nicht auf, in ihr beliebtes Lokal zu gehen.

Das Ergebnis° der Untersuchung: Der Professor findet so ein Schülerlokal gut. Er sieht darin einen „gesellschaftlichen Übungs-raum",° wie ihn weder die Schule noch das Elternhaus bieten können.
15 Hier kann sich der junge Mensch für seine soziale Rolle als Erwachsener vorbereiten. Hier wird aus dem „unreifen° Jugendlichen" der Schule und des Elternhauses der zahlende Gast, der Konsument. In so einem Lokal fühlt der Jugendliche sich nicht mehr als Kind oder als Schüler. Das Lokal ermöglicht ihm eine Flucht° aus der Unterordnung° in Elternhaus und Schule. Es übernimmt eine wichtige Funktion.

waitresses/*etwas zum Trinken*

sofort

einen Beruf ausüben

dive, joint/fights

Resultat

place to prepare for a role in society

not ripe, immature

Weglaufen/Abhängigkeit

Fragen

1 Warum geht der Professor in das Schülerlokal?
2 Wer darf das Lokal besuchen?
3 Beschreiben Sie das Lokal!
4 Welche drei Gruppen von Schülern findet man in dem Lokal?
5 Wo sitzt die erste Gruppe?
6 Wie benehmen sich die Schüler dieser Gruppe?
7 Wo sitzt die dritte Gruppe?
8 Welche Diskussionsthemen werden dort diskutiert?
9 Wer sorgt in dem Lokal für Ordnung und Ruhe?
10 Wie unterscheidet sich wohl der *Beat-Schuppen*, das Lokal der berufstätigen Jugendlichen, von dem Schülerlokal, das hier beschrieben wird?
11 Was hält der Professor von solch einem Lokal?
12 Was halten Sie von so einem Lokal?

Verwandte Wörter

Ergänzen Sie:

schweigen *schweigsam   ruhig; man spricht wenig*
das Schweigen   die Ruhe; die Stille

Warum sagt sie denn nichts? Sie ist heute abend recht . . . .
Sprich nicht wieder darüber. Das ist jetzt endlich vergessen. Wir wollen von nun an darüber . . . .
Nach den Ferien sind die Kinder immer so aufgeregt; man kann sie kaum zum . . . . . . bringen.
Reden ist Silber, ... ist Gold!

abtrennen *trennen   auseinanderbringen; auseinandergehen*
die Trennung (–, en)   das Trennen; die Unterbrechung

Die . . . . . . von seiner Familie fällt ihm schwer.
Ich wohne in der anderen Richtung. Hier müssen wir uns . . . .

bewußt *das Bewußtsein   das Wissen um etwas*

Dir ist wahrscheinlich gar nicht . . . . . ., was du da gemacht hast.
Er ist schuldig. Er hat die Tat bei vollem . . . . . . ausgeführt.

bestellen *die Bestellung (–, en)   die Bitte, etwas zu bringen oder zu schicken*

Zum Weihnachtsfest möchten wir zwei Dutzend Honigkuchenpferde . . . .
Bei . . . . . . von Pullovern bitte die Größe angeben.

Wortschatzübung

Ergänzen Sie:

> abtrennen, bestellen, Bestellung, bewußt, Bewußtsein, herausfinden, oberflächlich, plaudern, Rücken, Schluß, schweigen, Schweigen, schweigsam, verbieten

1 Ich kann die Frage nicht beantworten. Können Sie die Antwort . . . . . . ?

2 Du sagst heute kein Wort. Warum . . . . . . du?

3 Du brauchst ihm nicht zuzuhören. Er will doch nur mit jemand . . . .

4 Meine letzte Klasse ist um zwei Uhr aus. Treffen wir uns nach Schul . . . . . . !

5 Da kommt der Ober. Soll ich noch eine Flasche Wein . . . . . . ?

6 Ich darf machen, was ich will. Du hast mir nichts zu . . . .

7 Ich habe nichts Böses getan. Ich bin mir keiner Schuld . . . .

8 Würden Sie bitte die Knöpfe ganz vorsichtig . . . .

9 Er war zwei Stunden bewußtlos. Der Arzt konnte ihn aber zum . . . . . . zurückbringen.

10 Wollen Sie uns heute schon Ihre . . . . . . für den Weihnachtskuchen mitteilen?

11 Es geht ihm gar nicht gut. Er hat furchtbare . . . . . . schmerzen.

12 Man kann sich kaum auf sie verlassen. Sie ist meistens so . . . .

13 Er ist ein kluger, aber stiller Mensch; sehr . . . .

14 Nach dem Konzert gab es zwei Minuten . . . . . . im Saal.

Satzbildung

1 Professor / herausfinden // daß / es gibt / drei Gruppen von Schüler- / in ein- Schülerlokal   (*Perfekt/Präsens*)

2 ein- Gruppe / sitzen / schweigen- / an d- Theke   (*Präsens*)

3 sie / zukehren / d- ander- Gäste- / d- Rücken   (*Präsens*)

4 ein- zweit- Gruppe / führen / oberflächlich- Gespräche   (*Präsens*)

5 an d- größer- Tische- / ander- Schüler / sitzen / und / plaudern / über persön- lich- Probleme   (*Präsens*)

6 kein Mensch / bestellen / mehr als / ein Glas Cola oder Limonade   (*Perfekt*)

7 in dies- Lokal / Schüler / lernen / sich benehmen / wie Erwachsene   (*Präsens*)

Diskussionsthemen

1 Sie waren sicher schon einmal Gast in einem Schülerlokal. Diskutieren Sie die Vor- und Nachteile (advantages and disadvantages)!

2 Vergleichen Sie das beschriebene Schülerlokal mit einem der „student hang- outs", die Sie kennen!

3 Berichten Sie über die Meinung Ihrer Eltern über ein solches Lokal!

Interview mit deutschen Studenten: Generationskonflikt

Paul Hamilton hat in Amerika viel über die autoritären Erziehungs-
methoden deutscher Eltern und Lehrer gehört. Während seines
Deutschlandaufenthalts möchte er die Sache selbst untersuchen.
Werden die Kinder auch heute noch autoritär erzogen? Gibt es einen
5 Generationskonflikt? Wie steht es mit dem deutschen Familienleben?
Paul könnte sich denken, daß die moderne Lebensweise° auch in   *Art des Lebens*
Deutschland zu Veränderungen geführt hat. Was erwartet die deutsche
Jugend heute von ihren Eltern — von ihren Lehrern? Was erwarten die
Eltern von der Jugend?

Verstehen Sie diese Wörter und Ausdrücke?

erziehen (erzog, erzogen): lehren; jemanden sittlich und körperlich formen / *Die Lehrer haben ihn zu einem fleißigen Schüler erzogen.* / *Da er nicht hören kann, werden wir ihn von jetzt an anders erziehen müssen.*

die Gesellschaft (–, en): eine Gruppe von Menschen, die zusammen leben oder arbeiten; eine Party / *Hier dürfen nur Mitglieder herein. Es ist eine geschlossene Gesellschaft.* / *Ich möchte heute nicht allein bleiben. Würdest du mir bitte etwas Gesellschaft leisten?*

ähnlich: so aussehen wie etwas oder jemand / *Das ist nun schon das zweite Mal, daß so etwas passiert. Etwas Ähnliches ist gestern geschehen.* / *Man sieht doch, daß sie Brüder sind. Sie sehen sich sehr ähnlich.*

das Gewissen (s, –): das Wissen des Menschen um Gut und Böse / *Ich habe ein Unrecht getan. Ich habe ein schlechtes Gewissen.* / *Ein gutes Gewissen ist ein komfortables Ruhekissen!*

ankommen auf (a, o): davon abhängig sein; wichtig sein / *Das ist das Wichtige. Darauf kommt es ja gerade an.* / *Im entscheidenden Augenblick, wenn es darauf ankommt, ist er immer da.*

streng: hart; ernst; strikt / *Seine Eltern sind sehr streng. Parties darf er nie besuchen.* / *Dieses Gemüse hat einen strengen Geschmack.*

angenehm: bequem; nett; willkommen; mild / *Ich hoffe, Sie hatten einen angenehmen Flug.* / *Wir sehen Sie immer sehr gern wieder. Sie sind uns jederzeit angenehm!*

verbinden (a, u): zwei Enden oder Dinge zusammenbringen; jemandem Dank schuldig sein / *Würden Sie mich bitte telefonisch mit München 73 28 18 verbinden?* / *Für Ihre Hilfe und Freundlichkeit bin ich Ihnen sehr verbunden.*

Generationskonflikt

Ein Gespräch zwischen Paul Hamilton, einem Austauschstudenten, und zwei deutschen Studenten.

Paul: Darf ich fragen, Rosi, warum du Lehrerin werden willst? Ist der Beruf einer Volksschullehrerin in Deutschland
5   angesehen?°   *respected*

Rosi: Meinst du im Gegensatz zu dem eines Volksschullehrers?

Paul: Nein, der Lehrberuf überhaupt.

Rosi: Ich glaube nicht, daß ein Lehrer angesehener ist als andere Leute. Ich glaube aber auch, daß bei vielen Schülern und
10   Schülerinnen ein autoritäres Bewußtsein existiert, und daher rührt° wahrscheinlich die geachtete° Stellung° der   *kommt/angesehen/Stelle* Lehrerin. Und das hat sich bis heute noch erhalten, obwohl die Form ein bißchen gemildert wurde. In der nächsten Zeit wird es ganz bestimmt so sein, daß sich die
15   Stellung des Studienrats° oder der Volksschullehrerin   *Lehrer an einer höheren* gegenüber den Schülern noch weiter ändert, daß nicht   *Schule* mehr der große Unterschied besteht:° Schüler und Lehrer.   *existiert* Man wird dann eben mehr zusammenarbeiten.

Paul: Wirst du das als Lehrerin begrüßen?

20 Rosi: Ja, denn ich finde, für Schüler und Lehrer sollte es diesen Autoritätsunterschied nicht geben. Der Lehrer sollte nicht vor der Klasse stehen und schon als Autorität angesehen werden, während die Schüler alles tun müssen, was der Lehrer sagt. Die Zusammenarbeit ist wichtig. Ich glaube,
25   daß der Lehrer nur auf Grund seines Informationsvor- sprungs° geachtet werden sollte. Insofern° lernen die   *größeren Wissens/nur* Schüler von ihm, aber sonst sollten sie als Menschen   *darum* gleichberechtigt° nebeneinander stehen.   *gleiche Rechte haben*

Paul: Wie ist das denn bei euch zu Hause? Werden die Kinder
30   immer noch autoritär erzogen?

Anton:	Das ist sehr verschieden.° Da kann man nicht verall-gemeinern.° Aber es tendiert° vielleicht dahin, daß die Eltern den Schülern gegenüber immer weniger autoritär sind, weil man in der Schule versucht, den Schülern kritisches Denken beizubringen.° Dadurch werden sie eben kritischer, auch den Eltern gegenüber. Ich glaube auch, daß sich die ganze Gesellschaftsstruktur geändert hat. Dadurch hat sich natürlich auch das Verhältnis° Eltern/ Kinder etwas gewandelt.°	*ungleich* *im allgemeinen sagen/die Tendenz ist* *lehren* *relationship* *sich . . . gewandelt:* **sich geändert**

5

10 Paul:	Gibt es denn vielleicht weniger Familiensinn als früher?
Rosi:	Das ist schwer zu sagen.
Paul:	Also, verbringst du gern den Sonntag mit deiner Familie? Oder ist es dir lieber, wenn du deine eigenen Wege gehen kannst?

15 Rosi:	Es ist schön, einen Spaziergang mit der Familie zu machen. Wenn es nur nicht jeden Sonntag sein muß.	
Paul:	Wie ist es bei dir, Anton?	
Anton:	Ja, ich glaube, ich kann schlecht von Familie in diesem Sinne reden, weil der Vater bei uns fehlt. Ich bin halt° lieber mit Rosi zusammen.	*eigentlich*

20

Paul:	Wie steht das bei deinen Freunden? Hast du eine Ahnung,° ob die gern mit ihrer Familie zusammen sind?	*Hast . . . Ahnung:* **weißt du**
Anton:	Ich glaube nicht. Die gehen alle lieber mit Kollegen oder mit Freunden aus.	

25 Rosi:	Das wäre was ganz Ungewöhnliches, wenn man mit den Eltern zusammen sein wollte.	
Paul	Findet ihr, daß ihr seit der Oberschule° ganz andere Menschen seid? Oder waren die letzten Jahre der Ober-schule den Studentenjahren sehr ähnlich, vor allem was Freiheit anbelangt° — Parties, Interessen, usw.?	*Schule wie das Gymnasium* *concerns*

30

Rosi:	Ich würde sagen, mit dem Studentenleben hat sich einiges geändert. Man ist als Schüler doch viel mehr ein Kind seiner Eltern und sehr behütet.° Als Student kann man sich dagegen viel freier bewegen° und auf eigenen Beinen stehen, auch wenn man finanziell noch abhängig ist. Insofern hat sich viel geändert. Man ist einfach der eigene Herr.	*guarded, protected* *sich bewegen:* **handeln**

35

Paul:	Mischt° sich da schlechtes Gewissen mit ein, oder ist es ein freudiges Entdecken?	*mischt sich:* **spielt eine Rolle**
40 Rosi:	Freudiges Entdecken.	
Paul:	Gibt es daraufhin° Konflikte mit den Eltern?	*dann*
Anton:	Auf jeden Fall. Ich kann da nur zu gut aus eigener Erfahrung sprechen. Damit möchte ich das, was Rosi gerade gesagt hat, widerlegen.° Für sie gibt es kein	*das Gegenteil beweisen*
45	schlechtes Gewissen. Es kommt immer auf die Erziehung	

an, die man vordem genossen hat. Einem gefällt das freie
Leben schon. Aber wenn man sehr streng erzogen wurde,
dann stellen sich hin und wieder doch Gewissensbisse° *schlechtes Gewissen*
ein. Aber letzten Endes° ist das freie Leben so verlockend° *schließlich*/*tempting*
5 und für den einzelnen so angenehm, daß der Wille, auf die
Ratschläge° der Eltern zu hören, meistens zu schwach ist. *Empfehlungen*

Paul: Könnte es sein, daß diese Gewissensbisse aus dem Konflikt entstehen,° daß man bisher autoritäre Erziehung *kommen*
genossen hat und die Freiheit überwältigend° ist? *overpowering*

10 Anton: Auf jeden Fall.° Seitdem ich von zu Hause weg bin, fehlt *in any case*
doch die leitende° Hand. *führende*

Paul: Also, ist das ein Manko?° Sehnst° du dich denn zurück *deficiency*/*sehnst . . . dich:*
nach diesem strengen Leben? *wünschst du dich sehr*

Anton: Nein, auf keinen Fall. Ich fühle mich jetzt viel selb-
15 ständiger° und freier. Ich weiß, daß ich einen eigenen *unabhängiger*
Willen habe, meine eigenen Entscheidungen treffen° kann *meine . . . treffen:* *mich selbst*
und auch treffen muß. *entscheiden*

Paul: Rosi, hast du auch eine autoritäre Erziehung gehabt?

Rosi: Im eigentlichen Sinne nicht. Nein. Trotzdem fühle ich
20 mich nur während der Woche frei. Wenn ich am Samstag,
Sonntag nach Hause komme, habe ich dagegen ein
schlechtes Gewissen.

Paul: Hat das irgendwie etwas mit deiner Erziehung zu tun?

Rosi: Ich glaube schon. Ich bin zu sehr mit meinen Eltern
25 verbunden gewesen, um das freie Leben ganz genießen zu
können.

Paul: Du würdest deine eigenen Kinder dann also nicht autoritär
erziehen?

Rosi: Nein, obwohl hin und wieder eine autoritäre Hand doch
30 am Platz ist. Jede gute Erziehung muß irgendwann mal
autoritär sein. Aber ganz allgemein würde ich sagen:
Autoritäre Erziehung? Nein! Ich bin für demokratische
Erziehung.

Fragen

1 Ist der Lehrerberuf in Deutschland besonders angesehen?

2 Was ist ein Studienrat?

3 Was meint Rosi wenn sie sagt: „Die Zusammenarbeit ist wichtig."?

4 Warum haben manche Eltern heutzutage weniger Autorität als früher?

5 Möchten Rosi und Anton nie Spaziergänge mit der Familie machen?

6 Was für Unterschiede gibt es zwischen dem Besuch der Oberschule und dem
Studentenleben?

7 Warum haben Rosi und Anton oft ein schlechtes Gewissen?

8 Halten Sie es für einen Nachteil, wenn man wenig autoritär erzogen wird?

9 Was muß man als selbständiger junger Mensch tun?

10 Was halten Sie von dem Ausspruch: „Jede gute Erziehung muß irgendwann mal autoritär sein"?

11 Was stellen Sie sich unter einer „demokratischen Erziehung" vor?

Verwandte Wörter

Ergänzen Sie:

erziehen   *die Erziehung*   *die planmäßige Formung von Menschen oder Fähigkeiten; der Unterricht*

Er benimmt sich aber wirklich schrecklich. Ihm fehlt jede . . . .

Ich kann mit ihr nichts anfangen. Sie will sich einfach nicht . . . . . . lassen.

ähnlich   *die Ähnlichkeit*   *die Gleichheit in wichtigen Dingen*

Ich erinnere mich nicht mehr genau an seinen Namen. Er heißt Habermann oder so . . . .

Er hat eine große . . . . . . mit Professor Weiß.

Diese Fotografie ist ihm sehr . . . . Er sieht noch genauso aus.

das Gewissen   *gewissenhaft*   *genau; alles tun, wie es sein soll*

Wir werden diese Sache . . . . . . prüfen.

Er hat den Mann erschlagen. Er hat also einen Mord auf dem . . . .

verbinden   *verbunden sein*   *dankbar*

die Verbindung (–, en)   *das, was verbindet; Bekanntschaft*

Ich hoffe, daß unsere Geschäfts . . . . . . recht lange bestehen bleibt.

Das war sehr nett von Ihnen! Ich bin Ihnen sehr . . . .

Ich habe die . . . . . . zu ihm schon lange abgebrochen.

Wortschatzübung

Ergänzen Sie:

ähnlich, Ähnlichkeit, angenehm, ankommen auf, erziehen, Erziehung, Gesellschaft, Gewissen, gewissenhaft, streng, Verbindung, jemandem verbunden sein

1 Na, meine Kinder würde ich aber anders . . . . . . !

2 Wir möchten auch gern Mitglied der Karnevals . . . . . . werden.

3 Für Ihre freundliche Hilfe und Fürsprache bin ich Ihnen sehr ......!

4 Die beiden Geschwister sehen sich ...... wie ein Ei dem anderen.

5 Besten Dank für Ihre nette Einladung, aber wir gehen heute abend schon zu einer anderen ....

6 Er hält, was er verspricht. Er ist ein sehr ...... Arbeiter.

7 Ich weiß, die Eltern sind tot. Wer hat denn nun die ...... dieser Kinder übernommen?

8 Das läßt sich nicht so einfach sagen. Es ...... darauf ......, ob genügend Platz da ist.

9 Der Lehrer ist viel zu ...... mit den kleinen Kindern. Er sollte etwas Toleranz lernen!

10 Die ...... mit München ist sehr schlecht. Ich höre nichts am Telefon.

11 Er hat eine große ...... mit meinem Onkel Alfred.

12 Das Klima in der Lüneburger Heide ist gewöhnlich recht ....

13 Nanu, du siehst ja so rot aus. Du hast wohl ein schlechtes ....

Satzbildung

1 vor / ein paar Jahre / Eltern / erziehen / ihr- Kinder / streng   (*Perfekt*)

2 heute / Kinder / sind / ihr- Eltern / kritischer / gegenüber // weil / sie / denken / jetzt / kritisch   (*Präsens*)

3 wenn / man / machen / kein- Spaziergang / mit sein- Eltern // man / haben / ein- schlecht- Gewissen   (*Präsens*)

4 wie / man / sich benehmen // ankommen / auf d- Erziehung   (*Präsens*)

5 ein frei- Leben / ist / sehr / angenehm   (*Präsens*)

Diskussionsthemen

1 Wie werden Sie Ihre Kinder einmal erziehen?

2 Diskutieren Sie die Vor- und Nachteile einer strengen Erziehung!

3 Wie kann man trotz Gleichberechtigung Disziplin und Respekt haben und trotzdem ein guter Lehrer sein?

Anregung

1 Interviewen Sie Ihre Klassenkameraden über ein interessantes Thema!

2 Interviewen Sie einen deutschen Besucher oder Austauschstudenten über die heutige politische oder ökonomische Situation Deutschlands! Schreiben Sie Ihr Interview als Bericht oder Zeitungsartikel nieder!

GRAMMATIK

Indirect Discourse

To relate what another person has said, you have two choices;
Direct discourse, in which the words are quoted exactly:

> John said, "I have no money."

Indirect discourse, in which the substance of the message is relayed:

> John said (that) he had no money.

In indirect discourse, German uses the subjunctive.

Indirect Discourse with Regular Subjunctive

Present Time

Direct discourse   Hans sagte: „Ich *habe* kein Geld."
Indirect discourse   Hans sagte, er *hätte* kein Geld.

If the quotation is in present tense, present time subjunctive is used.

Past Time

Direct discourse
{ Hans sagte: „Ich *hatte* kein Geld."
{ Hans sagte: „Ich *habe* kein Geld *gehabt*."
{ Hans sagte: „Ich *hatte* kein Geld *gehabt*."

Indirect discourse   Hans sagte, er *hätte* kein Geld *gehabt*.

If the quotation is any past tense, past time subjunctive is used.

Future Time

Direct discourse   Hans sagte: „Ich *werde* später *kommen*."
Indirect discourse   Hans sagte, er *würde* später *kommen*.

If the quotation is in the future tense, conditional may be used. As in the indicative, future may also be expressed by the present time subjunctive:

>Hans sagte, er *käme* später.

Indirect Discourse with Alternate Subjunctive

German has an alternate subjunctive which is used by some speakers to express indirect discourse.

The forms of the alternate subjunctive consist of the infinitive stem plus the subjunctive endings:

Infinitive	Alternate Subjunctive	Simple Past	Regular Subjunctive
haben	er habe	er hatte	er hätte
kommen	er komme	er kam	er käme

Because many forms of the alternate subjunctive coincide with the indicative, they are not clearly recognizable as subjunctive. The following could be subjunctive or indicative:

>*ich finde, du findest, wir finden, ihr findet, sie finden*

For this reason, the alternate subjunctive is generally limited to the *er* (*sie, es*) form. The following list indicates the pattern of the alternate subjunctive. Note that *sei* does not have the characteristic *e* of the subjunctive.

Infinitive	Indicative	Alternate Subjunctive	Regular Subjunctive
fahren	er fährt	er fahre	er führe
finden	er findet	er finde	er fände
gehen	er geht	er gehe	er ginge
haben	er hat	er habe	er hätte
können	er kann	er könne	er könnte
lesen	er liest	er lese	er läse
sein	er ist	er sei	er wäre

Present Time

Regular subjunctive	Er sagte, er *hätte* kein Geld.
Alternate subjunctive	Er sagte, er *habe* kein Geld.

Past Time

Regular subjunctive	Er sagte, er *hätte* den Preis *gewonnen.*
	Sie antwortete, sie *wäre* allein *gegangen.*
Alternate subjunctive	Er sagte, er *habe* den Preis *gewonnen.*
	Sie antwortete, sie *sei* allein *gegangen.*

Future Time

Regular subjunctive	Er sagte, er *würde* später *kommen*.
Alternate subjunctive	Er sagte, er *werde* später *kommen*.

There is no rule when the regular or the alternate subjunctive should be used. In spoken German the regular subjunctive is preferred by more and more speakers. You should, however, recognize the alternate subjunctive when you hear or read it.

Indirect Commands

Direct command	Er sagte zu ihr: „*Bleiben* Sie einen Moment!"
Indirect command	Er sagte ihr, sie *sollte (solle)* einen Moment bleiben.

Indirect commands use a subjunctive form of *sollen* + infinitive. Notice that in indirect commands *zu* is omitted with *sagen*.

ÜBUNGEN

A   Bilden Sie Sätze im Konjunktiv II (regular subjunctive)!

Er sagte, das würde sehr gut gehen.   *Er sagte, das ginge sehr gut.*

1   Er sagte, er würde später kommen.
2   Sie sagten, sie würden es selber finden.
3   Er schrieb, er würde es allein schreiben.
4   Ich sagte, ich würde es mitnehmen.
5   Ich sagte, das würde ihm recht geschehen.
6   Wir schrieben, wir würden zwei Tage bleiben.
7   Sie antwortete, sie würde uns das Buch nicht geben.

B   Beginnen Sie jeden Satz mit *Er glaubte* . . . !

Wir haben es gesehen.   *Er glaubte, wir hätten es gesehen.*

1   Sie haben die Kinder streng erzogen.
2   Du hast dich geschämt.
3   Ich habe mich angestrengt.
4   Das ist öfters vorgekommen.
5   Wir haben es schon bestellt.
6   Das ist verboten.

C   Bilden Sie die Sätze im Konjunktiv II!

Frieda sagte, Vater sei sehr unbegabt. *Frieda sagte, Vater wäre sehr unbegabt.*

1   Vater sagte, sie solle das noch einmal sagen.
2   Er sagte, er gehe dann zum Rummel.
3   Die Chefin sagte, sie könne Vater drei Mark bezahlen.
4   Vater sagte, das sei nicht genug.
5   Emil sagte, er werde innerhalb von fünf Minuten sechs Brötchen essen.
6   Die Leute dachten, Emil habe lange trainiert.
7   Der Junge sagte, er habe Bauchweh.
8   Vater sagte dem Jungen, er sehe gar nicht gut aus.
9   Er antwortete, er gehe kaputt, wenn er die Suppe esse.
10 Vater sagte, das sei ihm gleich.

D   Beginnen Sie den Nebensatz mit *daß*!

Er sagte, er habe einen Artikel gelesen. *Er sagte, daß er einen Artikel gelesen habe.*

1   Sie sagte, sie sei ihren Eltern kritisch gegenüber.
2   Er schrieb, die Gesellschaftsstruktur habe sich geändert.
3   Sie meinten, es gebe weniger Familiensinn als früher.
4   Er sagte, er werde den Sonntag mit seiner Familie verbringen.
5   Sie meinte, sie müsse heute zu Hause bleiben.
6   Er schrieb, der Vater fehle bei ihnen.
7   Sie sagten, sie seien gern mit der Familie zusammen gewesen.

E   Beginnen Sie jeden Satz mit *Er sagte* . . . ! Gebrauchen Sie den Konjunktiv I (alternate subjunctive)!

Er hat ihn gesehen. *Er sagte, er habe ihn gesehen.*

1   Er begreift es nicht.
2   Sie hat es gesagt.
3   Er kann es beschreiben.
4   Sie soll die Hand heben.
5   Er besucht uns morgen.
6   Sie sieht es nicht.
7   Wir sind da gewesen.
8   Er liest den Artikel später.

F   Verwandeln Sie (change) die folgenden Sätze in die direkte Rede!

Der Junge sagte, er versuche mal sein Glück.   *Der Junge sagte: „Ich versuche mal mein Glück.“*

1   Der Junge sagte, er könne sechs trockene Brötchen essen.
Der Junge sagte: „Ich …

2   Die Leute meinten wohl, ich sei zu klein.
Die Leute meinten wohl: „Du …

3   Er schrie, er hätte Emils Rekord neulich unterboten.
Er schrie: „Ich …

4   Vater sagte, es stimme, was der Junge gesagt habe.
Vater sagte: „Es …

5   Er sagte, er wäre selbst dabei gewesen.
Er sagte: „Ich …

6   Als die Leute weiterlachten, sagte Vater, sie sollten sich schämen.
Als die Leute weiterlachten, sagte Vater: „Sie …

7   Der Junge sagte seinem Vater, die Erbsensuppe wäre daran schuld.
Der Junge sagte seinem Vater: „Die Erbsensuppe …

8   Dann sagte der Vater, ich müsse jetzt kommen.
Dann sagte der Vater: „Du …

G   Schreiben Sie die Imperativsätze als indirekte Rede!

Er sagte zu mir: „Schreiben Sie bald!“   *Er sagte mir, ich sollte bald schreiben.*

1   Er sagte zu ihm: „Schweig!“
2   Er sagte zu ihm: „Drehen Sie sich um!“
3   Er sagte zu ihr: „Strenge dich an!“
4   Er sagte zu mir: „Hör auf!“
5   Er sagte zu uns: „Beschreiben Sie das Bild!“
6   Er sagte zu dir: „Probier mal den Wein!“
7   Er sagte zu dir: „Sei froh!“

H   Bilden Sie den Satz als indirekte Frage mit *ob*!

Soll er dir helfen?   *Er möchte wissen, ob er dir helfen solle.*

1   Müssen wir jetzt aufhören?
2   Darf er den Schrank aufschließen?
3   Können Sie es begreifen?

4 Hast du das gesagt?

5 Habt ihr die Hand gehoben?

6 Will sie das Geld schnell loswerden?

7 Darf er Sie ein bißchen stützen?

WORTBILDUNG

Verb Prefixes

A characteristic of German is the ability of a verb to take on many meanings by adding prefixes.

A Bilden Sie neue Wörter mit den Vorsilben zu dem Verb *kommen*! Setzen Sie die neuen Wörter in die Sätze ein!

an, aus, be-, herauf, herein, mit, über, vor, zurück, zusammen

1 Die Tür ist offen. . . . . . . Sie bitte . . . . . . !

2 Kennen Sie die Frau dort? Sie . . . . . . mir bekannt . . . .

3 Ich sehe meine Freunde ziemlich oft. Wir . . . . . . wenigstens einmal im Monat . . . .

4 Der Zug . . . . . . um 15 Uhr 30 . . . .

5 Was hast du zum Geburtstag . . . . . . ?

6 Morgen fahren wir an den See. Wenn Sie Zeit haben, ... Sie doch . . . . . . !

7 Im Juli fahren wir nach Deutschland und . . . . . . erst im September . . . .

8 Furcht . . . . . . ihn, als er das Unglück sah.

9 Die Aussicht hier oben ist schön. Warum . . . . . . Sie nicht . . . . . . ?

10 Wenn du sparsamer wärest, könntest du mit deinem Geld . . . .

B Was bedeuten die folgenden Sätze?

1 Wir müssen jetzt wirklich gehen. Ein Gewitter kommt auf.

2 Ich verstehe Sie ganz gut. Zwischen uns braucht kein Mißverständnis aufzukommen.

3 Wenn Sie achtgeben und anfangen, schwer zu arbeiten, werden Sie schon durchkommen.

4 Der Verkehr ist hier so stark, daß man nicht durchkommen kann.

5 Geht schon voraus, ich komme gleich nach.

6 Diktieren Sie bitte nicht so schnell! Ich kann nicht mitkommen.

7 Bei dem Unfall sind drei Personen umgekommen. Die anderen sind verletzt, aber leben wenigstens noch.

8 Ein solches Benehmen kommt einem Kind gar nicht zu. Sogar ein Erwachsener würde sich nicht so benehmen.

Zeitausdrücke

In most instances the English time expression *for* (two days, a week, etc.) is expressed in German by the accusative or *seit* and dative.

> Er hat ein Jahr in Deutschland studiert.
> Er studiert seit einem Jahr in Deutschland.
> Er möchte ein Jahr in Deutschland studieren.

However, if the sentence implies a future action and sets the limit of the time, rather than expressing the extent of the time, *für* or *auf* may be used.

> Er reist für (auf) zwei Wochen nach Deutschland. (He is going to Germany for two weeks and will then return.)
> Er reist zwei Wochen in Deutschland. (He is traveling in Germany for two weeks.)

C Was bedeuten die folgenden Sätze?

1 Darf ich Sie einen Augenblick sprechen?
2 Wir fahren auf zwei Monate nach Deutschland.
3 Er fliegt sechs Stunden bis nach Deutschland.
4 Sie bleiben drei Tage.
5 Er will für immer hier wohnen.
6 Diese Arbeit dauert noch zwei Wochen, dann bin ich fertig.
7 Tag für Tag wartete sie auf ihn, aber er kam nicht.
8 Er studiert seit April in München.
9 Wir wohnen schon zehn Jahre in Hamburg.
10 Er ist gestern für ein Jahr nach Hamburg geflogen.
11 Er kennt mich schon seit Jahren.
12 Ich kann noch eine Stunde warten.
13 Er ist letzte Woche für einen Monat nach Hause gekommen.

Anregung

1 Erzählen Sie einem Freund von einem Brief, den Sie von einem deutschen Briefpartner erhalten haben! Gebrauchen Sie dabei Konjunktiv I oder Konjunktiv II!

Frankfurt a/M

Lieb-

Du hast mich neulich über das Verhältnis zwischen Jungen und Mädchen bei uns in Deutschland gefragt. Ich möchte jetzt folgendes sagen.

Soviel ich weiß, sind die amerikanischen *dates* etwas formeller als die Verabredungen bei uns. In Amerika holt man die Dame von zu Hause ab und dann geht man irgendwo hin. Ich glaube nicht, daß es bei uns so üblich ist. Vielmehr trifft man sich sehr oft in Gruppen, bei Parties, usw. In Deutschland gehört es nicht zum guten Ton, daß man einen festen Freund oder eine feste Freundin haben muß. Wenn man aber einen festen Freund hat, geht man vielleicht nach der Schule spazieren. Ab und zu geht man auch ins Kino. Aber die Freundschaft dauert oft nicht sehr lange — drei bis vier Wochen. Dann wechselt man. So ist das wenigstens bei mir. Ich habe lieber viele Freunde. Bei einem Tanzabend habe ich dann viel Spaß. Ich kann mit allen tanzen.

Schreib mir bitte, ob das wirklich in Amerika anders ist als bei uns.

Mit herzlichen Grüßen

2   In jeder Sprache gibt es Wörter, die die Gedanken oder Ideen einer Person mitteilen. Im Englischen gebraucht man Wörter wie: *say, think, memory,* usw. Nennen Sie die deutschen Wörter, z. B. *sagen, denken,* usw.

Mündlicher oder schriftlicher Bericht

1   Vergleichen Sie den Vater in *Brötchenclou* mit Kafkas Vater!
2   Glauben Sie, daß amerikanische Kinder zu streng oder zu demokratisch erzogen werden?

MODERNES LEBEN

Was versteht man unter dem Begriff *modernes Leben*? So nennt man unser heutiges Leben im Zeitalter° der Weltraumforschung.° Man denkt dabei auch an technische Neuerungen im täglichen Leben. Man spricht von Fortschritt° zum Wohle der ganzen Menschheit.
5 Viele Leute können heute ein moderneres und leichteres Leben führen als früher. Bedeutet das aber auch, daß es ein besseres Leben ist als vorher? Ist der moderne Mensch wirklich bereit,° jede Neuerung als Fortschritt anzuerkennen?°

In den meisten Fällen° beantwortet man diese Fragen mit
10 *nein*. Man gibt zu, daß sich das Einzelwesen° immer mehr in der Masse der modernen Gesellschaft verliert. Der einzelne Mensch scheint in der überbevölkerten° Welt nicht mehr so wichtig zu sein wie früher. Man fürchtet sogar, daß sich der Mensch zu einem mechanisch denkenden und handelnden Wesen° entwickeln könnte.
15 Wer möchte aber zum programmierten Automaten werden, für den es kein menschliches Fühlen und Denken mehr gibt? Wer wollte tatenlos° zusehen, wenn dieser sogenannte Fortschritt unsere Welt zerstört? Viele Leute, die bisher geschwiegen haben, ergreifen° jetzt das Wort. Das Bewußtsein scheint unter den Menschen immer
20 stärker zu werden, daß es unser eigenes Leben ist, das hier vernichtet° wird.

Große Aufgaben erfordern° darum die Initiative der ganzen Menschheit. Man plant, die verschmutzten° Flüsse und Seen zu säubern, in denen die Fische sterben. Unsere eigene Wasserversor-
25 gung° hängt° davon ab. Der Bevölkerungszuwachs° soll kontrolliert werden. Man glaubt, daß jetzt schon zu viele Menschen hungern müssen, weil es nicht genug Nahrung° gibt. Gesetze° gegen die Verschmutzung der Luft und gegen die Vergiftung° des Bodens werden erlassen.° Man weiß, daß giftfreie Nahrung und saubere Luft
30 für die Menschheit lebenswichtig sind.

Was versteht man also unter dem Begriff *modernes Leben*? So nennt man das Leben der heutigen Generation und die neu entstandenen° Probleme der ganzen Menschheit.

Epoche/space exploration	
Weiterentwicklung	
ready	
to recognize	
meistens	
Individuum	
zu viele Menschen	
Mensch	
ohne etwas zu tun	
ergreifen . . . Wort: **fangen an zu sprechen**	
zerstört	
nötig haben	
unsauber	
water supply/*hängt . . . ab:* depends on/*population increase*	
Lebensmittel/laws	
poisoning	
passed (laws)	
begonnen	

HERMANN KASACK: Mechanischer Doppelgänger°   double

In der folgenden Erzählung beschreibt der Autor, wie die Mechanisierung der modernen Welt das Leben des Menschen verändern könnte. Er glaubt, der einzelne Mensch strebe° danach, sich der Masse der Gesellschaft anzupassen.° Seiner Ansicht° nach hat man im modernen Leben keine Zeit mehr für persönliches Denken und Fühlen. Höchste Konzentration und Leistungssteigerung° am Arbeitsplatz lassen den Menschen einem Automaten immer ähnlicher werden. Sein ganzes Leben erscheint° mechanisiert und programmiert. Es wäre also denkbar, daß es eines Tages eine Gesellschaft gäbe, die hauptsächlich aus menschlichen Robotern bestehen könnte.

Würden Sie so eine Welt begrüßen? Würde es Ihnen gefallen, einen Roboter als Stellvertreter° in Ihre Deutschklasse zu schicken, wie er in der Erzählung beschrieben wird?

versucht

die Art und Weise anzunehmen/Meinung

increased productivity

sieht aus

substitute

Verstehen Sie diese Wörter und Ausdrücke?

die Bewegung (–, en): eine Lage- oder Ortsveränderung; eine Partei / *Er gehörte der Arbeiterbewegung an.* / *Ich weiß, warum du immer so müde bist. Du mußt Bewegung im Freien haben.*

das Wesen (s, –): die Natur eines Menschen; der Charakter; das Lebewesen / *Du mußt ihm verzeihen. Er hat es nicht böse gemeint. Es liegt so in seinem Wesen.* / *Der Mensch ist ein hilfloses Wesen.*

herstellen: fabrizieren; neu machen; produzieren / *Es tut mir leid, aber diese Möbel werden leider nicht mehr hergestellt.* / *Gleich wenn Sie in Frankfurt ankommen, sollten Sie eine Verbindung mit unserem Geschäft herstellen.*

das Geheimnis (ses, se): etwas, was man nicht weitererzählen soll; etwas tun, was andere nicht wissen sollen / *Darüber dürfen Sie nicht reden. Das ist ein militärisches Geheimnis.* / *Wenn du schweigen kannst, werde ich dir ein Geheimnis erzählen.*

ersetzen: etwas anderes dafür geben; austauschen / *Du hast die Vase zerbrochen. Wirst du sie denn auch ersetzen?* / *Sei vorsichtig! Zerbrich den Teller nur nicht! Den kann man nicht wieder ersetzen.*

zweifeln: nicht sicher sein; nicht genau wissen; nicht fest glauben / *Man muß an seinem gesunden Verstand zweifeln. So etwas tut man einfach nicht!* / *Ich zweifle, ob das wirklich so geschehen ist.*

teilnehmen (nimmt; nahm, genommen): etwas mitmachen / *Wirst du an dem Schulausflug teilnehmen?* / *Ich muß trainieren. Ich will doch an dem Sportwettbewerb teilnehmen.*

erledigen: etwas tun; etwas in Ordnung bringen; eine Arbeit zu Ende machen / *Keine Angst! Er wird diese Aufgabe zu deiner Zufriedenheit erledigen.* / *So, das haben wir auch geschafft! Das wäre also erledigt!*

allmählich: langsam; nach und nach / *Der Zug kommt ganz allmählich näher und näher.* / *Seine Gesundheit wird allmählich besser.*

günstig: vorteilhaft; gut; gut gesinnt / *Du solltest den Artikel schon heute kaufen. Das ist wirklich eine günstige Gelegenheit.* / *Na also! Die ganze Sache hat sich doch noch günstig entwickelt.*

Mechanischer Doppelgänger

„Ein Herr wünscht Sie zu sprechen", meldete die Sekretärin. Ich las auf der Besuchskarte: Tobias Hull, B.A. — Keine Vorstellung.° Auf meinen fragenden Blick: „Ein Herr in den besten Jahren, elegant."

Anscheinend° ein Ausländer. Immer diese Störungen.° Irgendein
5 Vertreter.° Oder? Was weiß man. — „Ich lasse bitten."°

Herr Tobias Hull tritt mit vorsichtigen Schritten ein. Er setzt Fuß vor Fuß, als fürchte er, zu stark aufzutreten.° Ob er leidend° ist? Ich schätze° sein Alter° auf Mitte Vierzig. Eine große Freundlichkeit strahlt aus seinem glattrasierten,° nicht unsympathischen° Gesicht.
10 Sehr korrekt angezogen, beinahe zu exakt in seinen verbindlichen° Bewegungen, scheint mir. Nun, man wird sehen. Mit der Hand zum Sessel° weisend:° „Was verschafft° mir die Ehre° Ihres Besuches?"

„Oh! Ich wollte mich Ihnen nur vorstellen."

„Sehr angenehm", sage ich.
15 „Oh! Sie verstehen!" Dieses mit einem leicht jaulenden° Ton vorgebrachte° Oh! ist unnachahmlich.° Seine müde, etwas monotone Stimme hat einen kleinen fremden Akzent. Er sieht mich mit freundlicher Erwartung an.

Über das Benehmen meines Besuchers doch ein wenig erstaunt,
20 wiederhole ich: „Sehr angenehm. Aber darf ich Sie fragen —"

Da werde ich sogleich° mit seinem „Oh!" unterbrochen: „Bitte fragen Sie mich nicht." Und dann beginnt er, seine Geschichte zu erzählen, die er anscheinend schon hundertmal vorgebracht hat: „Ich bin nämlich ausgestopft!"°
25 „Aber — erlauben Sie mal!"°

Das eigentümliche° Wesen, das mich überlegen° fixiert,° beachtet° den Einwurf nicht, sondern fährt unbeirrt° fort: „Erschrecken Sie nicht, weil ich eine Art Automat bin, eine Maschine in Menschenform, ein Ersatz sozusagen. Mr. Tobias Hull existiert wirklich. Der Chef einer
30 großen Fabrik° zur Herstellung von mechanischen Doppelgängern. Ich bin, wie sagt man, seine Projektion, ja, Agent in Propaganda. Ich kann

---

Idee

*wahrscheinlich/Unter-
 brechungen*
*reisender Verkäufer/Ich . . .
 bitten: Er darf herein-
 kommen*
zu laut gehen/krank
estimate/wie alt
*smoothly shaven/unan-
 genehm*
freundlich

*bequemer Stuhl/zeigend/
 gibt/honor*

whining
gesagt/unwiederholbar

sofort

stuffed
*erlauben . . . mal: Was soll
 das heißen?*
*merkwürdig/stolz/ansieht
 bemerkt*
ungestört

factory

Ihnen natürlich meinen Mechanismus im einzelnen° nicht erkären — Sie verstehen: Fabrikationsgeheimnis! Aber wenn Sie daran denken, daß die meisten Menschen heutzutage ganz schablonenmäßig° leben, handeln und denken, dann werden Sie sofort begreifen, worauf sich
5 unsere Theorie gründet!° Herz und Verstand werden bei uns ausgeschaltet.° Sie sind es ja, die im Leben so oft die störenden Komplikationen hervorrufen.° Bei uns ersetzt die Routine alles. Sehr einleuchtend,° nicht wahr?"

Ich nickte verstört.°

10   „Oh! Mein Inneres ist ein System elektrischer Ströme, automatischer Hebel,° großartig! Eine Antennenkonstruktion, die auf die feinsten Schwingungen° reagiert. Sie läßt mich alle Funktionen eines menschlichen Wesens verrichten,° ja, in gewisser Weise noch darüber hinaus. Sie sehen selbst, wie gut ich funktioniere."

15   Zweifelnd, mißtrauisch° betrachte ich das seltsame Geschöpf.° „Unmöglich!" sage ich. „Ein Taschenspielertrick.° Sehr apart. Indessen° —"

     „Oh! Ich kann mich in sieben Sprachen verständigen. Wenn ich zum Beispiel den obersten Knopf meiner Weste° drehe, so spreche ich
20 fließend Englisch, und wenn ich den nächsten Knopf berühre,° so spreche ich fließend Französisch, und wenn ich —"

     „Das ist wirklich erstaunlich!"

     „Oh! In gewisser Weise; vor allem aber angenehm. Wünschen Sie ein Gespräch über das Wetter, über Film, über Sport? Über Politik
25 oder abstrakte Malerei?° Fast alle Themen und Vokabeln des modernen Menschen sind in mir vorrätig.° Auch eine Spule von Gemeinplätzen° läßt sich abrollen. Alles sinnreich,° komfortabel und praktisch. Wie angenehm wird es für Sie sein, wenn Sie sich erst einen mechanischen Doppelgänger von sich halten — oder besser, wenn Sie gleich zwei
30 Exemplare von sich zur Verfügung° haben. Sie könnten gleichzeitig verschiedene Dienstreisen unternehmen, an mehreren Tagungen° teilnehmen, überall gesehen werden und selber obendrein° ruhig zu Hause sitzen. Sie haben einen Stellvertreter Ihres Ich, der Ihre Geschäfte wahrscheinlich besser erledigt als Sie selbst. Sie werden das Doppelte
35 verdienen und können Ihre eigene Person vor vielen Überflüssigkeiten° des Lebens bewahren.° Ihr Wesen ist vervielfältigt.° Sie können sogar sterben, ohne daß die Welt etwas davon merkt. Denn wir Automaten beziehen° unsere Existenz aus jeder Begegnung mit wirklichen Menschen."

40   „Aber dann werden ja die Menschen allmählich ganz überflüssig."°

     „Nein. Aus eben diesem Grunde nicht. Zwei Menschenautomaten können mit sich selber nur wenig anfangen. Haben Sie also einen Auftrag° für mich?"

     Mit jähem° Ruck° sprang das Wesen auf und sauste° im Zimmer
45 hin und her.

mit allen Einzelheiten	
mechanisch	
ruht	
nicht gebraucht	
cause	
klar	
disturbed	
lever	
Bewegungen	
tun	
distrustful/Wesen	
sleight-of-hand trick/ ungewöhnlich	
jedoch	
Kleidungsstück	
anfasse	
gemalte Bilder	
liegen bereit/platitudes	
sinnvoll	
zur . . . haben: benutzen können	
Konferenzen	
außerdem	
unnötige Sachen	
save, preserve/mehrfach kopiert	
erhalten	
unnötig	
Bestellung	
plötzlich/Bewegung/eilte	

„Oh! Wir können auch die Geschwindigkeit° regulieren. Berühmte° Rennfahrer° und Wettläufer° halten sich schon Doppelgänger-Automaten, die ihre Rekorde ständig° steigern."°

„Phantastisch! Man weiß bald nicht mehr, ob man einen Men-
5 schen oder einen Automaten vor sich hat."

„Oh!" zischte° es an mein Ohr, „das letzte Geheimnis der Natur werden wir nie ergründen.° — Darf ich also ein Duplikat von Ihnen herstellen lassen? Sie sind nicht besonders kompliziert zusammengesetzt, das ist günstig. Das hineingesteckte Kapital wird sich bestimmt
10 rentieren.° Morgen wird ein Herr kommen und Maß° nehmen."

„Die Probe° Ihrer Existenz war in der Tat verblüffend,° jedoch —"
Mir fehlten die Worte und ich tat so, als ob ich überlegte.

„Jedoch, sagen Sie nur noch: Der Herr, der morgen kommen soll, ist das nun ein Automat oder ein richtiger Mensch?"

15 „Ich nehme an, noch ein richtiger Mensch. Aber es bliebe sich gleich. Guten Tag."

Mr. Tobias Hull war fort. Von Einbildung° kann keine Rede sein, die Sekretärin ist mein Zeuge.° Aber es muß diesem Gentleman-geschöpf unmittelbar° nach seinem Besuch bei mir etwas zugestoßen°
20 sein, denn weder am nächsten noch an einem späteren Tage kam jemand, um für meinen Doppelgänger Maß zu nehmen. Doch hoffe ich, wenigstens durch diese Zeilen° die Aufmerksamkeit der Tobias-Hull-Gesellschaft wieder auf meine Person zu lenken.°

Denn eines weiß ich seit jener Unterhaltung gewiß: Ich bin
25 inzwischen vielen Menschen begegnet,° im Theater und im Kino, bei Versammlungen° und auf Gesellschaften, im Klub und beim Stammtisch,° die bestimmt nicht sie selber waren, sondern bereits ihre mechanischen Doppelgänger.

Fragen

1 Was ist ein mechanischer Doppelgänger?
2 Wie kommt er ins Büro?
3 Was für einen Eindruck macht der Besucher?
4 Welche Vorteile hat so ein mechanischer Mensch?
5 Warum hat der Doppelgänger kein Herz und kein Gefühl?
6 Wird der Maschinenmensch geboren (born)?
7 Warum darf der Doppelgänger seinen Mechanismus nicht erklären?
8 Wie werden alle Arbeiten von diesem Roboter erledigt?
9 Was hat der mechanische Mensch an Stelle der menschlichen Organe wie Herz, Lunge, Magen usw.?
10 Was bedeutet: eine Fremdsprache fließend sprechen können?

Schnelligkeit

bekannt/racing car drivers/runners
ununterbrochen/*verbessern*

hissed

entdecken

sich rentieren: *sich lohnen*/measurements
Beweis/*erstaunend*

Phantasie

witness

gleich/*geschehen*

lines

führen

met

Konferenzen

ein Tisch im Gasthaus für besondere Gäste

11 In wie vielen Sprachen kann sich der Automat ausdrücken?

12 Warum wäre es vorteilhaft für den Direktor einer Firma, einen Doppelgänger zu haben?

13 Wie bestellt man so einen Doppelgänger?

14 Hat der Autor nur geträumt, oder hat ihn so eine Automatsperson wirklich besucht?

Verwandte Wörter

Ergänzen Sie:

die Bewegung *bewegen* *die Situation oder Ort verändern*

Er war so müde. Er konnte sich nicht mehr . . . .
Das Pferd war todmüde. Es war einfach nicht mehr von der Stelle zu . . . .
Wenn du auf den Knopf drückst, wird sich die Maschine in . . . . . . setzen.

das Wesen *wesentlich* *bedeutsam; wichtig*

Es liegt im . . . . . . der Sache, daß sein Gewissen ihm keine Ruhe läßt.
Es gibt einen . . . . . . Unterschied zwischen einem Mercedes und einem Opel Kapitän.
Deine Freundin Lore sollte sich etwas erwachsener benehmen. Sie hat so ein kindisches . . . . . . wie ein sechsjähriges Mädchen.
Ich habe wirklich gut geschlafen. Jetzt geht es mir . . . . . . besser.

herstellen *die Herstellung (–, en)* *die Produktion; die Fabrikation*

Wir überlassen die . . . . . . dieses Artikels der Firma Krause und Sohn.
Was wird in der neuen Fabrik . . . . . . ?
Der Verlag ist für die . . . . . . des Buches verantwortlich.

das Geheimnis *geheim*   *verschwiegen; nicht für andere bestimmt*
            geheimnisvoll *unbekannt; unerklärlich*

Das ist unser . . . . Das darfst du niemand sagen.
Er soll nicht immer so . . . . . . reden. Wir wissen ja doch, was er meint.
Der Plan wurde streng . . . . . . gehalten.

ersetzen *der Ersatz (es, kein Plural)* *statt einer anderen Person oder Sache (an Stelle)*

Als Günter beim Fußballspiel verletzt wurde, sprang Hermann als . . . . . . mann ein.
Dieser Kaffee schmeckt schrecklich. Ist das denn . . . . . . kaffee?
Dieser Motor läuft nicht mehr. Wir müssen ihn . . . .

zweifeln   *der Zweifel (s, —)*   *die Unsicherheit; das Nichtwissen*
            zweifelhaft   *fraglich; unsicher; problematisch*

Wir haben keine . . . . . . darüber. Er hat es bestimmt geschrieben.

Sie können mir glauben. Ich weiß, wovon ich rede. An der Tatsache läßt sich nicht . . . .

Ich weiß nicht recht, ob ich soviel Geld in das Unternehmen stecken soll. Es ist doch ein sehr . . . . . . Geschäft.

Wortschatzübung I

Ergänzen Sie:

> bewegen, Bewegung, erledigen, geheim, Geheimnis, geheimnisvoll, günstig, herstellen, Herstellung, teilnehmen, Wesen, wesentlich, Zweifel, zweifelhaft, zweifeln

1 Na, daran . . . . . . ich aber. Das würde er nicht tun.

2 Kannst du mir etwas Geld leihen? Dieses Angebot ist wirklich . . . .

3 Du darfst aber Walter nichts davon erzählen. Das bleibt unser . . . .

4 Langsam setzte sich das Auto in . . . .

5 Können Sie nächste Woche an der Konferenz . . . . . . ?

6 Es ist wirklich schade, daß die Firma Rosenthal diese Tassen nicht mehr . . . . Ich habe gestern eine davon zerbrochen.

7 Ob die Volkswagenwerke die . . . . . . von großen Autobussen wirklich planen werden, ist doch sehr . . . .

8 Erzähle keinem Menschen, was wir eben besprochen haben. Es ist streng . . . .

9 Das Kind ist sehr freundlich. Es hat so ein nettes . . . .

10 Nach dem Feuer wurde das Restaurant ohne . . . . . . Änderung wieder aufgebaut.

11 Haben Sie Schmerzen, wenn Sie den Arm . . . . . . ?

12 Laß mich das machen. Das . . . . . . ich schon.

13 Er ist ein komischer Kerl. Er tut immer so . . . .

14 Bleibe jetzt ganz ruhig! Du darfst dich jetzt nicht . . . .

Wortschatzübung II

Ergänzen Sie:

> annehmen, Begegnung, berührte, beziehen, fließend, Gesellschaften, Maß, mißtrauisch, Rennfahrer, Stammtisch, unnachahmlich, Versammlungen, vorbrachte, Wettläufer, zugestoßen

1 Der jaulende Ton, den der Automat . . . . . . , war . . . .

2 Wenn der Automat einen Knopf . . . . . . , konnte er . . . . . . Englisch sprechen.

3 Die Automaten ...... ihre Existenz aus der ...... mit wirklichen Menschen.

4 Viele Sportler wie ...... und ...... hielten sich Doppelgänger-Automaten.

5 Am nächsten Tag sollte ein Herr kommen und ...... nehmen.

6 Da er nicht kam, mußte der Erzähler ......, daß dem Geschöpf etwas ...... war.

7 Der Erzähler glaubt, vielen Automaten bei ......, auf ...... und am ...... begegnet zu sein.

8 Sei doch nicht immer so ...... !

Anregung

1 Schreiben Sie ein Gespräch über einen Film, oder einen Sport, wie es Tobias Hull, der Doppelgänger, programmieren könnte!

2 Wir schreiben das Jahr 2000. Ihre Haushälterin ist ein Roboter. Schreiben Sie ein tägliches Programm für den Automaten!

3 Diskutieren Sie die Vor- und Nachteile eines Roboters!

WOLF BIERMANN: Kleinstadtsonntag

Gehn wir mal hin?
Ja, wir gehn mal hin.
Ist hier was los?
Nein, es ist nichts los.
5 Herr Ober, ein Bier!
Leer ist es hier.
Der Sommer ist kalt.
Man wird auch alt.
Bei Rose gabs Kalb.°   *veal*
10 Jetzt isses° schon halb.   *ist es schon halb (Uhr)*
Jetzt gehn wir mal hin.
Ja, wir gehn mal hin.
Ist er schon drin?
Er ist schon drin.
15 Gehn wir mal rein?
Na gehn wir mal rein.
Siehst du heut fern?
Ja, ich sehe heut fern.
Spielen sie was?
20 Ja, sie spielen was.
Hast du noch Geld?
Ja, ich hab noch Geld.
Trinken wir ein'?
Ja, einen klein'.°   *kleines Glas*
25 Gehn wir mal hin?
Ja, gehn wir mal hin.
Siehst du heut fern?
    Ja ich sehe heut fern.

MIA JERTZ: Man muß nur inserieren

Diese Kurzgeschichte von Mia Jertz scheint zu beweisen, wie schnell der Einzelne dem Trend der Masse folgt. Ein Hotelbesitzer kann nicht verstehen, warum sein modernes Haus plötzlich keine Gäste mehr hat. Sein Sohn dagegen glaubt zu wissen, in was für einer Umwelt° die Menschen heute ihren Urlaub verbringen möchten. Der junge Mann scheint auch darüber Bescheid zu wissen,° wie man die Menschen beeinflußt. Er inseriert.° Was geschieht? Schon nach kurzer Zeit ist das Hotel wieder voller Gäste.

    Ist es vielleicht ein Kennzeichen° der jungen Generation, mit kritischem Blick zu erkennen, welche Änderungen zu treffen sind, um auch im modernen Leben erfolgreich° zu sein? Würden Sie dieses Kennzeichen als positiv oder negativ ansehen? Oder zeigt diese Geschichte, daß die junge Generation die Gefahren für ihre Umwelt klarer erkennt?

Milieu

Bescheid . . . wissen:
informiert sein
setzt Reklame in eine
Zeitung

Charakteristik

positives Resultat haben

HEINRICH BÖLL: Der Bergarbeiter°

miner

Wie reagiert der moderne Mensch auf die Veränderungen, die in seiner Umwelt spürbar werden? Nach Ansicht des Autors dieser kurzen Geschichte scheinen nur wenige Menschen die Gefahren der Umweltverschmutzung zu erkennen. In den meisten Fällen konzentriert man sich auf den Fortschritt und übersieht die negativen Auswirkungen.° Man lobt° die Erleichterungen° des modernen Lebens, aber man scheint zu träge° zu sein, etwas gegen die neuen Gefahren° zu tun. Nur ein kleines Kind sieht, daß in dieser modernen Welt etwas nicht stimmt. Kann nur ein Kind das Unnatürliche in unserm Leben erkennen, weil es sich noch nicht so weit von der Natur entfernt hat wie die Erwachsenen?

Effekte
findet gut/das Leichter-
*   machen*
faul/das Gefährliche

Verstehen Sie diese Wörter und Ausdrücke?

inserieren: in einer Zeitung bekanntmachen; drucken lassen | *Um das Hotel bekanntzumachen, muß man inserieren.* | *Wenn man eine Ware verkaufen will, muß man am Fernsehen oder in öffentlichen Zeitungen inserieren.*

sich bemühen: ernsthaft versuchen; sich anstrengen | *Ich habe mich wirklich bemüht, ihn zu verstehen.* | *Du mußt dich schon etwas mehr bemühen! Von allein macht sich die Arbeit nicht.*

rauchen: glühenden Tabak (z.B. eine Zigarette, Zigarre oder Pfeife) genießen | *Du solltest nicht soviel rauchen! Du weißt, es schadet deiner Gesundheit.* | *Du rauchst viel zuviel!*

knapp: wenig; nur etwas; nicht viel | *Ich kann unmöglich alle Fragen genau beantworten. Meine Zeit ist sehr knapp.* | *Er ist immer knapp bei Kasse. D.h. er hat nie viel Geld.*

gestehen (gestand, gestanden): etwas mitteilen; eine Schuld zugeben | *Als er ihr endlich seine Liebe gestehen wollte, hörte sie ihm gar nicht zu.* | *Offen gestanden, es ist mir lieber, wenn Sie diese Rede halten. Ich bin bei solchen Gelegenheiten immer zu nervös.*

zauberhaft: märchenhaft; phantastisch; wunderschön | *Diese Dame hat ein zauberhaftes Wesen.* | *Die Landschaft ist zauberhaft.*

schweben: langsam fliegen; sich langsam in der Luft hin- und herbewegen; noch nicht beendet sein | *Der Verletzte schwebt noch immer in Lebensgefahr.* | *Das Segelflugzeug schwebte über dem See.*

schmutzig: unsauber | *Vor dem Schlafengehen müßt ihr euch aber erst die schmutzigen Hände waschen.* | *Die Handtücher sind in der schmutzigen Wäsche.*

gähnen: vor Müdigkeit oder Langeweile den Mund öffnen | *Ich war so müde, daß ich andauernd gähnen mußte.* | *Wenn du gähnen mußt, so halte wenigstens die Hand vor den Mund!*

Man muß nur inserieren

Hürlimeier blickte mit Bonjour-Tristesse-Augenaufschlag° über das *traurige Augen*
märchenhafte Panorama, das man vom Fenster seines Berghotels hatte.
„Irgend etwas stimmt nicht mehr. . . .“

„Aber was?“ fragte sein Sohn Norbert.

5   Hürlimeier zuckte° die Achseln. „Früher brauchten wir uns nicht *zuckte . . . Achseln: bewegte die Schultern*
lang um Gäste zu bemühen. Sie kamen serienmäßig.° Und alle waren *in Gruppen*
von unserem Hotel begeistert. Denn sie lebten hier bequem wie in der
City und trotzdem mitten im Gebirge.° Und jetzt . . . ?“ *in den Bergen*

„Wie sieht's denn aus?“

10   „Mies.° Wir sind so dünn gebucht° wie noch nie. Irgendwie geht *schlecht/Reservationen haben*
da eine epochale° Erdbewegung durch die Touristik. Der Trend ist *wichtig*
anders. Die Leute suchen heute was anderes als First-Class-Komfort.
Weiß der Teufel, was sie suchen.“

„Laß mich mal machen“, meinte Norbert plötzlich.

15   „Hast du eine Idee?“

„Vielleicht.“

„Was wirst du tun?“

„Ich werde inserieren.“

„Inserieren?“ Hürlimeier lachte unwirsch° auf. „Wir inserieren ja *ärgerlich*
20 schon pausenlos in allen großen Tageszeitungen. ‚Herrliches Berg-
hotel, abgelegen,° aber mit allem technischen Komfort wie Ölzentral- *weit von der Stadt entfernt*
heizung, Parkplatz, Rauchersalon, Tablettenbar,° bietet Ihnen einen *circular bar*
Jet-Urlaub, der wirklich ‚in‘ ist. Buchen Sie noch heute.‘ Und da
glaubst du, daß. . . .“

25   „Abwarten“, sagt Norbert.

Und tatsächlich: Knapp drei Wochen später staunte Hürlimeier
über Gästeanmeldungen wie noch nie. Die Buchungen kamen gleich
körbeweise. Das Hotel war für Jahre vollbelegt.° *alle Zimmer reserviert*

„Wie hast du das nur fertiggebracht?“

30   „Durch das Inserat“, gestand sein Sohn. „Ich habe es einfach ein
bißchen umfunktioniert.° Hier lies mal.“ *geändert*

Herr Hürlimeier las: „Zauberhafter Einödhof,° garantiert umweltsauber,° in bleifreier° Höhenlage,° alle Zimmer bergkiefernbe-
heizt,° mit den radiounaktivsten Bergforellen° der Welt, macht Ihre
Lungenflügel° wieder abgasfrei.° Buchen Sie noch gestern."

Der Bergarbeiter

Es ist Sommer, in den Gärten wird gearbeitet; die Sonne würde
scheinen wenn man sie ließe, aber heute, wie immer an sonnigen Tagen,
schwebt sie nur wie mattes° Gold hinter der Dunstglocke,° seltene
Farbtöne werden herausgefiltert: silbriges° Schwarz — dunkles Braun —
mattes Gold; Ersatz für die weißen Wolken bilden die weißen Rauch-
fahnen° einer Kokerei;° der Mann sitzt in der Küchentür, raucht, hört
Radio, trinkt Bier, liest lustlos in der Zeitung, beobachtet seine Frau,
die hinten im Garten arbeitet, hebt plötzlich den Kopf und blickt
aufmerksam seiner kleinen Tochter zu, der Dreijährigen, die schon
zweimal mit ihrem kleinen Eimer° voll Wasser und einem Lappen° in
der Hand an ihm vorbei in die Küche gegangen ist, nun zum drittenmal
mit ihrem Eimer und ihrem Lappen sich an ihm vorbeidrückt.°
   „Was machst du denn da?"
   „Ich hole Wasser, frisches Wasser."
   „Wozu?"
   „Ich wasche die Blätter."
   „Welche Blätter?"
   „Von den Kartoffeln."
   „Warum?"
   „Weil sie schmutzig sind — sie sollen grün sein, grün."
   „Blätter braucht man nicht zu waschen."
   „Doch — sie müssen grün sein, grün."

Kopfschüttelnd blickt der Mann seiner kleinen Tochter nach und beobachtet, wie sie mit ihrem Lappen die einzelnen Blätter der Kartoffelpflanzen° abwischt: das Wasser in dem kleinen Eimer färbt sich dunkel; es ist warm, fünf Uhr nachmittags, der junge Mann gähnt.

potato plants

Fragen

Man muß nur inserieren

1 Warum besuchen jetzt so wenige Feriengäste das Berghotel?
2 Was erwarten die Touristen heute, wenn sie in einem Hotel wohnen?
3 Welche Idee hat der Sohn des Hauses?
4 Wie unterscheidet sich sein Inserat von den früheren?
5 Was hat das Hotel zu bieten?
6 Warum kommen die Gäste wieder?

Der Bergarbeiter

1 Welche Jahreszeit ist in der Geschichte *Der Bergarbeiter* beschrieben?
2 Wo sitzt der Mann?
3 Was tut seine Frau?
4 Wie alt ist die Tochter?
5 Warum holt das kleine Mädchen Wasser aus der Küche?
6 Warum will die Kleine die Kartoffelblätter waschen?

Verwandte Wörter

Ergänzen Sie:

inserieren   *das Inserat (s, e)*   *die Reklame in einer Zeitung; eine Annonce*

Niemand kennt das Stück. Um das Theater zu füllen, müssen wir jede Woche ein
...... in der Tageszeitung aufgeben.
Warum ...... du nicht in der Zeitung?

sich bemühen   *die Bemühung (–, en)*   *die Anstrengung; der ernste Versuch*

        die Mühe   *Bemühung*

Er ...... sich um das Amt des Bürgermeisters seiner Stadt.
Es tut mir leid. Das wird nicht mehr vorkommen. Ich werde mir von jetzt an mehr
...... geben.
Trotz aller ...... hatte er kein Glück gehabt.

| rauchen | der Rauch (s, kein Plural) | ein sichtbares Gas |
| | der Raucher (s, –) | jemand, der Zigaretten, Zigarren oder Pfeife raucht |

Er ist ein sehr starker .... Jeden Tag ...... er wenigstens zwei Packungen Zigaretten.

Verzeihung, Sie dürfen hier nicht ...... Sie sind in einem Nicht ...... abteil.

Bitte, mach das Fenster auf! Der ...... ist furchtbar.

| gestehen | das Geständnis (ses, se) | das Mitteilen einer Schuld; das Gestehen |

Willst du nicht endlich die Wahrheit sagen und uns ......, daß du den Kuchen gegessen hast?

Nur wenn er ein ...... ablegt, kann man ihm helfen.

zauberhaft	der Zauber (s, –)	die Magie; ein magisches Mittel
	die Zauberei (–, en)	die Hexerei; die Tricks
	der Zauberer (s, –)	jemand, der Tricks machen kann; ein Magier
	zaubern	magische Tricks machen

Blackstone war ein bekannter ....

Das ist ja fantastisch; das ist beinahe ......!

Für unser Programm haben wir einen ...... künstler bestellt. Er wird einige ...... tricks zeigen.

Wir fuhren durch eine ...... Landschaft. Alles sah wie im Märchen aus.

Paß auf! Gleich wird er wieder einige Tricks ....

| schmutzig | der Schmutz (es, kein Plural) | die Unreinheit |

Hast du aber ...... Hände! Hast du an deinem Wagen gearbeitet?

Wer hat denn all den ...... ins Haus gebracht? Wer hat die ...... Schuhe gehabt?

Wortschatzübung

Ergänzen Sie:

sich bemühen, Bemühung, Geständnis, gestehen, Inserat, inserieren, Mühe, Rauch, rauchen, Raucher, Schmutz, schmutzig, schweben, Zauber, Zauberei, Zauberer, zauberhaft, zaubern

1 Hier dürfen Sie leider nicht .... Der ...... salon ist gleich um die Ecke.

2 Wollen Sie endlich die Wahrheit sagen und ein ...... ablegen?

3 Sieh mal, wie das Segelflugzeug langsam durch die Luft ......!

4 Plötzlich stieg schwarzer ...... auf. Durchs Fenster konnte man die Flammen sehen.

5 Nun hast du eine ganze Weile den ...... Houdini beobachtet, aber ...... kannst du deshalb doch noch nicht.

6 Er ...... sich um einen Job als Verkäufer. Deshalb gab er in der Zeitung ein ...... auf.

7 Bring nicht all den ...... in die Wohnung! Ich habe gerade erst saubergemacht.

8 ...... du immer noch soviel? Du weißt doch, das schadet deiner Gesundheit.

9 Nun gut, ich ...... es. Ich habe das Geld genommen.

10 Er gibt sich große ......, aber er versteht es eben nicht.

11 Die Schweiz hat ...... Schneelandschaften.

12 So, Sie wollen Ihr Auto verkaufen. ...... Sie doch in der Zeitung! Sie finden dann sicher einen Käufer.

13 Auf einmal vollführte die Hexe eine ......, einen Hokuspokus und roter und blauer ...... stieg auf.

14 Putze dir erst die Schuhe, ehe du tanzen gehst! Mit ...... Schuhen kannst du nicht gehen!

15 Trotz aller Anstrengung hatten wir kein Glück. Wir danken Ihnen aber für Ihre ....

16 Diesen ...... kenne ich. Er macht immer Tricks.

Satzbildung

1 d- jung- Mann / beobachten / sein- Frau // die / arbeiten / im Garten   (*Präsens*)

2 sein- klein- Tochter / vorbeigehen / zweimal / mit ein- Eimer und Lappen / in d- Hand   (*Perfekt*)

3 sie / abwischen / d- einzeln- Blätter d- Kartoffelpflanzen // weil / sie / sind / schmutzig   (*Perfekt*)

4 d- Mädchen / meinen // daß / Blätter / müssen / sein / grün   (*Präsens*)

Anregung

1 Schreiben Sie ein Zeitungsinserat und geben Sie den Verkauf Ihres alten 1952er Volkswagens bekannt!

2 Schreiben Sie ein humorvolles Inserat! Sie sind ein junger, intelligenter Mensch, der die Bekanntschaft einer netten jungen Dame (eines netten jungen Herrn) sucht.

3 Schreiben Sie einen Zeitungsbericht über das Leben der Bergarbeiter!

Diese Welt

Sternenklare° Nächte
und die Luft ist wie Jasmin,°
Flüsse wie Kristall so klar
und Wälder saftiggrün:°
Kann es das noch geben
oder ist es schon zu spät,
daß für alle überall
dieser Traum noch in Erfüllung geht?

Refrain
Diese Welt,
diese Welt
hat das Leben uns geschenkt.
Sie ist dein,
sie ist mein,
es ist schön auf ihr;
was werden soll
liegt an dir!°

Rauch aus tausend Schloten°
senkt sich über Stadt und Land.
Wo noch gestern Kinder war'n
bedeckt° heut Öl den Strand.°
In den Düsenriesen°
fliegen wir dem Morgen zu;
wie wird dieses Morgen sein,
sinnlos oder voller Sonnenschein?

Refrain

Und ist sie auch ein Staubkorn° nur
in der Unendlichkeit,
nur dieser Stern ist unser Stern,
die andern sind viel zu weit!

Refrain

starlit
wohlriechender Busch

kräftiges Grün

liegt . . . dir: **du bist verantwortlich dafür**

chimneys

covers / beach
giant jets

dust particle

Diese Welt

Text: Fred Jay

Musik: Dieter Zimmermann
Arrang.: A. Gordan

Slow Beat (4T. = 10 sec.)   1. und 2. Strophen

Ster - nen - kla - re Näch - te und die Luft ist wie Jas - min,

G

Flüs - se wie Kri - stall so klar und Wäl - der saf - tig grün: Kann es das noch ge - ben o - der

D   D7   G

ist es schon zu spät, ____   daß für al - le ü - ber - all

G   D

Refrain

die - ser Traum noch in Er - fül - lung geht? ____   Die - se Welt,

C   Cj7   C6   D7   f

die - se Welt hat das Le - ben uns ge-schenkt. Sie ist dein,

G   C   G

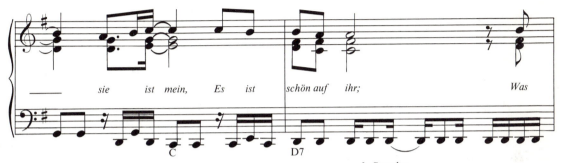

sie ist mein, Es ist schön auf ihr;   Was

C   D7

3. Strophe

wer - den soll _____ liegt an dir! _____ Und ist sie auch ein Staubkorn nur in

C   C   Am   C

der Un - end - lich - keit, nur die - ser Stern ist un - ser Stern, die

Am   C   Am   C

zum Refrain

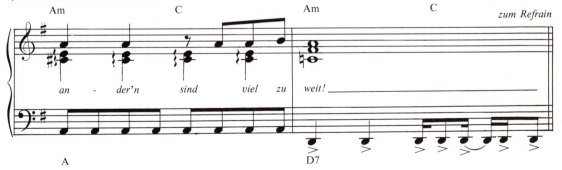

an - der'n sind viel zu weit! _____

A   D7

Diese Welt **149**

GRAMMATIK

The Passive Voice

Active voice focuses attention on the agent performing the action:

> Diesmal hat Frau Schwarz das Lied sehr schön gesungen. (This time Mrs. Schwarz sang the song very well.)

Our interest is in the accomplishment of Mrs. Schwarz.

Passive voice focuses attention on the object or the result of the action:

> Diesmal wurde das Lied von Frau Schwarz gesungen.

Our interest is in the song. The song has often been sung—this time by Mrs. Schwarz.

Present and Simple Past

	Active	Passive
Present	Sie *singt* das Lied.	Das Lied *wird gesungen*.
Simple past	Sie *sang* das Lied.	Das Lied *wurde gesungen*.

Present tense and simple past tense passive voice consist of the present and simple past tense of *werden* and the past participle.

Compound Past and Past Perfect

	Active	Passive
Compound past	Sie *hat* das Lied *gesungen*.	Das Lied *ist* gesungen *worden*.
Past perfect	Sie *hatte* das Lied *gesungen*.	Das Lied *war* gesungen *worden*.

A form of *sein* and *war* marks the difference between compound past and past perfect.

In both tenses the participle of *werden* is *worden* (not *geworden*).

Future Tense and Modals

	Active	**Passive**
Future	Sie *wird* das Lied *singen*.	Das Lied *wird* gesungen *werden*.

With the future tense, the passive voice consists of the past participle and the infinitive *werden*.

	Active	**Passive**
Modals	Sie *darf* das Lied *singen*.	Das Lied *darf* gesungen *werden*.

As with the future, the passive voice with modals consists of the past participle and the infinitive *werden*.

Impersonal Passive

Verbs like *arbeiten, tanzen,* and *warten,* which normally do not take a direct object but express an activity, can be used in the passive:

Hier im Garten wird gearbeitet.
Hier wird gewartet.
Es wird nicht mehr getanzt.

Impersonal passive has no grammatical subject. *Es* may be used if no other words precede the verb.

The impersonal passive is sometimes used to express a command:

Jetzt wird gearbeitet!

Passive with Dative Objects

| Active | Man hilft dem Kind. |
| Passive | Dem Kind wird geholfen. Es wird dem Kind geholfen. |

Dative objects remain dative in the passive. *Es* often begins a passive with a dative.

von, durch, mit in passive

Because in a passive sentence one's interest is not focused on the agent, the initiator of the action is frequently omitted.

Ich wurde mehrmals unterbrochen. (I was frequently interrupted—by whom is not important.)
Die Arbeit wird gemacht. (The work is being done—by whom is unimportant.)

If, however, the agent is mentioned, then *von* is used with persons:

Ich wurde von meinem Freund unterbrochen.

durch is used with impersonal means or causes:

Das Spiel wurde durch das Gewitter unterbrochen.

mit is used with the instrument or means employed by personal agent:

Der Brief wurde mit Tinte geschrieben.

ÜBUNGEN

A Bilden Sie das Imperfekt im Passiv!

Ich werde oft gestört.   *Ich wurde oft gestört.*

1 Der Gast wird hereingelassen.
2 Er wird dem Chef vorgestellt.
3 Ich werde mit Erwartung angesehen.
4 Wir werden oft unterbrochen.
5 Du wirst erwartet.
6 Im Automaten wird das Herz ausgeschaltet; es läuft mechanisch.

B Bilden Sie das Perfekt im Passiv!

Ein Gespräch über Sport wurde angefangen.   *Ein Gespräch über Sport ist angefangen worden.*

1 Solche Leute wurden überall gesehen.
2 Zwei Automaten wurden hergestellt.
3 Er wurde vor Langeweile bewahrt.
4 Die Antwort wurde nicht gefunden.
5 Der Automat wurde nicht gekauft.
6 Ich wurde aus meinem Traum geweckt.

C Bilden Sie mit den folgenden Sätzen das Passiv!

Man tanzt gern.   *Es wird gern getanzt.*
Hier spricht man Deutsch.   *Hier wird Deutsch gesprochen.*

1 Man arbeitet im Garten.
2 Hier raucht man nicht.
3 Man fragt zuviel.
4 Im Sommer schwimmt man.
5 Wann ißt man zu Abend?
6 Warum lacht man soviel?

D Antworten Sie mit den angegebenen Wörtern!

Wem wurde nicht geglaubt? *(sein Chef)* *Seinem Chef wurde nicht geglaubt.*

1 Wem wird heute geholfen? *(unser Nachbar)*
2 Wem wird die Rechnung bezahlt? *(der Wirt)*
3 Wem sind die Karten gegeben worden? *(die junge Dame)*
4 Wem war geantwortet worden? *(der Bergarbeiter)*
5 Wem wurde es gesagt? *(das Mädchen)*
6 Wem wird die Geschichte erzählt? *(die Kinder)*

E Antworten Sie mit den angegebenen Wörtern!

Von wem wird die Arbeit gemacht? *(die junge Frau)* *Die Arbeit wird von der jungen Frau gemacht.*

1 Von wem wurde die Zeitung gelesen? *(der junge Mann)*
2 Wodurch wird die Frau gestört? *(die Blicke des Mannes)*
3 Womit werden die Blätter gewaschen? *(Wasser)*
4 Von wem sind die Kartoffelpflanzen gewaschen worden? *(das kleine Mädchen)*
5 Wodurch ist das Geld verdient worden? *(schwere Arbeit)*
6 Womit wurde der Aufsatz geschrieben? *(Tinte)*

F Bilden Sie das Passiv!

Man kann das behaupten. *Das kann behauptet werden.*

1 Man kann die Landschaft nicht beschreiben.
2 Das soll man verbieten.
3 Das muß man sehen.
4 Man muß die Blätter waschen.
5 Man darf die Fragen stellen.
6 Man konnte sein Benehmen nicht begreifen.
7 Man mußte einen Stellvertreter hinschicken.

G Bilden Sie das Passiv! Achten Sie auf die Zeiten!

Die Leute suchen etwas anderes. *Etwas anderes wird von den Leuten gesucht.*

1 Wir bieten viel Komfort.
2 Der Sohn hat es fertiggebracht.
3 Ich habe das Inserat umgeschrieben.
4 Der Briefträger bringt viele neue Bestellungen.
5 Heute abend feiert man.
6 Man muß das begrüßen.
7 Der Berghotelbesitzer kann jetzt seine Schulden bezahlen.
8 Er dankt seinem Sohn für seine Idee.
9 Seine Idee hat das Hotel gerettet.
10 Der Gast muß seine Rechnung bezahlen.
11 Hier darfst du nicht rauchen.
12 Man hat mich nach dem Weg gefragt.
13 Man hat uns für heute abend eingeladen.
14 Sie sollten die Kinder nicht allein lassen.

WORTBILDUNG

irgend

Irgend may be used with a number of words to express indefiniteness.

Wo hast du es gelesen? Ich weiß nicht. Ich habe es irgendwo gelesen.

A Verbinden Sie die Wörter mit *irgend*!

ACHTUNG! Die Wörter mit * bleiben getrennt: z.B. irgend etwas.

ein, etwas*, jemand*, wann, was, welche, wer, wie, wo

B Ergänzen Sie mit Komposita (compounds) von *irgend*!

Ich weiß nicht, wann er kommt, aber irgendwann muß er doch kommen.

1 Ich weiß nicht, was ich lesen soll, aber ...... möchte ich lesen.
2 Andere Leute werden auch kommen. Wir werden sicher ....
kennenlernen.
3 Ich habe keine Fragen, aber Sie werden sicher ...... Fragen haben.
4 Sie geht mit .... zum Tanz; mit wem weiß ich nicht.
5 Diese Bücher sind alle alt. Hast du ...... neues Buch?

6 Ich weiß nicht, wo das Buch ist, aber . . . . . . muß es doch stecken.

7 Ich weiß nicht, wer es ist, aber . . . . möchte dich sprechen.

8 Hast du ihn verstanden? Er hat . . . . . . gesagt.

9 Wie kann er so lange wegbleiben? . . . . . . muß er es erklären können.

10 Ich weiß nicht genau, woher er kommt. Ich glaube . . . . . . aus Südamerika.

11 Ich kann im Moment nicht genau sagen, wie ich das machen werde, aber . . . . . . werde ich es tun.

12 Sie hat . . . . . . Geschenk bekommen. Ich weiß nicht, was es ist.

---

selbst and *selber*

Selbst and *selber* are interchangeable. They are intensifying pronouns and are placed after the word to be stressed.

They may add emphasis:

Das weiß ich *selbst* (*selber*). (I know that myself.)
Das war Dr. Heim *selber* (*selbst*). (That was Dr. Heim himself.)

They may intensify the reflexive pronoun:

Ich wasche mich *selbst*. (I'll wash myself, without help.)
Er spricht mit sich *selbst*. (He talks to himself.)

Selbst or *selber* can also be equivalent to *auch*:

Es tut mir leid, daß Sie krank sind. Ich bin aber *selber* krank.

When *selbst* or *selber* immediately follows a noun or pronoun, it conveys the idea of contrast:

Sie *selbst* hat keine Zeit; ich aber schon.
Er *selber* fährt schnell; wir wollen aber immer langsam fahren.

Selber also expresses the idea of doing something without help:

Ich kann die Arbeit *selber* machen. (I can do the work—I don't need help.)
Er möchte *selber* fahren. (He wants to drive himself—not ride with others.)

selbst (sogar)

If *selbst* precedes a noun or pronoun, it is equivalent to *sogar* or *auch*.

Selbst er glaubt es nicht. (Even he doesn't believe it.)
Selbst sie hat mir nicht geschrieben. (Even she didn't write me.)

C Wiederholen Sie den Satz! Gebrauchen Sie *selbst* oder *selber*!

Sogar der Professor war erstaunt.   *Selbst der Professor war erstaunt.*

1 Auch ich kann es nicht erklären.

2 Ich habe ihn, und niemand anders, gefragt.

3   Ich muß diese Arbeit allein machen.

4   Wir sahen es auch.

5   Auch er hat in Deutschland gewohnt.

6   Die Lehrer verstehen auch nicht alles.

7   Mein Freund, und niemand anders, wird mit Ihnen sprechen.

8   Warum muß ich dir immer Kaffee kochen? Du könntest ihn dir auch kochen.

9   Er persönlich bleibt zu Hause; uns schickt er in die Stadt.

10   Sie behaupten, sie hätten kein Geld. Ich bin auch arm.

11   Sie muß sich allein entscheiden.

12   Mir tut es auch leid.

13   Ich war mir allein überlassen.

14   Er ist gar nicht mehr wie er war.

15   Das glaubst du doch auch nicht!

16   Das ist der Herr Direktor persönlich.

17   Das Kind kann sich schon ohne Hilfe anziehen.

18   Das muß ich erst allein sehen, ehe ich es glaube.

19   Sogar meine Warnungen haben ihn nicht davon abgehalten.

20   Auch seine Freunde haben ihn verlassen.

Anregung

1   Was finden Sie für das heutige, moderne Leben charakteristisch? Stellen Sie eine Liste von vollständigen Sätzen auf! Der Anfangssatz könnte so heißen: *Die Städte haben zu starken Verkehr.*

2   Übersetzen Sie eines Ihrer Lieblingslieder ins Deutsche!

3   Die folgende Liste enthält Berufe, die ein deutscher Junge oder ein deutsches Mädchen wählen könnte. Wählen Sie die fünf Berufe, die Sie in der modernen Welt für besonders wertvoll oder interessant halten! Sagen Sie in zwei oder drei Sätzen, warum Sie gerade diese fünf Berufe gewählt haben!

Abgeordnete (-r)	Journalist (-in)
Arzt (÷in)	Krankenpfleger (-in)
Astronaut (-in)	Krankenschwester
Bauer (÷in)	Lehrer (-in)
Elektriker	Mechaniker (-in)
Filmstar	Professor (-in)
Förster	Sekretär (-in)
Fußballer	Urwaldarzt (÷in)
Geschäftsmann (-frau)	Vertreter (-in)
Ingenieur (-in)	Wissenschaftler (-in)

KRIEG UND FRIEDEN

Wann werden wir endlich einen Weltfrieden haben? Jede Generation stellt diese Frage. Jedoch niemand hat bis heute eine Lösung für das Problem gefunden, warum es so viele Kriege und politische Krisen° gibt. Immer wieder hört und liest man von Verbrechen° gegen die
5 Menschlichkeit. Selbst in friedlichen Jahren wagen° die Menschen es kaum, an die Möglichkeit eines dauernden Weltfriedens zu glauben. Jeder neue Konflikt bringt Lawinen° von Tod und Zerstörung ins Rollen. Wer aber trägt die Verantwortung für die zahllosen Opfer° des Krieges? Der Staatsmann? Der Bürger? Man fragt sich immer
10 wieder: Müssen wir solche Konflikte wirklich haben? Oft spricht man von einem Naturgesetz,° das Kriege notwendig° macht, um die Bevölkerungsdichte° zu kontrollieren. Gibt es wirklich ein solches Gesetz? Vielleicht braucht man Kriege, um den Fortschritt° in der Wirtschaft° — in der Technik — zu sichern. In dem Fall° müßten wir
15 uns allerdings° fragen, ob der Preis nicht zu hoch wäre, den wir dafür zu zahlen hätten.

     Die folgenden Texte behandeln alle das Thema *Krieg und Frieden*, ein Thema, das nach den furchtbaren Ereignissen° der beiden Weltkriege immer wieder in den Werken deutscher Autoren erscheint.
20 Sie wollen die Menschheit davor warnen, die Not des Krieges zu schnell zu vergessen. Sie wollen besonders jene Menschen ansprechen, die sich zu sehr auf das eigene Wohl konzentrieren, die zu bequem und zu gleichgültig sind, die Gefahr der Weltkrisen zu erkennen. Diese Autoren werden nicht aufhören zu fragen: Wo
25 könnte man beginnen, für einen Weltfrieden zu arbeiten? Wie könnte man Hungersnot und Elend,° Verzweiflung und Hoffnungslosigkeit auf dieser Welt beenden?

schwierige Perioden
crimes
dare

avalanches
victims

natural law/*nötig*
Zahl der Menschen
Entwicklung
economy/*dann*
jedoch

Geschehnisse

Not

ANNE FRANK: *Tagebucheintragung°* vom 3. Februar 1944

diary entry

Anne Frank gehörte zu einer jüdischen° Familie, die sich zwei Jahre lang in einem Geschäftshaus in Amsterdam vor den Deutschen versteckt° hielt. In ihrem Tagebuch begann die dreizehnjährige Anne, ihre inneren und äußeren Erlebnisse° im holländischen Hinterhaus zu
5 beschreiben. Das Tagebuch hält° aber nicht nur die Erinnerung an die Konflikte eines feinfühligen° und geistreichen° jungen Mädchens wach, das unter ungewöhnlichen Umständen° aufwächst. Das Werk kann ebenfalls° als ein Mahnmal° für alle Menschen betrachtet werden, die sich auch heute noch um die Erhaltung des Friedens bemühen.

10   In der ausgewählten Tagebucheintragung berichtet Anne Frank, was die Menschen in Holland bei einer Invasion der Westmächte° tun wollten. Die ruhige, teils sogar humorvolle Betrachtungsweise des jungen Mädchens in einer so kritischen Situation setzt in Erstaunen. Trotz der ständigen° Furcht, im Versteck gefunden zu werden, hofft
15 Anne auf ein gutes Ende. Trotz der ständigen Gefahr, durch Bomben oder Gas getötet zu werden, verliert Anne nicht den Glauben an eine glückliche Zukunft.°

    Am 4. August 1944 wurde die Familie Frank bei einer Haussuchung entdeckt und ins deutsche Konzentrationslager Bergen-
20 Belson gebracht. Dort starb das Mädchen im März 1945, zwei Monate vor Ende des Zweiten Weltkrieges. Annes Vater war das einzige Familienmitglied, das am Leben blieb. Er veröffentlichte° das Tagebuch seiner Tochter unter dem Titel *Het Achterhuis,°* ein Buch, das seit 1947 von vielen Millionen Menschen auf der ganzen Welt gelesen wurde.

Jewish

hidden

experiences

hält . . . wach: *läßt nicht vergessen*
verständnisvoll/intelligent
Situationen
auch/Erinnerung

Alliierten

andauernd

die Zeit, die kommt

published

Das Hinterhaus

Verstehen Sie diese Wörter und Ausdrücke?

das Mittel (s, –): die Möglichkeit; die Medizin; das Geld / *Er wird Mittel und Wege finden, das Projekt zu Ende zu führen. / Ich habe nicht die Mittel, so ein teures Haus zu kaufen.*

verteidigen: sich gegen eine Attacke widersetzen / *Im Falle eines Krieges muß die Armee das Land verteidigen. / Ich zog meine Pistole, denn ich mußte doch mein Leben verteidigen.*

überreden: jemandem so lange zureden, bis er etwas tut / *Paß auf, er ist ein ausgezeichneter Redner. Laß dich nicht überreden! / Ich habe ihn nicht überreden können, mit uns ins Kino zu gehen.*

besorgen: holen; erledigen / *Ich möchte zu gerne Goethes* Faust *sehen. Könnten Sie mir eine Theaterkarte dafür besorgen? / Ich verstehe die Sache nicht. Würden Sie das für mich besorgen?*

die Decke (–, n): ein Stück Material für den Tisch oder das Bett; der Fußboden ist unten, die Decke ist oben / *Das Zimmer hat aber eine hohe Decke. / Es ist kalt im Schlafzimmer. Brauchst du noch eine Decke für das Bett?*

die Kerze (–, n): ein Licht aus Wachs oder Paraffin / *In Deutschland brennen richtige Kerzen am Weihnachtsbaum. / Das Mädchen war noch zu klein, um alle Kerzen auf dem Geburtstagskuchen auszublasen.*

nähen: Stoff verbinden; Kleidung herstellen / *Aus diesem Stoff will ich mir ein Sommerkleid nähen. / Meine Mutter näht für die ganze Familie.*

der Fall (es, ⸚e): der Kasus; die Möglichkeit / *Im Falle einer schnellen Abreise müssen alle Rucksäcke gepackt sein. / Das war ein hoffnungsloser Fall. / Welchen Fall gebraucht man für das Subjekt?*

die Flucht: eine hastige Abreise; das schnelle Weglaufen / *Gegen diese starke Armee kommen wir nicht an. Da hilft nur die Flucht. / In jedem Krieg gibt es Menschen auf der Flucht.*

übertreiben (ie, ie): zu oft tun; anders berichten, als es wirklich ist / *Sie übertreibt. Das Wasser war nicht heiß, es war nur warm. / Ich übertreibe nicht, wenn ich sage, daß diese Luftlinie die billigsten Preise und den besten Service hat.*

Tagebucheintragung

Donnerstag, 3. Februar 1944

Liebe Kitty!

Man erwartet in allernächster Zeit° die Invasion. Wenn Du hier
wärest, würdest du wohl genau so wie ich tief unter diesem Eindruck
5 stehen oder uns sogar auch auslachen, weil wir uns vielleicht unnötig
verrückt machen. Alle Zeitungen sind voll davon und bringen die
Menschen ganz durcheinander, weil sie schreiben:

   „Sollten die Engländer in Holland landen, dann wird die deutsche
Leitung° mit allen Mitteln das Land verteidigen und es nötigenfalls°
10 sogar unter Wasser setzen."

   Es werden Karten veröffentlicht,° auf denen die Strecken° des
Landes schraffiert° sind, die dafür in Frage kommen. Da große Teile
von Amsterdam dabei sind, wurde naturgemäß° hier die Frage aufge-
worfen, was zu tun ist, wenn das Wasser einen Meter hoch in den
15 Straßen steht. Von allen Seiten kamen die verschiedensten Antworten:
„Da Radeln° und Laufen ausgeschlossen° ist, müssen wir eben waten,°
wenn das Wasser zum Stillstand gekommen ist."

   „Wir werden probieren zu schwimmen. Wenn wir in Badeanzug
und Taucherkappe° sind und möglichst viel unter Wasser schwimmen,
20 wird niemand merken, daß wir Juden° sind."

   „Schöner Unsinn! Ich sehe die Damen schon schwimmen, wenn
die Ratten sie an den Beinen packen!"

   (Natürlich war es ein Mann, der sich da lustig machte, wollen
mal sehn, wer zuerst brüllt!°)

25   „Wir werden gar nicht aus dem Haus herauskommen. Das Lager°
ist so morsch,° daß das ganze Haus beim ersten Druck des Wassers
schon zusammenfällt."

   „Nun mal Scherz° beiseite. Wir wollen sehen, ein Boot zu bekommen."

30   „Das brauchen wir nicht. Jeder nimmt eine von den großen

in . . . Zeit: **bald**

Führung/wenn es nötig ist

published/*Gegenden*
drawn
natürlich

*Radfahren/unmöglich/im
   Wasser laufen*

Badekappe

Jews

schreit

warehouse

schwach

joking

Milchzuckerkisten° vom Speicher,° und dann rudern wir mit einem Küchenlöffel."

„Ich gehe Stelzen° laufen. Darin war ich Champion in meiner Jugend."

5 „Henk van Santen hat das nicht nötig. Wenn der seine Frau auf den Rücken nimmt, hat Miep Stelzen."

Nun bist Du im Bilde, Kitty! Dieses Geschwätz° ist ja sehr ulkig.° Die Wahrheit wird es anders lehren!

Die zweite Invasionsfrage kann nicht ausbleiben. Was ist zu tun,
10 wenn Amsterdam durch die Deutschen evakuiert wird?

„Mitgehen, möglichst unauffällig."°

„Auf keinen Fall mitgehen. Das einzig Richtige ist hierbleiben. Die Deutschen sind imstande,° die Menschen alle immer weiter vor sich herzutreiben,° bis sie in Deutschland umkommen!"°

15 „Ja, natürlich, wir bleiben hier. Hier ist es am sichersten. Dann müßten wir versuchen, Koophuis zu überreden, daß er mit seiner Familie hierher zieht. Wir wollen Holzwolle° besorgen, dann können wir auf dem Fußboden schlafen. Das beste wäre, wenn Miep und Koophuis jetzt schon Decken hierher schaffen würden. Wir werden zu
20 den 60 Pfund Mehl° noch etwas dazu bestellen. Henk soll versuchen, Hülsenfrüchte° zu bekommen. Jetzt haben wir 60 Pfund Bohnen und 10 Pfund Erbsen im Haus, die 50 Büchsen° Gemüse nicht gerechnet."°

„Mutter, willst Du bitte die anderen Eßwaren zählen?"

„10 Dosen° Fisch, 40 Büchsen Milch, 10 kg Milchpulver, 3 Fla-
25 schen Öl, 4 Weckgläser° mit Butter, 4 mit Fleisch, 4 Korbflaschen° mit Erdbeeren, 2 Flaschen Fruchtsaft,° 20 Flaschen Tomaten, 10 Pfund Haferflocken,° 8 Pfund Reis. Das ist alles!"

„Das ist ein ganz netter Vorrat,° aber wenn Du bedenkst,° daß wir dann noch Besuch mit ernähren° wollen und jede Woche ein Teil
30 davon weggeht, scheint es großartiger als es ist."

Kohlen und Brennstoff° haben wir genug, Kerzen auch. Wir wollen uns alle Brustbeutel° nähen, um unser Geld mitzunehmen, falls es mal nötig ist.

Wir müßten eine Liste machen, was wir im Falle der Flucht als
35 Wichtigstes brauchen, und unsere Rucksäcke schon möglichst jetzt packen.

Wenn es soweit kommt, müßten zwei Beobachtungsposten auf Wache,° einer auf dem Vorderhaus, einer hinten auf dem oberen Speicher.

40 Aber was tun wir mit all unseren Eßwaren, wenn wir ohne Gas, Wasser und Elektrizität sitzen?

Dann kochen wir auf dem Ofen. Wasser wird filtriert und gekocht. Wir wollen ein paar Korbflaschen saubermachen, um ständig° Wasser darin aufzubewahren.°

Margin glosses:

lactose packing cases/attic

stilts

Plaudern/komisch, amüsant

nicht auffallend

können

herzujagen/sterben

wood shavings

flour

Bohnen und Erbsen

cans/gezählt

Büchsen

preserving jars/Flaschen in Körben/Obstsaft

oatmeal

stock/denkst nach

Essen geben

Material für ein Feuer

Geldtasche, die um den Hals hängt

guard duty

immer

zu haben

Diese Erzählungen höre ich nun schon den ganzen Tag: Invasion vorne, Invasion hinten, Dispute über Hungertod, Sterben, Bomben, Feuerspritzen,° Schlafsäcke, Judenausweise,° Giftgase und so in einem fort.°

5 Ein klares Bild der unzweideutigen° Sorgen° der Hinterhausbewohner spiegelt sich in folgendem Gespräch mit Henk.

Hinterhaus: „Wir haben Angst, daß die Deutschen bei einem etwaigen° Rückzug° die ganze Bevölkerung° mitnehmen."

Henk: „Das ist unmöglich. Dafür haben sie durchaus nicht
10 genug Zugmaterial zur Verfügung."°

Hhs.: „Züge? Denken Sie, daß sie die Bevölkerung auch noch fahren lassen werden? Kein Gedanke! Die können laufen." (Per pedes apostolorum,° sagt Dussel in solchem Fall.)

Henk: „Das halte ich für ausgeschlossen. Ihr seht immer alles
15 viel zu schwarz. Was sollten sie davon haben, alle, die ganze Bürgerbevölkerung mitzuschleppen?"°

Hhs.: „Wissen Sie nicht; daß Goebbels° gesagt hat: Wenn wir zurück müssen, knallen° wir hinter uns in allen besetzten° Gebieten° die Türe zu!"

20 Henk: „Was die schon alles gesagt haben!"

Hhs.: „Denken Sie, daß die Deutschen dafür zu edel° oder zu menschlich sind? Die werden, wenn sie in ernste Gefahr kommen, noch alles mitzureißen° versuchen, was sich in ihrem Machtbereich° befindet."°

25 Henk: „Ihr könnt mir viel erzählen, ich glaube es doch nicht!"

Hhs.: „Es ist immer wieder dasselbe Lied. Niemand will die drohende° Gefahr sehen, bevor er sie nicht am eigenen Leibe° gespürt hat."

Henk: „Sie wissen doch auch nichts Positives. Das sind doch alles
30 nur Annahmen° von Ihnen."

Hhs.: „Wir haben es doch zur Genüge selbst mitgemacht, erst in Deutschland und dann hier. Und was geschieht in Rußland?"°

Henk: „Die Judenfrage steht außerhalb der Betrachtung. Niemand weiß, was da im Osten vorgeht.° Wahrscheinlich ist die russische
35 und englische Propaganda auch übertrieben, ebenso wie die Deutsche."

Hhs.: „Das stimmt sicher nicht. Das englische Radio hat immer die Wahrheit gesagt. Aber wenn Sie selbst annehmen, daß vieles übertrieben ist, sind die Tatsachen noch schlimm genug. Sie können doch nicht in Abrede° stellen, daß in Polen und Rußland Millionen
40 Unschuldiger vergast und ermordet werden!"

Die weiteren Gespräche will ich Dir ersparen. Ich bin ganz ruhig und lasse möglichst wenig an mich herankommen.° Ich bin inzwischen so weit, daß es mir schon ganz gleich ist, ob ich sterben muß oder leben bleibe. Die Welt wird auch ohne mich weitergehen, und ich kann

Glossary (right margin):

fire extinguishers/*Ausweis = Paß*
in . . . fort: dauernd
sehr deutlich/Furcht

möglich/Zurückziehung/ Volk

zur Hand

zu Fuß, wie die Apostel

mitzunehmen
Hitlers Propagandaminister
knallen . . . zu: schließen/ occupied/Land

nobel

mit ins Unglück ziehen/ Kontrolle
sich befindet: zu finden ist

threatening/Körper

Meinungen

geschieht

in . . . stellen: sagen, daß es nicht wahr ist

näherkommen

die Geschichte auch nicht aufhalten. Ich lasse es darauf ankommen, und inzwischen lerne und arbeite ich in der Hoffnung auf ein gutes Ende.

Anne

Fragen

1   Wer schreibt diesen Brief?
2   An wen schreibt sie?
3   Wo schreibt sie diese Zeilen?
4   Welches Datum schreibt man?
5   Warum muß sich die Familie Frank verstecken?
6   Wo ist ihr Versteck?
7   Lebt Anne da allein mit ihren Eltern?
8   Wird der Brief je durch die Post bestellt?
9   Was haben sie an Vorräten?
10   Wie ist die Stimmung?
11   Wovor hat die Familie Angst?
12   Welche Funktion hat Miep zu erfüllen?
13   Sind diese Menschen vollständig von der Welt abgeschnitten?
14   Wer bringt ihnen Nachrichten?
15   Woran glaubt Anne trotz allem?

Verwandte Wörter

Ergänzen Sie:

das Mittel   *mittelmäßig*   *nicht besonders gut, nicht besonders schlecht; so-so*

Das war leider nur eine . . . . . . Leistung.
Kennen Sie ein gutes . . . . . . gegen Kopfschmerzen?

verteidigen   *die Verteidigung (–, en)*   *das Verteidigen*

Wenn der Fußballspieler das Tor nicht . . . . . . hätte, dann stände das Spiel jetzt 3 zu 2.
Der General ist für die . . . . . . der Stadt verantwortlich.
Bei der Olympiade wird der Weltmeister seinen Titel . . . .

besorgen   *sorgen*   *sich bemühen; aufpassen*
              die Sorge (–, n)   *die Unruhe; die Bemühung*

Seitdem er 16 Jahre alt ist, macht er mir dauernd . . . .
Würden Sie mir bitte ein neues Heft . . . . . . ? Das alte ist schon vollgeschrieben.

Nein, ich verdiene ganz gut. Finanziell haben wir keine ......
Er ist ein guter Vater. Er ...... für seine Familie.

> der Fall   *auf alle Fälle*   *auf jeden Fall; ganz bestimmt*
>   *falls (Konj.)*   *wenn; für den Fall, daß . . .*

Nimm .... etwas Geld mit! Du weißt nie, was passiert.
Warte noch ein paar Minuten, ... er doch noch kommen sollte.
Ich weiß nicht, was passiert ist. Können Sie den ...... erklären?

> die Flucht   *fliehen (o, o)*   *sich aus Angst entfernen; schnell weglaufen;*
>   *die Flucht ergreifen*

Gleich bei Beginn des Krieges ist er ins Ausland ......
Wenn man die ganze Armee in die ...... jagen könnte, wäre der Krieg bald aus.

Wortschatzübung I

Ergänzen Sie:

> auf alle Fälle, besorgen, Decke, Fall, falls, fliehen, Flucht, Kerze, Mittel, mittelmäßig, nähen, Sorge, sorgen, überreden, übertreiben, verteidigen, Verteidigung

1   Ihre ...... dauerte mehrere Monate.
2   Aspirin ist ein ...... gegen Kopfschmerzen.
3   Wir müssen noch den Einkauf für das Wochenende ......
4   Leg bitte eine ...... auf den Eßzimmertisch!
5   Schreiben Sie mir ...., wann Sie ankommen.
6   Mach dir nicht so viele ...... Ich kann mich schon selbst verteidigen.
7   Ich will mir nun .... noch ein Motorrad kaufen.
8   Der General war für die ...... der Stadt verantwortlich.
9   Hast du dir das Kleid selbst ......?
10   Laß dich nur nicht ......, heute abend auszugehen.
11   Es liegt in der Art der Mütter, sich um die Kinder zu ......
12   ...... doch nicht so; das glaubt dir doch kein Mensch!
13   Ich habe schon bessere Filme gesehen; diesen halte ich nur für ......
14   Ruf mich nur an, ... du mich brauchst.
15   Nachdem es das Fenster zerbrochen hatte, ist das Kind durch den Garten ......
16   Der ...... ist für die Krankenschwester zu kompliziert. Der Arzt muß ihn selbst übernehmen.
17   Er muß siebzehn Jahre alt sein; es gibt siebzehn ...... auf dem Geburtstagskuchen.

Wortschatzübung II

Ergänzen Sie:

> Büchsen, Dosen, Druck, Flaschen, Gefahr, Kerzen, mitschleppen, morsch,
> Pfund, waten

Wenn das Land unter Wasser gesetzt würde, müßte man . . . . . . oder schwimmen.
Die Familie hatte Angst, daß das Haus beim ersten . . . . . . des Wassers zusam-
menfallen würde, weil das Lager so . . . . . . war. An Eßwaren hatten sie 10 . . . . . .
Fisch, 40 . . . . . . Milch, 2 . . . . . . Fruchtsaft und 10 . . . . . . Haferflocken. Falls sie
keine Elektrizität haben würden, hatten sie einen ganz netten Vorrat an . . . .
Das Schlimmste wäre, wenn die Deutschen die ganze Bevölkerung . . . . . . würden.
Trotz der . . . . . . hoffte Anne auf ein gutes Ende.

Diskussionsthemen

1   Was können wir tun, um Kriege zu vermeiden?
2   Halten Sie die Utopie, eine Traumwelt ohne Krieg, für möglich?

WOLF BIERMANN: Spielzeug°

toy

Mit der Eisenbahn
lernen wir
zur Oma° fahrn.   *kurz für Großmutter*
Das macht Spaß
5 Mit der Puppe°   *doll*
essen wir
gerne unsere Suppe
Das macht Spaß
Mit dem Ball
10 schmeißen° wir   *werfen*
Peters Bären um
der ist dumm
Mit den Muschikatzen°   *Name für Katzen*
lernt der Paul
15 die Anne kratzen°   *scratch*
Das macht Spaß
Mit dem Panzer° lernen wir: *tank*
Wie man
Eisenbahn,
20 Puppe, Suppe,
Ball und Bär,
Muschikatzen
und noch mehr
Anne, Pappa,
25 Haus und Maus
einfach kaputt macht.

WOLFGANG BORCHERT: *Der viele viele Schnee*

Soldaten existieren im Krieg als Nummern. Sie gehören zu Einheiten,° die man in den Kampf° schickt, wenn man Menschenmaterial und nicht nur Kanonen braucht. Die Stärke° jeder Einheit hängt° gewöhnlich von der Anzahl° der Soldaten ab. Nach dem Kampf gibt es Tote
5 und Überlebende. Die Toten lassen die Zahl der Kriegsopfer anwachsen. Der Rest wird zur Gruppe der Überlebenden gezählt. Daß Soldaten dennoch selbständig denkende und fühlende Individuen bleiben, beweist die folgende Geschichte von Wolfgang Borchert.

    Der Autor, der als Zwanzigjähriger die Todesangst des Soldaten
10 selbst erlebte,° konzentriert sich hier keineswegs auf die entsetzliche° Gewalt° eines Fronteinsatzes.° Er beschreibt vielmehr die Wirkung° der ungeheuren Schneemassen auf zwei Männer, allein auf verlorenem Posten in tiefer Waldeinsamkeit.° Es handelt sich hier um einen außergewöhnlichen Versuch, die Angst in dieser endlosen Stille zu
15 überwinden° und — um eine unerwartete Reaktion.

Kompanien
Krieg
Kraft/*hängt ... ab:* **depends on**
Zahl

erfuhr/*furchtbar*
Kraft/**fighting at the front/**
    Effekt

Alleinsein im Wald

overcome

Verstehen Sie diese Wörter und Ausdrücke?

das Gewehr (es, e): eine Schußwaffe / *„Das Gewehr über!" heißt, das Gewehr auf die Schulter legen. / Er besaß ein Gewehr aus dem Ersten Weltkrieg.*

der Befehl (s, e): ein Kommando; ein strenges Gebot / *Ich habe ihm den Befehl gegeben, mit dem Gewehr zu schießen. / Dein Wunsch ist mir Befehl!*

spitz: immer dünner werdend; boshaft / *Das Tuch ist so schmutzig, das fasse ich nur mit spitzen Fingern an. / Sie macht immer so spitze Bemerkungen.*

kleben: befestigen; festmachen; hängenbleiben / *Vergiß nicht, eine Briefmarke auf die Ansichtskarte zu kleben! / Der Schmutz klebte an den Schuhen.*

das Blut (es, kein Plural): eine rote Flüssigkeit im Körper von Menschen oder Tieren / *Ehe er im Krankenhaus ankam, hatte er schon viel Blut verloren. / Seine Jacke war mit Blut befleckt.*

entgehen (entging, entgangen): aus dem Weg gehen; entkommen; etwas übersehen / *Ich habe ihn genau beobachtet. Mir ist keine seiner Bewegungen entgangen. / Ich passe extra gut auf. Er wird mir nicht wieder entgehen!*

der Atem (s, kein Plural): Luft, die man einzieht oder ausbläst / *Bei großer Kälte kann man den Atem vor dem Mund sehen. / Laufe nicht so schnell; ich bin ganz außer Atem!*

aufreißen (i, i): aufbrechen; kräftig öffnen / *In München waren viele Straßen aufgerissen. Man baute eine neue U-Bahn. / Ja, da staunst du, nicht wahr? Da reißt du deine Augen auf.*

rutschen: gleiten; sich bewegen / *Halte mich fest, ich rutsche! / Hans rutscht auf dem Hosenboden den Schneeberg hinunter.*

Der viele viele Schnee

Schnee hing im Astwerk.° Der Maschinengewehrschütze° sang. Er stand in einem russischen Wald auf weit vorgeschobenem° Posten. Er sang Weihnachtslieder und dabei war es schon Anfang Februar. Aber das kam, weil Schnee meterhoch lag. Schnee zwischen den schwarzen
5 Stämmen.° Schnee auf den schwarzgrünen Zweigen.° Im Astwerk hängen geblieben, auf Büsche geweht,° wattig,° und an schwarze Stämme gebackt.° Viel viel Schnee. Und der Maschinengewehrschütze sang Weihnachtslieder, obgleich es schon Februar war.

Hin und wieder mußt du mal ein paar Schüsse loslassen. Sonst
10 friert das Ding ein. Einfach geradeaus ins Dunkle halten. Damit es nicht einfriert. Schieß man auf die Büsche da. Ja, die da, dann weißt du gleich, daß da keiner drin sitzt. Das beruhigt. Kannst ruhig alle Viertelstunde mal eine Serie loslassen. Das beruhigt. Sonst friert das Ding ein. Dann ist es auch nicht so still, wenn man hin und wieder mal schießt.
15 Das hatte der gesagt, den er abgelöst° hatte. Und dazu noch: Du mußt den Kopfschützer° von den Ohren machen. Befehl vom Regiment. Auf Posten muß man den Kopfschützer von den Ohren machen. Sonst hört man ja nichts. Das ist Befehl. Aber man hört sowieso nichts. Es ist alles still. Kein Mucks.° Die ganzen Wochen schon. Kein Mucks. Na,
20 also dann. Schieß man hin und wieder mal. Das beruhigt.

Das hatte der gesagt. Dann stand er allein. Er nahm den Kopfschützer von den Ohren und die Kälte griff mit spitzen Fingern nach ihnen. Er stand allein. Und Schnee hing im Astwerk. Klebte an blauschwarzen Stämmen. Angehäuft° überm Gesträuch.° Aufgetürmt,° in
25 Mulden° gesackt° und hingeweht. Viel viel Schnee.

Und der Schnee, in dem er stand, machte die Gefahr so leise. So weit ab. Und sie konnte schon hinter einem stehen. Er verschwieg sie. Und der Schnee, in dem er stand, allein stand in der Nacht, zum erstenmal allein stand, er machte die Nähe der andern so leise. So weit
30 ab machte er sie. Er verschwieg sie, denn er machte alles so leise, daß das eigene Blut in den Ohren laut wurde, so laut wurde, daß man ihm nicht mehr entgehen konnte. So verschwieg der Schnee.

branches/machine gunner
vorne

trunks/*dünne Äste*
geblasen/fluffy
geklebt

seinen Posten übernommen
Stoffstücke, die die Ohren warmhalten

kein Mucks: *ganz still*

zusammengeballt/*Büsche*/
piled up
ditches/*gefallen*

Da seufzte° es. Links. Vorne. Dann rechts. Links wieder. Und
hinten mit einmal. Der Maschinengewehrschütze hielt den Atem an.
Da, wieder. Es seufzte. Das Rauschen° in seinen Ohren wurde ganz
groß. Da seufzte es wieder. Er riß sich den Mantelkragen auf. Die
5 Finger zerrten,° zitterten.° Den Mantelkragen zerrten sie auf, daß er
das Ohr nicht verdeckte. Da. Es seufzte. Der Schweiß° kam kalt unter
dem Helm° heraus und gefror auf der Stirn.° Gefror dort. Es waren
zweiundvierzig Grad Kälte. Unterm Helm kam der Schweiß heraus
und gefror. Es seufzte. Hinten. Und rechts. Weit vorne. Dann hier.
10 Da. Da auch.

Der Maschinengewehrschütze stand im russischen Wald. Schnee
hing im Astwerk. Und das Blut rauschte groß in den Ohren. Und der
Schweiß gefror auf der Stirn. Und der Schweiß kam unterm Helm
heraus. Denn es seufzte. Irgendwas. Oder irgendwer. Der Schnee ver-
15 schwieg den. Davon gefror der Schweiß auf der Stirn. Denn die Angst
war groß in den Ohren. Denn es seufzte.

Da sang er. Laut sang er, daß er die Angst nicht mehr hörte.
Und das Seufzen nicht mehr. Und daß der Schweiß nicht mehr fror.
Er sang. Und er hörte die Angst nicht mehr. Weihnachtslieder sang er
20 und er hörte das Seufzen nicht mehr. Laut sang er Weihnachtslieder im
russischen Wald. Denn Schnee hing im schwarzblauen Astwerk im
russischen Wald. Viel Schnee.

Aber dann brach plötzlich ein Zweig. Und der Maschinengewehrschütze schwieg. Und fuhr herum. Und riß die Pistole heraus. Da
25 kam der Feldwebel° durch den Schnee in großen Sätzen° auf ihn zu.

Jetzt werde ich erschossen,° dachte der Maschinengewehrschütze.
Ich habe auf Posten gesungen. Und jetzt werde ich erschossen. Da
kommt schon der Feldwebel. Und wie er läuft. Ich habe auf Posten
gesungen und jetzt kommen sie und erschießen mich.

30 Und er hielt die Pistole fest in der Hand.

Da war der Feldwebel da. Und hielt sich an ihm. Und sah sich
um. Und flog.° Und keuchte° dann: Mein Gott. Halt mich fest, Mensch.
Mein Gott! Mein Gott! Und dann lachte er. Flog an den Händen. Und
lachte doch: Weihnachtslieder hört man schon. Weihnachtslieder in
35 diesem verdammten russischen Wald. Weihnachtslieder. Haben wir
nicht Februar? Wir haben doch schon Februar. Dabei hört man
Weihnachtslieder. Das kommt von dieser furchtbaren Stille. Weihnachtslieder! Mein Gott nochmal! Mensch, halt mich bloß fest. Sei
mal still. Da! Nein. Jetzt ist es weg. Lach nicht, sagte der Feldwebel
40 und keuchte noch und hielt den Maschinengewehrschützen fest, lach
nicht, du. Aber das kommt von der Stille. Wochenlang diese Stille. Kein
Mucks! Nichts! Da hört man denn nachher schon Weihnachtslieder.
Und dabei haben wir doch längst Februar. Aber das kommt von dem
Schnee. Der ist so viel hier. Lach nicht, du. Das macht verrückt, sag
45 ich dir. Du bist erst zwei Tage hier. Aber wir sitzen hier nun schon

sighed

rustling

zogen/bewegten sich vor
    Angst
sweat

Hut aus Metall/oberer
    Teil des Gesichts

Sergeant/in . . . Sätzen:
    gesprungen
durch Schüsse getötet

zitterte/atmete mit
    Schwierigkeiten

wochenlang drin. Kein Mucks. Nichts. Das macht verrückt. Immer alles still. Kein Mucks. Wochenlang. Dann hört man allmählich Weihnachtslieder, du. Lach nicht. Erst als ich dich sah, waren sie plötzlich weg. Mein Gott. Das macht verrückt. Diese ewige Stille.
5 Diese ewige!

Der Feldwebel keuchte noch. Und lachte. Und hielt ihn fest. Und der Maschinengewehrschütze hielt ihn wieder fest. Dann lachten sie beide. Im russischen Wald. Im Februar.

Manchmal bog° sich ein Ast von dem Schnee. Und der rutschte   *bog sich:* **bent**
10 dann zwischen den schwarzblauen Zweigen zu Boden. Und seufzte dabei. Ganz leise. Vorne mal. Links. Dann hier. Da auch. Überall seufzte es. Denn Schnee hing im Astwerk. Der viele viele Schnee.

Fragen

1   Wo spielt die Geschichte?
2   Welche Jahreszeit wird in der Geschichte beschrieben?
3   Wie war das Wetter zu dieser Zeit?
4   Beschreiben Sie die Landschaft!
5   Warum war der Maschinengewehrschütze ganz allein?
6   Warum sollte er ab und zu mal auf die Büsche schießen?
7   Dem Soldaten war sehr kalt. Warum trug er keine Ohrenschützer?
8   Warum begann der Soldat plötzlich, Weihnachtslieder zu singen?
9   Warum hielt er plötzlich den Atem an?
10   Was wollte der Feldwebel von ihm?
11   Warum lachte der Feldwebel?
12   Warum lachte der Maschinengewehrschütze?

Verwandte Wörter

Ergänzen Sie:

der Befehl   *befehlen (ie; a, o)*   *einen Befehl geben; kommandieren*

Von dir lasse ich mir nichts . . . . Du bist nur mein kleiner Bruder.
Geben Sie ihm doch den . . . . . . , dann muß er es machen.
Als Soldat muß man dem . . . . . . eines Offiziers gehorchen.

    spitz   *die Spitze (–, n)*   *ein Ende, das in einen Punkt ausläuft; ganz vorn*
          der Spitzbube (n, n)   *ein frecher Junge; ein schlauer Kerl*

Jetzt liegt Rennfahrer Kurt Schönig in Auto Nummer 32 an der . . . . . . !
Vorsichtig, das Messer ist sehr . . . . . . !
Glaub ihm nicht alles. Er könnte ein großer . . . . . . sein!

kleben   *der Klebstoff (es, e)   eine Paste zum Kleben von Materialien*

Du mußt noch eine Briefmarke auf den Umschlag . . . .
Ist denn wieder kein . . . . . . im Hause?

das Blut   *bluten   Blut verlieren*
             blutig   voll mit Blut

Dieses Hemd muß gewaschen werden, es ist ganz . . . .
Ich habe mich geschnitten. Mein Finger . . . .
. . . . . . ist dicker als Wasser.

der Atem   *atmen   Luft einziehen und ausblasen*

Auf dem Lande kann man noch frische Luft . . . .
Wie lange kannst du den . . . . . . anhalten?
Als er drei Treppen gestiegen war, ging ihm der . . . . . . aus.

rutschen   *der Rutsch (es, e)   eine gleitende Bewegung abwärts; eine*
                                     kurze Fahrt

Ich wünsche Ihnen einen guten . . . . . . ins Neue Jahr!
Darf ich etwas Milch trinken? Das Essen ist so trocken, es will nicht . . . .
Laß uns den Berg hinunter . . . . . . !

Wortschatzübung I

Ergänzen Sie:

Atem, atmen, aufreißen, Befehl, befehlen, Blut, bluten, blutig entgehen,
Gewehr, kleben, Klebstoff, Rutsch, rutschen, spitz, Spitzbube, Spitze

1   Der Förster nahm das . . . . . . von der Wand und ging in den Wald.
2   Man wird doch alt. Nach 500 Metern Wettlauf geht mir schon der . . . . . . aus.
3   Hier hast du einen neuen Bleistift. Nun brich nicht gleich wieder die . . . . . .
    ab!
4   Warum soll ich immer alles tun, was du sagst? Du mußt nicht immer . . . .
5   Wir haben einen kurzen . . . . . . nach Braunschweig gemacht.
6   Laß dir diesen Film nicht . . . . . . ; er ist wirklich sehr wertvoll.
7   Ich weiß, warum die Männer die Straße . . . . Sie legen neue Telefon-
    kabel.
8   Er hat bei dem Unfall viel . . . . . . verloren.
9   Dann lachte er schlau wie ein . . . .
10 Ich . . . . . . zur Vorsicht noch eine Marke auf den Brief, denn er ist so schwer.
11 Die Soldaten bekamen den . . . . . . , die Stadt nicht zu beschießen.

12 Auf diesem Eis kann man gut . . . . . .

13 Laß uns aufs Land fahren, damit wir wieder einmal frische Luft . . . . . .!

14 Karl hat eine . . . . . . Nase. Er hat sich wohl wieder mit den anderen Jungen geboxt.

15 Er macht immer . . . . . . Bemerkungen.

16 Warum . . . . . . deine Hand? Hast du dich verletzt?

17 Diese Tasse ist kaputt. Hast du einen guten . . . . . . im Hause?

Wortschatzübung II

Ergänzen Sie:

> einfror, erschießen, Feldwebel, Helm, Kopfschützer, Schüsse, verrückt, vertreiben, zitterten, Zweigen

Schnee lag auf schwarzgrünen . . . . . . Damit das Maschinengewehr nicht . . . . . ., ließ der Soldat ein paar . . . . . . los. Auch wenn es kalt war, mußte er den . . . . . . von den Ohren nehmen. Seine Finger . . . . . . Der Schweiß kam kalt unter dem . . . . . . hervor. Um die Angst zu . . . . . ., sang er Weihnachtslieder. Als der Maschinengewehrschütze den . . . . . . sah, dachte er, daß man ihn . . . . . . würde. Der Feldwebel hatte aber Angst, er würde von der Stille . . . . . . werden.

Diskussionsthemen

1 Sollte ein Soldat jeden Befehl ausführen?

2 In Afrika soll ein Negerstamm (tribe) leben, der seit mehr als 100 Jahren keinen Krieg geführt hat. Wenn es zu Schwierigkeiten kommt, müssen die beiden Häuptlinge (chiefs) der kriegerischen Gruppen den Kampf ausführen. Was halten Sie von dieser Idee? Wäre das in unserer „zivilisierten" Welt möglich?

3 Braucht wirklich jedes Land eine Armee?

WOLFGANG BORCHERT: Lesebuchgeschichten

Die folgende Lektüre° von Wolfgang Borchert besteht° aus zehn keinen Geschichten. Mit diesen zehn Einzelszenen zum Thema *Krieg und Frieden* gelingt° es dem Autor, ein Gesamtbild° der Welt zu schaf-fen, das den gewaltigen° Einfluß des Krieges auf das Leben der Men-
5 schen an der Front und in der Heimat erkennen läßt. Wer würde die Tatsache bestreiten,° daß ein Krieg von den Zivilisten in der Heimat unterstützt° werden muß? Allerdings° zeigt Borchert ebenso deutlich, wie Zivilisten bei der Herstellung von Kriegsmaterial reich werden. Während die Heimat durch die Kriegführung Gewinne erzielt,°
10 verlieren die wirklichen Kämpfer fürs Vaterland jedes Gefühl für die Realität des Zivillebens. Sie kehren eines Tages als Zivilisten zurück, jedoch sie können sich in der Heimat nicht mehr zurechtfinden.° Das Grauen° des Krieges hat sie zu sehr verändert.

Worin liegt also der wirkliche Sinn des Krieges? Vielleicht will der
15 Autor eher° auf die Sinnlosigkeit des Kriegführens aufmerksam machen. Ist nicht der Mensch das einzige Lebewesen, das auf sinnlose Weise versucht, sich selbst und seine Umwelt zu zerstören?

Lesestück/consists of

bringt zustande/*allgemeines Bild*
sehr groß

disagree with
supported/*auf jeden Fall*

gewinnt

den Weg finden
Schrecken

mehr

Lesebuchgeschichten

Alle Leute haben eine Nähmaschine, ein Radio, einen Eisschrank und ein Telefon. Was machen wir nun? fragte der Fabrikbesitzer?°   *factory owner*
Bomben, sagte der Erfinder.
Krieg, sagte der General.
5 Wenn es denn gar nicht anders geht, sagte der Fabrikbesitzer.

Der Mann mit dem weißen Kittel° schrieb Zahlen auf das Papier.   *Arbeitsmantel*
Er machte ganz kleine zarte° Buchstaben dazu.   *dünn*
Dann zog er den weißen Kittel aus und pflegte° eine Stunde lang die   *sorgte für*
Blumen auf der Fensterbank. Als er sah, daß eine Blume eingegangen°   *abgestorben*
10 war, wurde er sehr traurig und weinte.
Und auf dem Papier standen die Zahlen. Danach konnte man mit einem halben Gramm in zwei Stunden tausend Menschen totmachen.
Die Sonne schien auf die Blumen.
Und auf das Papier.

15 Zwei Männer sprachen miteinander.
Kostenanschlag?°   *Vorausberechnung von Kosten*
Mit Kacheln?°   *tiles*
Mit grünen Kacheln natürlich.
Vierzigtausend.
20 Vierzigtausend? Gut. Ja, mein Lieber, hätte ich mich nicht rechtzeitig°   *zum richtigen Zeitpunkt*
von Schokolade auf Schießpulver° umgestellt,° dann könnte ich Ihnen   *gun powder/etwas anderes produziert*
diese vierzigtausend nicht geben.
Und ich Ihnen keinen Duschraum.°   *shower*
Mit grünen Kacheln.
25 Mit grünen Kacheln.
Die beiden Männer gingen auseinander.
Es waren ein Fabrikbesitzer und ein Bauunternehmer.°   *builder*
Es war Krieg.

Kegelbahn.° Zwei Männer sprachen miteinander.

Nanu, Studienrat,° dunklen Anzug an. Trauerfall?°

Keineswegs, keineswegs. Feier gehabt. Jungens gehn an die Front.
Kleine Rede gehalten. Sparta° erinnert. Clausewitz° zitiert. Paar
5 Begriffe mitgegeben: Ehre,° Vaterland. Hölderlin° lesen lassen. Lange-
marck° gedacht. Ergreifende° Feier. Ganz ergreifend. Jungens haben
gesungen: Gott, der Eisen wachsen ließ. Augen leuchteten. Ergreifend.
Ganz ergreifend.

Mein Gott, Studienrat, hören Sie auf. Das ist ja gräßlich.°

10 Der Studienrat starrte die anderen entsetzt° an. Er hatte beim Erzählen
lauter kleine Kreuze auf das Papier gemacht. Lauter kleine Kreuze. Er
stand auf und lachte. Nahm eine neue Kugel° und ließ sie über die
Bahn rollen. Es donnerte leise. Dann stürzten° hinten die Kegel. Sie
sahen aus wie kleine Männer.

15 Zwei Männer sprachen miteinander.

Na, wie ist es?

Ziemlich schief.°

Wieviel haben Sie noch?

Wenn es gut geht: viertausend.

20 Wieviel können Sie mir geben?

Höchstens achthundert.

Die gehen drauf.°

Also tausend.

Danke.

25 Die beiden Männer gingen auseinander.
Sie sprachen von Menschen.
Es waren Generale.
Es war Krieg.

Zwei Männer sprachen miteinander.
30 Freiwilliger?°

'türlich.°

Wie alt?

Achtzehn. Und du?

Ich auch.

35 Die beiden Männer gingen auseinander.
Es waren zwei Soldaten.
Da fiel der eine um. Er war tot.
Es war Krieg.

Als der Krieg aus war, kam der Soldat nach Haus. Aber er hatte kein
40 Brot. Da sah er einen, der hatte Brot. Den schlug er tot.
Du darfst doch keinen totschlagen, sagte der Richter.°
Warum nicht, fragte der Soldat.

Glossary (margin):

bowling alley

*Lehrer an einer Ober-
schule/Todesfall*
*griechische Stadt/preu-
ßischer General (1780–
1831)*
honor/*Dichter (1770–1843)*

*belgische Stadt, bei der im
1. Weltkrieg gekämpft
wurde/gefühlvoll*

furchtbar

erschrocken

Ball

fielen hin

schlecht

Die . . . drauf: **sterben**

volunteer
natürlich

judge

Als die Friedenskonferenz zuende war, gingen die Minister durch die Stadt. Da kamen sie an einer Schießbude° vorbei. Mal schießen, der Herr? riefen die Mädchen mit den roten Lippen. Da nahmen die Minister alle ein Gewehr und schossen auf kleine Männer aus Pappe.°

5 Mitten im Schießen kam eine alte Frau und nahm ihnen die Gewehre weg. Als einer der Minister es wiederhaben wollte, gab sie ihm eine Ohrfeige.°

Es war eine Mutter.

Es waren mal zwei Menschen. Als sie zwei Jahre alt waren, da schlugen
10 sie sich mit den Händen.

Als sie zwölf waren, schlugen sie sich mit Stöcken und warfen mit Steinen.°

Als sie zweiundzwanzig waren, schossen sie mit Gewehren nach einander.

15 Als sie zweiundvierzig waren, warfen sie mit Bomben.

Als sie zweiundsechzig waren, nahmen sie Bakterien.

Als sie zweiundachtzig waren, da starben sie. Sie wurden nebeneinander begraben.°

Als sich nach hundert Jahren ein Regenwurm° durch ihre beiden
20 Gräber° fraß, merkte er gar nicht, daß hier zwei verschiedene Menschen begraben waren. Es war dieselbe Erde.° Alles dieselbe Erde.

Als im Jahre 5000 ein Maulwurf° aus der Erde rauskuckte,° da stellte° er beruhigt fest:

Die Bäume sind immer noch Bäume.

25 Die Krähen° krächzen° noch.

Und die Hunde heben immer noch ihr Bein.

Die Stinte° und die Sterne,°

das Moos° und das Meer°

und die Mücken:°

30 Sie sind alle dieselben geblieben.

Und manchmal —

manchmal trifft° man einen Menschen.

Fragen

1 Was ist vor dem Krieg in den Fabriken hergestellt worden?
2 Was wurde während des Krieges in den Fabriken hergestellt?
3 Der Mann mit dem weißen Kittel erfindet ein neues Giftgas. Warum betont der Autor, daß der Mann Blumen liebt?
4 Wie kritisiert der Autor den Fabrikbesitzer, der den neuen Duschraum baut?
5 Wofür ist die Kegelbahn ein Symbol?

6 Warum hatte der Soldat nach dem Krieg kein Brot?

7 Warum gab die alte Frau dem Minister eine Ohrfeige?

8 Erzählen Sie die Anekdote der beiden Männer, die sich im Alter von zwei Jahren schlugen.

9 Wie zeigt der Autor in dieser Anekdote, daß der Krieg sinnlos ist?

10 Wie wird die Welt im Jahre 5000 aussehen?

11 Was will der Autor mit dem letzten Satz der *Lesebuchgeschichten* sagen?

Satzbildung

Bilden Sie Sätze im Imperfekt!

1 er / pflegen / ein- Stunde lang / d- Blumen / auf d- Fensterbank

2 d- Fabrikbesitzer / bauen / ein- Duschraum / mit grün- Kacheln

3 während / d- Studienrat / halten / ein- klein- Rede // er / malen / klein- Kreuze / auf d- Papier

4 nach d- Krieg / ein- Soldat / totschlagen / ein- Mensch- // weil / er / wollen / haben / Brot

5 zwei Minister / schießen / mit ein- Gewehr / auf klein- Männer / Pappe

ERICH KÄSTNER: aus Das Märchen von der Vernunft° _Verstand_

Das Märchen von der Vernunft ist kein richtiges Kindermärchen, das
von wunderbaren Erlebnissen° erzählt und die Grenze° zwischen   _Geschehnisse/Linie_
Wirklichkeit und Phantasie kaum noch erkennen läßt. Es besitzt
vielmehr eine Charakteristik, die es der Fabel oder auch einer Parabel
5 ähnlich macht. Dieses Märchen ist nämlich ein Versuch, die Wahrheit
auf eine Weise auszusprechen, daß sie von jedem Menschen erkannt
und verstanden werden kann.

     Der Welt wird hier eine Lösung für das Problem geboten, wie man
den Frieden erhalten könnte. Ein Mann hält es für möglich, genausoviel
10 Geld für den Frieden wie für den Krieg auszugeben. Jedoch die
Menschen lachen über ihn. Wer hat recht?

Verstehen Sie diese Wörter und Ausdrücke?

die Vernunft (–, kein Plural): der Verstand; das Verständnis / *Beruhige dich nur, er wird ihn schon wieder zur Vernunft bringen!* / *Es ist alles gut. Er ist wieder zur Vernunft gekommen.*

die Erde (–, n): der Boden; unsere Welt / *Die Erde dreht sich um die Sonne.* / *In dieser guten Erde wächst alles.*

vorhaben: planen; etwas im Sinne haben / *Es tut mir leid, ich kann nicht mit Ihnen ins Theater gehen. Ich habe heute abend bereits etwas vor.* / *Wenn du morgen nichts Besseres vorhast, könnten wir zu deiner Großmutter fahren.*

(sich) vornehmen (nimmt; nahm, genommen): etwas tun wollen; etwas vorhaben / *Ich kann leider nicht alles erledigen. Ich habe mir wohl zuviel vorgenommen.* / *Ich habe mir für heute abend nichts vorgenommen. Ich will endlich mal früh schlafen gehen.*

beneiden: etwas haben wollen, was jemand anders gehört; so sein wollen, wie jemand anders / *Ich beneide ihn um seine Fähigkeit, überall Freunde zu gewinnen.* / *Um seine Arbeit beneide ich ihn gar nicht.*

abhängen: darauf ankommen; durch etwas bestimmt sein / *Der Frieden zwischen den Völkern hängt zuerst von der Zufriedenheit der Menschen ab.* / *Ich weiß noch nicht genau, was ich ihm antworten werde. Es hängt ganz davon ab, was er in seiner Rede sagt.*

der Anwesende (n, n): jemand, der an Ort und Stelle ist; jemand, der dabei ist / *Ulrich, Gerda und Liese waren die einzigen Anwesenden.* / *Weil er krank war, war er nicht unter den Anwesenden.*

der Zweck (es, e): der Sinn der Sache; das, was man erreichen möchte / *Was ist der Zweck seines Besuches?* / *Wenn ich erkältet bin und nicht schwimmen kann, hat es keinen Zweck, an den See zu fahren!*

ratlos: hilflos; nicht wissen, was man tun soll / *Der nette Herr schaute ratlos von einem zum anderen.* / *Jetzt weiß ich nicht mehr weiter. Ich bin ganz ratlos.*

die Heiterkeit: die Fröhlichkeit; die Zufriedenheit; das Lachen / *Ich begreife Ihre Heiterkeit nicht ganz.* / *Als er das sagte, brach allgemeine Heiterkeit aus.*

Das Märchen von der Vernunft

... Eines Tages wurde der nette alte Herr während einer Sitzung° gemeldet, an der die wichtigsten Staatsmänner der Erde teilnahmen, um die
irdischen° Zwiste° und Nöte aus der Welt zu schaffen. „Allmäch-
tiger!",° dachten sie. „Wer weiß, was er heute mit uns und seiner
5 dummen Vernunft wieder vorhat!" Und dann ließen sie ihn hereinbit-
ten. Er kam, verbeugte° sich ein wenig altmodisch,° und nahm Platz. Sie
lächelten. Schließlich ergriff er das Wort.

„Meine Herren Staatsoberhäupter",° sagte er, „Sie haben sich
vorgenommen, Ihren Völkern Ruhe und Frieden zu sichern. Bewilligen°
10 Sie aus den Finanzen Ihrer Staaten miteinander einen Betrag,° den ich
genauestens habe errechnen° lassen und zum Schluß nennen werde.
Mit dieser Summe wird folgendes geschehen: Jede Familie in jedem
Ihrer Länder erhält eine kleine, hübsche Villa mit sechs Zimmern,
einem Garten und einer Garage, sowie ein Auto, zum Geschenk. Und
15 da dann der gedachte Betrag noch immer nicht aufgebraucht° sein
wird, können Sie in jedem Ort der Erde, der mehr als fünftausend
Einwohner° zählt, eine neue Schule und ein neues Krankenhaus bauen
lassen. Ich beneide Sie! Denn obwohl ich nicht glaube, daß die ma-
teriellen Dinge die höchsten irdischen Güter° verkörpern,° bin ich
20 vernünftig genug, um einzusehen, daß der Friede zwischen den
Völkern zuerst von der Zufriedenheit der Menschen abhängt. — Wenn
ich eben sagte, daß ich Sie beneide, habe ich gelogen.° Ich bin glücklich!" — Der alte Herr griff in seine Brusttasche und zündete sich eine
kleine Zigarre an.

25 Die übrigen Anwesenden lächelten verzerrt.° Endlich gab sich das
oberste° der Staatsoberhäupter einen Ruck° und fragte: „Wie hoch ist
der für Ihre Zwecke vorgesehene° Betrag?" — „Für *meine* Zwecke?"
fragte der nette alte Herr zurück, und man konnte aus seinem Ton ein
leichtes Befremden° heraushören. „Eine Billion Dollar. Eine Milliarde
30 hat tausend Millionen, und eine Billion hat tausend Milliarden. Es

Konferenz

weltlich/Streite

Gott

verbeugte sich: **bowed/**
unmodern

heads of state

grant

Summe

figured

used up

Menschen, die in einem
Ort wohnen

Werte/repräsentieren

nicht die Wahrheit gesagt

crookedly

höchste/plötzliche
Bewegung
geplant

unwilliges Erstaunen

handelt° sich um eine Eins mit zwölf Nullen." Dann rauchte er wieder
an seiner kleinen Zigarre herum.

    „Sie sind wohl vollkommen° blödsinnig!"° schrie jemand. Auch
ein Staatsoberhaupt. Der nette alte Herr setzte sich gerade und blickte
5 den Schreier verwundert an. „Wie kommen Sie denn darauf?" fragte
er. „Es handelt sich natürlich um viel Geld. Aber der letzte Krieg hat
ganz genau so viel gekostet!"

    Da brachen die Staatsoberhäupter in tobendes° Gelächter aus.
Der nette alte Herr schaute ratlos von einem zum andern. „Ich begreife
10 Ihre Heiterkeit nicht ganz", sagte er. „Wenn ein langer Krieg eine
Billion Dollar gekostet hat, warum sollte dann ein langer Frieden nicht
dasselbe wert sein? Was, um alles in der Welt, ist denn daran komisch?"

    Nun lachten sie alle noch lauter. Es war ein Höllengelächter.°
Einer rief mit der letzten ihm zu Gebot stehenden Kraft:° „Sie alter
15 Schafskopf!° Ein Krieg — ein Krieg ist doch etwas ganz anderes!"

es . . . sich: **es ist eine Frage von**

vollständig/verrückt

toll

schreckliches Gelächter
mit . . . Kraft: **mit letzter Kraft**
Dummkopf

1 Wem machte der alte Herr seinen Vorschlag?
2 Was hatten die Staatsoberhäupter als das Ziel ihrer Politik angegeben?
3 Was sollte der Staat für jede Familie bewilligen?
4 Welchen Plan hatte der Mann?
5 Wieviel Geld brauchte der Herr, um sein Vorhaben auszuführen?
6 Wie unterscheidet sich der Krieg vom Frieden?

Verwandte Wörter

Ergänzen Sie:

beneiden *der Neid (es, kein Plural)* *der Wunsch, etwas zu haben, was*
der andere hat
neidisch *von Neid erfüllt*

Er wurde grün vor . . . .
Um dieses große Haus könnte ich ihn . . . .
Du hast auch schöne Kleider. Sei nicht so . . . . . . !

abhängen *abhängig* *nicht frei sein; nichts allein tun können*
die Abhängigkeit *von abhängiger Natur sein*

Das . . . . . . ganz davon . . . . . . , ob wir genug Zeit haben.
Bis zu seinem 18. Lebensjahr ist er immer noch von seinem Vater . . . .
Ob wir die große Reise machen, ist ganz von deinen Noten . . . .
Bis heute hat das Land noch nicht seine Un- . . . . . . erklärt.

die Vernunft *vernünftig* *voller Vernunft; klar und richtig*

Rainer ist mit seinen 12 Jahren schon recht . . . .
Das ist doch gegen alle . . . .
Nun sei doch . . . . . . ! Bei 10 Grad Kälte trägt man einen Mantel.

die Erde *irdisch* *auf der Erde lebend; zeitlich; weltlich*
der Erdteil (s, e) *der Kontinent*

Von nun an will er alle . . . . . . Freuden genießen.
Die . . . . . . ist ein kleiner Planet.
Kennen Sie die deutschen Namen der . . . . . . ?

der Anwesende *anwesend* *da sein*

Sagen Sie bitte den heute nicht . . . . . . Studenten, daß wir am Montag einen Film
sehen.

Die meisten . . . . . . waren todmüde und paßten nicht auf.

Alle Schüler, die gestern nicht . . . . . . waren, müssen das Diktat nachschreiben.

> der Zweck   zwecklos   *ohne Sinn*
> zweckmäßig   *passend; gerade richtig*

So wird das nichts. Es ist einfach nicht . . . . . . , das so zu machen!

Das bißchen Wasser ist doch . . . . Da müssen wenigstens drei Eimer voll gebracht werden.

Er verfolgt damit einen guten . . . .

> ratlos   *der Rat (es, —)*   *der Tip; ein überlegter Vorschlag*
> *raten (ä; ie, a)*   *etwas herausfinden; etwas lösen; vorschlagen*
> *das Rätsel (s, —)*   *eine Aufgabe, die gelöst werden soll*

Ich habe es auf seinen . . . . . . hin getan.

Da steht er nun . . . . . . da und weiß nicht weiter.

Gib mir bitte noch fünf Minuten Zeit. Ich will nur schnell das Kreuzwort . . . . . . lösen.

Beide Bücher sollen sehr interessant sein. Zu welchem würdest du mir . . . . . . ?

Wenn ich nicht weiter weiß, hole ich mir bei meinem Vater . . . .

> die Heiterkeit   *heiter   fröhlich; sonnig; gut gelaunt*

Du lachst doch gern, nicht wahr? Dann rate ich dir, diesen . . . . . . Roman zu lesen.

Ich begreife eure . . . . . . nicht. Warum lacht ihr?

Mach doch endlich mal ein . . . . . . Gesicht!

Wortschatzübung I

Ergänzen Sie:

> abhängen, abhängig, Abhängigkeit, anwesend, der Anwesende, beneiden, Erde, Erdteil, heiter, Heiterkeit, Neid, Rat, raten, ratlos, Vernunft, vernünftig, vorhaben, vornehmen, Zweck, zwecklos, zweckmäßig

1   Wir leben auf dem Planeten . . . .

2   Der Titel heißt: *Das Märchen von der* . . . .

3   Ich weiß mir nicht mehr zu helfen. Bitte, gib mir einen . . . . . . !

4   Er ist viel zu langsam. Für ihn ist das Rennen so gut wie . . . .

5   Ich sehe Olga, Veronika und Klara. Wer ist sonst noch . . . . . . ?

6   Sie sieht sein Glück nicht gern. Sie könnte vor . . . . . . weinen.

7   Das ist ein . . . . . . Kind. Wir sehen es gern bei uns.

8   Das Auto ist wirklich prima. Darum könnte ich ihn . . . .

9 Es ...... ganz davon ......, wie das Wetter morgen ist.

10 Als sie ihn nach langem Suchen nicht fand, war sie ganz ......

11 Der einzige ...... war mein Vater. Sonst war niemand gekommen.

12 Ich gehe jetzt nach Hause. Was ...... du denn ......?

13 Weißt du schon, was du heute abend tun willst? Ich meine, hast du dir schon etwas ......?

14 Das Stoppschild ist hier sehr ...... angebracht. Früher gab es an dieser Ecke viele Unfälle.

15 Also, nun benimm dich doch nicht wieder wie ein kleiner Junge. Sei doch endlich ......!

16 Diese Pflanze wird für medizinische ...... gebraucht.

17 Wem nicht zu ...... ist, dem ist auch nicht zu helfen.

18 Ich habe kein Geld; ich bin von meinem Vater ......

19 Waren alle Gäste ......?

20 Welcher ...... gefällt Ihnen am besten?

21 Die ...... der kleinen Staaten ist ein politisches Problem.

22 Warum lachst du? Ich begreife deine ...... nicht.

Wortschatzübung II

Ergänzen Sie:

> abhängt, Betrag, blödsinnig, brachen . . . aus, Erde, verbeugte sich, vernünftiger, Sitzung

Ein alter Herr wollte auf einer ...... sprechen. Er ...... ein wenig altmodisch und nahm Platz. Er nannte den Staatsmännern einen ...... von einer Billion, mit dem man den Frieden sichern könnte. Mit diesem Geld könnte man in jeder Stadt der ...... eine neue Schule und ein neues Krankenhaus bauen lassen. Ein ...... Mensch sieht ein, daß der Frieden von der Zufriedenheit der Menschen ...... Die Staatsoberhäupter ...... in tobendes Gelächter ...... Sie hielten den alten Herrn für ......

Diskussionsthemen

1 Überlegen Sie, welche Kosten eingespart werden könnten, wenn es keine Kriege mehr gäbe.

2 Sind Sie der Meinung, daß der Frieden erkauft werden kann?

3 Diskutieren Sie den Satz: Aber der Krieg gibt Tausenden von Menschen Arbeit und Brot!

4 Halten Sie es für richtig, daß jeder junge Mann für sein Heimatland Militärdienst leistet?

GRAMMATIK

Dependent Infinitives

Sie wollten das Lied singen.
Er hörte uns das Lied singen.

Like modals, certain other verbs take dependent infinitives.

Verbs of Perception like *fühlen, hören, sehen*

Ich fühle ein Gewitter kommen.
Er hört die Vögel singen.
Wir sehen die Vögel fliegen.

Verbs of Causation like *helfen, lassen, lehren, lernen, schicken*

Hilf mir diese Arbeit machen!
Laß das Buch liegen!
Er lehrte sie reiten.
Sie lernt jetzt fahren.
Sie schickte uns einkaufen.

Verbs like *bleiben, gehen, haben*

Bleib ruhig sitzen!
Gehen wir jetzt essen!
Ich habe ein Auto in der Garage stehen.

Double Infinitives

Hast du den Vogel fliegen sehen?
Ich habe mir die Haare schneiden lassen.
Er hat schon gestern kommen wollen.
Wir haben ihn nicht finden können.
Du wirst das nachher tun müssen.

In compound tenses and in the future, modals as well as *hören, lassen,* and *sehen* form double infinitives with their dependent infinitives. The double infinitive is always at the end of the sentence or clause, the modal being the last element.

Ich weiß, daß er hat kommen wollen.
Wissen Sie, ob sie das Haus schon hat bauen lassen?

In a dependent clause, the auxiliary immediately precedes the double infinitive.

lassen

Lassen can be used in a variety of meanings.

to leave

Ich ließ das Auto vor dem Haus stehen.
Ich habe mein Buch zu Hause liegenlassen.

to permit

Er läßt seine Frau allein fahren.
Er ließ mich in Ruhe arbeiten.

to cause something to be done

Er läßt den Brief morgen schreiben.
Ich ließ mir eine Tasse Kaffee bringen.

Omission of *wenn*

Wenn may be omitted in a *wenn*- clause. The clause then begins with the verb. The conclusion is usually introduced by a *so* or *dann*.

Indicative

War der Urlaub auch sehr anstrengend, so haben wir uns doch amüsiert.

Subjunctive

Hätte ich Geld, so ginge ich ins Kino.

sollen

Sollte ich morgen früh nicht zu Hause sein, so kannst du mich abends anrufen.

Sollen in the subjunctive may replace *wenn* to express a future possibility.

ÜBUNGEN

A   Ergänzen Sie!

Das Kind weint. Hörst du . . . . . . ?   *Hörst du das Kind weinen?*

1   Ich mache meine Schulaufgaben. Hilf mir . . . . . . !
2   Mit sechs Jahren schwimmen viele Kinder. Mit sechs Jahren lernen . . . .
3   Sie schlafen acht Stunden. Um 10 Uhr gehen sie immer . . . .

4 Er steht an der Ecke. Er bleibt plötzlich . . . .

5 Das Geld liegt auf der Bank. Hast du auch Geld . . . . . . ?

6 Der Mann schloß die Tür auf. Seine Frau hörte ihn . . . .

7 Das Kind liest nicht. Die Mutter lehrt es . . . .

8 Ein Kuchen steht im Backofen. Die Frau hat einen Kuchen . . . .

9 Der Nachbar kam nach Hause. Ich sah . . . .

10 Er kann den Korb nicht allein tragen. Wir helfen ihm . . . .

B Was hätten Sie gehört oder gesehen, wenn Sie während der Episode im *Vielen vielen Schnee* anwesend gewesen wären?

Der Schnee fiel langsam herunter. *Ich sah den Schnee langsam herunterfallen.*

1 Der Maschinengewehrschütze sang Weihnachtslieder.

2 Er ließ ein paar Schüsse los.

3 Er nahm den Kopfschützer von den Ohren.

4 Der Soldat stand allein auf Posten.

5 Der Schnee klebte an den Ästen und Zweigen.

6 Er riß den Mantelkragen auf.

7 Seine Finger zitterten.

8 Der Feldwebel kam.

9 Die beiden Soldaten lachten wie verrückt.

10 Der Schnee hing noch im Astwerk.

C Beginnen Sie den Satz mit dem eingeklammerten Subjekt, und gebrauchen Sie das Wort *lassen*! Achten Sie auf die Zeiten!

Sein Sohn darf studieren. (er) *Er läßt seinen Sohn studieren.*

1 Der Junge darf die Geschichte weitererzählen. (*wir*)

2 Sie darf allein sitzen. (*ich*)

3 Wir durften an dem Ausflug teilnehmen. (*unsere Freunde*)

4 Das Kind durfte nach Hause gehen. (*der Lehrer*)

5 Wir durften länger schlafen. (*die Eltern*)

6 Ich darf in Ruhe arbeiten. (*meine Mutter*)

7 Er darf mitkommen. (*wir*)

D   Sagen Sie, daß eine andere Person alles macht!

Sie backte den Kuchen nicht selbst.   *Sie ließ sich den Kuchen backen.*

1   Er brachte den Kaffee nicht selbst.
2   Der Vater fuhr nicht selbst; sein Sohn fuhr.
3   Er schneidet sich die Haare nicht selbst.
4   Wir bauen uns das Haus nicht selbst.
5   Sie schrieb den Brief nicht selbst.
6   Sie ruft den Arzt nicht selbst.
7   Wir holen den Arzt nicht selbst.

E   Bilden Sie das Perfekt!

Der Junge mußte sich anstrengen.   *Der Junge hat sich anstrengen müssen.*

1   Er durfte nicht mit der Arbeit aufhören.
2   Wir sollten sie in der Stadt treffen.
3   Konntest du das begreifen?
4   Ich wollte das ausführlicher beschreiben.
5   Sie konnte sich nur langsam erholen.
6   Ich mußte verschiedene Teile der Maschine ersetzen.
7   Durften Sie mit Ihrer Erzählung fortfahren?
8   Er hörte ihn singen.
9   Wir sahen sie kommen.

F   Bilden Sie das Futur!

Ich muß einmal den Brief schreiben.   *Ich werde einmal den Brief schreiben müssen.*

1   Der Patient muß eine Woche im Bett liegen.
2   Ich kann Ihnen eine Stunde helfen.
3   Der Junge will nichts gestehen.
4   Ich darf die Geschichte bestimmt hören.
5   Du mußt die Wahrheit herausfinden!
6   Du willst den Kuchen sicher selbst probieren.
7   Könnt ihr schweigen?
8   Er hilft mir hoffentlich den Koffer tragen.
9   Sehen wir das Flugzeug landen?
10   Ihr hört den Wagen schon kommen.

G   Bilden Sie das Perfekt!

Die Staatsmänner ließen den alten Mann hereinkommen.   *Die Staats-*
männer haben den alten Mann hereinkommen lassen.

1   Sie ließen ihn Platz nehmen.
2   Die Staatsoberhäupter ließen Ihre Völker in Frieden leben.
3   Der alte Mann ließ den Betrag errechnen.
4   Er wollte jeder Familie eine kleine Villa bauen lassen.
5   Sie ließen in jedem Ort eine neue Schule bauen.
6   Die Staatsmänner ließen den alten Herrn reden.

H   Bilden Sie das Perfekt!

Sie gingen essen.   *Sie sind essen gegangen.*

1   Wir gingen spazieren.
2   Er hatte einmal 3 Autos in der Garage stehen.
3   Der Wagen blieb auf einmal stehen.
4   Sie schickte das Kind einkaufen.
5   Letzten Sonntag fuhren wir zwei Stunden spazieren.
6   Ich ging schon um 8 schlafen.
7   Warum hattest du so viele alte Sachen herumliegen?

I   Die folgenden Sätze behandeln das *Tagebuch der Anne Frank*. Bilden Sie
Sätze ohne *wenn*!

Wenn du hier wärest, würdest du alles besser begreifen.   *Wärest du hier,*
so würdest du alles besser begreifen.

1   Wenn die Engländer in Holland landen sollten, würden die Deutschen das
Land verteidigen.
2   Wenn es sein müßte, würden sie das Land unter Wasser setzen.
3   Wenn das Wasser wirklich kommen sollte, würde das Haus zusammenfallen.
4   Wenn Amsterdam durch die Deutschen evakuiert werden sollte, würde man
mitgehen müssen.
5   Wenn wir hier blieben, hätten wir genug zu essen.
6   Wenn es auch noch nicht soweit ist, muß man sich doch darauf vorbereiten.

J   Bilden Sie Sätze mit *daß*!

Sie schrieb, sie hätten ihre Rucksäcke schon längst packen sollen. *Sie schrieb, daß sie ihre Rucksäcke schon längst hätten packen sollen.*

1   Sie schrieb, sie hätten auf dem Ofen kochen müssen.
2   Sie schrieb, die Deutschen hätten die ganze Bevölkerung mitnehmen wollen.
3   Sie schrieb, die Deutschen würden die Bevölkerung nicht mit der Bahn fahren lassen.
4   Sie schrieb, alle würden laufen müssen.
5   Sie schrieb, sie hätte nicht alles am Radio hören können.
6   Sie schrieb, niemand hätte die Gefahr kommen sehen.
7   Sie schrieb, man hätte es wissen müssen.

WORTBILDUNG

-haft

Some adjectives may be formed from nouns or other adjectives by adding *-haft*. An adjective ending in *-haft* denotes a quality of the word from which it is derived:

krank   *krankhaft (sickly)*

A   Ergänzen Sie mit einem Adjektiv mit der Endung *-haft*!

Ein Kind, das oft *krank* ist, ist ein krankhaftes Kind.

1   Eine Dame, die wie ein *Mädchen* ist, ist ....
2   Ein Junge, der seinem *Gewissen* folgt und in allem genau ist, ist ....
3   Eine Landschaft, die voller *Zauber* ist, ist ....
4   Ein Vergnügen, das *Zweifel* erregt, ist ....
5   Die Nachricht erweckte *Glauben*. Es war eine ...... Nachricht.
6   Seine Beschreibung war so deutlich wie ein *Bild*. Es war eine ...... Beschreibung.
7   Sie haben ein Haus, wie man es sich im *Traum* vorstellt. Es ist ....
8   Man könnte sein Leben als *Beispiel* des richtigen Lebens betrachten. Er führt ein ...... Leben.
9   Diese Maschine hatte viele *Fehler*. Es ist eine ...... Maschine.
10 Diese Arbeit zeigt die Hand eines *Meisters*. Es ist eine ...... Arbeit.
11 Das Bild ist bestimmt von einem *Schüler* gemalt worden. Es sieht wenigstens ...... aus.
12 Die Operation brachte viele *Schmerzen* mit sich. Es war eine ...... Operation.

-schaft

Some nouns may be formed by adding *-schaft* to adjectives, participles, or other nouns. They designate a group, territory, or condition.

B Ergänzen Sie mit einem Substantiv mit der Ending *-schaft*!

Das *Land* mit den vielen Seen und Wälder ist schön. Es ist eine schöne Landschaft.

1 Es sind elf *Mann* in einer Fußball . . . .

2 Alle *Lehrer* dieser Schule kommen morgen zusammen. Wir haben eine Konferenz der ganzen . . . .

3 Es sind natürlich einzelne *Arbeiter*, die sehr faul sind. Dabei möchte ich aber nicht die ganze . . . . . . kritisieren.

4 Sie sind schon seit Jahren *Freunde*. Die . . . . . . entstand, als sie noch zusammen in die Schule gingen.

5 Englisch und Deutsch sind *verwandt*. Eine ähnliche . . . . . . besteht zwischen Holländisch und Deutsch.

6 Ist der Herr dort nicht ein *Nachbar* von Ihnen? Ja, er wohnt in der . . . .

7 Die Leute haben den *Wirt* in diesem Lokal sehr gern. Sie besuchen seine . . . . . . regelmäßig.

8 Wie verhalten sich die *Studenten* auf dieser Universität? Im allgemeinen ist es eine ordentliche und fleißige . . . .

9 Auch wenn wir viel *wissen*, kann die . . . . . . nicht alle Probleme lösen.

10 Im Schlittschuhlaufen ist er ein *Meister*. Er hat die . . . . . . gewonnen.

---

sogar, eben, gerade

sogar

means *even* (*in addition to*)

Er hat mir nicht nur geholfen, er hat sogar meine Arbeit gemacht.

eben

means *even* in the sense of *smooth*

Der Wagen fuhr über eine ebene Straße.

means *just* (*a while ago*)

Er ist eben gekommen.

means *simply, exactly* (*I agree*)

Es ist eben nicht wahr.
Wir haben Ihnen gesagt, daß es falsch war. „Eben!"

in an unaccented position it is used with *mal*

> Sag doch bitte mal eben dem Jungen, daß er kommen soll.

gerade

means *straight*

> Er zeichnete eine gerade Linie.

means *even* (numbers)

> Zwei, vier und sechs sind gerade Zahlen.

means *just* (*just then, just now*)

> Er ist gerade gekommen.

C   Ergänzen Sie mit *eben, gerade* oder *sogar.*

1   Er hat mir vieles geschenkt. Er hat mir . . . . . . Geld gegeben.
2   Er schrieb mir . . . . . . , daß er uns nächste Woche nicht besuchen kann.
3   Wir haben viele Länder besucht. Wir waren . . . . . . in Grönland.
4   Es war . . . . . . 2 Uhr, als das Gewitter kam.
5   . . . . . . wollte er fortgehen, als das Telefon klingelte.
6   Auf dieser . . . . . . Straße läuft der Wagen ganz gleichmäßig.
7   Ich bin . . . . . . beim Lesen. Kann ich dir später helfen?
8   . . . . . . als ich schrieb, klopfte es an der Tür.
9   Kann ich . . . . . . mal das Buch haben?
10   Wenn du nicht mitkommen willst, dann bleibst du . . . . . . hier.
11   Er kam . . . . . . noch zur rechten Zeit. Wir wollten . . . . . . wegfahren.
12   Sie ist durchgefallen, weil sie zu wenig gearbeitet hat. „ . . . . . . !"
13   Ich kann keine . . . . . . Linie malen.
14   Dreizehn ist keine . . . . . . Zahl.

Anregung

Es gibt viele Gründe, warum man gegen den Krieg ist. Welche Gründe finden Sie in den Lesestücken dieses Kapitels?

Mündlicher oder schriftlicher Bericht

Erzählen Sie das *Märchen von der Vernunft* nach! Gebrauchen Sie dabei, wenn möglich, die indirekte Rede!

DIE DEUTSCHEN

Wie betrachten die Ausländer Deutschland und wie sehen die Deutschen sich selbst? Bei der Beantwortung dieser Frage lassen sich Verallgemeinerungen° kaum vermeiden.° Sie waren schon in dem Bericht enthalten, den Tacitus° über das Leben der Barbaren 5 Germaniens schrieb. Verallgemeinerungen gab es auch im 19. Jahrhundert, als man das deutsche Volk wegen seiner vielen Philosophen und Dichter, Komponisten und Wissenschaftler übermäßig° lobte.° Erst am Anfang des 20. Jahrhunderts, als die politische Einheit des deutschen Reiches° wiederhergestellt war, fing man an, 10 die Deutschen zu fürchten. Man sah nur noch Militaristen und den blinden Gehorsam° des Volkes. Zwei Weltkriege und Hitlers Zwischenspiel wurden als Beweise für Gewalttätigkeit° und Machtstreben° der Deutschen angesehen. Erst der schnelle Wiederaufbau nach 1945, dem Ende des Zweiten Weltkrieges, hat die absolute Ableh-15 nung° im Ausland zu staunender Bewunderung verwandelt. Niemand hatte erwartet, daß ein zerstörtes, geteiltes Deutschland so schnell wieder zu wirtschaftlicher° Blüte° kommen könnte. Die Tüchtigkeit,° Gemütlichkeit und das rauhe° aber dennoch gutmütige Wesen der Deutschen wurde wieder betont.

20   Sind nun die Deutschen selbst weniger kritisch bei der Beurteilung° des eigenen Volkes? Das könnte man kaum behaupten.° Die Deutschen kennen ihre schlechten Eigenschaften genauso wie ihre guten. Allerdings neigen° sie dazu, die eigenen Fehler zu übersehen und lieber andere zu kritisieren. Dabei machen° sie vor ihren Lands-25 leuten nicht halt. So bezeichnet° der Norddeutsche die Süddeutschen als eigensinnig,° die Süddeutschen ihn als stur° und arrogant. Der Rheinländer gilt° als lebenslustig, der Sachse als humorvoll, die Bayern sind als große Biertrinker bekannt und die Preußen als große Bürokraten. Nach der Vermischung° der Bevölke-30 rung von Ost und West, Nord und Süd, die nach 1945 durch den Flüchtlingszustrom° herbeigeführt wurde, kann man solche Verallgemeinerungen kaum noch anwenden.° Dennoch scheint man weder im Ausland noch in Deutschland selbst die alten Klischeebilder vergessen zu können.

generalizations/avoid

römischer Geschichts-schreiber

zu viel/praised

empire

Befolgung von Befehlen

atrocities/*Bemühung um Stärke*

rejection

ökonomisch/Höhe/Fleiß

hart

judgment/*sagen*

neigen . . . dazu: **haben die Tendenz**
machen . . . halt: **hören . . . auf**
charakterisiert

obstinate/*eigensinnig*

wird betrachtet

mixture

stream of refugees

gebrauchen

Wie sehen Ausländer das Deutschland von heute?

Wer möchte nicht erfahren, was man heute im Ausland über die Deutschen denkt? Dabei sollte man erwarten, daß besonders die politischen Ereignisse° unseres Jahrhunderts dieses Bild beeinflußt haben, das man sich heute über den deutschen Menschen macht.
5 Allerdings muß man auch beachten,° aus welchen Gründen diese Punkte genannt wurden, die der folgende Bericht zusammenfaßt.° Es mag sich um Leute handeln,° die aus Sehnsucht° nach der fernen Heimat° alles idealisieren. Oder man greift vielleicht auf Erinnerungen zurück, die nur noch unklar im Gedächtnis weiterleben. In den meisten
10 Fällen sind es jedoch Klischeebilder, Darstellungen° bestimmter Eigenschaften,° die immer wieder als typische Kennzeichen° der deutschen Bevölkerung und des Landes genannt werden. Ist es wirklich möglich, zwischen übernommenen° Klischeebildern und eigenen Vorstellungen klar zu unterscheiden?

Geschehnisse

in Betracht ziehen
das Wichtigste kurz sagt
sich . . . handelt: handeln von/
Wunsch
das eigene Land

Beschreibungen
Besonderheiten/Eigen-
schaften

akzeptierten

Verstehen Sie diese Wörter und Ausdrücke?

die Ansicht (–, en): die Meinung, die Vorstellung; der Blick, der Anblick | *Seiner Ansicht nach sind die Deutschen humorlos.* | *Diese Ansicht von Berlin gefällt mir am besten.*

loben: gutheißen, empfehlen | *Deine gute Arbeit muß ich loben.* | *Der Schüler wurde wegen seiner guten Noten gelobt.*

übereinstimmen: die gleiche Ansicht haben; identisch sein, gleich sein | *In den wichtigen Punkten werden die Partner übereinstimmen.* | *Die beiden Aufsätze stimmten Wort für Wort überein.*

bezeichnen: durch Zeichen kenntlich machen; nennen; beschreiben | *Die Wanderwege sind wirklich gut bezeichnet.* | *Man bezeichnete ihn als den besten Schüler der Klasse.*

ehrlich: ohne Falsch; die Wahrheit sagend | *Ein ehrlicher Mann hält sein Wort.* | *Das ist nicht fair. Du solltest ehrlich spielen.*

höflich: wohlerzogen; taktvoll | *Das höfliche Kind sagt immer „Bitte" und „Danke".* | *Unsere neuen Nachbarn sind sehr höfliche Leute.*

beurteilen: denken; kritisch betrachten; die Meinung über etwas sagen | *Der Junge wurde von seinem Vater zu streng beurteilt.* | *Möchten Sie morgen das neue Buch beurteilen?*

entsprechen (i; a, o): zu einer Sache passen; Wünsche erfüllen | *Das entspricht nicht meinen Erwartungen.* | *Man muß eine Kleidung tragen, die dem Klima entspricht.*

Wie sehen Ausländer das Deutschland von heute?

Eine Umfrage° unter Ausländern zu dem Thema, wie sie heute Deutschland und die Deutschen sehen, hat zu den folgenden Ergebnissen° geführt:

Über 60% der Befragten dachten zuerst an Hitler und das
5 geteilte° Deutschland. Die Schrecken des Hitlerregimes und des Zweiten Weltkrieges sind also noch nicht vergessen. Auch der Bau der Berliner Mauer im Jahre 1961 und die Errichtung° des Eisernen Vorhangs,° mit dem man nach 1945 Ostdeutschland von Westdeutschland trennte, haben im Ausland einen nachhaltigen° Eindruck hinter-
10 lassen.° Als nächster Punkt wurde der schnelle Wiederaufbau nach Beendigung des Zweiten Weltkrieges genannt. Nach Ansicht der Befragten scheint das die Tüchtigkeit des deutschen Volkes zu beweisen. Ebenso oft lobt man die deutsche Wertarbeit an importierten Waren, besonders an Volkswagen und Mercedes-Benz Autos.

15 Welche Vorstellung hat man nun vom heutigen Deutschland? Die gewaltige° Modernisierung des neu aufgebauten Industriestaates wird allgemein betont. Dennoch ist das Bild der typisch deutschen Märchenlandschaft erhalten geblieben. Der ausländische Tourist denkt immer noch an romantische Burgen an den Ufern° des Rheins, oder er spricht
20 von prachtvollen° Schlössern in der bayrischen Alpenlandschaft. Alle Deutschlandbesucher stimmen darin überein, daß sich das Aussehen der deutschen Großstadt besonders durch die modernen Hochhäuser verändert hat. Als typisch deutsch wird dagegen immer noch die Kleinstadt bezeichnet, deren mittelalterliche° Fachwerkbauten° stets°
25 große Bewunderung hervorrufen. In diesen kleinen Orten findet der Tourist auch heute noch die typischen Deutschen, wie sie seinen Vorstellungen entsprechen: rundliche Figuren in Trachtenkleid° oder Lederhose,° mit riesigen Bierkrügen° in den Händen. Wo sie auftauchen,° strahlt° alles vor Sauberkeit. Wo sie haushalten,° da gibt es
30 deutsche Gemütlichkeit mit Sauerkraut, Wurst und Blasmusik.° Man bezeichnet sie als ehrliche und höfliche Menschen, jedoch ohne Phan-

poll

Resultate

getrennt

establishment
Iron Curtain
dauernd
zurückgelassen

groß

banks
herrlich

Zeitraum zwischen 5. bis 15. Jahrhundert/half-timbered buildings/immer

Kleidung einer bestimmten Gegend
short pants made of leather/beer mugs
erscheinen/scheint/keep house
brass band music

tasie und Humor. Ehemalige° Soldaten der Besatzungsarmee° erinnerten   *früher*/occupation army
sich besonders an die hübschen deutschen Mädchen.

Wie ist das Ergebnis dieser Umfrage zu beurteilen? Es wird
allgemein anerkannt, daß die Befragten viel über Deutschland und die
5 Deutschen wissen. Man nennt große Namen: Bach, Beethoven, Wagner,
Goethe, Schiller, Nietzsche und Bismarck. Ein Teil der Befragten konnte
auf Grund persönlicher Erfahrungen Auskunft° geben. Die Mehrzahl°   *Antwort*/*die meisten*
jedoch greift auch heute noch auf altbekannte Klischeebilder zurück.

Fragen

1 Wie hieß das Thema der Umfrage?
2 Woran dachten die meisten Leute zuerst, als sie das Wort *Deutschland* hörten?
3 Warum denken noch viele Leute an den Zweiten Weltkrieg? Spielt das Fernsehen dabei eine Rolle?
4 In welchem Jahr wurde die Berliner Mauer gebaut?
5 Was ist der Eiserne Vorhang?
6 Warum konnten die Deutschen das Land so schnell wieder aufbauen?
7 Was hielten viele der Befragten von den aus Deutschland importierten Waren?
8 Welches Produkt ist in Amerika besonders bekannt?
9 Ist Deutschland heute modern oder altmodisch?
10 Wo findet man viele Burgen?
11 Wo gibt es viele Schlösser?
12 Welcher Bau ist für die deutsche Kleinstadt typisch?
13 Welches Klischeebild hat man von dem „typischen" Deutschen?
14 Woran denken ehemalige Soldaten?
15 Liegt eine gewisse Wahrheit in einem Klischeebild?

Verwandte Wörter

Ergänzen Sie:

loben   *das Lob (es, e)*   *das Gutheißen; das Loben*
         lobenswert   *wert, gelobt zu werden*

Für diese Tat wurde ihm ein öffentliches . . . . . . ausgesprochen.
Er hat sich wirklich . . . . . . verhalten.
Man . . . . . . seinen Artikel in der Schülerzeitung.

übereinstimmen   *die Übereinstimmung (–, en)   Gleichheit, gleiche Meinung*

Die Aussagen der beiden Männer . . . .
Wann wird es endlich zu einer . . . . . . kommen?

bezeichnen   *die Bezeichnung (–, en)   Ausdruck, Benennung*
              bezeichnend   charakteristisch

So eine Antwort ist . . . . . . für ihn.
Welche . . . . . . hat man für den Platz vorgesehen?
Können Sie uns das richtige Haus . . . . . . ?

ehrlich   *die Ehrlichkeit   ein richtiges Verhalten; die Wahrheit; ohne Falsch*

  die Ehre   die Achtung, das Ansehen

Man kann ihm nicht glauben. . . . . . ist nicht seine starke Seite.

Ich kann . . . . . . sagen, daß ich ihn nicht gesehen habe.

Du sollst ihm die Wahrheit sagen. . . . . . lohnt sich.

Diese Sache bringt ihm keine . . . . . . ein.

höflich   *die Höflichkeit (–, en)   höfliches oder korrektes Benehmen*

Er stimmt nur aus . . . . . . mit uns überein.

Sie hat uns . . . . . . gebeten, Platz zu nehmen.

(etwas) beurteilen   *urteilen   die Meinung über etwas sagen*

  das Urteil (s, e)   die feste Meinung

  verurteilen   Recht oder Unrecht sprechen; jemand eine Strafe geben

Diese Sache wurde noch nicht besprochen; wie kommen Sie zu diesem . . . . . . ?

Vergessen Sie jetzt einmal, daß der junge Mann Ihr Bruder ist. Sie müssen jetzt ganz unparteiisch . . . .

Ich verstehe nichts von Mechanik. Ehe ich diesen Artikel kaufe, möchte ich das . . . . . . von Experten hören.

Vielleicht haben Sie recht; das kann ich nicht . . . .

Der Mann wurde zu zwei Jahren Gefängnis . . . .

Wortschatzübung

Ergänzen Sie:

Ansicht, beurteilen, bezeichnend, Bezeichnung, Ehre, ehrlich, Ehrlichkeit, entsprechen, höflich, Höflichkeit, Lob, loben, lobenswert, übereinstimmen, Übereinstimmung, Urteil, urteilen, verurteilen

1   Der Lehrer . . . . . . den Aufsatz, den der Schüler geschrieben hat.

2   Seine Erzählung . . . . . . nicht den Tatsachen. Es ist alles ganz anders gewesen.

3   Der Soldat hat keinen Fleck auf seiner . . . .

4   Es wird . . . . . . gebeten, den Rasen (das Gras) nicht zu betreten.

5   Kannst du . . . . . . sagen, daß du es nicht gewußt hast?

6   Die . . . . . . seiner Aussage hat uns beeindruckt.

7   Sieben Jahre Gefängnis hat er bekommen. Das war ein unerwartet hartes . . . .

8   Die Touristen loben die Ehrlichkeit und . . . . . . der Deutschen.

9 Dieser Name sagt gar nichts. Gibt es dafür keine bessere ...... ?

10 Ich möchte nicht über ihn ...... Ich kenne ihn ja kaum.

11 Gewöhnlich haben wir dieselben Ansichten. Laßt uns in diesem Punkt auch

....

12 Es kam bald zu einer ...... zwischen den streitenden Kollegen.

13 Er wurde zu einer Geldstrafe ....

14 Wie ...... Sie die politische Lage in Asien?

15 Für diese gute Arbeit sollte man ihm ein ...... aussprechen.

16 Ich glaube ihm nicht, ich habe meine eigene ...... darüber.

17 Eine solche Rede ist ...... für diesen Sprecher.

18 Was verschafft mir die ...... Ihres Besuches?

19 Die Rettung der Kinder ist eine ...... Tat.

Satzbildung

1 viel- Ausländer / denken / an d- Zweiten Weltkrieg / und / d- geteilt-
Deutschland (*Präsens*)

2 als nächst- Punkt / man / nennen / d- schnell- Wiederaufbau / nach d- Zweit-
Weltkrieg (*Präsens*)

3 man / loben / auch / d- deutsch- Wertarbeit (*Präsens*)

4 als typisch deutsch / bezeichnen / d- deutsch- Kleinstadt (*Präsens Passiv*)

5 d- Deutsch- / bezeichnen / als ehrlich- und höflich- Menschen (*Präsens
Passiv*)

6 d- meist- Leute / zurückgreifen / auf altbekannt- Klischeebilder (*Präsens*)

Anregung

1 Berichten Sie über eine Umfrage zum Thema Deutschland, die Sie bei Ihren
Bekannten gemacht haben!

2 Geben Sie einen kurzen Bericht über einen der folgenden großen Deutschen:
Bach, Beethoven, Wagner, Goethe, Schiller, Nietzsche oder Bismarck!

3 Welches Klischeebild könnte ein Europäer von einem Amerikaner haben?

WERNER LORD: Das Pech,° aus Bayern zu kommen

misfortune

Als eine typische Eigenschaft der Deutschen gilt ihre Freude am Wandern. Schon im Mittelalter zogen die Handwerksburschen° auf Wanderschaft. Sie wollten nicht nur bei einem neuen Meister arbeiten, um sich in ihrem Gewerbe° zu verbessern. Sie hatten auch den Wunsch,
5 Land und Leute kennenzulernen. Diese Freude an der Natur und die Sehnsucht° nach der Ferne findet man auch heute noch bei vielen Deutschen. Fast jeden Sonntag macht die deutsche Familie einen Spaziergang. Herrliche Wanderwege durch Feld° und Wald, über Berg und Tal, laden überall zu längeren oder auch kürzeren Touren ein. Auf
10 jedem Schulplan° stehen Wandertage, an denen alle Schüler mit ihren Lehrern hinausfahren, um vielleicht geologische oder botanische Studien zu treiben. Man besucht auch historische Stätten° oder erfreut sich nur an einer besonders schönen Landschaft.

     Das typische Reisegepäck für solche Fahrten ist der Rucksack.
15 Übernachtet wird in Jugendherbergen,° die überall für wenig Geld zur Verfügung stehen.° Dort bietet man den jungen Leuten neben dem Bett für die Nacht auch ein kräftiges Essen. Abends hat man dann Gelegenheit, sich mit Jugendlichen aus aller Welt zu unterhalten und Freundschaften zu schließen. Am nächsten Morgen geht die Reise weiter —
20 mit dem Fahrrad, Zug oder Omnibus, *per Anhalter*° oder zu Fuß.

     Natürlich kommt es hin und wieder vor, daß man in einer Jugendherberge auf jene überklugen° Leute trifft,° die sich über alle und alles lustig machen. So geht es wenigstens in dem folgenden Bericht den beiden Jungen aus Bayern, die plötzlich erfahren, daß es manchmal
25 ein Pech sein kann, aus Bayern zu kommen.

journeymen

Beruf, Arbeit

Wunsch

Wiese

schedule

Orte

youth hostels
zur . . . stehen: **zu haben sind**

hitch hiking

alles besser wissen wollen/ findet

Verstehen Sie diese Wörter und Ausdrücke?

(sich) entfernen: weggehen; nicht nahe sein; wegmachen / *Nach dem Unfall hat er sich schnell entfernt. / Diese Flecken lassen sich nicht entfernen.*

niedrig: nicht hoch; flach; klein / *In diesem Jahr hatte dieser Fluß den niedrigsten Wasserstand. / Ich würde das Bild etwas niedriger hängen. Es wirkt dann viel besser.*

merken: entdecken; sehen; verstehen; **sich merken:** nicht vergessen / *Ich werde mir das merken. / Er merkt aber auch alles. / So können Sie nicht mit mir reden. Merken Sie sich das!*

bestätigen: sich als wahr herausstellen; für gut erklären; bejahen / *Meine Befürchtungen haben sich bestätigt. / Ich habe also doch recht gehabt. Dieser Brief bestätigt meine Ansichten.*

sich erkundigen: nach etwas fragen; etwas herausfinden / *Erkundige dich bitte, wann der Zug abfährt! / Wo kann man sich erkundigen, wieviel diese Theaterkarten kosten?*

erkennen (a, a): sehen; unterscheiden können; merken / *Nanu, erkennst du mich nicht mehr? / Kannst du erkennen, ob er einen Mantel trägt?*

der Wortwechsel (s, –): die Plauderei; ein Streit mit Worten / *Schließlich ist es zwischen ihnen zu einem richtigen Wortwechsel gekommen. / Aus der Diskussion wurde plötzlich ein Wortwechsel.*

spotten: sich über etwas oder über jemand lustig machen; böse über jemand reden / *Das finde ich nicht nett von dir. Darüber solltest du nicht spotten! / Über solche ernsten Dinge spottet man nicht!*

anerkennen (a, a): für gut halten; bestätigen; bejahen; loben / *Du mußt auch einmal die Meinung eines anderen anerkennen! / Man hat endlich seine Verdienste anerkannt.*

quer: von einer Ecke zur anderen führend; diagonal / *Es ist verboten, quer über die Straße zu gehen. / Um Benzin zu holen, muß ich quer über den See rudern. Hier ist keine Tankstelle.*

Das Pech, aus Bayern zu kommen

Alfriston war ein kleiner Ort in den Southdowns, zehn Meilen von Eastbourne und sieben vom Kanal° entfernt, mit einer uralten° Kirche, niedrigen Fachwerkhäuschen und engen Gassen.° Eine Viertelstunde davon lag die Jugendherberge, ein Gebäude von ähnlichem Aussehen
5 wie all die modrigen° Miniburgen der Gegend.

Um 17 Uhr sollte das große Holztor° geöffnet werden. Schon sammelten sich Leute davor, denn die Betten waren knapp, und jeder Neuankömmling° wird deshalb mit Mißbehagen° registriert. Wir stellten° uns dazu, plauderten und merkten gar nicht, wie sehr die
10 Umstehenden° unseren bayerischen Akzent bemerkten. Ein jeder fast entpuppte° sich als ein biederer° Deutscher, aus Köln, aus Wuppertal, Bochum oder Kappeln, und ein jeder schien mißmutig° über so viel Sprach- und Herbergsgenossen,° die sich alle vor dem Youth-Hostel-Schild versammelten.
15 Schließlich öffnete dann die Rezeption, und wir buchten° unsere Betten, stiegen die knarrende° Holztreppe hoch und verstauten° unsere Rucksäcke. Uns gegenüber stand einer, der sagte, er käme aus Recklinghausen, und fragte, ob wir wohl aus Bayern seien. Wir bestätigten. Er grinste: „Aha, separatistische Freistaatler, Monarchisten und
20 so...“° Wir meinten, in Bayern gebe es sehr viel anderes als Monarchisten. Das wußte er auch: Lederhosen, Schuhplatteln° und Jodeln, er kannte die Bierpreissorgen Bayerns und erkundigte sich, ob das Aufrechtgehen° immer noch solche Schwierigkeiten mache. Wir fragten ihn, ob er schon einmal in München gewesen sei. Er war es
25 nicht, aber am Schliersee. Dazu erinnerte er sich an Alm,° Buttermilch und doof° glotzende° Kühe. Aus dem Gelächter erkannten wir, daß inzwischen noch mehr Deutsche anwesend waren. Wir fanden, daß es keinen Sinn mehr habe, und stellten fest, daß es Kühe ja nicht nur in Bayern gebe. „Aber anderswo ist der Unterschied zum Menschen
30 größer“, triumphierte er. Von Bett zu Bett wurde der Wortwechsel

---

Glossary (margin):

- Wasserweg zwischen England und Frankreich / sehr alt / schmale Straßen
- musty
- wooden gate
- jemand, der eben angekommen ist / unangenehmes Gefühl
- stellten... dazu: **joined**
- Leute, die herumstehen
- zeigte / treuherzig
- in schlechter Laune
- Genossen: **Kameraden**
- bestellten
- creaking / stowed away
- separatistische...so: **Bavaria has traditionally been the center of the monarchy and of separatist movements**
- ein Bauerntanz
- walking upright
- Alpenwiese
- dumm / erstaunt blickend

---

dann fortgesetzt,° und spät schliefen wir ein, als wir erkannten, daß es wirklich keinen Sinn hatte.

Der nächste Tag führte uns nach Arundel. Wieder war das Haus voll von Deutschen. Bloß wir wollten eine Ausnahme° machen. Wir
5 präsentierten uns als Linzer,° und unser Dialekt klang für deutsche Ohren meisterlich österreichisch. Bald sammelte sich ein großer Kreis um uns, und für unsere lieben Norddeutschen hatten wir etwas aufregend Exotisches an uns. Schon diese breitgezogenen Vokale. Es dauerte nicht lange, da fiel wieder ein Name. Und schuld an diesem
10 Phänomen sollten ohne Zweifel wir sein: Adolf Hitler.

Triumphierend spotteten wir, daß, was uns in Österreich zu blöd° gewesen, in Deutschland noch zum Reichskanzler° gut genug gewesen sei. Zuerst betretenes° Schweigen; dann legte° einer los, wir, die wir Autos bloß in italienischer Lizenz bauten und unser Steyr-Fiat 500
15 unser Mercedes sei, wir sollten doch besser still sein. Und überhaupt, was wären denn wir Österreicher ohne Deutschland? Linzer Torte,° das Kaffeehaus und ein Dialekt, der eine Zumutung° sei. Wir Heimatzeitungsleser, wir sollten doch den Deutschen (diese Aufforderung° hatte ich irgendwo schon vernommen!°) erst einmal das Aufrechtgehen
20 gescheit abschauen.°

Die Lage° war ernst. Wir reagierten ernst und meinten, daß man doch überall Leistungen° anerkennen könne, anstatt gegenseitig in Klischees zu verfallen. „Ach geh mir doch mit deinem Gerede",° tönte° es zurück.
25 Ich erinnere mich, daß mir an diesem Abend die Zahnpasta gar nicht schmeckte und daß mir vor der Rückfahrt quer durch Deutschland graute.°

Wie aufrecht° gehen doch in Wirklichkeit die Leute in Bayern, wieviel andere Typen als Monarchisten gibt es dort, und wie men-
30 schenwürdig° ist es, als Gleichberechtigter° akzeptiert und nicht als Exotenartikel oder inkarnierte Rückständigkeit° und Einfalt° behandelt zu werden!

Fragen

1 Wie stellen Sie sich eine Jugendherberge vor?
2 Warum mußte man schon um 17 Uhr im Heim sein?
3 Woran kann man erkennen, woher jeder kommt?
4 Woran denkt der Norddeutsche, wenn er das Wort *Bayern* hört?
5 Wie stellen Sie sich einen richtigen Bayern vor?
6 Woran erinnert sich ein Junge nach einem Besuch in Bayern?
7 Warum geben sich die beiden Jungen als Österreicher aus?
8 Warum sind die Norddeutschen mit Österreichern unzufrieden?
9 Wofür ist Österreich bekannt?
10 Warum ist es ein Pech, aus Bayern zu kommen?

Verwandte Wörter

Ergänzen Sie:

sich entfernen *die Entfernung (–, en)* *ein Zwischenraum zwischen Punkten*

entfernt sein *weit weg sein; nicht da sein*

Bei der großen ...... ist es besser zu fliegen.
Der Flugplatz Riem ist nicht weit von München ....
Bitte, ... euch nicht zu weit. Wir machen nur eine kurze Pause.

(sich) merken *die Bemerkung (–, en)* *kurze, mündliche oder schriftliche Notiz*

bemerkbar *so gemacht, daß man es sehen kann*

bemerkenswert *wichtig*

Ich werde mir das für die Zukunft ....
In dem hellen Licht war der Kratzer am Auto gleich ....
Er macht immer dumme ....
Es ist doch wirklich ......, was er so leistet.

bestätigen *die Bestätigung (–, en)* *das Bestätigen; die Übereinstimmung*

Wir brauchen noch die offizielle ...... dieses Schreibens.
Im Brief schrieb er: „Ich ...... den Empfang Ihres Schreibens.“

erkennen	*die Erkenntnis (–, se)*	*das Erkennen; etwas, was man weiß oder herausgefunden hat.*

Ich bin zu der ...... gekommen, daß ich in Arizona nicht leben kann. Das Klima ist dort zu trocken für mich.

Es ist schon zu dunkel. Ich kann die Schrift nicht mehr ....

spotten	*der Spott (es, kein Plural)*	*das Lächerlichmachen; das Auslachen*
	spöttisch	*sarkastisch; ironisch*

Das hat er sicher nur zum ...... gesagt.

Lache doch nicht immer so ......!

Es ist nicht schwer, darüber zu .... Du hast diese Sorgen ja nicht.

anerkennen	*die Anerkennung*	*das Lob, die Bestätigung eines Verdienstes*

Ich möchte Ihnen heute für Ihre gute Arbeit und für Ihre Treue meine ...... aussprechen.

Daß er sich anstrengt, sollte man wenigstens ....

Wortschatzübung

Ergänzen Sie:

anerkennen, Anerkennung, bemerkenswert, Bemerkung, bestätigen, Bestätigung, entfernen, entfernt, erkennen, Erkenntnis, sich erkundigen, merken, niedrig, quer, Spott, spotten, Wortwechsel

1   Lassen Sie diese Papiere von der Polizei ....
2   Diese beiden Jungen können nie ruhig miteinander sprechen. Immer kommt es zu einem ....
3   Er hat wohl so eine ...... gemacht. Ich habe ihn aber nicht ganz verstanden.
4   Er macht sich über dich lustig. Das hat er dir nur zum ...... gesagt.
5   Seit zwanzig Jahren arbeitet er bei der Firma. Er hat wirklich mehr ...... verdient.
6   Sie hat sich gar nicht verändert. Ich habe sie sofort wieder ....
7   Er klettert über die ...... Mauer.
8   Willst du dich bitte ......, ob der bestellte Kalender schon da ist?
9   Der Wald ist nicht sehr weit ....
10   Diese Jacke ist schmutzig. Hoffentlich kannst du die Flecken ....
11   Das ist ein ...... junger Mann; er hat viel Talent.

12 Er ist schließlich selbst zu der ...... gekommen, daß er falsch gehandelt hat.

13 Bitte, geben Sie mir eine ......, daß Sie das Geld bekommen haben.

14 Die Sache ist viel zu ernst, um darüber zu ....

15 Dieser Aufsatz, den Thomas geschrieben hat, ist sehr gut. Das muß man besonders ....

16 Wir können ...... über die Straße laufen.

17 Ich ...... gar nicht, daß er weggegangen war.

Satzbildung

1 weil / d- Betten / sind / knapp // Leute / sich sammeln / schon um 7 Uhr / vor d- Herberge   (*Imperfekt/Perfekt*)

2 wir / plaudern // und / nicht / merken // daß / es gibt / so viel- Deutsch- (*Imperfekt/Perfekt/Imperfekt*)

3 die ander- / merken / sofort / an d- Akzent // daß / wir / sind Bayern   (*Perfekt/Präsens*)

4 es ist sinnlos / mit ander- / streiten   (*Imperfekt*)

5 an dies- Abend / d- Zahnpasta / nicht schmecken   (*Perfekt*)

6 er / wollen / als Gleichberechtig- / akzeptieren   (*Imperfekt Passiv*)

Anregung

1 Versuchen Sie, die wesentlichen Unterschiede zwischen süddeutschen und norddeutschen Menschen aus dem Text zu erkennen!

2 Fragen Sie Ihre Klassenkameraden und einige Europäer, was sie über München, Hamburg und Berlin wissen. Vergleichen Sie die drei Städte!

3 Sie sollen als Austauschstudent nach Deutschland geschickt werden. Erklären Sie Ihren Klassenkameraden, in welcher deutschen Stadt Sie am liebsten leben würden! Geben Sie wenigstens drei Gründe für Ihre Wahl an!

Das Pech, aus Bayern zu kommen **221**

DIETER WILDT: aus Deutschland, deine Preußen° Prussians

Ist die Rede von Deutschland, so denkt man fast automatisch an eine
romantische Rheinlandschaft mit alten, verfallenen° Burgen und   *kaputt*
malerischen Orten versteckt° in den grünen Hängen° der Weinberge.° *hidden/slopes/vineyards*
Kann man bei dem Gedanken an die Bewohner° Deutschlands genauso   *Leute, die dort wohnen*
5 auf ein einheitliches Klischeebild zurückgreifen? Die typisch deutsche
Gemütlichkeit ist überall zu finden, wenn sie heute noch nicht durch die
Hast des modernen Lebens verschwunden ist. Auch die deutsche
Tüchtigkeit könnte man als überall vertretene° Eigenschaft bezeichnen.   *repräsentiert*
Blickt man jedoch genauer hin, so lassen sich in den einzelnen Ländern
10 oder Landschaften der Bundesrepublik ganz bestimmte Eigenheiten bei
den Bewohnern erkennen. Im fröhlichen Rheinland spürt man eine
freundlichere Atmosphäre als im rauhen Norden Schleswig-Holsteins.
In Norddeutschland scheint man das Leben viel ernster zu nehmen als
im Süden. Arbeitet man vielleicht im Süden, um zu leben, während man
15 im Norden lebt, um zu arbeiten? Ja, man kann sogar erhebliche°   *ziemlich viel*
Gegensätze° zwischen einzelnen Bevölkerungsgruppen entdecken, wie   *Kontraste*
zum Beispiel zwischen den Preußen und den sogenannten Nicht-
preußen.

Welche Besonderheiten bemerkt man nun an den Preußen, an den
20 Angehörigen° eines Staates, der ursprünglich° aus dem Ritterorden°   *Mitglieder/am Anfang/*
hervorgegangen ist. Hat die Tatsache, daß Preußen 1871 zur führenden   Teutonic (knightly) order
Macht° im vereinten° Deutschland wurde, auch seine Bewohner   *Stärke/zusammengebracht*
beeinflußt? Wie ist es möglich, daß man in Bayern den Preußen auch
heute noch feindlich° gegenübertritt, obwohl es seit 1946 offiziell   *unfreundlich*
25 keinen preußischen Staat mehr gibt? Leben die Preußen selbst weiter?
Vielleicht entdecken Sie die Antwort auf diese Fragen in dem folgenden
Bericht über die Preußen und die Beutepreußen,° wie man die Bewohner   *Beute:* **booty**
jener Gegenden nennt, die dem preußischen Staat einmal politisch
angegliedert° wurden.   *als Teil*

Verstehen Sie diese Wörter und Ausdrücke?

nicken: den Kopf heben oder senken als Gruß oder als Zeichen des Ja-Sagens / *Sie war derselben Meinung; deshalb nickte sie mit dem Kopf.* / *Wenn du ihn auch nicht sprechen kannst, solltest du ihm wenigstens freundlich zunicken.*

sich kümmern: für etwas sorgen; sich mit etwas beschäftigen / *Sie kümmert sich um das Kind.* / *Das ist mir egal. Darum kümmere ich mich nicht.*

gelten (i; a, o): wert sein; halten für; betrachten als / *Er gilt als der Gescheiteste in der ganzen Schule.* / *Seine Meinung gilt viel bei den Bayern.*

gehorsam: willig gehorchen / *Er war seinen Eltern gehorsam.* / *Eltern haben gehorsame Kinder gern.*

deuten: erklären; zeigen auf / *Sie deutet mit dem Finger auf das Verkehrszeichen.* / *Er konnte das geheimnisvolle Zeichen nicht deuten.*

wagen: riskieren; furchtlos handeln / *Er wagt alles, um alles zu gewinnen.* / *Er wagte kein Wort zu sagen; so sehr schämte er sich.*

schützen: verteidigen; achtgeben / *Ich werde meine Interessen zu schützen wissen.* / *Setzen wir uns dort drüben auf die Bank. Die Mauer schützt vor dem Wind.*

der Verein (s, e): Klub, Verbindung / *Ich bin mit ihm in einem Sportverein zusammen.* / *Jeder sollte in den Verein der Deutschen eintreten.*

Deutschland, deine Preußen

Artige° Kinder lernen in ihrem Leben zuallererst, Mami und Papi zu sagen. Ganz vorwitzige° Wohlstandskinder° sagen zuallererst: haben, haben. Preußen-Kinder sagen zuerst: jawoll.

Denn nur wer selber gut genug jawoll sagen kann, wird es eines
5 Tages so weit bringen, daß andere zu ihm jawoll sagen.

Das ist einstmals° das preußische Prinzip gewesen. Und das ist es auch heute noch. Nur daß das Anlegen[1] der Hände an die Strampel-hosennaht neuerdings° entfällt° und das Jawoll in gutdemokratischer Art und Weise auch individuell verschieden ausgedrückt werden darf:
10 Durch ein schlichtes° Ja oder durch ein Kopfnicken, durch gar kein Wort oder gar keine Geste.° Ja, neuerdings darf ein Preuße sogar statt jawoll nein sagen. Hauptsache, er tut dennoch, was ihm geheißen. Und ein rechter Preuße tut das.

Man schaue sich heute um in Preußen. Man nehme das Erreich-
15 bare: Das westlichste Preußenende, Köln zum Beispiel, und dazu das östlichste vergleichbare Preußenende, Berlin. Man schaue auf ein schwarz-weiß-rotes Verkehrszeichen mit einem P in der Mitte und einem Strich° dadurch. Das heißt überall in Preußen: Parken verboten.

Was aber machen die Beutepreußen daraus, die Rheinländer?
20 Keiner von ihnen nimmt das Zeichen ernst. Parkverbotsschilder sind praktisch nicht existent. Parkverbot heißt: man darf parken. Kein Polizist kümmert sich um die Durchsetzung° dieses Befehls. Und kein Beutepreuße denkt daran, jawoll zum gestrichenen P° zu sagen. Weshalb Kölner Zeitungen allen Ernstes diskutieren, ob man nicht alle
25 Parkverbotsschilder durch Halteverbotsschilder ersetzen sollte. Weil die, so heißt es, von den Beutepreußen noch beachtet werden. Ein wenig jedenfalls. Üblich ist dies:

Man parkt in Köln im Halteverbot nicht länger als sechs, sieben Stunden. Länger, das gilt als unfair. Dann nämlich sähe sich die Polizei

---

[1] *Anlegen ... Strampelhosennaht:* infants stand at attention by putting thumbs at seams (*Naht*) of trousers (*Strampelhose:* suit for babies).

224 DIE DEUTSCHEN

(Marginal glosses:)
gut erzogen
*frech/Wohlstand: **hoher Lebensstandard***
früher
seit kurzem/verschwindet
einfach
Körperbewegung
Linie
Befolgung
*gestrichenen P: **mit einem Querstrich***

gezwungen,° doch noch ein *Knöllchen* zu verteilen,° einen Strafzettel.°

forced/*geben*
parking ticket

Über fünf Mark Gebühr. Acht Stunden im Parkhaus kosten
genauso viel.

5 Wehe° jedoch dem unter den Rheinpreußen, der einen Befehl
solcherart im echten Preußen, in Berlin, mißachtet! Zwei, drei Minuten
mag der Parkverbotsunbotmäßige° in der Widersetzlichkeit° verharren,°
da hat ihn der Polizist heute am Scheibenwischer° wie einst am
Schlafittchen.[2]

dem geht es schlecht
parking offender/dis-
obedience/*bleiben*
windshield wiper

10 Und selbst wenn die Polizei gerade woanders zu tun hat — ein
Uraltpreuße° wie der Berliner tut so etwas nicht. Was verboten ist, ist
verboten. Danach richtet° man sich. Und wenn es noch so widersinnig°
ist wie ein Parkverbot nachts um halb vier.

genuine Prussian
richtet . . . sich: conforms/
unlogisch, blöd

Noch ein Beispiel. Im berlinischen Vollpreußen wartet jeder
15 Fußgänger auf grünes Ampellicht.° Erst dann kreuzt° er die Straße.
Im rheinischen Halbpreußen flitzt° der Fußgänger bei Rot hinüber.
Und sagt „sture° Preußenköpp"° zu allen, die gehorsam harren.° . . .

Verkehrslicht/überquert
läuft
stubborn/*Köpp: Köpfe/
warten*

Gewöhnliche Sterbliche träumen davon, einmal im Lotto° zu
gewinnen. Preußen träumen davon, einmal Polizist zu sein. Und weil
20 sie nicht alle Polizei-Profis° werden können, sind sie wenigstens Polizei-
Amateure und meckern° an anderen Mitbürgern herum, belehren° sie,
kritisieren sie, zeigen° sie an. Daran ist der preußische Deutsche von
heute noch immer vom nichtpreußischen Deutschen zu unterscheiden.

eine Art Lotterie
Profis: Professionale
*meckern . . . herum: kri-
tisieren/unterrichten*
zeigen . . . an: report

Ist einer mit dem Wagen bei Gelb noch schnell über die Kreuzung
25 gehuscht,° schaut der nichtpreußische Polizist nicht so genau hin. Der
preußische Zivilist hat sich die Nummer schon aufgeschrieben und zeigt
den Übeltäter° an. Denn genauso wie das Jawollsagen liebt der Preuße
das Anzeigen.

schnell gefahren
*jemand, der Böses getan
hat*

Das ist nach dem Tod des Staates Preußen so wie zu Zeiten seiner
30 höchsten Lebenskraft: 1910. Jules Huret° erzählt aus diesen Zeiten die
preußische Tragödie vom Mann, der auf eine fahrende Straßenbahn
aufspringen wollte. Diese Tragödie ist neben Kleists° *Prinz von
Homburg*° das Sinngedicht° allen Preußentums.

Reporter
Dramatiker, (1777-1811)
Drama/Epigram

Jules Huret hat sie 1910 in Berlin beobachtet. Und bis vor
35 kurzem geschah sie dort noch jeden Tag ein paar Mal.

Haltestelle. Alles steigt ein, die Straßenbahn fährt° an. Da kommt
ein Mann gelaufen, hetzt° hinterher, schwingt° sich noch auf die Bahn.
Atmet glücklich auf, strahlt.

fährt an: fährt los
läuft/schwingt sich: springt

Doch der Schaffner° kommt in noch größerem Tempo als der
40 späte Gast vom Vorderperron° auf den rückwärtigen.° „Sie!" sagt er
nur, zieht zweimal an der Strippe,° wartet, bis die Bahn hält, sagt
wieder: „Sie!". Und deutet mit dem Zeigefinger auf den Ausgang.

*jemand, der Fahrkarten
prüft*
*vordere Plattform/Perron
hinten*
signal cord

---

[2] *Schlafittchen:* coat tails. By putting a ticket under the windshield wiper, the policeman has the parking offender as surely as if he had arrested the offender in person.

Was dann ein rechter Preuße ist, der steigt wieder aus. Denn es ist verboten, auf eine fahrende Straßenbahn aufzuspringen. Und wenn ein Preuße das trotzdem tut und ein Schaffner zeigt sich menschlich, zeigt ihn also nicht gleich an, sondern zeigt ihm nur den Weg zum Aussteigen, dann nutzt° der rechte Preuße schnell seine Chance.

Nur Beutepreußen, Frankophile° wie die Rheinländer, Franzosen wie Huret und andere Spielarten° widerspenstigen° deutschen Blutes, kommen auf die Idee, nunmehr den Kopf zu schütteln und zu fragen: „Warum soll ich denn aussteigen?"

„Weil es verboten ist!"

„Aber ich bin doch drin in der Bahn, und sie ist doch auch gefahren, und es ist nichts geschehen. Fahren Sie doch weiter!"

Der Schaffner fährt nicht. Er bleibt ganz ruhig, wie er es bei Preußens gelernt hat; denn der Befehl steht hinter ihm: „Wir fahren nicht weiter, ehe Sie nicht ausgestiegen sind."

Nun sucht der Widerspenstige hilflosen Blicks Unterstützung° bei den anderen Fahrgästen. Doch eisige Ablehnung:° Jeder kennt den preußischen Schaffner. Und wenn zehn Straßenbahnen hinter der einen festliegen,° und wenn der ganze Verkehr zusammenbricht — er klingelt nicht ab. Und alle Preußen geben ihm Recht.

Denn eher kommen Hunderte von Menschen eine halbe Stunde zu spät zur Arbeit, als daß einer es wagen darf, gegen ein Verbot zu verstoßen.° Wo kämen denn die Preußen hin, wenn das alle täten?...

Preußen, richtiges Preußen ist auch heute noch, wo alle zehn Quadratmeter Rasen° ein Verbotsschild steht. Immer noch kein Preußen ist, wo es Rasen ohne solche Schilder gibt.

Oder: Preußen ist, wo keiner auf den Rasen gehen darf. Wo man es darf, da ist Preußen und Malz° verloren.

Stichprobe:° Man laufe vom Berliner U-Bahnhof° Thielplatz zu den Hörsaalgebäuden° der Freien Universität. Man ist eingerahmt° von Verbotsschildern: „Rasen nicht betreten, der Kurator." „Betreten verboten, die Stadtverwaltung."° „Betreten verboten, der Kurator." „Bürger schützt Eure Anlagen!"° „Nicht auf die Steine setzen, der Kurator."

Auch in Köln gibt es rund um die Universität einen großen grünen Rasen. Auf ihm liegen nicht nur die Studenten den ganzen Sommer über in den Vorlesungspausen. Auf ihm steht auch kein einziges Verbotsschild. Nicht eines.

Es ist heute noch so wie vor dreißig Jahren. Heute noch lebt Preußen wie vor dreißig Jahren — im Jawollsagen, Befehlen und Verbieten. Wie damals, als der Magdeburger und Urpreuße Erich Weinert — jaja, jeder weiß, er ist auch Kommunist — sein Gedicht schrieb, betitelt „Der preußische Wald":

    Radfahren, Reiten, Fahren und Gehen
    ist hier verboten. Die Försterei.°

gebraucht

Leute, die Frankreich gern haben
Subspezies/nonconforming

Hilfe

rejection

warten müssen

handeln

Gras

und . . . verloren: can't be saved
Beispiel/*Untergrundbahn:* subway
Universitätsgebäude/umgeben

city government

Parks

forest rangers

Es ist verboten, Futter° zu mähen.°   *Gras (Tierfressen)/ schneiden*
Baden erlaubt ab 15. Mai.
Privatweg!
Wegwerfen von Papieren
und Gegenständen° ist untersagt.°   *Dinge/verboten*
Hunde sind an der Leine zu führen!
Zuwiderhandelnde° werden verklagt.°   *Personen, die Verbotenes tun/angezeigt*
Hier ist verboten, Sport zu treiben!
Angeln nur gegen Erlaubnisschein!°   *license*
Bitte die Bänke nicht zu beschreiben.
Der Heimatverschönerungsverein.

    Preußen lebt. Man muß es nur sehen. Auf dem Rasen, im Wald und auf der Heide,° da hat es seine Freude. Aber besonders in der   *heath* deutschen Industrie.

Fragen

1 Was ist das erste Wort eines Preußen-Kindes?

2 Was muß der Preuße tun, auch wenn er „nein" sagt?

3 Was bedeutet ein Verkehrszeichen mit einem P und einem Strich in der Mitte?

4 In welcher Stadt beachtet man das Parkverbot nicht?

5 In welcher Stadt wartet der Fußgänger auf grünes Ampellicht?

6 Wo kreuzt man die Straße bei Rot?

7 Was passiert, wenn jemand in die Straßenbahn einsteigt, nachdem sie angefahren ist?

8 Bei welcher Universität liegen Studenten auf dem Rasen?

9 Bei welcher Universität ist das Betreten des Rasens verboten?

Verwandte Wörter

Ergänzen Sie:

    gehorsam   *der Gehorsam (s, kein Plural)   das Gehorchen*

Er war seinem Vater ...... schuldig.
Von einem guten Schüler erwartet man, daß er ...... ist.

    deuten   *bedeuten*   *einen Sinn oder Wert haben; heißen; wichtig sein*

              andeuten   *vorsichtig zu verstehen geben; bezeichnen*
              die Deutung (–, en)   die Erklärung

Die Wolken ...... ein Gewitter ......
Lassen Sie uns bei der ...... des Gedichtes vorsichtig sein.

Alles ...... auf eine baldige Veränderung in seiner Lebensweise.
Der Besuch der Kinder ...... dem Kranken viel.

schützen   *der Schutz (es, kein Plural)*   *Verteidigung; Hilfe*

Das Dach über der Haltestelle bietet ...... gegen Regen.
Niemand kann dich vor seinen Worten ....

Verein	vereinen	*zusammenbringen*
	vereint	*zusammen; verbunden; (die Vereinten Nationen)*
	(sich) vereinigen	*in Übereinstimmung bringen; zusammenkommen; sich verbinden*
	vereinigt	*verbunden; zusammengeschlossen; (die Vereinigten Staaten)*

Mit ...... Kräften können wir diese Arbeit machen.
Unsere Ansichten lassen sich nicht miteinander ....
Möchten Sie diesem Gesangs ...... beitreten?
Die ...... Nationen bemühen sich um den Weltfrieden.
Die Hauptstadt der ...... Staaten ist Washington, D.C.

Wortschatzübung I

Ergänzen Sie:

andeuten, bedeuten, deuten, gehorsam, Gehorsam, gelten, sich kümmern, nicken, Schutz, schützen, Verein, vereinen, vereinigen, wagen

1   ...... dich nicht um Dinge, die dich nichts angehen.
2   Bei ihm ...... ein Versprechen sehr wenig. Er hält nicht, was er verspricht.
3   Die schwarzen Wolken ...... auf schlechtes Wetter.
4   Das hat er nicht gesagt; da muß ich ihn in ...... nehmen.
5   Niemand ...... sich um den Kranken.
6   Sie haben sich miteinander gegen mich ....
7   Bei dem Wetter ...... ich nicht, aus dem Haus zu gehen.
8   Er war nicht reich, er ...... nur dafür.
9   In einer Demokratie erwartet man keinen blinden ....
10 Diese Injektion soll gegen schlimme Erkältungen ....
11 Wer viel ......, der gewinnt.
12 Ich weiß, daß er mit uns übereinstimmt, denn er hat mit dem Kopf ....
13 Der gute Preuße wartet ...... auf grünes Ampellicht.
14 Die Mitglieder des ...... kommen am Freitag um 15 Uhr zusammen.
15 Ich wollte es ihm nicht ins Gesicht sagen, aber ich habe ihm ......, daß er gehen könnte.

16 Leider kann ich ihnen auch nicht erklären, was diese neuen Verkehrszeichen
. . . . . .

17 Mit . . . . . Kräften sollten wir die Arbeit schaffen.

Wortschatzübung II

Ergänzen Sie:

> Ampellicht, angefahren, befohlen, kreuzt, Mitbürger, Parkverbotsschilder,
> Polizist, Schaffner, Scheibenwischer, Straßenbahn, Unterstützung, Verkehr,
> zeigt . . . an

Ein rechter Preuße tut, was ihm . . . . . wird. Der Beutepreuße kümmert sich
nicht um . . . . . . In preußischen Städten wird ein Strafzettel unter den . . . . . .
gesteckt, wenn die Parkuhr abgelaufen ist. In Berlin wartet der Fußgänger auf
grünes . . . . . , bevor er die Straße . . . . . . Der Preuße ist der geborene . . . . . ,
denn er kritisiert nicht nur seine . . . . . , sondern . . . . . sie auch gern . . . . . .
In preußischen Städten darf keiner auf die . . . . . springen, nachdem sie . . . . . .
ist. Wenn einer es trotzdem tut, verlangt der . . . . . , daß der Fahrgast wieder
aussteigt. Der Fahrgast findet bei den anderen Fahrgästen keine . . . . . , denn sie
glauben, daß der . . . . . richtig handelt. Man fährt nicht weiter, auch wenn der
ganze . . . . . zusammenbricht.

Volkslieder und Gedichte

Neben der deutschen Wanderlust nimmt das Volkslied einen wichtigen
Platz ein. Schon im 12. Jahrhundert zogen Minnesänger° durchs Land, **troubadours**
um die Ritter° und Damen auf ihren Burgen mit Minneliedern° zu **knights/*Liebeslieder***
unterhalten. Diese Sänger waren nicht nur als vortragende° Künstler **performing**
5 beliebt. Man betrachtete sie zugleich als Dichter und Komponisten,° **composers**
denn sie hatten ihre Lieder selbst in Wort und Musik geschaffen. Zum
Ende des Mittelalters entwickelte sich aus dem Minnesang der Volks-
gesang. Das Volk übernahm jetzt die Rolle des vortragenden Künstlers.
Bei der Arbeit oder auch nach Feierabend ertönten° die Lieder, die von **klangen**
10 Glück und Leid, Liebe und Schmerz, Abschied° und Wiedersehen **Trennung**
erzählten. Man sang auch von der herrlichen Natur und von abenteuer-
lichen° Reisen in die Ferne. Trotz des unkomplizierten Inhalts° waren **aufregend/content**
diese Lieder aber nicht im Volke selbst entstanden,° obwohl der Name **begonnen**
darauf hinzudeuten scheint. Sie waren das Werk einzelner Dichter. Das
15 Volk nahm jedoch die einfachen Worte und schönen Melodien begeistert auf. Jeder Einzelne fühlte sich von dem Gesang selbst angesprochen. Niemand schrieb die Lieder auf. Sie wurden von Mund zu
Mund verbreitet.° So veränderten sich mit der Zeit einige Textstellen **weitergesungen**
oder die Melodie. Die einfache Form der Volksliedstrophe,° die *Strophe:* **stanza**
20 meistens aus vier gereimten Zeilen besteht, hat vielleicht auch zu seiner
großen Beliebtheit beigetragen.° **geführt**
So erlebte° das Volkslied um das 15. Jahrhundert seine erste **hatte**
Blütezeit.° Wie zuvor das Minnelied, so wurde auch das Volkslied **Höhepunkt**
wieder vergessen. Erst am Anfang des 19. Jahrhunderts begeisterte man
25 sich wieder für diese einfache Dichtungsform. Viele Sammlungen
wurden zusammengestellt und gedruckt.° Selbst schrieben die Dichter **printed**
des 19. Jahrhunderts besonders viele Naturgedichte, die wie Goethes
frühe Balladen dem Volkslied in Inhalt und Struktur sehr nahe stehen.

Jetzt kommen die lustigen Tage

1. Jetzt kom - men die lu - sti - gen Ta - ge,
Schät - zel a - de, und daß ich es dir nur
sa - ge, es tut mir gar nicht weh. Und im
Som - mer da blüht der ro - te, ro - te Mohn, und ein
lu - sti - ges Blut kommt ü - ber - all da - von,
Schät - zel a - de, a - de, Schät - zel a - de.

2. Im Sommer, da muß man wandern, Schätzel ade, und küßt du auch einen
andern, wenn ich es nur nicht seh', und seh' ich's im Traum, so bild ich mir
halt ein, ach, das ist ja nicht so, das kann ja gar nicht sein, Schätzel ade . . .

3. Und kehr' ich dann einstmals wieder, Schätzel ade, so sing' ich die alten
Lieder, vorbei ist all mein Weh', und bist du mir dann wie einst im schönen
Mai, ja, so bleib ich bei dir und halte dir die Treu, Schätzel ade . . .

Aus Mähren mündlich überliefert

Ein Mann, der sich Kolumbus nannt

Ein Mann, der sich Ko-lum-bus nannt,
war in der Schiff-fahrt wohl-be-kannt,
wi-de-wi-de witt bum bum.
wi-de-wi-de witt bum bum.
Es drückten ihn die
Sor-gen schwer, er such-te neu-es
Land im Meer.° Glo-ri-a, vik-to-ri-a,   *Ozean*
wi-de-wi-de-witt juch-hei-ras-sa, bum, bum.

2. Als er den Morgenkaffee trank, da rief er fröhlich: „Gott sei Dank!"
Denn schnell kam mit der ersten Tram° der span'sche König bei ihm an.   *Straßenbahn*

3. „Kolumbus", sprach er, „lieber Mann, du hast schon manche Tat
getan. Eins fehlt noch unsrer Gloria: Entdecke mir Amerika!"

4. Gesagt, getan, ein Mann, ein Wort, am selben Tag fuhr er noch fort.
Und eines Morgens schrie er: „Land! Wie deucht° mir alles so bekannt!"   *scheint*

5. Das Volk an Land stand stumm° und zag.° Da sagt Kolumbus: *schweigend / furchtsam*
„Guten Tag! Ist hier vielleicht Amerika?" Da schrien alle Wilden: „Ja!!!"

6. Die Wilden waren sehr erschreckt und schrien all: „Wir sind entdeckt!"
Der Häuptling° rief gleich: „Lieber Mann, du bist ja der Kolumbus dann!"   *chief*

Fassung: Gustav Schulter

JOHANN WOLFGANG VON GOETHE
(1749 – 1832): Erlkönig°

king of the elves

Wer reitet so spät durch Nacht und Wind?
Es ist der Vater mit seinem Kind;
Er hat den Knaben° wohl in dem Arm,   *Junge*
Er faßt ihn sicher, er hält ihn warm.

5 „Mein Sohn, was birgst° du so bang° dein Gesicht?"—   **hide**/*ängstlich*
„Siehst, Vater, du den Erlkönig nicht?
Den Erlenkönig mit Kron' und Schweif?"°—   **train of robe**
„Mein Sohn, es ist ein Nebelstreif."°—   **band of mist**

„Du liebes Kind, komm, geh mit mir!
10 Gar schöne Spiele spiel' ich mit dir;
Manch' bunte Blumen sind an dem Strand;°   **shore**
Meine Mutter hat manch' gülden° Gewand."°—   **golden**/*Kleid*

„Mein Vater, mein Vater, und hörest du nicht,
Was Erlenkönig mir leise verspricht?"—
15 „Sei ruhig, bleibe ruhig, mein Kind!
In dürren° Blättern säuselt° der Wind."—   *trocken*/*bläst leise*

„Willst, feiner Knabe, du mit mir gehn?
Meine Töchter sollen dich warten° schön;   *sorgen für*
Meine Töchter führen den nächtlichen Reihn° *Tanz*
20 Und wiegen° und tanzen und singen dich ein."— *wiegen . . . ein:* **rock, dance, and sing you to sleep**

„Mein Vater, mein Vater, und siehst du nicht dort
Erlkönigs Töchter am düstern° Ort?"—   **gloomy**
„Mein Sohn, mein Sohn, ich seh' es genau;
Es scheinen die alten Weiden° so grau."—   **willow trees**

„Ich liebe dich, mich reizt° deine schöne Gestalt;°
Und bist du nicht willig, so brauch' ich Gewalt."° —
„Mein Vater, mein Vater, jetzt faßt° er mich an!
Erlkönig hat mir ein Leids getan!" —

5 Dem Vater grauset's,° er reitet geschwind,°
Er hält in Armen das ächzende° Kind,
Erreicht den Hof mit Mühe und Not;
In seinen Armen das Kind war tot.

attracts/*Figur*

force

faßt . . . an: **ergreift**

hat Angst/schnell

sobbing

EDUARD MÖRIKE (1804 – 1875): Er ist's

Frühling läßt sein blaues Band°
Wieder flattern° durch die Lüfte;
Süße, wohlbekannte Düfte°
Streifen° ahnungsvoll° das Land.
5 Veilchen° träumen schon,
Wollen balde kommen.
— Horch:° von fern ein leiser Harfenton!°
Frühling, ja du bist's!
Dich hab' ich vernommen!°

ribbon

schnell im Wind bewegt werden

aromas

lightly touch/*voll Erwartung*

violets

Hör zu!/sound of a harp

gehört

Fragen

Erlkönig

1 Wer hat die Ballade *Erlkönig* geschrieben?
2 Wohin reitet der Vater mit seinem Sohn?
3 Warum reitet er dorthin?
4 In welcher Tageszeit reiten sie?
5 Wen sieht der fiebernde Junge?
6 Warum hört und sieht der Vater nicht dasselbe?
7 Wird das Kind gerettet?

Er ist's

1 Welche Jahreszeit beschreibt der Dichter?
2 Womit vergleicht er den Frühling?
3 Kommen die Blumen schon aus der Erde?
4 Wie kündigt (meldet) sich der Frühling an?

GRAMMATIK

Actional and Statal Passive

Actional passive   Wann wird der Brief geschrieben? (When will the letter be written?)

Statal passive   Der Brief ist schon geschrieben. (The letter is already written.)

Actional passive expresses the act of something being done. Statal passive refers to a state which is the result of an action. Statal passive is formed by using a form of *sein* or *war* with the past participle. It is never used when the agent is expressed. The forms of the actional passive and statal passive are never interchangeable.

Substitutes for the Passive

The passive is used less in German than in English. A number of substitutes may be used:

man

Passive   Abends wurde gern geplaudert.
Active   Man plauderte abends gern.

Man is used much more frequently than the impersonal subjunctive.

reflexive verbs

Passive   Das Tor wurde langsam geöffnet.
Active   Das Tor öffnete sich langsam.

sich lassen

Passive   Das kann leicht gemacht werden.
Active   Das läßt sich leicht machen.

sich lassen can regularly replace *können* with the passive infinitive.

sein + zu + infinitive

Passive Das kann nicht so leicht gemacht werden.
Active Das ist nicht so leicht zu machen.

ÜBUNGEN

A Sagen Sie, daß alles schon erledigt ist!

Wann wird der Brief endlich geschrieben? *Der Brief ist schon geschrieben.*

1 Wann wird das Bild endlich gemalt?
2 Wann werden die Eintrittskarten endlich bestellt?
3 Wann wird der Kaffee endlich gekocht?
4 Wann wird das Haus endlich gebaut?
5 Wann wird der neue Stoff endlich gekauft?
6 Wann wird die Brieftasche endlich gefunden?
7 Wann wird der Tisch endlich gedeckt?

B Beantworten Sie mit *nein*!

Muß der Brief noch geschrieben werden? *Nein, der Brief ist schon geschrieben.*
Ist das Geschirr schon gewaschen? *Nein, das Geschirr muß noch gewaschen werden.*

1 Muß das Gebäude noch gebaut werden?
2 Muß das Essen noch gekocht werden?
3 Ist das Licht schon ausgemacht?
4 Ist die Prüfung schon bestanden?
5 Muß der Schluß noch gemacht werden?
6 Ist der Wirt schon bezahlt?
7 Muß das Bild noch gemalt werden?

C Beantworten Sie die Fragen! Gebrauchen Sie *man* und die angegebenen Wörter!

Was muß man tun, um Gäste zu gewinnen? (inserieren) *Man muß inserieren.*

1 Was kann man vom Hotelfenster sehen? (*eine schöne Landschaft*)
2 Wie lebte man früher im Hotel? (*bequem*)
3 Was hat man bis jetzt im Urlaub gesucht? (*Komfort*)

4 Wie lange hatte man auf ein Zimmer warten müssen? (*drei Wochen*)

5 Wie lange muß man heute ein Zimmer im voraus bestellen? (*einen Tag*)

6 Was kann man gegen die schlechte Luft machen? (*nichts*)

7 Was findet man alles im Hotel? (*Zentralheizung und Rauchersalon*)

D Verwandeln Sie das Passiv ins Aktiv! Gebrauchen Sie *man*!

Ausländer werden nach ihrer Meinung gefragt. *Man fragt Ausländer nach ihrer Meinung.*

1 Ausländer werden um ihre Meinung gebeten.

2 Wie werden die Deutschen betrachtet?

3 Die Lederhose wird für typisch deutsch gehalten.

4 Ein Klischeebild wird immer gemalt.

5 Der Deutsche wird als humorlos bezeichnet.

6 Die Fragen werden immer so beantwortet.

7 Diese Ideen werden oft gefunden.

E Ersetzen Sie das Passiv durch die reflexive Form des Verbs!

Das Tor wurde hinter uns geschlossen. *Das Tor schloß sich hinter uns.*

1 Die Jugendherberge wurde leicht gefunden.

2 Sein Wunsch wurde erfüllt.

3 Mit der Zeit wurde alles erklärt.

4 So was wird schnell vergessen.

5 Das wird nicht von selbst erledigt.

6 So ein Gedicht wird schnell gelernt.

7 Die Tür wurde langsam geöffnet.

F Bilden Sie Sätze mit *sich lassen*!

Diese Taschenbücher können überall gekauft werden. *Diese Taschenbücher lassen sich überall kaufen.*

1 Diese Arbeit kann sicher gemacht werden.

2 Das Fleisch kann auch kalt gegessen werden.

3 Das kann leicht gesagt werden.

4 Es kann aber nicht so leicht gemacht werden.

5 Dieser Abend kann nicht so leicht vergessen werden.

6 Die Landschaft kann doch nicht beschrieben werden.

7 Der Wagen kann nicht wieder repariert werden.

8 Sein Wunsch kann leider nicht erfüllt werden.

G Beantworten Sie mit *nein*! Gebrauchen Sie einen Infinitiv mit *zu*!

Kann man den Chef sprechen? *Nein, der Chef ist nicht zu sprechen.*

1 Kann man das neue Buch kaufen?
2 Kann man das Buch empfehlen?
3 Konnte man das glauben?
4 Konnte man die Antwort finden?
5 Kann man nichts machen?
6 Kann man Kinder leicht erziehen?
7 Kann man Sprachen leicht erlernen?

H Bilden Sie Sätze mit dem Infinitiv und *zu*!

Es war leicht ...., (die Jugendherberge/finden) *Es war leicht, die Jugendherberge zu finden.*

1 Es war schwer, ... (*Bett/bekommen*)
2 Es war unmöglich, ... (*mit den Leuten/sprechen*)
3 Wir freuten uns, ... (*Landsleute/sehen*)
4 Wir bemühten uns, ... (*mit den Norddeutschen Freundschaft/schließen*)
5 Sie fingen an, ... (*die Bayern/kritisieren*)
6 Sie hörten nicht auf, ... (*mit uns/streiten*)
7 Es war uns unangenehm, ... (*durch Deutschland/fahren*)

I Verwandeln Sie das Passiv ins Aktiv! Gebrauchen Sie *man, sich lassen*, reflexives Verb oder Infinitiv + *zu*!

Der kleine Ort kann noch heute erreicht werden. (man) *Man kann den kleinen Ort noch heute erreichen.*

1 Um 17 Uhr wurde das große Tor geöffnet. (*reflexives Verb*)
2 Die Betten konnten nicht im voraus bestellt werden. (*sich lassen*)
3 Jeder Gast muß registriert werden. (*sich lassen*)
4 Der bayrische Akzent konnte leicht bemerkt werden. (*sich lassen*)
5 Die Betten mußten sofort gebucht werden. (*man*)
6 Das Zimmer konnte schnell gefunden werden. (*reflexives Verb*)
7 Im Zimmer wurden viele Deutsche gesehen. (*Infinitiv + zu*)
8 Die Österreicher wurden als Exotenartikel behandelt. (*man*)
9 Der Wortwechsel wurde dann fortgesetzt. (*reflexives Verb*)

WORTBILDUNG

-sam

Adjectives may be formed from verbs, nouns, and other adjectives by adding *-sam* to the stem.

arbeiten *arbeitsam* Mühe *mühsam* selten *seltsam*

A Bilden Sie Adjektive mit der Endung *-sam*!

Manche Menschen *schweigen* gern. *Manche Menschen sind schweigsam.*

1 Viele Menschen *arbeiten* viel. Viele Menschen sind . . . .
2 Das Kind ist immer voller *Furcht*. Das Kind ist . . . .
3 Karl *spart* gern. Seine Schwester ist auch sehr . . . .
4 Wir haben vieles miteinander *gemein*, z. B. unser . . . . . . Interesse an Musik.
5 Ich kann diese Arbeit nur mit *Mühe* erledigen. So eine . . . . . . Arbeit habe ich schon lange nicht mehr gehabt.
6 Du hast meinen *Rat* nicht befolgt. Ich sagte dir, es wäre . . . . . . , das zu tun.
7 Das dauert so *lange*. Warum arbeitest du so . . . . . . ?
8 So was hört man *selten*. Das ist wirklich eine . . . . . . Geschichte.

miß-

The prefix *miß-* gives a negative or opposite meaning. It is usually unstressed before verbs. It is usually stressed before nouns, adjectives, and verbs with other prefixes.

Wie werden die folgenden Wörter ausgesprochen?
mißbrauchen (gebrauchen)   mißverstehen (verstehen)
Mißbrauch (Gebrauch)   Mißverständnis (Verständnis)
mißhandeln (handeln)   mißvergnügt (vergnügt)
mißfallen (gefallen)

B Setzen Sie ein Wort mit der Vorsilbe *miß-* ein!

1 Du sollst seine Güte nicht . . . .
2 Dieser Roman ist langweilig. Er hat mir sehr . . . .
3 Das Kind hat gar nichts getan. Du sollst aufhören, es so zu . . . .
4 Das hast du gemeint? Dann habe ich dich . . . .
5 Wenn du das nicht besser erklärst, kann es zu einem . . . . . . führen.
6 Er ist selten vergnügt. Gestern war er wieder . . . .
7 Der normale Gebrauch dieser Medizin ist zu empfehlen. Aber ich muß Sie vor jedem . . . . . . warnen.

all, ganz

all

All expresses number or quantity.

> Ich muß alle Arbeit allein machen.
> Alle Leute sind schon da.

In the singular, *all* is usually without an ending. It is always followed then by a *der-* or *ein-* word, which does have an ending.

> Er hat all das Geld verloren.
> Er hat all seinen Kaffee getrunken.
> Wir haben all das Neue schon gesehen.

All does have endings in certain common expressions.

> Aller Anfang ist schwer.
> Ich mußte alle Arbeit allein machen.

In the plural, *all* is used with or without endings.

> Alle meine Freunde sind da.
> Ich habe all meine Bücher verloren.

Adjectives after *alle* are weak. (See Appendix, page 393.)

> Er kauft alle neuen klassischen Platten.

ganz

When *ganz* expresses quantity, it can replace *all*.

> Er hat sein ganzes (all sein) Geld verloren.
> Ich machte die ganze (all die) Arbeit allein.

Ganz is not interchangeable with *all* when it expresses:

Wholeness or Completeness

> Er arbeitet den ganzen Tag. (He works all day.)
> Sie war ganz allein. (She was all alone.)

Quite or Rather

> Heute geht es mir ganz gut. (Today I feel all right.)

C Ergänzen Sie mit *all* oder *ganz*!

> Was hast du die ...... Zeit gemacht? *Was hast du die ganze Zeit gemacht?*
> Hast du noch ...... die Briefmarken? *Hast du noch all die Brief-marken?*

1 Er hat den ...... Kuchen gegessen.
2 Ich bin nicht ...... zufrieden mit dem Plan.

3 Während der . . . . . . Zeit sagte er kein Wort.
4 Er hat mir . . . . . . Bücher geschenkt.
5 An seinem Lebensende war er ein . . . . . . armer Mann.
6 . . . . . . kleinen Kinder müssen dableiben.
7 Er sah . . . . . . blaß aus.
8 . . . . . . Leute auf dem Schiff waren seekrank.
9 Was in . . . . . . Welt haben Sie sich dabei gedacht?
10 Das ist mir . . . . . . gleich!
11 Wird er den . . . . . . Sommer dort bleiben?
12 Geht es dir wieder . . . . . . gut?
13 . . . . . . Verwandten sind eingeladen.
14 Bei . . . . . . Arbeit werde ich keine Zeit haben, Sie zu besuchen.

Wiederholung

Bilden Sie das Perfekt!

Seine Leistung mußte man anerkennen. *Seine Leistung hat man anerkennen müssen.*
Wer lehrte dich Klavierspielen? *Wer hat dich Klavierspielen gelehrt?*

1 Der Schüler mußte sich anstrengen.
2 Ich hörte ihn nur drei Karten bestellen.
3 Er sah das Kind nach dem Knopf greifen.
4 Wer lehrte dich malen?
5 Wir hörten sie ins Haus kommen.
6 Half sie ihrer Mutter das Kleid nähen?
7 Jeder sah ihn mit dem Kopf nicken.
8 Warum ließ er den Arzt holen?
9 Er half uns die kranke Frau stützen.
10 Es steht nicht fest, daß sie das tun durfte.
11 Sie sagte, daß sie die Frau seufzen hörte. (*Konjunktiv!*)
12 Er fragte, ob wir dort übernachten wollten. (*Konjunktiv!*)

Anregung

Die folgenden Namen sind heute in Deutschland sehr beliebt.

Mädchennamen: Sabine, Nicole, Claudia, Susanne, Christine, Andrea, Anja, Stefanie, Martina, Petra, Bettina, Alexandra
Jungennamen: Michael, Andreas, Stefan, Torsten, Thomas, Frank, Matthias, Markus, Ralf, Peter, Martin

Welche anderen Namen kennen Sie? Ergänzen Sie diese Liste! Wählen Sie dann fünf Mädchennamen und fünf Jungennamen, die Ihnen besonders gefallen!

Mündlicher oder schriftlicher Bericht

Wenn sie den Namen *Bundesrepublik Deutschland* hören, denken viele Amerikaner an: Volkswagen; Autobahn; München und Hofbräuhaus; Industrielandschaften; Dome, Burgen und Schlösser; Berlin und die Mauer; Schwarzwald; Luxusautos (Mercedes-Porsche); Sauerkraut und Lederhosen.

Teilen Sie einem Freund mit, was Sie gut oder schlecht an dieser Liste finden! Wie würden Sie sie ändern?

OSTEN / WESTEN

Als am 8. Mai 1945 der Zweite Weltkrieg zu Ende ging, bestanden die vier alliierten Mächte, USA, UdSSR,° Großbritannien und Frankreich, darauf, Deutschland und die Hauptstadt Berlin in vier Besatzungssektoren° aufzuteilen. Das alte Preußen gab es nicht mehr. Polen erhielt
5 die deutschen Gebiete östlich der Oder.° Innerhalb der einzelnen Besatzungszonen entstanden° neue Länder. Gemeinde- und Landtagswahlen° wurden geplant, um die demokratische Staatsform einzuführen. Die Aufteilung Deutschlands war als vorläufige° Lösung eines politischen Problems gedacht. Wie aber wirkte° sich
10 diese Teilung aus?

Im Westen ging man sofort daran, das zerstörte Land wieder aufzubauen. Millionen von Menschen brauchten Nahrung,° Wohnungen und Arbeitsplätze. Schon im Jahre 1948 waren die drei alliierten Westmächte bereit, Deutschland eine neue Chance zu geben. Am 14.
15 August 1949 fanden die ersten Bundestagswahlen° für die neue Bundesrepublik Deutschland (BRD) statt. Mit alliierter Hilfe machte man im Westen große Fortschritte.

Im Osten Deutschlands konzentrierte man sich zuerst auf die Demontage° der Industrie und die Einziehung° von Reparationsko-
20 sten. Darum ging der Wiederaufbau in der sowjetischen Besatzungszone langsamer vorwärts° als im Westen. Am 7. Oktober 1949 entstand jedoch auch im Osten ein neuer Staat: die Deutsche Demokratische Republik (DDR). Mit der Gründung° von zwei deutschen Staaten war die künstlich° geschaffene° Trennungslinie
25 zwischen den Besatzungszonen zur politischen Grenze° geworden.

Welche Auswirkung° brachte diese Entwicklung für die Menschen auf beiden Seiten des „Eisernen Vorhangs"°? Heute ist der Unterschied zwischen einem Leben in der DDR und einem solchen in der BRD nicht mehr so groß wie früher. Wenn das
30 Problem der Wiedervereinigung auch noch keine endgültige° Lösung gefunden hat, bemüht man sich heute doch um friedliche Zusammenarbeit. Die Hoffnung besteht,° daß die Menschen im Osten und Westen einander wieder näherkommen, daß sie nicht verlernen,° einander zu verstehen.

Sowjetunion

zones of occupation

Fluß

entwickelte sich

Gemeinde . . . Landtagswahlen: **local and state elections**
provisorisch
wirkte . . . aus: **Effekte hatte**

Lebensmittel

Bundestag: **das westdeutsche Parlament**

dismantling/collection

ging . . . vorwärts: **machte Fortschritt**

establishment
artificially/created
border
Effekt
Iron Curtain

letzte (für immer)

existiert

wieder vergessen

ANNA SEGHERS: *Thomas*

Wie Anne Frank, so gehörte wahrscheinlich auch Thomas zu einer
jüdischen Familie. Seine Eltern lebten jedoch nicht mehr. Den Jungen
hatte man in ein Waisenhaus° gesteckt, aus dem er nach einem Bom-   *Heim für elternlose Kinder*
benangriff entflohen war. In Berlin konnte der Kleine bei einer einsamen
5 Frau unterkommen.° Hatte er damit aber wirklich eine Unterkunft° für   *wohnen/Wohnung*
immer gefunden? Wohin gehörte ein Kind, das durch den Krieg seine
Heimat und seine Familie verloren hatte? Wo es im Augenblick der
Aufteilung Deutschlands gewesen war? Das Waisenhaus hatte in der
DDR gestanden. Sollte Thomas aus diesem Grunde in den Osten
10 zurückkehren, obwohl er nach dem Krieg im westlichen Besatzungs-   *occupation area*
gebiet° der Stadt Berlin wohnte? Wer war für dieses Kind verant-
wortlich, das durch politische Ereignisse° plötzlich allein dastand? Der   *Geschehnisse*
Osten oder der Westen?

    Mit dieser Erzählung versetzt Anna Seghers den Leser in die
15 Atmosphäre der ersten Nachkriegsjahre in der geteilten Stadt Berlin.
Sie zeigt deutlich die Problematik der damaligen° Situation. Die   *zu der Zeit*
Menschen selbst hatten kein Recht zu entscheiden, auf welcher Seite der
künstlich geschaffenen Grenze sie wohnen wollten. Lebte man auf einer
Seite des „Eisernen Vorhangs" wirklich besser als auf der anderen? Als
20 überzeugte° Anhängerin° des ostdeutschen Regimes gibt die Autorin   *convinced/Mitarbeiterin*
zu erkennen, daß es der Osten ist, den man bevorzugen° sollte.   *prefer*

Verstehen Sie diese Wörter und Ausdrücke?

die Verwirrung (–, en): die Unordnung; das Durcheinander / *Hoffentlich kommt er nicht. Er bringt nur noch mehr Verwirrung in die Sache.* / *Tu das nicht! Du machst die Verwirrung ja noch größer.*

einstürzen: einfallen; zum Umfallen bringen / *Bleiben Sie zurück! Die Mauer kann jeden Moment einstürzen.* / *Sie brauchen keine Angst zu haben! Das Gebäude kann nicht einstürzen.*

klagen: lamentieren; sich beschweren; vor Schmerz schreien / *Er klagt oft darüber, daß Sie ihn so selten besuchen.* / *Nach dem Unfall klagte er über starke Kopfschmerzen.*

fremd: unbekannt; aus einer anderen Gegend; seltsam / *Entschuldigen Sie, bitte! Ich bin hier fremd. Wie kommt man am besten zum Stadttheater?* / *Hier ist alles so fremd, ganz anders, als ich es kenne.*

zittern: durch schnelle Bewegungen Angst zeigen / *Ihm zitterten die Knie vor Schreck.* / *Er zitterte vor Kälte.* / *Seine Stimme zitterte, als er vom Krieg erzählte.*

drücken: pressen; etwas kräftig halten; umarmen / *Seine Schuhe drückten, weil sie zu eng waren.* / *Beim Wiedersehen nach der langen Trennung drückte er sie ans Herz.*

bestrafen: jemanden verurteilen / *Er wurde mit zwei Monaten Gefängnis bestraft.* / *Wer etwas Unrechtes tut, der muß bestraft werden.*

einsperren: einschließen; ins Gefängnis stecken / *Vergiß nicht, die Hunde einzusperren, ehe du losfährst.* / *Der Mann wurde sechs Wochen eingesperrt.*

sich wenden (an): umdrehen; jemanden fragen; jemanden um Hilfe bitten / *Hier kann ich das Auto nicht wenden; ich habe nicht genug Platz.* / *Bitte, wenden Sie sich an die Polizei. Wir können Ihnen nicht helfen!*

hinzufügen: dazu bemerken; auch sagen / *Er konnte einige interessante Einzelheiten hinzufügen.* / *Sie fügte hinzu: Nun iß erst einmal etwas!*

Thomas

Damals, 1947, wohnte ein Junge, der Thomas hieß, in Berlin im englischen Sektor. Er wohnte schon drei Jahre bei der Frau Wilhelmine
Obst, und er liebte sie. Ob sie ihm einen Knopf annähte oder ihm einen
Hustentee° kochte — nie zuvor hatte es jemand gegeben, der sich um   *an herb tea taken for a*
5 ihn sorgte.   *cough*

    Eltern hatte er keine. Frau Obst war auch allein auf der Welt. Ihr
einziger Sohn war gefallen.° Sie hatte zuerst geglaubt, sie könnte ihr   *im Krieg getötet*
Unglück nicht überleben. Eines Nachts, nach dem Fliegerangriff,° lag   *Bombardement*
der fremde Junge im Hof. Er lag in einer Spalte° zwischen den Trüm-   *schmale Öffnung*
10 mern° in einer kleinen Blutlache.° Die Mauer hatte ihn beinahe   *Ruinen/pool of blood*
erschlagen — er war in all der Verwirrung unbeachtet° hier im Hof   *nicht gesehen*
untergeschlüpft.° Die halbe Gasse war eingestürzt. Die Stadt brannte   *sought protection*
an vielen Stellen.

    Frau Obst trug den Jungen in ihre Küche, sie wusch ihn ab und
15 verband ihn. Er klagte nicht, und er weinte nicht. Er leckte° wie ein   *licked*
Hund ihre Hand. Als sie ihn zudeckte, sagte er nichts, er sah sie nur an
mit grauen Hundeaugen. Auf einmal zersprang° die eisige Kruste, die   *zerbrach*
das Herz der Frau Obst einschloß, seitdem ihr Sohn gefallen war. Sie
brachte dem Kind etwas zu trinken, und sie wachte ständig° bei ihm,   *dauernd*
20 und sie befühlte seinen rauhen° härtlichen Haarschopf,° gierig° auf   *rough/mop of hair/greedy*
Kinderwärme, auf Kindergeruch.° Aus dem Schrank kramte° sie ein   *Geruch:* **smell**/*kramte . . .*
Kinderhemd ihres Sohnes heraus, das sie wie ein Heiligtum° aufbewahrt°   *heraus:* **holte heraus**
hatte.   *holy relic/stored*

    Der fremde Junge war nicht nur erschöpft,° er war ganz verkom-   *sehr müde*
25 men,° aber er war nur leicht verletzt. Als er ihr seinen Namen sagte,   *neglected*
Thomas, den Namen ihres gefallenen Sohnes, sah sie darin eine
Fügung.°   *göttliche Planung*

    Er kam aus dem Waisenhaus. Nach dem Bombardement einer
größeren Stadt hatten die Flieger beim Rückflug eine Bombe, die ihnen
30 noch übriggeblieben war, auf das kleine Greilsheim° geworfen. Er war   *eine Stadt*
in den Trümmern herumgestiegen, über tote und sterbende Menschen.

Dann war er so weit wie möglich davon gerannt. Er war auf einen
Lastwagen geklettert.° Er war Stunden und Stunden gefahren. Kaum
waren sie in Berlin angelangt,° begann dort ein Luftangriff. — Niemand
dachte daran, der Frau Obst ihren Pflegesohn° streitig° zu machen. Die
5 Behörde° war froh für jeden, der untergekommen° war.

Die Sowjetarmee rückte° weiter und weiter vor; sie nahm° Berlin
ein. Die Begegnung an der Elbe° sah aus nach Frieden. Unter die vier
Alliierten wurde Berlin in vier Sektoren geteilt. Thomas wurde inzwischen lang und schlaksig.° Er blieb sanft° und still. Er war geschickt
10 und gefällig.° Der Frau Obst las er jeden Wunsch von den Augen ab.

Er schrubbte° ihre Küche und Wohnzimmer. Er klaute° ihr
Kohlen, er kam nie unter die Räder.° Er fuhr auch allein zum Ham-
stern° aufs Land. Als nichts mehr zum Tauschen da war, wußte er Rat.
Er paßte° die Fremden vor den Hotels, Klubs und Bahnhöfen ab, und
15 er trug ihnen ihr Gepäck, bis ihn ein erwachsener Träger verscheuchte.°
Wenn er dafür Zigaretten bekam, tauschte er sie auf dem Alexander-
platz° gegen alles ein, was Frau Obst sich wünschte. Ging ihre Ration zu
Ende, lief er im eigenen Sektor auf den Schwarzen Markt für Brot;
vorher trug er viel Gepäck. Manchmal war Frau Obst geradezu wild
20 auf eine Tasse Kaffee, und er verschaffte° ihr Kaffeebohnen. Sie sagte
zu der Nachbarin: „Ein wahrer Segen° ist Thomas." Die Nachbarin
antwortete: „Sie haben es auch um ihn verdient."

Er ging ungern zur Schule. Es graute° ihm vor dem geschlossenen
Haus und vor dem geschlossenen Klassenzimmer. Er bekam zwar mit
25 keinem Mitschüler Streit, aber Freundschaften knüpfte° er auch keine
an. Die Lehrer wurden nicht recht aus ihm schlau.° Alles in allem
genommen, war er ein mäßiger° Schüler. Sein Zeugnis° war mäßig.
Thomas war es eins,° ob er der erste war oder der zweite oder der
zwölfte. Er wäre nicht gern sitzengeblieben;° denn er wollte nicht
30 zweimal etwas tun, was ohnedies° langweilig war. Wie aber Frau Obst
sich ärgerte über das mäßige Zeugnis, bekam er Angst, sie könnte ihn
doch noch fortschicken.

Er dachte bei Tag nicht mehr an die Vergangenheit.° Zuerst hatte
er jede Nacht, dann zwei-, dreimal in der Woche, dann nur noch von
35 Zeit zu Zeit im Schlaf gestöhnt.° Frau Obst hatte geglaubt, er träume
vom Krieg. Er hatte um sich geschlagen, wenn sie sich über ihn beugte.°
Er hatte manchmal im Schlaf gezittert wie Espenlaub.° Und auch
bisweilen bei Tag, als sähe er ein Gespenst.° Frau Obst hatte dann
seinen Kopf an sich gedrückt und ihn wie ein kleines Kind gewiegt.°
40 Einmal war er bei Tisch bleich geworden. Er hatte durchs Küchenfenster gestarrt.° Er hatte gesagt: „Der Willi." — Frau Obst hatte
herausgesehen: „Was willst du denn, das ist doch der Eugen von
drüben."

Es war ihr bald klar, obwohl er nie davon sprach, nichts Gutes
45 hatte er hinter sich.

Glossary (right margin):

aufgestiegen

angekommen
foster son/*streitig . . .*
machen: **contest**
authorities/*Wohnung*
gefunden hatte
rückte . . . vor: **marschierte**
weiter/*nahm . . . ein:*
übernahm
ein Fluß

lanky/**gentle**

hilfsbereit

putzte/**stahl**
kam . . . Räder: **änderte sich**
nie moralisch
Essen zu besorgen
paßte . . . ab: **wartete auf**
fortjagte

Platz in Ost-Berlin

besorgte

Glück

Es . . . ihm: **er fürchtete sich**

knüpfte . . . an: **begann**
wurden . . . schlau: **verstan-**
den ihn nicht
nicht sehr gut/**Noten**

egal

die Klasse wiederholen

sowieso

frühere Zeit

moaned

sich . . . beugte: **bent over**
aspen foliage
Spuk
rocked

geblickt

Sein Waisenhaus hatte Kinder wie ihn beherbergt,° ohne Eltern   *Wohnung gegeben*
und Kinder mit Eltern, denen der Staat das Erziehungsrecht absprach.[1]
Das Waisenhaus war am Rande° von Greilsheim gelegen; es war nach   *edge*
der Sonnenseite gestaffelt;° es war von einem Garten umgeben.° Es war   *tiered/eingeschlossen*
5   darin sauber in jedem Winkel.° Und der Direktor, ein sehniger,°   *Ecke/kräftig*
großer, von der Sonne gebräunter Mensch, bestrafte hart für jeden
Fleck, den er entdeckte. Er schwamm und wanderte gern mit seiner
Frau, der Ärztin der Anstalt.° Zur Belohnung° nahm er die schönsten   *Heim/Lohn, Geschenk*
und stärksten Knaben mit.

10   Willi, der Schüler, der die Schlafsäle kontrollieren durfte, sagte zu
Thomas: „Das gefällt dir hier, was?" Das nächstemal sagte er: „Es ist
nicht gesagt, daß du hergehörst." Er fügte hinzu: „Ich weiß, wo deine
Akten° liegen. Ich kann 'ran."° Thomas hatte schon begriffen, was die   *Papiere/Ich . . . 'ran: I can get at them*
Ärztin zu dem Lehrer sagte: „Seinen Vater sind wir los und die Mutter
15   auch schon längst."[2] Willi sagte abends: „Ich weiß nicht, warum man
uns mit dir belastet."°   *burdens*

Es hieß, sooft er etwas vergaß oder etwas beschmutzte: Du warst
die längste Zeit hier. — Willi ging nachts wie die Ärztin in weißem
Kittel° durch den Schlafsaal. Wenn Thomas ihn schimmern° sah, zog er   *Arbeitsmantel/leuchten*
20   die Decke über die Augen.

Einmal weinte ein Junge, der Bernhard hieß, weil er in ein anderes
Heim geschickt werden sollte. Thomas kroch° zu ihm ins Bett. Da kam   *ging heimlich*
Willi und schimpfte: „Du kommst auch noch hin, da könnt ihr euch
trösten."° — Alle wußten, in dieses Heim wurden die schlechtesten   *beruhigen*
25   Kinder eingesperrt, Kinder von Juden, Kinder von Zuchthäuslern,° ver-   *Gefangene*
rückte Kinder. Der Krieg nahm kein Ende, aber das Essen. Die größeren
Kinder sagten: Bernhard bekommt dort jetzt gar nichts mehr. — Es
hieß, überflüssige° Kinder würden dort wie Katzen im Fluß ertränkt.°   *unerwünschte/drowned*
Thomas fing an vor Angst zu frieren; er zitterte. Willi trat an sein
30   Bett und sah ihm beim Zittern zu. —

Von all dem hatte Thomas nichts der Frau Obst erzählt. Er hatte
zuerst Angst bei jedem Riß° in der Hose, bei einem angeschlagenen°   *rip/chipped*
Teller, sie könnte ihn wieder verjagen. Dann legte° sich seine Angst.   *legte sich: verschwand*
Er fing an, sich sicher zu fühlen.

35   Eines Nachts, gegen Morgen, wachte er auf. Oft dachte er später in
seinem Leben an diese Nacht zurück. Er fühlte zuerst eine starke
Freude. Denn im Hof lag frischer Schnee. Der war noch nicht ver-
mansclt,° man sah nur einzelne Fußstapfen.° Es schellte° schrill an der   *turned to slush/footprints/ klingelte*
Flurtür. Frau Obst kam durch die Küche geschlurft,° schläfrig und   *shuffling*
40   knurrend.° Dann hörte Thomas einen Schrei, er hörte etwas aufschlagen.   *unfreundlich durch die Zähne sprechend*

---

[1] *denen . . . absprach:* Parents were declared unfit to bring up their children.

[2] *Seinen . . . längst:* His parents had been eliminated by the government.

Ein fremder Mann in einer alten Soldatenjacke trug die Frau Obst in seinen Armen herein, und er legte sie auf ihr Bett. Thomas saß zuerst still auf dem Küchensofa. Dann legte er mit den alten Griffen,° die Willi ihm vor Jahren beigebracht° hatte, Decke und Bettuch zusammen.

5 Er horchte,° was sie nebenan sagten: „Ach, Muttchen, bist du erschrocken? Ach, hat dir denn niemand was bestellt? Ach, ist denn kein Brief angekommen?" — „Es ist mir schon besser, mein Junge, Gott, Junge, mein Junge."

Der Sohn erzählte ihr, daß er in Frankreich gefangen gewesen sei.
10 Frau Obst war es schwindlig° vor Freude. Sie konnte sich nicht satt-hören° und nicht satt an ihm sehen. Dann kramte er aus dem Rucksack verschiedene Dinge heraus. Frau Obst rief: „Thomaschen, mach' schnell Feuer an! Thomaschen, mahl'° Kaffee!" Der Sohn fragte: „Wer ist denn das?" — „Ein fremder Junge", sagte die Mutter, „ich erzähle dir alles
15 später."

Thomas schürte° das Feuer. Er stellte auch Wasser auf. Er mahlte und mahlte. Er deckte den Tisch. Er stellte die beste Tasse, in der kein Sprung° war, vor den Heimkehrer hin.

Der war gutmütig° zu ihm, fuhr ihm durchs Haar.° Er gab ihm
20 auch von dem, was er mitgebracht hatte, Zucker und Wurst ab. Der Junge sagte leise „Danke", und er sah ihm nicht in die Augen. Den Tag über kamen Nachbarn, um den Sohn zu begrüßen. Thomas machte sich zu schaffen wie immer.

Der Sohn schlief nachts auf dem Küchensofa, wie er es früher
25 getan hatte, und er machte dem Jungen mit einem Mantel und seiner Decke ein Lager° zurecht, und seinen Rucksack stopfte er aus, daß er so weich wie ein Kopfkissen wurde.

Bald brachte er ein Mädchen an, er sagte, sie sei seine Braut.° Sie sah freundlich aus. Nachts horchte der Junge auf die Worte, die der
30 Sohn seiner Mutter sagte, auf deren Bettrand er saß: „Wenn du uns wirklich dein Zimmer gibst und dein Bett und dich mit dem Küchen-sofa begnügst,° dann sind wir dir dafür so dankbar, wie ich's dir gar nicht sagen kann." — Die Mutter sagte: „Was tät' ich dir nicht alles zuliebe?" — „Ja, aber", fing der Sohn wieder an, „dann muß der
35 Kleine weg." — „Ja, aber wohin denn?" sagte die Frau. „Er hat doch gar kein Zuhause." — „Er muß doch von irgendwoher sein", sagte der Sohn.

Thomas kam einmal aus der Schule, da stand der Sohn in der Haustür und sagte: „Hilf mir das Paket da tragen."
40 An diesem Tage war es kalt. Der Frost biß den Jungen, und auch die Paketschnur° biß ihn in seine erstarrten° Finger. Er lief neben dem langen Menschen her, er sagte nichts, er hatte Lust auf Suppe. Sie blieben bald stehen; der Sohn der Frau Obst packte° ihn an der

Glossen (rechter Rand):

Bewegungen
gezeigt
hörte zu

dizzy
satt: genug

grind

stirred up

Riß
freundlich/fuhr ... Haar: ran his fingers through his hair

Schlafplatz

fiancée

zufrieden bist

package cord/steif

ergriff

Schulter und schob ihn durch eine Haustür. Der Flur war gestopft voll
Menschen. Thomas Obst schob den kleinen Thomas vor sich her in den
Hof und aus dem Hof in ein Hofzimmer.

Sie standen auf dem Revier.° Das Hofzimmer war nicht abschrek-
5 kend. Zwei junge Polizisten saßen, Photographien betrachtend, auf
einer Bank beim Ofen. Hinter dem Schreibtisch saß der Reviervor-
steher.° Er sagte, nicht unfreundlich: „Da seid ihr also." Der Junge
ließ sein Paket fallen.

Er wollte wegstürzen.° Die Polizisten hielten ihn fest und lachten.
10 „Na", sagte der Alte, „wir tun dir ja nichts", und er wandte sich an den
Sohn der Frau Obst: „Mal muß jeder zurück, wo er herkam. Unkraut°
haben wir hier genug. Soll sich der Russe um ihn kümmern. So ein
Geschenk gönnt° man ihm."

Thomas wehrte° sich immer noch rasend° gegen die jungen
15 Polizisten, die ihn an Armen und Beinen packten; sie schimpften dabei
und lachten. Der Alte rief: „Jetzt gib mal Ruhe!"

„Hier sind seine Siebensachen",° sagte Thomas Obst, und er hob
das Paket auf, das der Junge getragen hatte, „ich hab' ihm auch Stullen°
beigepackt. Meine Mutter war nicht zu Hause, zum Glück. Die hätte
20 nur noch geheult."°

„Gehen Sie heim", sagte der Alte, „wir werden schon mit ihm
fertig." Wie der Junge bezwungen° war und vollkommen° erschöpft°
zwischen den Knien der Männer eingeklemmt,° stellte sich der Revier-
vorsteher vor die Bank und betrachtete ihn und seufzte: „Was ist da zu
25 machen?" sagte er, „nichts."

Thomas wurde mittags in den anderen Sektor aufs andere Revier
gebracht. Man schob ihn in irgendein Zimmer, in dem es auch nichts
Furchtbares gab, auf den ersten Blick. Darauf fiel er nicht herein.° Er
hatte inzwischen Atem geschöpft,° und er riß sich los. Aber die fremden
30 Arme griffen sofort wie Zangen° in seine Achselhöhlen.°

Er war schon oft in diesen Sektor gekommen, auf Abenteuer,° auf
Beutezüge.° Einmal hatte ihm ein russischer Soldat eine fast neue
Pfeife geschenkt und ein anderer ein anderes Mal eine Gurke.° Daß
diese wilden Soldaten in ihren schweren, wie gegossenen° Mänteln ihm
35 nichts angetan° hatten, sondern gelacht und ihm sogar noch etwas
geschenkt, das hielt daheim die Frau Obst, das hielt die Nachbarin, das
hielt Thomas dann auch selbst für einen Beweis, wie schlau und wie
tapfer° er war und wie geschickt er sich angestellt° hatte.

Aber er wurde jetzt mit Haut° und Haaren und allein und ohne
40 Zurück und für immer in ihre Gewalt° gegeben. Er war so verzweifelt,
daß er nicht einmal mehr an den Sohn der Frau Obst dachte.

Er riß sich los. Polizisten packten ihn, von dem einen wurde er
angebrüllt,° von dem anderen getröstet, einer redete streng, der andere
sanft auf ihn ein, und jeder umsonst. Eine Weile saß er stumpf° da, dann

polizeiliche Meldestelle

leitender Beamter

weglaufen

weeds (trash)

gibt gern

wehrte sich: **verteidigte sich/
wild**

Gepäck
Butterbrote

geweint

overcome/ganz/sehr müde

festgehalten

Darauf . . . herein: **He wasn't
taken in.**
Atem geschöpft: **Luft geholt**
pliers/armpits

adventure

raids

cucumber

wie gegossen: **sehr steif**

Böses getan

*furchtlos/sich angestellt:
sich benommen*

mit . . . Haaren: **vollständig**

power

angeschrien

ohne Gefühl

schnellte° er noch einmal hoch. Er war schließlich todmüde, wie über-
wältigt.°

In der Bahn war es finster und kalt. Der fremde junge Mensch, der
die Aufgabe hatte, den Jungen nach Greilsheim zu bringen, redete° auf
5 ihn ein, er zitterte selbst vor Frost in abgeschabten,° zu weiten Kleidern.
Er war nicht aus ihnen herausgewachsen, er war in ihnen eingeschrumpft.° Er bot Thomas Brot an, aber Thomas regte° sich nicht. Die
Zähne schlugen ihm aufeinander. Da legte der junge Mensch, weil er
glaubte, daran sei die Kälte schuld, seinen Mantel um ihn. Das Zittern
10 wurde nur stärker.

Zuerst, als sie in Greilsheim angelangt° waren, trottete Thomas
stumpf neben seinem Begleiter her, durch die verschneiten Gassen.
Vor drei Jahren war das Waisenhaus geborsten° und zusammengestürzt,
die Flammen hatten es aufgefressen. Auf einmal lag es neu und weiß
15 hinter der Gartenmauer. Thomas gab seinem Begleiter einen Stoß, er
sprang fort. Er wurde aber sofort gepackt; er schlug und biß. Wie er
unter den Zangen von Armen durchgeschlüpft° war, drehte er sich in
einem fort° um sich selbst wie ein Kreisel,° und er schlug auf jede
Hand, die ihn berührte,° und auch auf die Stimmen, die etwas sagten.

20 Dann war er endlich allein. Er wußte nicht, wie er die Treppe
herauf in dieses Zimmer gelangt war. Es war leer und still. Aus dem
Innern des Hauses kam noch ein Getöse,° etwas Höhnisches,° böse
Lustiges, das hörte auch auf. Er saß auf dem Fußboden. Er zog sich an
einem Sofa hoch.

25 Das Zimmer erschien ihm groß. Hinter dem Fenster lag die ver-
schneite Ebene; sie dehnte° sich unermeßlich° aus, auch ein Waldsaum°
trennte sie nicht vom Himmel, mit dem sie schon langsam zusammen-
schmolz.° Ihm kam einen Augenblick die Lust, hinauszuspringen, und
sie verging ihm. Er war zu müde, und die Ebene, so matt° und gelblich-
30 weiß wie der Himmel, schien auf ihn niederzuströmen.°

Er sah sich um. In einem Winkel des Zimmers brannte ein Lichtschein. Er hatte nicht gemerkt, daß jemand hier saß oder mit ihm gekommen war. Und er hörte jetzt auch Papier rascheln.° Er war zu
stumpf, um zu erschrecken. Er sah bald in den Schnee hinaus, bald in
35 die Richtung des Lichtscheins. Ohne Furcht, ohne Staunen unterschied
er das Gesicht eines Mannes mit Brille, der hinter dem Schreibtisch saß.
Er blieb reglos° auf seinem Sofa sitzen, damit ihn der Mann nicht
entdecken sollte. Der erschien ihm sehr alt, er war ihm unbekannt.

Schließlich hob dieser Mann den Kopf, und seine Brille richtete°
40 sich auf den Jungen, aber er sagte nichts. Thomas sagte: „Ich will
fort."—„Dann geh", sagte der alte Mann, „die Tür ist nicht abgeschlos-
sen." Und er fügte hinzu, als Thomas mit einem Zögern° aufstand: „Iß
etwas vorher." Er stand jetzt selbst auf, und er trat aus dem Lichtkreis
der Lampe heraus, und er stellte vor den Jungen einen Teller Brei.°

Glossary (right margin):

schnellte ... hoch: **sprang auf**
erschöpft

redete ... ein: **redete andauernd**
worn

kleiner geworden/bewegte

angekommen

explodiert

entkommen
in ... fort: **ununterbrochen/top**
anfaßte

großer Lärm/Spöttisches

dehnte ... aus: **breitete sich aus/unvorstellbar/Rand des Waldes**
melted together
nicht leuchtend
to envelope

rustling

unbeweglich

richtete sich: **wandte sich**

Unentschlossenheit

porridge

Inmittens des Breies war eine Delle° und in der Delle ein wenig Butter, nicht viel, eine Messerspitze. Es sah aber gut aus, wie ein Äuglein. Thomas aß schnell.

Dabei fing er zu weinen an. Der alte Mann war inzwischen hinaus-
5 gegangen, er kam zurück mit einem Napf° und mit einem Schöpf-
löffel.° Thomas war verweint,° er sah ihn verwundert an; denn es sah sonderbar aus, wie der alte Mann dastand, mit seiner Brille und seinem großen Schöpflöffel. Er betrachtete Thomas traurig mit einem schwa-
chen Lächeln.

10 Als er noch näher kam, zuckte° Thomas zusammen. Darum füllte er ihm den Teller mit ausgestrecktem,° durch den Löffel verlängertem Arm auf.

Warum ist der alte Mann traurig? dachte Thomas, vielleicht muß er auch hierbleiben.

15 „Morgen kannst du dir Arbeit suchen", sagte der alte Mann, „schlaf dich aus."

„Gleich hier?" fragte Thomas. Er war erschöpft. Er war froh über den Vorschlag.

Als er sich zusammenrollte, ging der Mann zurück hinter den
20 Schreibtisch. Er verglich den Jungen noch einmal mit den Angaben° in den Listen, die vor ihm lagen. Bei der Flucht des Nazi-Direktors waren die Listen im Schrank zurückgeblieben; mit dem Zimmer hatte der Schrank den Brand° überstanden.° Hundert Kinder in alle Winde zerstreut.° Bis auf die paar, die unentwegt,° verstört° und verhungert
25 wie räudige° Hauskatzen in den Trümmern herumschlichen.°

Der neue Schulleiter dachte: Vielleicht bin ich irgendwann seinem Vater im KZ° begegnet.° Vielleicht war sein Vater der Gefangene, der mir nachts geklagt hat: Wüßte ich nur, was aus meinem Jungen wird. — Das hängt jetzt von uns ab, wir sind jetzt die Lehrer.

dent

bowl
großer, tiefer Löffel/hatte vom Weinen gerötete Augen

zuckte . . . zusammen: erschrak
outstretched

Einzelheiten

Feuer/übriggeblieben
fortgezogen/unaufhörlich/ verwirrt
mangy/crawled around

Konzentrationslager/ bin . . . begegnet: habe kennengelernt

Fragen

1 Wo spielt die Geschichte?
2 Was ist Thomas passiert?
3 Warum nahm Frau Obst den Jungen auf?
4 Was war mit ihrem Sohn geschehen?
5 Woher kam der Junge?
6 Was hatten der Sohn von Frau Obst und Thomas gemeinsam?
7 Was ist ein Luftangriff?
8 Wie hießen die vier Alliierten, die Berlin in vier Sektoren teilten?
9 Was bedeutet: Er fuhr zum Hamstern?
10 Warum trug er das Gepäck für die Fremden?
11 Was machte er mit den Zigaretten, die man ihm gab?

12 War Thomas ein guter Schüler?

13 Wer wohnt in einem Waisenhaus?

14 Welche Eigenschaften hatte der Direktor des Waisenhauses?

15 Warum hatte Thomas solche Angst vor Willi?

16 Wer war der fremde Mann in der Soldatenjacke?

17 Was erzählte Thomas Obst seiner Mutter?

18 Warum mußte Thomas sein Bett aufgeben?

19 Warum nahm man Thomas auf das Polizeirevier?

20 Wie behandelte man Thomas bei der Polizei?

21 Wohin brachte man Thomas im Osten?

22 Warum versuchte Thomas wegzulaufen?

23 Wer war der alte Mann, der still im Zimmer saß?

24 Was bekam Thomas zu essen?

25 Zu welcher Jahreszeit kam Thomas wieder in Greilsheim an?

26 Hatte Thomas endlich eine Heimat gefunden?

Verwandte Wörter

Ergänzen Sie:

einstürzen *stürzen*   *hinfallen; eilen*

              der Sturz (es, ⸚e)   *ein plötzlicher Fall*

Beim Slalomlauf ist er plötzlich ...... Das kostete ihn die Goldmedaille.

Sehr aufgeregt kam er ins Zimmer ....

Vorsicht! Dieser Turm kann gleich ....

Nach dem ...... vom Pferde konnte er nie wieder richtig laufen.

     klagen   *die Klage (–, n)*   *Äußerung von Schmerz; die Beschwerde*

Benehmt euch gut, damit wir nur keine ...... bekommen!

Wenn er kommt, werde ich ihm gleich mein Leid ....

     fremd   *der Fremde (n, n)*   *ein Ausländer; ein Unbekannter; einer,*

                                      der hier nicht zu Hause ist

              die Fremde   *unbekanntes Land; das Ausland*

              die Fremdsprache (–, n) *nicht die Muttersprache; eine andere*

                                        Sprache, die man lernen kann

Die Bedeutung dieses Wortes war ihm .... Er hatte das Wort vorher nie
    gehört.

In unserer Schule werden drei ...... gelehrt: Deutsch, Französisch und Spanisch.

Er wollte nicht mehr zu Hause bleiben. Ihn zog es immer in die ....

Kennen Sie den ......? Ich habe ihn noch nicht gesehen.

Russisch und Italienisch lernt er als ....

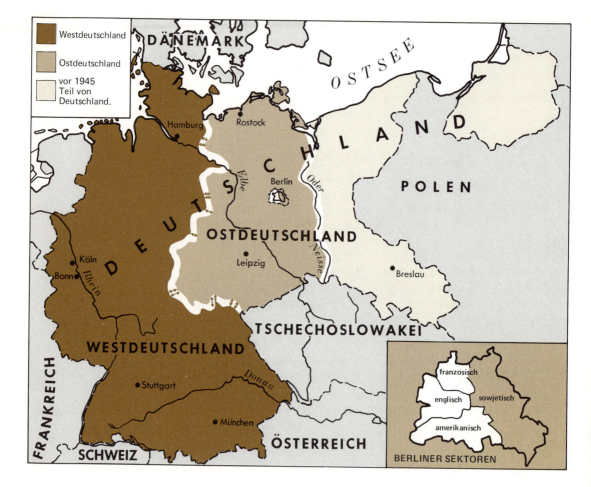

Westdeutschland

Ostdeutschland

vor 1945
Teil von
Deutschland.

DÄNEMARK

OSTSEE

DEUTSCHLAND

POLEN

Hamburg

Rostock

Elbe

Berlin

Oder

OSTDEUTSCHLAND

Köln

Leipzig

Neisse

Breslau

Bonn

Rhein

TSCHECHOSLOWAKEI

WESTDEUTSCHLAND

FRANKREICH

Donau

Stuttgart

München

ÖSTERREICH

SCHWEIZ

französisch

englisch

sowjetisch

amerikanisch

BERLINER SEKTOREN

bestrafen   *die Strafe (–, n)*   *ein Urteil; wenn man etwas Böses tut, dann*
                                   erhält man eine Strafe

            strafen   *bestrafen*

Versuch es doch mal mit guten Worten! Warum mußt du immer gleich . . . . . . ?
Für den kleinen Fehler war die . . . . . . viel zu streng.

Wortschatzübung

Ergänzen Sie:

bestrafen, drücken, einsperren, einstürzen, fremd, der Fremde, die Fremde,
Fremdsprache, hinzufügen, Klage, klagen, Strafe, Sturz, stürzen, Verwirrung, sich wenden, zittern

1   Er war halb erfroren. Er . . . . . . am ganzen Körper.

2   Unvorsichtige Fahrer verlieren ihren Führerschein und werden . . . .

3   Gleich nach dem Abendessen . . . . . . er über Magenschmerzen.

4   Bevor er in den Zug einstieg, ... ihn seine Mutter ans Herz.

5   Welche . . . . . . lernst du in der Schule?

6   Ich habe auf der falschen Straßenseite geparkt. Jetzt muß ich 5 Mark . . . . . .
      zahlen.

7   Entschuldigen Sie, bitte! Ich bin hier . . . . Können Sie mir sagen, wo der
      Park ist?

8   Heute sind die Straßen vereist. Ich bin . . . .

9   Da kann ich Ihnen nicht helfen. . . . . . . Sie sich doch an den Bürgermeister
      der Stadt!

10 Gleich nach dem Luftangriff gab es eine große . . . . Alles lief durchein-
      ander.

11 Kennen Sie den . . . . . . ? Ich habe ihn noch nie gesehen.

12 Vor zwei Jahren verließ er seine Heimat. Seit dieser Zeit lebt er in der . . . .

13 Der . . . . . . aus dem Fenster kostete ihn das Leben. Er war sofort tot.

14 Bei dem großen Windsturm . . . . . . die Brücke . . . .

15 Warum wird er ins Gefängnis . . . . . . ? Er hat nichts Unrechtes gemacht.

16 Würden Sie bitte noch ein paar Worte . . . . . . !

17 Er hat wirklich keinen Grund zur . . . .

Satzbildung

1   bei ein- Fliegerangriff / d- halb- Gasse / einstürzen   (*Plusquamperfekt*)

2   Thomas / ersetzen / d- Sohn // d- / fallen / in- Krieg   (*Imperfekt/Plusquam-
      perfekt*)

3   er / helfen / d- Frau / bei d- Hausarbeit   (*Präsens*)

4 er / gehen / nicht gern / zu- Schule // weil / er / Angst haben / vor d- geschlossen- Raum   (*Imperfekt*)

5 als d- eigen- Sohn d- Frau Obst / kommen / nach Hause // es geben / für Thomas / kein- Platz mehr   (*Imperfekt*)

6 d- Sohn / bringen / d- Junge- / in d- Ostsektor // damit / d- Russe / können / sich kümmern / um (er)   (*Imperfekt*)

7 nachdem / Thomas / bekommen / etwas zu essen // er / aufhören / weinen   (*Plusquamperfekt/Imperfekt*)

Diskussionsthemen

1 Hatte der Heimkehrer Thomas Obst das Recht, das Waisenkind wegzuschicken?

2 Welche Möglichkeiten sehen Sie, Ost- und Westdeutschland wieder zusammenzubringen?

3 Wie könnte man die Lage West-Berlins verbessern?

Anregung

Inszenieren Sie mit Ihren Klassenkameraden eine Diskussion zwischen ost- und westdeutschen Menschen! Auf welcher Basis kann man einen sinnvollen Dialog anfangen?

KARLHANS FRANK (1937 –): Mauer

```
        au      au      au
        au      au      au
     mauermauermauer
     mauermauermauer
  5  mauermauermauer
     m   erm   erm   er
     m   erm   erm   er
     mauermauermauer
     mauermauermauer
 10  mauermauermauer
     mauermauermauer
     mauermauermauer
```

Mauer

MANFRED BIELER: Barbo spricht

In der Form einer Parabel erzählt Manfred Bieler von einem Staat, den immer mehr Bewohner ohne sichtbaren° Grund verlassen. Ob jung oder *sehbar* alt, sie ziehen in das Nachbarland, um dort ein neues Leben zu beginnen. Welche Gründe könnten die Menschen dafür haben, daß sie
5 bereit sind, all ihre Habe° zurückzulassen? Das ist sicherlich kein *Besitz* leichter Entschluß. Was für Schwierigkeiten entstehen° aus dieser *folgen* Situation für einen Staat und für das Leben der zurückbleibenden Bevölkerung?

Nur ein Mann namens Barbo scheint die Antwort auf diese
10 Fragen zu wissen. Nur er scheint zu verstehen, was hier geschieht. Er hat eine Botschaft° zu überbringen. Könnte man vielleicht annehmen,° *Nachricht/akzeptieren* daß der Autor mit dieser Erzählung die Menschen im geteilten Deutschland ansprechen möchte, da er selbst einmal in der DDR gelebt hat?

Verstehen Sie diese Wörter und Ausdrücke?

die Botschaft (–, en): die Nachricht; die Meldung; diplomatisches Büro; eine diplomatische Vertretung / *Um 18 Uhr wird die Neujahrsbotschaft des Präsidenten übertragen.* / *Die deutsche Botschaft in Amerika hat ihren Sitz in Washington D.C.*

ablehnen: dagegen sein; nicht annehmen; zurückschicken / *Diese 20 Mark muß ich ablehnen. Ich lasse mich nicht dafür bezahlen.* / *Ich lehne es ab, weiter mit ihm zu diskutieren.*

das Ziel (es, e): der Punkt, den man erreichen will; ein Ende, das man sich setzt / *Wir haben uns ein Ziel gesetzt. Ehe wir nach Deutschland reisen, wollen wir die deutsche Sprache lernen.* / *Frankfurt ist unser erstes Ziel.*

sich entschließen (o, o): sich entscheiden, etwas zu tun; etwas tun wollen / *Ich kann mich nicht entschließen, nach Mexico zu fahren. Mein Geld ist dieses Jahr knapp.* / *Sie entschloß sich sehr schnell, diese Europareise mitzumachen.*

die Abwechslung (–, en): eine Unterbrechung der Routine; etwas anderes / *Jeden Sommer fahren wir an die See. Zur Abwechslung wollen wir diesmal in den Bergen Urlaub machen.* / *Bringen Sie doch bitte etwas Abwechslung in diese Gesellschaft! Arrangieren Sie Spiele oder tanzen Sie!*

verzichten: etwas nicht wollen; etwas aufgeben; nicht darauf bestehen / *Danke, ich verzichte auf eine Bezahlung.* / *Auf deine Hilfe kann ich verzichten.*

der Schauspieler (s, –): jemand, der auf der Bühne eine Rolle spielt / *Gewöhnlich ist sie eine sehr gute Schauspielerin, aber in diesem Stück hat sie mir nicht gefallen.* / *Er will Schauspieler werden.*

das Feld (es, er): ein Stück Land; ein Acker; ein Fach; ein Arbeitsgebiet / *Zu Beginn eines Schachspiels gehört der schwarze König auf das weiße Feld, gleich neben die Dame.* / *Er ist ein reicher Bauer. Er hat 12 Pferde, 18 Kühe, ein paar Hühner und viele Felder.*

die Einsamkeit: das Alleinsein; die Verlassenheit; die Stille / *Nach sechs Tagen Stadtverkehr liebe ich die Einsamkeit unseres Gartenhäuschens auf dem Lande.* / *Sie liebte die Einsamkeit des Waldes.*

bestehen aus (bestand, bestanden): enthalten; sich zusammensetzen aus / *Das Essen des Gefangenen bestand aus Wasser und Brot.* / *Das Abitur besteht aus einer schriftlichen und einer mündlichen Prüfung.*

Barbo spricht

Seit Jahren versuche ich, an das Ohr unseres Kaisers° zu gelangen.° Ich will ihm eine Botschaft überbringen. Da der Kaiser auf meine Briefe nicht antwortet, oder bestenfalls° von einem seiner Unterbeamten einen kurzen, ablehnenden Ukas° ausfertigen° läßt, warte ich die
5 neueste Entwicklung ab, die zwar den Zielen meiner Botschaft zuwider-läuft,° es mir aber in nicht allzuferner Zukunft gestatten° wird, den Kaiser selbst zu sprechen.

    Seit einigen Monaten verlassen nämlich immer mehr Masseure, Köche, Rittmeister° und Gärtner unser Land. Sie gehen in den Nach-
10 barstaat, arbeiten dort in ihren früheren Berufen und sind, zumal° es keine unüberwindbaren° sprachlichen Schwierigkeiten gibt, samt und sonders° zufrieden.

    In den letzten Wochen melden aber die Grenzposten, daß sich auch ganze Trecks° von Maurern,° Tischlern,° Dachdeckern,° ja sogar
15 von Sklaven° aus ihren Wohnsitzen entfernt und in den Nachbarstaat begeben° haben.

    Die Straße, in der ich wohne, beherbergt° außer meiner Familie nur noch einen alten Kaufmann, der sich nun, wie meine Frau berich-tete, trotz seiner Jahre ebenfalls zum Weggang entschlossen haben soll.
20 Es gibt im Umkreis° von mehreren Meilen heute niemanden mehr, mit dem ich mich unterhalten könnte. Meine Freunde haben mich und den Kaiser verlassen. Um zu einer guten Mahlzeit zu kommen, satteln° wir sonnabends die Maultiere° und sind erst am Montag in einer Her-berge,° die warmes Essen ausschenkt.° Die Reise ist beschwerlich,°
25 meine Frau nicht die Jüngste, und so müssen wir oft auf diese einzige Abwechslung verzichten.

    Die Schaubuden° sind geschlossen; die Schauspieler und Degen-schlucker° haben das Feld geräumt;° und mit wem spiele ich an langen Winterabenden Mayong° als mit meinem Sohn, der mich stets, aus
30 Ehrerbietung° und Unvermögen° gewinnen läßt?

emperor/kommen
höchstens
Befehl/herstellen
entgegenwirkt/ermög-lichen
Hauptmann bei der Kavallerie
besonders weil
insurmountable
samt . . . sonders: **alle**
Züge/Handwerker, die **Mauerwerk herstellen**/Handwerker, die Möbel **herstellen**/Handwerker, die Dächer **herstellen**
unfreie Menschen
sich . . . begeben haben: **gegangen sind**
shelters
Gebiet
saddle
mules
Gasthaus/serviert/unbequem
side shows
sword swallowers/haben . . . geräumt: **sind weg-gegangen**
ein Spiel
Respekt/kein Talent

In unserem Gärtchen, nach den großen, jetzt gänzlich verwahr-
losten° Rieselfeldern° hin, haben wir Mais° für den täglichen Bedarf°
angebaut.° In den Hof stellen wir zur Regenzeit Bottiche° und füllen das
Wasser in die Weinfässer;° denn die Besatzung° des Wasserturms hat
5 das Land verlassen. Eine Menge Ungeziefer° macht sich breit, sitzt in
den leeren Wohnungen und spielt den Herrn im Haus. Seit gestern blickt
auch mein einziger Sohn die Straße hinunter in Richtung auf die
Grenze. Er sagt kein Wort, er beschwert sich nicht, aber ich weiß alles.
Und — darf ich ihn denn zurückhalten in dieser Einsamkeit, mit einer
10 kranken Mutter, die er wohl mitnehmen würde aus Anhänglichkeit,°
und einem alten Vater, der vielleicht zu dumm ist, die Zeit zu verstehn?

Nachts reiten noch mitunter die Soldaten des Kaisers durch
unsere Stadt. Sie tragen Fackeln° in den Händen und suchen nach
Deserteuren. Wie mir ein Unteroffizier mitteilte, hat der Kaiser seine
15 Leibgarde,° die einst, in den großen Tagen, aus vierundachtzig Kohor-
ten° bestand, auf zwölf Bogenschützen° reduziert.

Unsere Richter° und Philosophen, soweit sie noch im Lande sind,
wissen sich keinen Rat, obwohl sie natürlich dem Kaiser mit allerlei
Erklärungen kommen, über deren wahren Wert sie sich selbst keiner
20 Illusion hingeben. Sie haben die verbliebene Bevölkerung in Gruppen
geteilt, um einen besseren Überblick zu gewinnen. Ich und mein
Freund Sinka, der zweitausend Meilen von hier in der Provinz Atamara
wohnt, bilden die Gruppe der Unentschlossenen und werden, laut°
Dekret,° bekämpft. Besonders Aufsässige° wurden auch in Gefängnisse
25 eingewiesen;° doch selbst der Wachmannschaften ist keiner sicher.

In der Residenz des Kaisers, so gehen Gerüchte,° soll sich nur
noch die kaiserliche Blaskapelle° aufhalten, die von den zwölf Bogen-
schützen beaufsichtigt° wird. Aber auch hier bahnen° sich Änderungen
an: je ein Bogenschütze und zwei Bläser sollen täglich in schweigender
30 Übereinkunft° den Palast verlassen und außer Landes gehn. Es kommt
der Tag, an dem der Kaiser nicht einmal mehr Musik haben wird.

Dieser Tag wird für mich ein Freudentag sein. Am Morgen
werde ich mein Maultier besteigen und in die Hauptstadt reiten. Niemand wird mich hindern, zum Kaiser zu gehn und ihm meine Botschaft
35 zu überbringen. Gewiß hat er Zeit für mich, denn an diesem Tage sind
nur noch wir beide im Lande. Endlich werde ich ihm die Augen öffnen
und ihm sagen, wie er die Masseure, Köche, Maurer, Rittmeister und
Sklaven glücklich machen kann.

unordentlich/irrigated
fields/corn/*Gebrauch*
cultivated/barrels
wine casks/*Gruppe von
Arbeitern*
vermin

Treue

torches

*Truppe zum persönlichen
Schutz*
Truppeneinheiten/archers
judges

nach
Befehl/Rebellen
eingesperrt
rumors
band
kontrolliert/*bahnen . . . an:
beginnen*
Übereinstimmung

Fragen

1 Wie lange versucht Barbo, mit dem Kaiser zu sprechen?
2 Was ist die einzige Mitteilung von dem Kaiser?
3 Warum ziehen die Leute in den Nachbarstaat und nicht in einen anderen?
4 Warum kann sich Barbo mit keinem Freund mehr unterhalten?
5 Wie lange muß man reiten, um eine gute Mahlzeit zu genießen?
6 Warum macht das Ehepaar die Reise selten?
7 Warum sind die Schaubuden und Theater geschlossen?
8 Was ist mit der Wasserversorgung los?
9 Woher nimmt man Wasser?
10 Warum will der Sohn die Eltern verlassen?
11 Liegt die Stadt, in der Barbo wohnt, weit entfernt von der Grenze?
12 Wer ist Barbo?
13 Was suchen die Soldaten, die nachts durch die Stadt reiten?
14 In welche Gruppen wird die Bevölkerung eingeteilt?
15 Warum wird der Kaiser eines Tages keine Musik mehr haben?
16 Was ist Barbos Botschaft?

Verwandte Wörter

Ergänzen Sie:

die Botschaft   *der Bote (n, n)*   *ein Melder; ein Überbringer von Nachrichten oder Dingen*

der Botschafter (s, —)   *ein hoher Diplomat*

Der ...... überbrachte die bestellten Holzfiguren.
Wenden Sie sich doch an die französische ...... in Paris!
Der ...... ist der offizielle Vertreter (Repräsentant) eines Landes.

das Ziel   *zielen*   *beabsichtigen; einen bestimmten Zweck verfolgen; auf ein Ziel schießen wollen*

Sehen Sie den schwarzen Punkt da hinten? Das ist das ....
Mit dieser Bemerkung ...... er auf dich.

sich entschließen   *der Entschluß (sses, ⁻sse)*   *die Entscheidung; etwas, was man bestimmt tun will*

Ich kann mich nicht dazu ......, meine Kusine zur Party einzuladen. Sie ist immer so langweilig.
Daran ändert sich nichts mehr. Das ist mein fester ....

die Abwechslung   *wechseln*   *ändern; anders machen; tauschen*
                  abwechseln *miteinander wechseln; variieren*

Von München nach Hamburg müssen wir 8 Stunden fahren. Das ist zwar weit,
    aber wir können uns ja beim Fahren ....
Gibt es hier gar keine ......? Was tut ihr denn den ganzen Tag?
Diese Arbeit ist recht monoton. Wir sollten uns jede halbe Stunde ....
Das Hemd ist schmutzig. Du sollst es ....

die Einsamkeit   *einsam*   *allein; verlassen; unbewohnt; menschenleer*

Seitdem seine Frau in Lübeck zu Besuch ist, fühlt er sich ...... und verlassen.
Hier wohnt man zu weit von der Stadt entfernt. In dieser ...... halte ich es nicht
    länger aus!

bestehen aus   *bestehen*   *existieren; vorhanden sein*

Der Unterschied ...... darin, daß er reich und sie arm ist.
Woraus ...... diese Konstruktion?

Wortschatzübung

Ergänzen Sie:

ablehnen, abwechseln, Abwechslung, bestehen aus, Bote, Botschaft,
Botschafter, einsam, Einsamkeit, sich entschließen, Entschluß, Feld,
Schauspieler, verzichten, wechseln, Ziel

1 Nein, ich kaufe keine Zeitung mehr. Ich muß Ihr Angebot leider ....
2 Im Herbst ist es hier am Ozean schon recht ....
3 Gehe hier entlang bis zum Ende des Kartoffel ......, dann siehst du schon
       das Dorf.
4 Könnten Sie sich ......, noch ein paar Tage dazubleiben?
5 Unser Generalkonsul wird jetzt als ...... nach Moskau gehen.
6 Ein Lehrer muß auch ein guter ...... sein.
7 Hier ist aber auch wirklich nichts los. Wenn man nur etwas ...... hätte!
8 Wir fahren diesen Sommer nach Österreich. Ein bestimmtes Reise ......
       haben wir aber noch nicht.
9 Ich brauche dich! Auf deine Hilfe kann ich nicht ....
10 Als er die traurige ...... erhielt, wurde er sehr krank.
11 Das ist kein leichter .... Entweder kaufen wir das Auto oder wir machen
       Urlaub.
12 Du siehst müde aus. Karl sollte sich mit dir beim Fahren ....
13 Der ...... brachte die Nachricht des Königs.
14 Von hier aus kann ich nichts sehen. Ich möchte meinen Platz ....

15 Heute fährt man gern mal in den Wald. Da gibt es gute Luft, Ruhe und
. . . .

16 Dieses Material . . . . Nylon und Perlon.

Satzbildung

1 seit Jahr- / Barbo / versuchen / d- Kaiser / ein- Botschaft überbringen
(*Präsens*)

2 seit einig- Monat- / viel- Mensch- / verlassen / d- Land   (*Präsens*)

3 sie / sich begeben / in d- Nachbarstaat   (*Perfekt*)

4 sogar ein- alt- Kaufmann / sich entschließen / weggehen   (*Perfekt*)

5 d- einzig- Sohn / sich beschweren / nicht // aber / er / blicken / sehnsuchtsvoll /
in Richtung / auf d- Grenze   (*Präsens*)

6 ganz schwierig- Leute / man / werfen / in- Gefängnis   (*Perfekt*)

7 es / kommen / d- Tag // an d- / d- ganz- Bevölkerung / bestehen / nur aus d-
Kaiser und Barbo   (*Futur*)

8 an dies- Tag / Barbo / reiten / in d- Hauptstadt   (*Futur*)

9 er / sagen / d- Kaiser // wie / er / d- Leuten / können / machen / glücklich
(*Präsens/Konjunktiv Perfekt*)

Anregung

1 Interviewen Sie einen Klassenkameraden und fragen Sie ihn, ob er lieber in
Ost- oder in Westdeutschland leben möchte!

2 Stellen Sie eine Liste aller wichtigen ostdeutschen Städte zusammen!

3 Sie sind Schauspieler von Beruf. Erklären Sie, wo Sie lieber Theater spielen
möchten: im Osten oder im Westen. Geben Sie Ihre Gründe an!

HILDEGARD BAUMGART: Briefe aus der Deutschen Demokratischen Republik

Absender: vorübergehend Schulungsleiter für SED-Funktionäre°

Dresden

Du willst nicht immer nur politische Briefe. Verständlich! Aber Deine
Briefe zwingen° mich ja dazu. Du siehst in einem kommunistischen
5 Funktionär einen Schreihals° gegen den Imperialismus. Versuch mal
die herrliche Aufgabe zu sehen. Nicht Schreien ist sie, sondern Aufbauen. Große sonnige Wohnungen, Schulen, Krankenhäuser.

      Ein Funktionär muß gebildet° sein. Nicht nur in seiner Theorie.
Nein! Es wird zu meinem Studium gehören, mich mit guter Literatur,
10 mit Theater, Kino, kurz, mit allem, was jetzt das Leben der Menschen
ausfüllt und was es später ausfüllen soll und wird, zu beschäftigen. Das
alles ist Politik. Kulturpolitik, Wirtschaftspolitik,° egal welche, man
muß sie zum Wohle der Menschen gebrauchen, und sie wird zur
Freude, die begeistert. Verstehst Du mich nun ein bißchen?

15 Absender: Architektur-Studentin, überzeugtes° SED-Mitglied

Berlin

Das Buch, das Du mir schicken wolltest, wirst Du wahrscheinlich inzwischen schon wiederbekommen haben. Das hätte ich Dir vorher
sagen können, daß Bücher nicht geschickt werden dürfen. Wer sollte
20 sich auch die Arbeit machen, sie alle zu lesen und zu prüfen? Das wäre
nun mal nötig, auch wenn Du das nicht einsiehst.° Ich würde Dir raten,
Dich einmal bei Euch zu orientieren, ob Du alle Bücher bekommen
kannst! Die Probe aufs Exempel lassen wir lieber sein,° sonst ist Deine
Karriere im Eimer° . . .

Margin glosses:

temporary instructor for Communist Party officials *(SED = Sozialistische Einheitspartei Deutschlands)*

force

complainer

educated

political economy

convinced

begreifst

Die . . . sein: versuchen wir es nicht zu beweisen

zerstört

Absender: Oberschülerin, die mit mehreren Brief-Partnern in der Bundesrepublik korrespondiert

Magdeburg

Heute kam Dein Brief an. Vielen Dank, ich habe mich sehr darüber
5 gefreut. Darf ich mich zuerst einmal vorstellen? Ich bin 16 Jahre,
werde am 3. März 17. Ich habe lange blonde Haare und graugrüne
Augen. Tiere habe ich auch sehr gerne. Ich habe einen Goldhamster
„Mäxchen“ und eine Schildkröte,° die zur Zeit Winterschlaf hält.   *turtle*

Du fragst nach meinem Lieblingsstar. An erster Stelle steht der
10 Franzose Michel Polnareff.° Kennst Du ihn? Er singt: „Love me   *Sänger*
please, love me“ und „La poupée qui fait non“.° Ansonsten° finde ich   *Die Puppe, die nein sagt/*
die Beatles und Barry Ryan gut.   *sonst*

Meine Wände in meinem Zimmer sind mit Bildern aus „Bravo“°   *Zeitung für Teenagers*
bestückt.° Die meisten habe ich von meiner Freundin aus Pinneberg   *armed*
15 bei Hamburg... Hörst Du manchmal den Soldatensender?° Oder   *Radiosendung*
Luxemburg? Diese beiden werden von mir bevorzugt.° Siehst Du   *werden ... bevorzugt: ich*
Beat-Club?   *habe sie lieber*

Daß manche Jugendliche Ulbricht° als Vorbild genannt haben, kann   *SED-Führer bis 1971*
ich mir nicht vorstellen. Er ist nicht beliebt unter der Jugend. Wenn er z.
20 B. im Kino im „Augenzeugen“ (ähnlich der Wochenschau°) gezeigt   *Nachrichten der Woche*
wird, lacht das ganze Kino, und es werden Bemerkungen gemacht, die
nicht gerade Ulbricht-freundlich zu nennen sind...

Nochmals zu den „Mitmachern“.° Das sind wohl die meisten   *those who cooperate with*
hier. Das unbedingt Notwendige wird getan. Eigeninitiative ist nicht   *the government*
25 vorhanden.° Die meisten sind nicht direkt für den Westen. Es stellt nur   *present*
einen besonderen Reiz° dar, etwas „Unerreichbares“, „Tolles“,° wo   *attraction/Wunderbares*
die Jugendlichen leben können, wie es ihnen paßt, die ganz andere
Möglichkeiten in bezug auf Freizeitgestaltung,° Kleidung usw. haben.   *in ... Freizeitgestaltung:*
Die meisten wollen mal auf Besuch rüber, ohne für immer dort zu   *in reference to the use*
30 bleiben. Denn eine gesicherte Existenz (Arbeitsplatz, Bildung) hat man   *of free time*
in der DDR. Fanatisieren kann man die Jugend für den Sozialismus nie.
Jedenfalls die meisten nicht.

Zu den Ost-West-Gesprächen habe ich nicht mehr geschrieben,
weil ich finde, daß das doch nur Formalitäten waren.

35 Morgen müssen wir zu der üblichen Mai-Demonstration.° Dazu haben   *1. Mai = Feiertag der*
wir ein rotes Tüchlein bekommen. Wenn wir an der Tribüne vorbei-   *Arbeiter*
kommen, werden alle damit winken. Das muß ein sehr teurer Stoff sein,
denn insgesamt° hat er die Schule 600 Mark gekostet. Nur damit jeder   *im ganzen*
winken kann.

GRAMMATIK

Modals: Objective and Subjective Use

Objective

Modals used objectively define the situation from the point of view of the speaker:

> Er muß jetzt arbeiten. (He must work now.)
> Er darf nicht länger bleiben. (He may not stay longer.)
> Sie kann Deutsch sprechen. (She is able to speak German.)

Subjective

> Er soll sehr reich sein. (He is said to be rich.)
> Er will aus München kommen. (He claims to be from Munich.)
> Sie muß sehr jung sein. (She must be very young.)

Modals used subjectively express the opinion of the speaker about a situation:

> I have heard he is rich.
> He claims to be from Munich, but I doubt it.
> I am fairly sure she is young.

Present Time

Objective	Subjective
Sie will jetzt gehen.	Sie will nur 24 Jahre alt sein.
Er soll das jetzt machen.	Er soll sehr krank sein.

In the present there is no difference between the form of objective and subjective statements.

Past Time

Objective	Subjective
Er hat schwer arbeiten müssen.	Er mußte schwer gearbeitet haben.
Er hätte gestern kommen sollen.	Er sollte gestern gekommen sein.

In the past time there is a difference between the forms of objective and subjective statements.

A modal used subjectively in the past uses the simple past of the modal + past infinitive.

Subjective Meanings of Modals

müssen

Er muß sehr reich sein. (He must be very rich.)
Wenn Sie dort waren, müssen Sie es gesehen haben. (If you were there, you must have seen it.)

Müssen indicates a firm belief about the statement.

Er müßte es eigentlich geglaubt haben. (He really must have believed it.)

The subjunctive form *müßte* expresses uncertainty.

sollen

Er soll sehr intelligent sein. (He is said to be very intelligent.)
Er soll es gesagt haben. (He is said to have stated it.)

Sollen indicates the speaker does not vouch for the truth of his statement.

Sollten Sie das wirklich nicht wissen? (Don't you really know that?)
Sollte das Paket nicht angekommen sein? (Hasn't the package really arrived?)

The subjunctive *sollte* introduces a doubting question.

wollen

Er will in Europa gewesen sein. (He claims to have been in Europe.)
Sie will es nicht gesagt haben. (She claims she didn't say it.)
Und Sie wollen so klug sein! (And you claim to be so smart!)

Wollen expresses doubts about the claim of the assertion.

können

Morgen kann das Wetter besser werden. (Tomorrow the weather will probably be better.)
Er kann das nicht gesagt haben. (He surely can't have said it.)

Können expresses certainty, possibility, or impossibility.

dürfen

Er dürfte recht haben. (He might be right.)

The subjunctive *dürfte* expresses an uncertain assumption.

mögen

> Das mag wahr sein. (That may be true.)
> Wir mochten eine Stunde gewartet haben. (We may have waited an hour.)

Mögen expresses possibility.

ÜBUNGEN

A Bilden Sie: (a) objektive Modalsätze im Perfekt!
              (b) subjektive Modalsätze im Präsens!

Sie kann den Jungen retten. *Sie hat den Jungen retten können.*
                        Sie kann den Jungen gerettet haben.

1 Sie will ihm helfen.
2 Er muß weit laufen.
3 Er soll sein eigenes Essen finden.
4 Er kann nicht sehr viel verdienen.
5 Sie will ihn nicht fortschicken.
6 Er muß ihr glauben.
7 Man soll das Kind nicht bestrafen.

B Bilden Sie Sätze mit *wollen*!

Er hat vor, nach Europa zu fliegen. *Er will nach Europa fliegen.*
Er sagte, er hätte die Arbeit allein gemacht. *Er will die Arbeit allein gemacht haben.*

1 Er sagt, er wäre aufmerksam gewesen.
2 Er hat vor, einen ausführlichen Bericht zu schreiben.
3 Ihr hattet vor, sie zu begleiten.
4 Er hat vorgehabt, in Urlaub zu fahren.
5 Sie sagten, sie hätten den Schauspieler gesehen.
6 Sie sagte, sie hätte schon ein Geständnis abgelegt.
7 Sagtest du, du hättest das Inserat selbst geschrieben?
8 Hattest du vor, uns zu überreden?

C Antworten Sie! Gebrauchen Sie *können*!

Ist es möglich, daß er schon angekommen ist? *Nein, er kann noch nicht angekommen sein.*

Glaubst du, daß er Deutsch gesprochen hat? *Ja, er kann Deutsch gesprochen haben.*

1 Glaubst du, daß er schon zurückgekehrt ist? Ja, er . . . .
2 War er schon dort? Nein, er . . . .
3 Glaubst du, daß das Kind gezittert hat? Ja, das Kind . . . .
4 Ist es möglich, daß man den Mann eingesperrt hat? Nein, man . . . .
5 Glaubst du, daß sie das wirklich gesagt haben? Ja, sie . . . .
6 Glaubst du, daß er in einem Jahr so viel verdient hat? Ja, er . . . .
7 Ist es möglich, daß er schon fortgefahren ist? Nein, er . . . .

D Bilden Sie Sätze mit *müssen*!

Es ist nötig, daß ich die Wahrheit herausfinde. *Ich muß die Wahrheit herausfinden.*
Ich glaube, er ist allein gefahren. *Er muß allein gefahren sein.*

1 Ich glaube, sie haben zwei Stunden geplaudert.
2 Ist es nötig, daß du so viel rauchst?
3 Es war nötig, daß er endlich schwieg.
4 Ich glaube, in seinem Bericht hat er alles übertrieben.
5 Als junger Mann war es nötig gewesen, daß er sich anstrengte.
6 Es ist nötig, daß wir uns verständigen.
7 Ich glaube, Sie haben sich überhaupt nicht vorbereitet.

E Bilden Sie Sätze mit *sollen*!

Wir gehen lieber jetzt nach Hause. *Wir sollen jetzt nach Hause gehen.*
Man sagt, er sei krank. *Er soll krank sein.*

1 Man klagt lieber nicht.
2 Man sagt, ich sehe ihm ähnlich.
3 Man sagt, er habe es selbst befohlen.
4 Ich nehme lieber am Ausflug teil.
5 Das erledigst du lieber selber.
6 Man sagt, sie habe die teure Vase schon ersetzt.
7 Man sagt, das sei Ihnen gleichgültig.

F Setzen Sie eine Form von *müssen* oder *sollen* ein!

Ich kann meine Uhr nicht wiederfinden. *Ich muß sie verloren haben.*

1 Ich . . . . . . zum Zahnarzt.
2 Er ist immer noch nicht da. Er . . . . . . krank sein.

3 Du ...... nicht über etwas reden, wovon du nichts verstehst.

4 Mein Vetter hat mir geschrieben, wir ...... ihn im Sommer besuchen.

5 Hast du die Nachrichten gehört? Es ...... ein Bergunglück passiert sein.

6 Du hast meinen Brief nicht bekommen? Er ...... dann verlorengegangen sein.

7 Das Buch ist ausgezeichnet. Sie ...... es bestimmt lesen.

8 Der Krankenwagen ist gerade vorbeigefahren. Es ...... ein Autounfall passiert sein.

9 ...... der Zug schon abgefahren sein?

10 Haben Sie den Roman gelesen? Er ...... sehr gut sein.

G Bilden Sie Sätze mit einer Form von *mögen*!

Ich habe den Wunsch, nach Ost-Berlin zu fahren. *Ich möchte nach Ost-Berlin fahren.*

Es ist möglich, daß es zehn Uhr gewesen ist. *Es mag zehn Uhr gewesen sein.*

1 Es ist möglich, daß es wahr ist.

2 Es war möglich, daß wir eine Stunde gewartet haben.

3 Er hatte den Wunsch, Schauspieler zu werden.

4 Wir haben den Wunsch, mit den Leuten zu sprechen.

5 Er hat den Wunsch, die Dame nach Hause zu begleiten.

6 Es ist möglich, daß es stimmt.

7 Es war möglich, daß sie sich zu wenig angestrengt haben.

H Drücken (express) Sie Unbestimmtheit aus, indem Sie die Sätze in den Konjunktiv verwandeln! Fügen Sie *eigentlich* hinzu!

Ich soll um sechs fahren. *Ich sollte eigentlich um sechs fahren.*

1 Michael muß da sein.

2 Wir müssen früher gehen.

3 Wir können heute ins Kino gehen.

4 Ich muß ihm das sagen.

5 Du sollst mehr lernen.

6 Ich darf nicht rauchen.

7 Er darf recht haben.

8 Kannst du das nicht allein erledigen?

9 Du sollst die billigere Jacke nehmen.

Gebrauchen Sie die modalen Hilfsverben in folgenden Sätzen!

Es war nötig, daß man Thomas half.   *Man mußte Thomas helfen.*

1   Frau Obst hatte den Wunsch, den Jungen bei sich zu haben.
2   Sie hat den Wunsch gehabt, ihren eigenen Sohn zu ersetzen.
3   Es war nötig, daß Thomas schwer arbeitete.
4   Man sagte, er sei aus dem Osten gekommen.
5   Es ist möglich, daß es wahr ist.
6   Es war nötig, daß Thomas in die Schule ging.
7   Nicht jeder hat die Möglichkeit, dort zu wohnen, wo es ihm gefällt.
8   Er hatte Angst, Frau Obst wäre bereit, ihn fortzuschicken.
9   Es war nötig, mehr zu lernen.
10   Es ist sicher, daß Thomas ein schweres Leben gehabt hat.
11   Der Sohn hatte vor, Thomas loszuwerden.
12   Er hatte den Wunsch, Thomas nach Ost-Berlin zu bringen.
13   Der Sohn sagte, er hätte nur an seine Mutter gedacht.
14   Einmal im Osten hatte Thomas den Wunsch, dort zu bleiben.
15   Es ist sicher, daß es ihm dort gut gegangen ist.

WORTBILDUNG

Wortpaare

German has a number of expressions made up of pairs of words which rhyme or are alliterative. Meanings of the pairs are extended either by:
 (1) similar words: *weit und breit*
 (2) opposite words: *dick und dünn*

Ähnliche Wörter

dann und wann	*unregelmäßig, ab und zu*
frisch und fröhlich	*freudig*
gang und gäbe	*gewöhnlich*
ganz und gar	*ganz, vollständig*
im großen und ganzen	*im allgemeinen*
kreuz und quer	*planlos hin- und herfahren*
nie und nimmer	*nie*
sage und schreibe	*unglaublich; Stell dir das vor!*
weit und breit	*überall; so weit, wie man sehen kann*

Gegensätze

auf und ab	*hin und her*
durch dick und dünn	*zusammenhalten*
drunter und drüber	*durcheinander, in Unordnung*
kurz und gut	*kurz gesagt, es braucht nicht diskutiert zu werden*

Bilden Sie Sätze mit einem Wortpaar!

Bei uns ist es *üblich*, jeden Freitag eine kleine Prüfung zu haben. *Bei uns ist es gang und gäbe, jeden Freitag eine kleine Prüfung zu haben.*

1 Ich habe das Buch *ganz* vergessen.
2 *Im allgemeinen* ist er ein guter Student.
3 Er ist sehr dagegen. *Nie* wird er es tun.
4 Wir sind im Sommer in Deutschland *herumgefahren*.
5 *Keine Diskussion!* Komm am Freitag und bleib bei uns übers Wochenende.
6 *Stell dir vor!* Er hat sein ganzes Geld zum Fenster hinausgeworfen!
7 *Wo wir auch hinschauten,* gab es Bäume, nichts als Bäume.
8 Der Lehrer spazierte im Zimmer *hin und her*.
9 Seitdem seine Mutter im Urlaub ist, ist im Haus alles *durcheinander*.
10 Er geht nur *unregelmäßig* zur Stunde.
11 Als wir noch in der Schule waren, hielten wir immer *zusammen*.
12 Ich kann das *nie* glauben.
13 Das Kind spielt *freudig* im Sand.
14 *Unglaublich!* Es kostet 20 Mark!

B   Was ist die Bedeutung von:

schmal und breit
voll und ganz
Haus und Hof
ab und zu
hin und her

---

ruhig, einfach

Ruhig and *einfach* have literal meanings and extended meanings.

ruhig

quietly, motionless

> Die Kinder spielen ruhig im Zimmer.

unafraid

> Bleibe nur ruhig, es wird dir nichts geschehen.

without further ado; without opposition

> Komm morgen ruhig vorbei!

einfach

simple, easy, uncomplicated

> Diese Aufgabe ist sehr einfach.

simply

> Ich kann es einfach nicht begreifen.

C Ergänzen Sie mit *ruhig* oder *einfach*!

1 Er beobachtete alles mit . . . . . . Blick.
2 Du kannst es dir . . . . . . noch einmal überlegen.
3 Das Orchester hat . . . . . . großartig gespielt.
4 Das ist sehr . . . . . . zu machen.
5 Wir führen ein sehr . . . . . . Leben.
6 Sie ist sehr . . . . . . gekleidet.
7 Nach . . . . . . Überlegung muß man zugeben, daß er recht hat.
8 Ich verstehe dich . . . . . . nicht.
9 Du kannst . . . . . . kommen. Wir haben nichts dagegen.
10 Das ist nicht ganz . . . . . . zu verstehen.
11 Du kannst es ihm . . . . . . sagen. Er wird nicht böse werden.
12 Kurz und gut, ich habe . . . . . . nichts mehr zu sagen.
13 Du kannst doch jetzt nicht . . . . . . aufgeben.
14 Sei doch endlich einmal . . . . . . !
15 Der Urlaub war . . . . . . wunderbar.

Wiederholung

A Verwandeln Sie die Sätze ins Passiv!

1 Die Polizisten hielten Thomas fest.
2 Man brachte Thomas mittags in den anderen Sektor.
3 Man schob ihn in irgendein Zimmer.
4 Die Polizisten packten ihn.
5 Der eine hat ihn angebrüllt; der andere getröstet.
6 Der fremde junge Mann sollte Thomas nach Greilsheim bringen.
7 Er bot Thomas Brot an.
8 Schließlich hatte man ihn alleingelassen.

B Verwandeln Sie die Sätze aus dem Passiv ins Aktiv! Gebrauchen Sie *man*, *sich lassen*, reflexives Verb oder Infinitiv + *zu*!

1 Das Problem kann leicht verstanden werden. (*sich lassen*)
2 Nicht jede Seite kann leicht gesehen werden. (*Infinitiv* + *zu*)

3 Der Traum des Volkes kann erfüllt werden. (*reflexives Verb*)

4 Alles muß zum Wohl der Menschheit gebraucht werden. (*man*)

5 Die ganze Sache kann leicht erklärt werden. (*reflexives Verb*)

6 Die Italienreise kann nicht gemacht werden. (*sich lassen*)

7 Die Wochenendreise konnte nur einmal im Monat gemacht werden. (*sich lassen*)

8 Dafür muß das Geld gefunden werden. (*man*)

9 Es kann nichts gemacht werden. (*Infinitiv + zu*)

C Verwandeln Sie die Sätze in das Perfekt des Konjunktivs!

Er mußte es allein machen. *Er hätte es allein machen müssen.*

1 Er sollte ihm das Buch nicht schicken.

2 Das konnte sie ihm vorher sagen.

3 Wer wollte sich die Arbeit machen, alle Bücher zu lesen?

4 Das war nötig.

5 Ich sollte dir raten, das nicht zu tun.

6 Das konntest du einsehen.

7 Sie war sicher, daß sie nicht allein fahren durfte.

8 Es tat ihm leid, daß sie das glauben mußten.

Anregung

In *Thomas*, *Barbo spricht* und *Briefe* kritisiert man den Osten und auch den Westen. Stellen Sie zwei Listen auf, indem Sie die Punkte nennen, die man in beiden Teilen Deutschlands ändern sollte.

DIE DEUTSCHEN IN AMERIKA

Nachdem England im 17. Jahrhundert angefangen hatte, an der Ostküste° Nordamerikas Kolonien zu gründen,° verließen neben englischen Auswanderern auch viele Deutsche ihr europäisches Heimatland. Sie hofften auf ein freieres und besseres Leben auf der
5 anderen Seite des Ozeans. Besonders viele Deutsche siedelten° sich in der Gegend von New York und im benachbarten Pennsylvanien an. Meistens blieben sie in ihren Ansiedlungen° unter sich, benutzten weiter die deutsche Sprache und hielten an ihren heimatlichen Sitten und Gewohnheiten° fest. Es scheint, daß diese Absonderung°
10 nicht immer gern gesehen wurde. Schon im Jahre 1753 soll Benjamin Franklin sich gegen die Abkapselung° der deutschen Kolonisten ausgesprochen haben, die für zu wenig Geld arbeiteten und ihre eigene Zeitung druckten,° die nicht nur im Schulunterricht, sondern auch für Urkunden° und Verträge° das Deutsche gebrauchten. Es
15 heißt sogar, daß die deutsche Sprache beinahe zur Landessprache der Vereinigten Staaten geworden wäre. Allerdings ist man sich heute nicht einig darüber, wie es zu dieser Legende kommen konnte. Der Anteil° der Deutschen betrug° nach einer Volkszählung im Jahre 1790 nur ein Viertel der Bevölkerung Pennsylvaniens. Der
20 Prozentsatz° der deutschen Kolonisten in allen amerikanischen Staaten ist natürlich viel niedriger, selbst wenn man daran denkt, daß die Deutschen zur zahlreichsten° Immigrantengruppe gehören, die jemals von Europa nach Amerika eingewandert ist.
    Es besteht jedoch kein Zweifel darüber, daß die deutsche
25 Kultur einen großen Beitrag° zum Leben Amerikas geleistet° hat. Bis ins 20. Jahrhundert hinein existierten deutsche Schulen. Im Staate Pennsylvanien wurde erst im Jahre 1911 die englische Sprache für alle Schulen offiziell vorgeschrieben.° Viele große Deutsche, von Carl Schurz° bis Wernher von Braun,° von Albert Einstein° bis Bruno
30 Walter,° haben der Entwicklung Amerikas ihren eigenen Stempel aufgedrückt.° Vielleicht sollte man diese Männer nicht mehr als Deutsche, sondern als Amerikaner bezeichnen, denn ihre Namen sind in die Geschichte der amerikanischen Staaten eingegangen.

east coast/beginnen

siedelten . . . an: **settled**

Kolonien

Bräuche/Isolierung

Isolierung

published
Dokumente/Kontrakte

Anzahl/war

percentage

größte

Kontribution/gegeben

befohlen
Secretary of the Interior,
(1829–1906)/*Raketen-*
    experte, (1912–   )/
    Physiker, (1879–1955)
Dirigent eines Orchesters,
    (1876–1962)
aufgesetzt

Verstehen Sie diese Wörter und Ausdrücke?

sich befinden (a, u): anwesend sein; da sein; sich fühlen / *Die Schlafzimmer befinden sich im ersten Stock.* / *Darf ich fragen, wie Sie sich nach dem Unfall befinden?*

ahnen: annehmen; vorausfühlen / *Niemand konnte ahnen, daß man die Kinder in dem alten Haus finden würde.* / *Ich hatte schon geahnt, daß sie uns heute besuchen würden.*

die Geburt (–, en): die Abstammung; das Geborenwerden; zur Welt kommen / *Er ist von Geburt Deutscher, aber jetzt schon seit sieben Jahren amerikanischer Staatsbürger.* / *Sie freuten sich über die Geburt eines zweiten Mädchens.*

das Abenteuer (s, –): ein gefährliches Unternehmen; eine ungewöhnliche Sache / *Er ist ein Mensch, der sich immer wieder in Abenteuer stürzen muß.* / *Im 17. Jahrhundert war die Reise nach Amerika ein großes Abenteuer.*

geistig: klug; intelligent; mit Verstand / *Ein Dichter lebt nicht von physischer, sondern von geistiger Arbeit.* / *Seit dem Unfall ist er nicht mehr im Besitz seiner geistigen Kräfte.*

mutlos: hoffnungslos; furchtsam; ängstlich / *Mutlos ließ er den Kopf hängen.* / *Die Menschen hatten alle Hoffnung verloren. Sie waren müde und mutlos.*

überzeugen: jemanden überreden, etwas zu tun; jemanden zu einer anderen Ansicht bringen; beweisen; fest glauben (an) / *Ich habe mich selbst davon überzeugt, daß alles in Ordnung ist.* / *Wollen Sie sich bitte von der Richtigkeit dieser Übersetzung überzeugen?*

der Dienst (es, e): Hilfe; Arbeit; Zweck; ein Beruf / *Ich möchte Ihnen meine Dienste als Detektiv anbieten.* / *Wenn er 65 Jahre alt wird, dann muß er aus dem aktiven Dienst ausscheiden.* / *Er stellte seine ganze Kraft in den Dienst einer guten Sache.*

vermieten: etwas gegen Zahlung zur Benutzung geben / *In diesem Haus sind drei Zimmer zu vermieten.* / *Diese Gesellschaft vermietet Autos pro Tag, Woche oder Monat.*

Die ersten deutschen Einwanderer

Am 24. Juli 1683 schifften° sich dreizehn deutsche Familien in dem britischen Hafen° Gravesend nach Amerika ein. Insgesamt° gingen 50 Leute an Bord der *Concord,* die genug Platz für 180 Passagiere gehabt hätte. 14 Ochsen schlachtete° man für die lange Reise. Als Getränk
5   wurden 30 Fässer° Bier geladen. Zum Schutz der Passagiere befanden sich mehrere Kanonen an Bord. Niemand ahnte, daß die Fahrt nur 69 ruhige Tage dauern sollte. Die einzige Aufregung° war die Geburt von zwei Kindern. Manches an dieser Reise erinnerte an das Abenteuer der *Mayflower,* mit der die Pilgerväter im Jahre 1620 in die Neue Welt
10 aufgebrochen° waren. Auch damals hatte es unterwegs Zuwachs° gegeben: zwei kleine Quäker.

Die Auswanderer waren Mennoniten° aus Krefeld, damals ein kleines Städtchen von 500 Einwohnern.° Franz Daniel Pastorius, ein Freund von William Penn, war ihr geistiger Führer. Penn war lange
15 durch Europa gewandert, um Menschen für seine *Kolonie der Bruderliebe* zu gewinnen, die zugleich mit Axt und Pflug° umgehen° konnten. Wahrscheinlich hatte sein Weg ihn auch nach Krefeld geführt.

Die ersten Jahre waren für die Einwanderer nicht leicht. Der Name
20 *Germantown,* den man ihrer kleinen Siedlung in der Nähe von Philadelphia gegeben hatte, mag ihnen das Gefühl einer gewissen Geborgenheit° verliehen° haben. Doch die Natur war hart, viel härter als in der Heimat. Die Siedlung war arm und die Siedler oft mutlos. Aber schon in wenigen Jahren hatten die fleißigen Einwanderer es zu Wohlstand
25 und Ansehen° gebracht.

Die Bewohner von Germantown beschäftigten sich nicht nur mit dem Pflug. Als erste in der ganzen Welt erhoben sie ihre Stimmen gegen die Sklaverei.° Schon am 18. April 1688 überreichte° Pastorius der Stadt Philadelphia ein Dokument, in dem die deutschen Ansiedler
30 nachdrücklich° gegen den Sklavenhandel protestierten. Sie wollten keinen Unterschied zwischen Menschen weißer und schwarzer Farbe

*schifften . . . ein: **begann die Schiffsreise***
Platz, wo Schiffe anlegen/ im ganzen

tötete

kegs

excitement

abgefahren/Vermehrung

religiöse Sekte
Leute, die dort wohnen

plow/gebrauchen

Sicherheit/gegeben

Achtung

slavery/übergab

emphatisch

anerkennen. Sie waren davon überzeugt, daß man Menschen nicht wie
Vieh° behandeln dürfte. Die Einwohner von Germantown konnten [Tiere]
damals nicht wissen, daß sie einige Jahrzehnte später genauso scharf
gegen die Sklaverei der eigenen Landsleute protestieren würden.

5 Mit dem Zug der Krefelder beginnt die Geschichte der deutschen
Einwanderung nach Amerika. Viele Deutsche wollten das Land verlassen, das durch den Dreißigjährigen Krieg (1618–1648) verwüstet° [zerstört]
war. Der größte Teil der Städte war zerstört, die Bevölkerungszahl von
14 Millionen auf 4 Millionen herabgesunken. Kaum waren die Leiden
10 des Krieges überstanden,° als Louis XIV mit seinen Armeen [überlebt]
von Frankreich her in die Pfalz° und ins Rheinland einmarschierte. [deutsche Gegend am Rhein]
Wieder gingen die Städte, Dörfer und Höfe° in Flammen auf. So kam [Bauernhöfe]
es zu einer großen Massenflucht der Pfälzer und Rheinländer. Im
Frühling des Jahres 1709 zogen Tausende auf Kähnen° und Flößen° [kleine Boote/rafts]
15 den Rhein hinab. Von Holland ließen sie sich nach England übersetzen,
um dort von der Regierung° Hilfe für die Weiterbeförderung° nach [government/Weiterreise]
Amerika zu erbitten.° Da die Flüchtlinge die Seereise nicht bezahlen [bitten um]
konnten, erklärten sie sich einverstanden,° die Kosten für Überfahrt [bereit]
und Essen nach ihrer Ankunft° in den Kolonien durch Arbeit abzu- [Ankommen]
20 tragen.° So schifften sich im April des Jahres 1710 etwa 3000 Pfälzer [nach und nach abzuzahlen]
und Rheinländer nach der Kolonie New York ein. Andere Über-
fahrten folgten. Welchen Gefahren und welcher Not die Auswanderer
auf diesen Reisen oft ausgesetzt° waren, läßt eine Tagebucheintragung [ausgesetzt waren: were exposed to]
des Schullehrers Gottlieb Mittelberger erkennen, der im Jahre 1750 an
25 solch einer Überfahrt teilnahm.

Man kann solches Essen fast nicht genießen. Das Wasser, so
man verteilt, ist vielmals ganz schwarz, dick und so voller
Würmer,° daß man es ohne Grauen° auch bei größtem Durst [worms/schreckliche Angst]
fast nicht trinken kann. Den Zwieback oder das Schiffsbrot hat
30 man essen müssen, obgleich an einem ganzen Stück kaum eines
Talers° groß genug gewesen, das nicht voll roter Würmlein und [Geldstück]
Spinnennester° gesteckt hätte. [spider webs]

Viele erreichten nie ihr Ziel, sondern starben während der Überfahrt
an Hunger und Krankheit. Den Überlebenden ging es nach der An-
35 kunft in Amerika oft schlechter als im heimatlichen Deutschland. [nutzte . . . aus: miß-brauchte/schwierige Situation]
Mancher Schiffsbesitzer nutzte° die Notlage° der Auswanderer aus, die
kein Geld für die Überfahrt gehabt hatten. Viele Jahre hindurch
mußten sie schwer arbeiten. Man behandelte sie oft wie Sklaven, bis sie
endlich von ihren Besitzern freigegeben wurden. Brauchte jemand den
40 Dienst eines Sklaven nicht länger, so stand es ihm frei, ihn zu vermieten
oder sogar zu verkaufen. Folgende Anzeigen° in den Zeitungen waren [Zeitungsnotizen]
zu jener Zeit keine Seltenheit:

Zu verkaufen, einer deutschen Magd° Dienstzeit. Sie ist ein [Mädchen]

starkes, frisches und gesundes Wesen. Versteht alle Bauernarbeit.
Muß noch fünf Jahre dienen. (1776)

Es ist zu verkaufen die Dienstzeit einer Frau und ihres Kindes.
Die Person ist zwischen dreiundzwanzig und vierundzwanzig
Jahre alt, und das Kind, welches ein Knabe° ist, etwa ein und   *Junge*
einhalb Jahr. Die Mutter muß noch sechs Jahre dienen und das
Kind bis auf sein mündiges° Alter. (1773)   *bis ... Alter: bis zum 21.*
Lebensjahr

Solche und ähnliche Anzeigen konnte man in Pennsylvaniens Zeitungen
Gazette und *Staatsbote* lesen. Erst den Vereinigungen deutscher
Einwanderer gelang° es, Gesetze° herbeizuführen, die Neueinwan-   *war möglich/laws*
derern vom Tage ihrer Einschiffung an bis zur Ankunft an ihren
Zielen eine menschenwürdige Behandlung sicherten.°   *sicher machten*

Fragen

1 Wovon handelt diese Geschichte?
2 Wie viele Familien schifften sich zuerst nach Amerika ein?
3 Welchen Glauben hatten die Auswanderer?
4 Warum nahm man Ochsen und Bier mit nach Amerika?
5 Wer war William Penn?
6 Wo wurde die erste Siedlung gegründet?
7 Welchen Namen gab man der Ortschaft?
8 Warum wurden die Einwanderer oft mutlos?
9 Wogegen protestierten die deutschen Ansiedler? Was für ein Dokument
legten sie den Stadtvätern von Philadelphia vor?
10 Warum verließen viele Deutsche nach dem Dreißigjährigen Krieg ihr
Heimatland?
11 Wie finanzierten sie die Seereise nach Übersee?
12 Wie war das Essen an Bord?
13 Wem war es zu verdanken, daß die Neueinwanderer schließlich doch besser
behandelt wurden?

Verwandte Wörter

Ergänzen Sie:

ahnen	*die Ahnung (–, en)*	*ein Gefühl; eine Annahme; eine Vorstellung, die man hat*
	ahnungslos	*nichts ahnend; völlig unwissend*

Er sieht sehr böse aus. Sein Gesicht läßt nichts Gutes ....
Du hast ja keine ......, wie schwer diese Arbeit ist.
Ich war völlig ......, daß so etwas passieren könnte.

die Geburt   *geboren werden*   *zur Welt kommen; anfangen; schaffen*

Er ist in Hamburg ....
Hocherfreut zeigen wir die ...... einer gesunden Tochter an.

das Abenteuer   *abenteuerlich*   *gewagt; gefährlich; erlebnisreich*

Das war eine ...... Erzählung. Sehr interessant!
Auf solch ein ...... laß ich mich nicht wieder ein. Das ist mir zu gefährlich.

geistig   *der Geist (es, kein Plural)*   *der Intellekt; der Genius*

In allen seinen Werken findet man den ...... Schillers und Goethes.
Diese beiden Dichter waren seine ...... Vorbilder.
Er ist ein Mann von ....

mutlos   *der Mut (es, kein Plural)*   *die Furchtlosigkeit; die Courage*
        mutig   *furchtlos; nicht ängstlich*

Das war nicht einfach. Da gehörte schon eine große Portion ...... dazu.
Sie sollten nicht ...... den Kopf sinken lassen.
Das war eine ...... Tat. Ich hätte nicht die Courage dazu gehabt.

der Dienst   *dienen*   *für jemanden arbeiten; jemandem helfen; im Mili-*
                        tärdienst stehen

Niemand kann zwei Herren zugleich ....
Er muß pünktlich um 8 Uhr morgens seinen ...... beginnen.
Es tut mir leid, dieses Buch ist nicht mehr zu haben. Damit können wir Ihnen
  leider nicht ....
Er mußte zwei Jahre als Soldat beim Militär ....

vermieten   *mieten*   *gegen Bezahlung etwas in Gebrauch neh-*
                                men
            die Miete (–, n)   *Bezahlung für das, was man mietet*

Ich brauche ein Zimmer. Haben Sie eins zu ...... ?
Unsere ...... ist sehr hoch, denn die Wohnung ist sehr modern.
Wir möchten in diesem Mietshaus eine Wohnung ....

Wortschatzübung

Ergänzen Sie:

Abenteuer, abenteuerlich, ahnen, Ahnung, ahnungslos, sich befinden,
dienen, Dienst, geboren werden, Geburt, Geist, geistig, Miete, mieten,
Mut, mutig, mutlos, überzeugen, vermieten

1 Womit kann ich sonst noch ...... ? Was kann ich sonst noch für Sie tun?
2 Ich ...... nichts Gutes. Hoffentlich gibt es keinen Streit.

3 Alle wertvollen Gemälde . . . . seit Kriegsanfang in einem Keller in Stuttgart.

4 Für solch ein . . . . . . ist er nicht mehr zu haben. Er wird langsam alt.

5 Kurz vor seinem Tode war er nicht mehr im Besitz seiner . . . . . . Kräfte.

6 Ich möchte zu gerne an einer . . . . . . Reise teilnehmen. Am liebsten wäre mir eine Safari ins tiefe Afrika.

7 Seit dem Jahre 500 nach Christi . . . . . . hat sich die deutsche Sprache immer mehr geändert.

8 Meine . . . . . . hat sich nicht erfüllt. Es kam alles ganz anders.

9 Wir haben eine moderne Wohnung zu . . . . Die monatliche . . . . . . ist aber sehr hoch.

10 Goethe wurde am 28. August 1749 in Frankfurt . . . .

11 Darf ich Ihnen meinen . . . . . . anbieten? Ich bin augenblicklich arbeitslos.

12 Nun, viel . . . . . . hat er gerade nicht gezeigt. Seine Rede war wirklich ohne Sinn und Ziel.

13 Sie müssen etwas mehr . . . . . . haben, dann geht es schon. Wer nicht wagt, der gewinnt auch nicht.

14 Meine Augen sind in Ordnung. Sie können sich selbst davon . . . .

15 Das ist nicht sein Wagen. Er hat ihn . . . .

16 Das war eine . . . . . . Tat. Er hat die beiden Kinder gerettet, ohne an sein eigenes Leben zu denken.

17 . . . . . . hatte er sich bereiterklärt, die Kosten zu bezahlen.

18 Nun bist du wieder . . . . . . und läßt den Kopf hängen.

Satzbildung

1 fünfzig Leute / fahren / mit ein- Schiff / nach Amerika (*Imperfekt*)

2 niemand / ahnen // daß d- Fahrt / dauern / nur 69 ruhig- Tag- (*Imperfekt/ Konditional*)

3 vieles an dies- Reise / erinnern / an d- Abenteuer der *Mayflower* (*Imperfekt*)

4 man / nennen / d- klein- Siedlung *Germantown* (*Perfekt*)

5 in d- nächst- Jahren / kommen / viel- Deutsch- // die / wollen / verlassen / ihr- zerstört- Heimat (*Imperfekt*)

Diskussionsthemen

1 Halten Sie es für unbedingt wichtig, daß die heutigen Neueinwanderer die englische Sprache beherrschen, ehe sie dieses Land betreten?

2 Viele Einwanderer werden später einmal bessere Staatsbürger als einige geborene Amerikaner. Worauf führen Sie das zurück?

3 In den letzten Jahren sind viel weniger Deutsche nach Amerika eingewandert als früher. Was könnten die Gründe dafür sein?

Dodge County Pionier

Warum gibt es deutsche Zeitungen in Amerika? Welchen Wert hat ein
solches Blatt für deutsche Einwanderer? Eine deutsche Zeitung im
Ausland hat viele Aufgaben zu erfüllen. Sie bringt nicht nur Nachrichten ins Haus, sondern bildet zugleich eine Verbindung zwischen der
5 alten und der neuen Heimat. Der jüngere Leser mag mehr an lokalen
Geschehnissen interessiert sein, an Bekanntmachungen, Vorträgen°
oder Veranstaltungen° deutscher Vereine. Ältere Leute ziehen° es oft
vor, eine Zeitung in ihrer Muttersprache zu lesen. Für sie erwecken
die Nachrichten von „drüben" Erinnerungen an gute, alte Zeiten, an
10 Sitten und Bräuche, die man auch im Ausland nicht vergessen möchte.
Eine deutsche Zeitung läßt also nicht nur die deutsche Sprache weiterleben, sondern sie wird zugleich zum Träger deutschen Denkens und
deutscher Kultur.

    Die folgenden Ausschnitte° stammen aus dem *Dodge County*
15 *Pionier,* einer deutschen Zeitung in Wisconsin. Sie beweisen, daß sich
die Artikel einer Zeitung im Laufe° von hundert Jahren kaum geändert
haben. Welche Unterschiede können Sie zwischen den folgenden Aus-
schnitten und den Artikeln einer modernen deutschen Zeitung in
Amerika erkennen?

Reden über wissenschaft-
liche Themen

Feiern, Treffen/ziehen . . .
vor: **haben es lieber**

Teile

im Laufe: **während der Zeit**

Verstehen Sie diese Wörter und Ausdrücke?

der Dieb (es, e): jemand, der stiehlt / *Haltet den Dieb! / Der Dieb wurde mit sechs Wochen Gefängnis bestraft.*

vermuten: annehmen; für möglich halten / *Ich vermute, daß uns Tante Erna heute besucht. / Ich weiß es nicht genau; ich vermute es nur.*

verhaften: jemanden festnehmen; einen Menschen arretieren / *Kommen Sie mit! Sie sind verhaftet! / Der Dieb wurde während der Tat verhaftet.*

die Aufregung: die Unruhe; eine starke Gefühlsbewegung / *Ihre Aufregung war so groß, daß sie nicht schlafen konnte. / In seiner Aufregung wußte er nicht mehr, was er machte.*

verhindern: unmöglich machen; abwenden / *Er konnte das Unglück noch rechtzeitig verhindern. / Es tut mir leid, daß ich morgen nicht kommen kann. Ich bin dienstlich verhindert.*

(sich) treffen (traf, getroffen): das Ziel erreichen; zusammenkommen / *Ich habe ihn gestern in der Karlstraße getroffen. / Die Vorstellung beginnt um 7 Uhr. Treffen wir uns doch schon um 6 Uhr 30! / Mit dieser neuen Pistole hat er genau ins Schwarze getroffen.*

die Gewalt (–, en): die Kraft; wenn jemand viel Kraft gebraucht, dann hat er Gewalt / *Wir müssen versuchen, ihn in unsere Gewalt zu bekommen. / Die Tür ließ sich nur mit Gewalt öffnen.*

liefern: zusenden; abgeben; besorgen / *Die Ware wird Ihnen frei ins Haus geliefert. / Die Abenteuer unserer Reise liefern den Gesprächsstoff.*

drohen: jemandem etwas Böses melden; jemandem Angst einjagen / *Laß ihn nur! Er soll mir ruhig mit einer Klage drohen. Ich habe keine Angst. / Was soll das? Warum drohst du mir mit der Faust?*

erleben: anwesend sein; etwas kennenlernen; erfahren; mitmachen / *Auf unserer Tour durch Europa haben wir sehr viel Schönes und Interessantes erlebt. / Nach dem Kriege hat er viel Schweres erleben müssen.*

Dodge County Pionier

Oktober 1885

— In Hustisford wird die Post jetzt sehr billig befördert.° Der frühere Postkutscher° Wm. Wegner erbot° sich dieselbe für $1.00, von Woodland nach Hustisford für 6 Monate zu fahren, während August Nienow ein Angebot von $13 einreichte.° Wäre sicherlich auch sehr billig
5 gewesen.

— Das neue Distriktsschulhaus in Woodland ist nun ganz fertig. Der Unterricht wird etwa Mitte Oktober beginnen.

— In der Nacht vom Dienstag auf Mittwoch letzte Woche wurde bei Herrn Wm. Boßmann in Horicon eingebrochen. Herr Boßmann war
10 zur Zeit auf der Jagd, was der Dieb wußte, indem er sich vorher darnach erkundigt hatte. Er entwendete° $13 in kleinem Gelde, darunter ein gezeichnetes° 25-Centstück, welches zerschossen° war und zur Entdeckung des Diebes führte. Außerdem entwendete er ein halbes Hundert Havana-Cigarren und eine Flasche Whiskey. Es wird vermutet,
15 daß er sich den Weg durch das Küchenfenster suchte. Am Freitag Morgen darauf wurde in Frau Großkopfs Wirtschaft° ein Mann namens Schüler gesehen, welcher daselbst ein Glas Bier trank; zur selben Zeit kam Chas. Deierlein herein und tractirte.° Frau Großkopf konnte einen Dollar nicht wechseln und so erbot sich Schüler den
20 Dollar zu wechseln; gab 5- und 10-Centstücke sowie das zerschossene 25-Centstück. Es wurde nun Herrn Boßmann mitgeteilt,° daß der Dieb entdeckt sei. Derselbe benachrichtigte° den Marshall Ed. McCollin von Horicon, welcher Schüler verhaftete und vor Friedensrichter° Otto brachte, wo er sich nicht schuldig erklärte. Die Beweise sind klar, daß
25 er der Dieb ist und wurde er vom Marschall nach Juneau gebracht, wo er seinen Proceß° zu bestehen haben wird. Man glaubt, daß dieser Mann in Horicon schon seit längerer Zeit verschiedene Diebstähle und Schwindeleien° begangen° hat.

Glosses:
- befördert.° — transportiert
- Postkutscher° — stagecoach driver / erbot sich: **war bereit**
- einreichte.° — anbot
- entwendete° — stahl
- gezeichnetes° — markiert / shot up
- Wirtschaft° — Gasthaus
- tractirte.° — treated
- mitgeteilt,° — gesagt
- benachrichtigte° — informierte
- Friedensrichter° — justice of the peace
- Proceß° — **trial**
- Schwindeleien° / begangen° — swindles / getan

— Hermann Sohre aus Town Burnett war am letzten Donnerstag Abend damit beschäftigt ein Schwein zu schlachten.° Ein anderes Schwein rannte dazwischen und in der Aufregung stach° er das Schwein und brachte sich selbst mit dem Messer eine Wunde am Bein in der Wade° bei. Herr Sohre wurde von einem Arzt behandelt, kann jedoch seiner Arbeit wieder nachgehen.°

töten

steckte ein Messer hinein

calf of the leg

seiner . . . nachgehen: **wieder arbeiten**

— Nächsten Dienstag ist Markttag in Hustisford.

— Richard Sauerhering beging am letzten Sonntag die Feier seines Geburtstages.

Mai 1908

— Das Seilspringen° ist schädlich.° Das Frühjahr ist hier, was zur Folge hat, daß die Mädchen bei den Schulen in der freien Zeit sich ergötzen° am Seilspringen. Es gibt absolut keine körperliche Übung, die der Gesundheit so nachteilig° ist, wie das Seilspringen, weil durch das anhaltende° Hupfen° die Unterleibsorgane° beschädigt werden, indem dieselben bei jedem Sprunge eine Erschütterung° auszuhalten haben. Die Erschütterung der Unterleibsorgane beim Seilspringen kann Brüche° bewirken,° wenn das Darmnetz° nicht ganz fest ist. Es sollten Eltern und Lehrer strenge darauf achten, daß die Kinder sich des Seilspringens enthalten;° denn wenn auch nicht alle sich einen Bruch aufspringen, so bekommen sie doch andere Unterleibsbeschwerden;° also aufgepaßt auf diesen Feind° der Gesundheit. Es ist viel leichter Krankheiten zu verhindern, als vorhandene° Krankheiten wegzubringen.

jumping rope/gefährlich

amüsieren

schädlich
andauernd/Springen/ abdominal organs
Bewegung

ruptures/zur Folge haben/ intestinal tract

darauf verzichten

abdominal problems

enemy

existierend

— Gebrüder Bartsch erhielten am Markttag 40 Kisten° Eier, jede Kiste enthält 24 Dutzend; im Ganzen also 11,520 Eier.

crates

— Von einem Pferde getroffen. — Als Louis M. Wild von Town Le Roy am Mittwoch Vormittag seine Pferde bei dem Kaufladen der Brüder Bartsch angebunden hatte und im Begriff° war, eine Kiste Eier vom Wagen zu nehmen, erschrak eins der Pferde, schlug aus und traf ihn mit solcher Gewalt hinten an der linken Hüfte,° daß er 20 Fuß weit in die Straße nach dem Hotel Beaumont zu flog und besinnungslos° liegen blieb. Ein fremder englischer Mann und Joseph Bauer und Joseph Gleißner von Town Le Roy, welche ebenfalls zur Stelle waren, hoben Herrn Wild auf, der sich nach ein paar Minuten wieder erholte. Es stellte° sich zum Glück heraus, daß Herr Wild gar keinen Schaden davongetragen hatte. Am Nachmittag um halb drei betrat er unser Sanctum, als ob ihm gar nichts geschehen wäre, denn wir konnten ihm nicht anmerken, daß ihm etwas passiert gewesen war, und bezahlte den *Pionier* zu dessen langjährigen Lesern er gehört auf ein weiteres Jahr im voraus.

im . . . war: **wollte gerade**

hip
bewußtlos

stellte . . . heraus: zeigte sich

Juni 1918

— Bestellt den *Dodge County Pionier,* die einzigste deutsche Zeitung in Dodge County und Washington County. Preis $2.00 bei Vorausbezahlung für das Jahr. Alle Deutschen, welche den *Pionier* gegenwärtig° nicht halten, sind freundlichst eingeladen unsere Zeitung zu
5 bestellen.

jetzt

Oktober 1918

Seit diesem Tag sind die deutschen Zeitungen unter der Knute.° Es ist jetzt ein ganzes Jahr verflossen,° seit wir keine Kriegsnachrichten mehr in der Zeitung bringen, weil es seit dem 6. October 1917 streng verboten ist, irgend etwas in Bezug° auf den Krieg in deutschen Zeitungen zu
10 bringen, ausgenommen° es wird davon eine ganz genaue und richtige englische Übersetzung an den Postmeister jede Woche geliefert.

unter . . . Knute: **restricted**
vergangen

in . . . Krieg: **concerning the war**
except for

Dazu haben wir niemals Zeit und auch gar keine Lust, uns damit abzuplagen.° Einen passenden Mann extra dafür anzustellen° und ihn dafür extra bezahlen, das können wir nicht, denn so viel Geld
15 können wir nicht verdienen.

*sich unwillig beschäftigen/
beschäftigen*

November 1918

Der Krieg aus der Welt.

Die lang ersehnte° Botschaft traf früh am Montag Morgen ein. Wurde allgemein gefeiert.

erhofft

Früh am Montag Morgen traf die verbürgte° und officielle
20 Nachricht hier ein, daß endlich nach dem allzu lang andauernden Krieg, welcher die ganze Welt zu vernichten° drohte, endgiltiger° Friede geschlossen worden ist.

garantiert

zerstören/endgültig: **für immer**

Diese erfreuliche Nachricht wurde mit der größten Begeisterung aufgenommen und sofort wurden Anstalten° getroffen, diesen Tag zu
25 feiern, was denn auch ganz gründlich° geschah.

Vorbereitungen
thoroughly

Die Kaufläden und andere Geschäfte schlossen ihre Türen und den ganzen Tag bis in den Abend hinein war es ein richtiges Freudenfest, wie noch keines erlebt wurde.

Der Krieg ist aus der Welt und nun soll es heißen: „Frieden auf
30 Erden und den Menschen ein Wohlgefallen.“°

Freude

Dezember 1929

— Streut° Asche auf die Seitenwege bevor sich jemand bei einem Fall Knochenbrüche° zulegt.

werft
*sich . . . Knochenbrüche
zulegt:* **breaks his bones**

— Legt einen Dollar für einen guten Zweck an und tretet der Rote Kreuz-Gesellschaft als Mitglied bei.

35 — Bekanntmachung:° Von nun an werden alle hiesigen° Geschäfte auch am Abend bis Weihnachten offen sein.

Annonce/in dieser Gegend

Fragen

1 Wo erschienen diese Artikel?
2 Welchen Namen führte diese Zeitung?
3 Einige Wörter klingen halb englisch. Woran liegt das wohl?
4 Warum durfte Wm. Wegner, der frühere Postkutscher, die Post befördern?
5 Wie wußte der Dieb, daß Herr Boßmann nicht zu Hause war?
6 Warum konnte Schüler den Dollar wechseln?
7 Hatte Schüler nur einmal gestohlen?
8 Warum mußte Hermann Sohre zum Arzt?
9 Warum glaubte man, daß Seilspringen schädlich sei? Welche Gründe wurden angegeben?
10 Warum wollte Louis Wild Eier vom Wagen nehmen?
11 Warum hat das Pferd ausgeschlagen?
12 Wurde jemand bei dem Unfall verletzt?
13 Warum durften die deutschsprachigen Zeitungen im Jahre 1918 nichts über den Krieg berichten?
14 Wie war die Stimmung der deutschstämmigen Bürger, als der Krieg zu Ende war?

Verwandte Wörter

Ergänzen Sie:

der Dieb   *der Diebstahl (s, ⸚e)*   *das Stehlen; wenn man etwas nimmt, was einem nicht gehört, dann begeht man einen Diebstahl*

Er machte sich eines ...... schuldig.
Ich bestehe darauf, daß der ...... bestraft wird.

die Aufregung   *sich aufregen*   *sehr unruhig oder nervös werden; etwas so stark fühlen, daß man sich nicht mehr kontrollieren kann*

Zu Weihnachten gibt es große ....
...... dich nicht so ......! Alles wird doch noch gut gehen.

(sich) treffen   *das Treffen (s, –)*   *ein Zusammenkommen von Menschen*
                  der Treffpunkt (es, e)   *ein Ort, wo man sich trifft*

Jedes Jahr im Mai gibt es bei der Familie Meyer ein ...... in Goslar.
Können wir uns heute schon etwas eher ......? Ich möchte einmal früher schlafen gehen.
Als ...... hatten wir den Goetheplatz festgelegt.

die Gewalt   *gewaltig*   *kräftig; sehr groß*

Dieses Drama machte einen ...... Eindruck auf mich.
Wenn er es nicht freiwillig tun will, dann müssen wir ...... gebrauchen.

liefern   *die Lieferung (–, en)*   *das Abgeben; das Geliefertwerden*

Wann können Sie mir den neuen Wagen ......? Ich brauche ihn unbedingt noch
   vor meinem Urlaub.
Die erste ...... erhalten Sie schon nächsten Montag. Später liefern wir dann an
   jedem 3. Montag im Monat.

drohen   *die Drohung/die Bedrohung (–, en)*   *die Nachricht über etwas
                                                  Böses; ernste Warnung*

Ich hoffe nur, daß er seine ...... nicht wahr macht.
Das Wasser ......, das ganze Dorf zu zerstören.
In seinen Worten lag eine klare ....

erleben   *das Erlebnis (ses, se)*   *etwas, was einem passiert; ein Aben-
                                       teuer*

Er wollte noch das Ende des Krieges ....
In diesem Buch berichtet er von seinen ersten ...... in Amerika.

Wortschatzübung

Ergänzen Sie:

sich aufregen, Aufregung, Dieb, Diebstahl, drohen, Drohung, erleben,
Erlebnis, Gewalt, gewaltig, liefern, Lieferung, treffen, Treffen, Treffpunkt,
verhaften, verhindern, vermuten

1   Die Spieler wollen sich um 5 Uhr nachmittags .... Als ...... wurde das
    Olympia-Stadion festgelegt.
2   Der Dieb wurde von den Polizisten ....
3   Bitte kommen Sie freiwillig mit, oder ich muß ...... gebrauchen.
4   Die Polizei hatte von dem ...... gehört. Sie war sehr schnell zur Stelle.
5   Ich schicke Ihnen hiermit die Sendung zurück. Eine solche ...... kann ich
    nicht annehmen.
6   Beruhige dich doch! Können wir nicht darüber sprechen, ohne daß du dich
    so ......?
7   Ich weiß nicht genau, wie er sich verhalten wird. Ich ...... aber, daß er
    gleich abreisen wird.
8   Das hatte ich befürchtet. Nun hat er seine ...... doch wahr gemacht.
9   Das war ein großartiges ......! So etwas sieht man nicht alle Tage.
10 Er hatte das gestohlene Geld bei sich. Er mußte der ...... sein.

11 Würden Sie mir diese Sachen noch heute ......? Ich kann nicht alles tragen.

12 Er ...... ihm mit dem Finger.

13 Er hatte noch die Freude, die 80. Aufführung seines Theaterstückes zu ....

14 Als das mündliche Abitur anfing, war die ...... sehr groß.

15 Am letzten Sonntag hatten die Segler ihr jährliches ...... im Sportklub Blau-Weiß.

16 Wenn du deinen Wagen zum Großglockner-Paß hinauffährst, dann mußt du ganz ...... aufpassen!

17 Niemand war in der Lage, den Unfall zu ....

Satzbildung

1 Dieb / wissen // daß / Hausbesitzer / gehen / auf d- Jagd   (*Imperfekt*)

2 Polizist / verhaften / Dieb   (*Perfekt*)

3 Dieb / erleben / Enttäuschung // als / er / verhaften   (*Imperfekt/Imperfekt Passiv*)

4 d- Mann / wollen / liefern / ein- Kiste- Eier   (*Imperfekt*)

5 als / ein Pferd / ausschlagen // es / treffen / d- Mann / mit solch- Gewalt // daß / er / hinfallen   (*Imperfekt*)

Diskussionsthemen

Was würden Sie als Eingewanderter von einer deutschsprachigen Zeitung im Ausland erwarten?

Anregung

1 Schreiben Sie einen interessanten Artikel auf deutsch und schicken Sie ihn an den Redakteur (editor) einer deutschen Zeitung in Amerika!

2 Lassen Sie sich von einigen deutschen Vereinen in Amerika Vereinszeitungen zuschicken und vergleichen Sie deren Programme!

3 Jedes Jahr im Sommer feiern viele deutsche Vereine und Klubs einen *Deutschen Tag*. Erkundigen Sie sich, wo eine solche Feier nächstes Jahr stattfindet und was dafür geplant ist.

4 Schreiben Sie an die folgenden deutschen Zeitungen und lassen Sie sich eine Ausgabe (Kopie) zur Ansicht schicken.

Plattdeutsche Post, 85 New Dorp Plaza, Staten Island, New York 10306
Eintracht (Deutsch-Österreich-Ungarn), 9456 North Lawlea, Skokie, Ill. 60076
Chicagoer Abendpost, 223 W. Washington, Chicago, Ill.
Deutscher Wochenspiegel, 2733 Culvert, Rochester, New York 14622
Coureer Toronto, Post Office Box 1054, Winnebago, Man. Canada
Washington Journal, 3132 M. Street N.W., Washington D.C. 20007
Detroiter Abendpost, 1436 Brush Ave., Detroit, Mich. 48226
Californische Staatszeitung, 221 East Peco Blvd., Los Angeles, Cal. 90015
Wächter und Anzeiger, 4164 Lorrain Ave., Cleveland, Ohio 44113
Staatszeitung und Herold, 60–20 in Woodside, New York 11377
William Peter Publications, 2002 North 16th Street, Omaha, Neb. 68110

ALICE HERDAN-ZUCKMAYER: aus *Einwanderung*

Was denkt und fühlt ein Einwanderer, wenn er sein Vaterland verläßt? Wie schnell gewöhnt° er sich an eine fremde Umgebung,° die seine neue Heimat werden soll? Ein neu eingewandertes Ehepaar hat nach großen Schwierigkeiten endlich einen Platz gefunden — ein Haus,
5 einsam gelegen, umgeben° von einer zauberhaft schönen Landschaft. Und doch ist alles fremd, beängstigend fremd. Plötzlich kommt die Nachricht von der deutschen Kriegserklärung. Was wird geschehen? Wird man sie, die Neuen, die Fremdlinge, die aus einem feindlichen° Lande kommen, wie zuvor in Frankreich und England ins Lager°
10 stecken oder des Landes verweisen?° Oder könnte es sein, daß man sie in Ruhe weiterleben läßt? Wie wird man sich jetzt ihnen gegenüber verhalten? Die bösen Erfahrungen in Europa steigern° die Angst zur Unerträglichkeit.° Post von „drüben" wird nicht mehr eintreffen,° denn die Verbindung mit dem Heimatland ist abgeschnitten. Die Furcht
15 läßt jedes ungewöhnliche Geräusch° im Haus als Gefahr erscheinen. Was wird mit ihnen geschehen? Oder gibt es doch einen Funken° Hoffnung, daß man in ihnen vielleicht doch nur die Menschen sieht und nicht die Angehörigen° eines feindlichen Staates?

gewöhnt . . . sich: **nicht mehr fremd sein**/*Gegend*

surrounded

unfreundlich
camp
wegschicken

vergrößern
unbearable level/*ankommen*

Laute
spark

Bürger

Verstehen Sie diese Wörter und Ausdrücke?

aufräumen: ordnen; in Ordnung bringen / *Willst du nicht endlich einmal dein Zimmer aufräumen? / Wie sieht denn das hier wieder aus? Also, bitte, jetzt wird erstmal gründlich aufgeräumt!*

feucht: etwas naß; naßkalt; nicht ganz trocken / *Das ist aber heute ein feuchter Abend. / Bei diesem feuchten Wetter kann man sich leicht erkälten.*

verwenden: benutzen; dazu nehmen; gebrauchen / *Das Bild ist schön. Er muß viel Mühe darauf verwendet haben. / Dieses Stück Stoff kannst du noch für ein Kinderkleidchen verwenden.*

mißtrauen: jemandem nicht glauben; die Worte einer anderen Person anzweifeln / *Ich mißtraue dieser plötzlichen Freundlichkeit. / Warum mißtraust du mir? Ich habe dir immer die Wahrheit gesagt.*

herrschen: fühlbar sein; da sein; Gewalt über etwas haben; befehlen / *Nach der Vorstellung herrschte eine ganze Weile tiefe Stille. / Solange er im Lande herrschte, gab es keine politischen Schwierigkeiten.*

die Berührung (–, en): der Kontakt; die Verbindung; das Zusammentreffen / *Bei der kleinsten Berührung hat er Schmerzen im Arm. / Solange er krank ist, darf man mit ihm nicht in Berührung kommen.*

(sich) verabschieden: auf Wiedersehen sagen; einen Dienst verlassen; weggehen / *Er verabschiedete ihn mit ein paar netten Worten. / Wir müssen nun aber gehen. Dürfen wir uns von Ihnen verabschieden? / Nach 20-jähriger Arbeit wurde er verabschiedet.*

einrichten: wohnlich machen; ordnen; planen / *Sie sind doch Innendekorateur, nicht wahr? Würden Sie mir bitte meine Wohnung einrichten? / Bitte sagen Sie es mir rechtzeitig, dann kann ich mich mit meiner Arbeit danach einrichten. / Hier werden wir uns das Arbeitszimmer einrichten.*

anzünden: in Flammen stecken; ein Feuer machen; anstecken / *Es wird kalt im Zimmer. Willst du bitte das Feuer anzünden? / Bitte, setzt euch! Das Essen ist fertig. Ich werde nur noch die Kerzen anzünden.*

Einwanderung

Da war nun das Haus, in dem ich leben sollte, und um das Haus waren die Wiesen und um die Wiesen die Wälder mit ungeschlagenem Unterholz.°...

Es war alles ganz anders und ganz fremd.

5   Im Spätherbst lagerte° sich eine Einsamkeit ums Haus, die von außen kam und sich fast zur Sichtbarkeit verdichtete.° Später, mit dem ersten Schnee, fiel eine Stille ein, eine bewegte, auf und ab schwingende° Stille, die in den Ohren dröhnte.°

Samstag nachts war es geschehen. — — Sonntag mittag riefen
10 uns finnische Freunde an aus der nächsten Universitätsstadt.

„Was wird geschehen?" sagte die Frau in einem besorgten Tonfall",° und was werdet ihr tun?"

„Was wir immer tun", antwortete ich ahnungslos, „das Haus warmhalten, kochen, aufräumen, sich langsam einwintern."°

15   „Wenn man euch läßt", sagte sie und plötzlich merkte ich, daß sie englisch sprach, obwohl wir sonst immer deutsch miteinander redeten.

„Ist etwas geschehen?" fragte ich.

„Habt ihr denn nicht von Pearl Harbour gehört?" fragte sie
20 erstaunt.

„Nein", sagte ich, „wir haben kein Radio angedreht seit vorgestern. Was ist Pearl Harbour?"

„Der Krieg", sagte sie.

Von Stund an hatten wir das Radio eingeschaltet,° Tag und
25 Nacht, mit nur wenig Unterbrechungen....

Man wartete drei Tage und drei Nächte, ob die Entscheidung mit Deutschland fallen werde.

Montag, Dienstag, Mittwoch....

Man saß in einer feuchtkalten Grotte eines Berges eingeschlossen
30 und hörte die Zeit tropfen.°

Büsche und niedrige Bäume im Wald

*lagerte sich: **senkte sich***

grösser wurde

schwebend

schrill tönte

besonderer Klang der Stimme

sich für den Winter vorbereiten

angemacht

drip

„Wenn ich wieder ans Licht komme", dachte ich, „sind hundert
Jahre vergangen. Alle werden tot sein, die ich gekannt habe, und alles
wird verändert sein."

Donnerstag schlug die deutsche Kriegserklärung ein.

Donnerstag nachmittag stellten wir fest, daß wir keine Lebensmittel mehr im Haus besaßen, und daß wir die Beschaffung° von
jeglichem° vergessen hatten, vom Salz bis zum Brot. Wir beschlossen,°
daß Zuck° in den Dorfladen gehen sollte, um dort das Nötigste ein-
zukaufen. Hin- und Rückweg zum „Generalstore", dem einzigen Laden
des Dorfes war eine Strecke° von anderthalb Stunden.

An diesem Nachmittag kann ich mich ganz deutlich und bis in alle
Einzelheiten erinnern.

Ich saß im Wohnzimmer vor einer geöffneten Schranktür, an die
ich einen Frühjahrsmantel aufgehängt hatte, und nähte am Saum° des
Frühjahrsmantels. Es war eine sinnlose Arbeit, ich konnte den Mantel
fürs nächste halbe Jahr nicht verwenden, und ich weiß nicht, warum
mir gerade dieses Kleidungsstück in die Hände gefallen war. Draußen
heulte und sirrte° der Sturm, wie wenn einem ein Seidenband° durch die
Zähne gezogen würde.

Zuck hatte den Ofen° des Wohnzimmers bis obenhin mit großen
Stücken Holz° angefüllt und aus gewaltigen Scheiten° ein Feuer im
Kamin° gebaut.

Trotzdem zog die Kälte von den Außenwänden her in unsicht-
baren Schwaden° durchs Zimmer und vereiste Fingerspitzen und
Zehen.°

Nun stand Zuck vor mir, mit dem großen Tragkorb auf dem
Rücken und dem Rucksack in der Hand.

„Du darfst die Feuer nicht ausgehen lassen", sagte er. „Ich kann
vor zwei Stunden nicht zurück sein."

Ich saß und nähte weiter, und plötzlich hatte ich das merkwürdig schmerzlose Gefühl, einen Eisklumpen° hinter der Stirn° zu
haben, gerade oberhalb der Nasenwurzel.° Als Zuck gegangen war, ließ
ich den Mantel stehen und setzte mich ans offene Kaminfeuer, um
meine Finger zu wärmen.

„Jetzt ist es aus", dachte ich, „jetzt sind wir ganz abgeschnitten
von drüben. Keine Briefe mehr, keine Nachricht. Jetzt ist alles vorbei.

Dort sind wir ausgewandert, dort haben wir nicht mehr hin-
gehört. Hier sind wir eingewandert, aber wir gehören noch nicht zu
ihnen. Werden sie uns hier mißtrauen, weil wir aus dem Land kommen,
in dem die Pest° herrscht? Werden sie uns in Lager sperren, wie sie's in
Frankreich getan haben, oder verschicken,° wie es in England geschah?

Das ist das Ende. Auswandern und Einwandern sind von einer
Endgültigkeit° wie Tod und Geburt. Noch bin ich nicht wieder
geboren."

Besorgung

alles/entschieden

Zuck: Zuckmayer

Entfernung

hem

klang hell und scharf/silk
    ribbon

stove

wood/Holzstücke

Feuerstelle im Zimmer

Wolken

toes

Stück Eis/oberer Teil des
    Gesichts
oberer Teil der Nase

gefährliche Krankheit

fortschicken

Unveränderlichkeit

Ich saß da, dumpf° und stumpf, und wartete auf die Berührung des Hexenstabes,° der einen langsam versteinern° konnte, oder an die des Zauberstabes, der einen das Fliegen zu lehren vermochte.° Als Zuck nach Hause kam, waren die Feuer niedergebrannt, und es war
5 eiskalt im Haus.

Zuck, der keinen Spaß° verstand, wenn man seine Feuer nicht hütete,° war diesmal milde wie ein Weiser,° und nach geringem° Tadel° brachte er seine Feuer wieder in Gang.°

„Was sagen sie im Ort?" fragte ich ihn.

10 „Sie sagen nichts", sagte er, „sie sprechen nicht vom Krieg."

„Vielleicht weil wir Fremde sind", sagte ich.

„Ich weiß nicht", sagte Zuck nachdenklich, „ich habe das Gefühl, auch wenn wir nicht dabei sind und zuhören könnten — vom Krieg wird nicht gesprochen."...

15 Es war noch stiller als sonst, und an jenem Morgen hörte ich zum erstenmal jene bewegte Stille, die, unrhythmisch, oftmals den oberen oder unteren Ton wiederholend, in der Terz° des Kuckucksrufs im Raum auf und ab zu schwingen schien.

Es war noch immer sehr kalt, aber in der Nacht war Schnee
20 gefallen, der erste Schnee.

Eingeschneit schien das Haus noch einsamer zu liegen und weiter entfernt von menschlichen Siedlungen.

In dieser Schnee-Einsamkeit hörte ich die tröstlichen° Geräusche des Morgens.

25 Ich hörte Zuck aufstehen, ich hörte ihn die Feuer auflegen, in die Küche gehen, um das Frühstück zu machen. Zwischen uns war ein Gentleman-Abkommen° getroffen worden, daß er der Frühstückskoch sein sollte und ich die Tages- und Abendköchin, nebst° allem Geschirr-waschen.°

30 Ich hörte das Klappern° des Geschirrs, roch den heiß begossenen,° langsam durchtropfenden° Kaffee und begann, mich warm, behütet° und geborgen° zu fühlen.

Da hörte ich plötzlich Schritte auf dem Weg zum Haus. Das war ungewöhnlich und unheimlich,° da in den Herbst- und Wintermonaten,
35 nachdem Sommergäste und Freunde abgereist waren, kaum jemand zum Haus kam.

Ich stand auf, ging zum Fenster und sah zwei Männer den steilen° Berg heraufkommen.

Der eine war in einer dunklen Uniform und mir unbekannt, der
40 andere war der Sheriff unsres Bezirks.°

Ich konnte mich zunächst nicht rühren° vor Angst.

„Die kommen ihn abholen", dachte ich. „Fünftausend Kilometer weit weg sind wir vom Lande des „Abholens", und jetzt wird's ihm hier geschehen."

---

dumpf . . . stumpf: **ohne Gefühl**
Zauberstock/zu Stein machen konnte

keinen . . . verstand: **took no nonsense**
aufpaßte/kluger Mann/ wenig Kritik/brachte . . . Gang: brachte wieder zum Brennen

third tone of the scale

beruhigend

Übereinstimmung

mit

Geschirr: **Teller, Gläser, usw.**
hartes Geräusch/poured over
dripping (through filter)/ beschützt
sicher

beängstigend

steep

county

bewegen

Ich warf einen Schlafrock über, lief die Treppe hinunter und blieb an der Tür des Wohnzimmers stehen.

Ich konnte nicht verstehen, was die Männer sagten, aber der Tonfall ihrer Stimmen klang ruhig und bedächtig.° *überlegt*

5 „Hier sind unsre Einwanderungspapiere", hörte ich Zuck sagen. Die Unterredung° dauerte knapp zehn Minuten. *Besprechung*

„Alle übrigen Bestimmungen° werden Sie durch die Zeitung requirements erfahren", hörte ich den Sheriff laut sagen.

Dann verabschiedeten sie sich, und ich sah sie wieder den Berg 10 hinuntergehen.

Ich ging zu Zuck in die Küche.

„Sie konnten den Berg nicht rauffahren", sagte er, „sie mußten ihr Auto an der Hauptstraße stehenlassen. Der Weg ist zu vereist und zu verschneit."

15 „Was wollten sie, und was wird weiter geschehen?" fragte ich.

„Ich glaube nichts", sagte er, „sie wollten nur unsere Papiere sehen."

An diesem Tag setzte ein Schneefall ein, der nicht aufhören wollte, und der Schnee vor den Fenstern stieg wie ein Hochwasser.

20 In der Nacht konnten wir kaum schlafen. . . .

Am folgenden Tag, als ich die Küchentür öffnete — sie ging nach innen auf — und ins Freie wollte, stand ich im nächsten Augenblick bis zu den Hüften° im Schnee. Als Zuck mich ausgeschaufelt° hatte, und hips/shoveled out ich wieder in der Küche war, sagte ich: „Wir haben noch zwei Kon-25 serven° übrig. Glaubst du, du kommst durch bis zum Dorf?" — „Ich canned goods werde es versuchen", sagte er. Er versuchte es auf Skiern und sank so tief in den weichen Schnee ein, daß er sie wieder abschnallen° und *abnehmen* tragen mußte und sie erst wieder auf dem letzten Stück des Weges, auf der Landstraße, verwenden konnte. Er kam nach drei Stunden zurück, 30 bepackt wie ein Maulesel,° durchnäßt und erschöpft.° Nachdem er mule/*sehr müde* zwei Whisky gekippt° hatte, sagte er: „Das war eine schöne Expedition. *getrunken* Diesmal ist es noch gut gegangen. Aber ich muß Schneereifen° haben, snow tires sonst kann man's nicht schaffen."

„Und Vorräte° müssen wir haben", sagte ich, „nicht nur auf supplies 35 zwei Tage. Wir müssen uns hier einrichten wie auf einer Almhütte° im *Häuschen in den Bergen* Großglocknergebiet.° Wenn das so weitergeht, können wir bis zu *Großglockner:* **höchster** einer Woche hier eingeschneit werden. Wenn nur der Schneepflug° **Berg Österreichs** käme, damit man wieder einen gangbaren° Weg hat." snow plow

In dieser Nacht kam der Schneepflug. . . . *fahrbar*

40 Die Wände zitterten, die Fenster klirrten,° das Haus schien in *klangen* seinen Grundfesten° erschüttert° zu werden. *Fundamente/in Bewegung gebracht*

Gleichzeitig hörte man einen Motor winselnd° laufen, als sei ein *in klagendem Ton* Flugzeug im Abtrudeln° begriffen, und Scheinwerfer° durchleuchteten *im . . . begriffen:* **beim** unser Haus. **Abstürzen/Autolampen**

Das war der Schneepflug.

Es war drei Uhr nachts.

Wir zogen rasch Kleider und Mäntel an und gingen hinunter in die Küche.

5   Der Schneepflug war bis zur Küchentür gefahren und hatte einen breiten glatten° Weg geschaufelt.   *eben*

Nun drehte er vor der Küchentür brummend° und surrend° um,   *growling/humming* so daß sein Hinterteil zur Küchentür zu stehen kam. Er sah aus wie ein müder Maikäfer,° der sich überfressen hat.   **June bug**

10   Zuck holte Bier aus dem Keller, und die Schneepflugmänner kamen in die Küche.

Es waren ihrer drei. Sie klopften ihre schneeverkrusteten Mäntel und Pelzhandschuhe° und hängten ihre nassen Wollhauben° auf.   *Pelz:* **fur/woolen caps** Nun setzten wir uns um den warmen Küchenofen, sie klatschten° in die   *schlugen* 15 Hände, um sich zu erwärmen, und dann tranken sie Bier aus der Flasche.

Dann begannen die Gespräche: „Viel Schnee. Wird ein langer Winter werden. Kommen vom Berg Hunger, wo die vielen Farmen sind. Zuerst kommen die Farmen dran. Viel Schnee. Wird aber noch 20 ärger° kommen. Zwei Stunden haben wir heute vom Berg Hunger zu   *schlimmer* euch gebraucht. Wird noch länger dauern. Jetzt fängt der Winter erst an. Vor achtzehn Jahren, da war ein Winter..."

Und dann kamen die Geschichten von Unwettern° und Kata-   *Stürme* strophen. Und mit einem Male fühlte ich mich dem Winter, den 25 Unwettern, den Katastrophen zugehörig.°   *dazugehörend*

Vom Küchenherd und von den drei Schneepflugmännern ging eine Wärme aus, die einem die Fremdheit benahm° und einen Funken   *wegnahm* Hoffnung entzündete.°   *anzündete*

Als sie um halb vier ihren Schneepflug wieder bestiegen, winkten°   *bewegten die Hand als* 30 sie und riefen: „Gute Nacht. Hoffentlich wird's besser zu Weihnach-   *Gruß* ten."

Das war zehn Tage vor Weihnachten.

Wir hatten an Weihnachten vergessen.

Fragen

1   Was für ein Haus bewohnten Zuckmayers?

2   Wo war das Haus gelegen?

3   Warum sprach die finnische Freundin plötzlich Englisch und nicht wie gewöhnlich Deutsch?

4   Warum mußte Zuck ins Dorf gehen?

5   Wie weit war das Dorf vom Haus entfernt?

6   Warum war die Arbeit am Frühjahrsmantel zu diesem Zeitpunkt unsinnig?

7   Wovor hatten Zuckmayers solche Angst?

8   Was sagten die Leute im Dorf über den Krieg?

9   Wer waren die beiden Männer, die zum Haus kamen?

10 Was wollten sie von den Einwanderern?

11 Warum fuhren sie nicht mit dem Auto vor?

12 Wie hoch lag der Schnee am nächsten Tag?

13 Wie kam Zuck ins Dorf?

14 Wie lange dauerte es, bis er wieder zu Hause war?

15 Wann kam endlich der Schneepflug?

16 Waren die Arbeiter ihnen freundlich gesinnt?

17 Was hatte Frau Zuckmayer in der Aufregung ganz vergessen?

Verwandte Wörter

Ergänzen Sie:

feucht   *die Feuchtigkeit (–, en)*   *eine leichte Nässe*

Diese . . . . . . hier ist sehr ungesund. Sie sollten sich eine andere Wohnung suchen.
Fühle mal, das Handtuch ist noch ganz . . . . . . !
Die Luft . . . . . . beträgt heute fast 80%.

verwenden   *die Verwendung (–, en)*   *der Gebrauch; die Benutzung*

Laß mal! Dafür werden wir schon noch . . . . . . finden.
Das ist nur ein kleiner Rest. Der ist zu nichts mehr zu . . . .

mißtrauen   *mißtrauisch*   *voller Mißtrauen*
            vertrauen (trauen) *jemandem glauben*

Du kannst ihm unbedingt . . . . Er meint es gut mit dir.
Er wollte ihm nicht glauben. Er war sehr . . . .
Er versucht es sicher nicht. Er hat immer Angst und . . . . . . sich selbst am
   wenigsten.
Sie . . . . . . ihm, weil er nie hält, was er verspricht.

herrschen   *beherrschen*   *Gewalt über jemanden haben*
            der Herrscher (s, –) *jemand, der über ein Volk (Land)*
                                    herrscht; ein Monarch; ein König
            die Herrschaft (–, en) *der Hausherr und die Dame des*
                                       Hauses; die Gäste

Wenn ich so etwas sehe, dann kann ich mich kaum . . . .
Wünschen die . . . . . . noch etwas zu trinken?
Der König . . . . . . viele Jahre über sein Volk.
Er war ein gütiger und gerechter . . . .

die Berührung   *berühren*   *leicht anfassen; Gefühle erwecken; stören*
                     rühren   *vermischen; bewegen*

Ihr Weinen läßt mich völlig kalt. Damit erreicht sie gar nichts. Das . . . . . . mich überhaupt nicht.

Die Mutter muß alles machen. Die Tochter . . . . . . keinen Finger.

Dieser Patient darf mit keinem Gesunden in . . . . . . kommen.

Wortschatzübung

Ergänzen Sie:

> anzünden, aufräumen, beherrschen, berühren, Berührung, einrichten, feucht, Feuchtigkeit, Herrschaft, herrschen, Herrscher, mißtrauen, mißtrauisch, rühren, trauen, verabschieden, vertrauen, verwenden, Verwendung

1   Wenn wir dieses Benzin . . . . . . , dann sparen wir viel Geld.
2   Zieh die Schuhe aus! Sie sind ja noch ganz . . . .
3   Er ist ein ganz . . . . . . Mensch. Alles prüft er ganz genau durch.
4   Du mußt die Suppe ein wenig . . . . . . , damit sie nicht anbrennt.
5   Am nächsten Sonntag wird der Garten in Ordnung gebracht und die Garage . . . . . . Man findet ja nichts mehr!
6   Schrei doch nicht so! Die Kinder schlafen schon. Du mußt dich hier schon etwas . . . .
7   Sie hat ihn nicht geschlagen. Ich habe es genau gesehen. Sie hat ihn kaum . . . .
8   Willst du diese Bücher haben? Ich habe keine . . . . . . mehr dafür.
9   Der König war ein milder . . . .
10   Bei dieser . . . . . . holt man sich den Tod. Den andauernden Regen kann kein Mensch lange aushalten.
11   Du kannst mir schon . . . . Ich meine es gut mit dir.
12   Sobald die Flamme mit dem Pulver in . . . . . . kommt, explodiert die Bombe.
13   Darf ich die . . . . . . bitten, Platz zu nehmen?
14   Während des Konzertes . . . . . . tiefe Stille im Saal.
15   Ich . . . . . . seinen Worten, denn er sagt nie, was er denkt.
16   Es wird spät. Wir müssen uns . . . .
17   Würdest du bitte das Feuer im Kamin . . . . . . !
18   Wann wirst du die meisten Zimmer fertig . . . . . . haben?
19   Glauben Sie, daß man dem neuen Herrscher wirklich . . . . . . könnte?

Satzbildung

1   um d- Haus / es / ist / einsam   (*Imperfekt*)
2   i- Winter / sie / können / verwenden / d- Mantel / gut   (*Futur*)

3 sie / mißtrauen / d- Fremd- / vielleicht   (*Futur*)

4 erst nachdem / d- Männer / trinken / Kaffee // sie / sich verabschieden (*Plusquamperfekt/Imperfekt*)

5 für d- Winter / sie / müssen / sich einrichten / wie / auf ein- Almhütte / in d- Berg-   (*Futur*)

Anregung

1 Inszenieren Sie eine Szene zwischen dem Sheriff und den Neueinwanderern!

2 Erkundigen Sie sich, was für Fragen ein Einwanderer beantworten muß, um amerikanischer Staatsbürger zu werden!

GRAMMATIK

Special Uses of Dative

Verbs

Ich glaube dir.
Ich bin ihm auf der Straße begegnet.

Some familiar verbs which govern dative case are:

antworten	folgen	schaden
befehlen	gefallen	schmecken
begegnen	gehören	vergeben
danken	gratulieren	(ver)trauen
drohen	helfen	verzeihen
fehlen	raten	wehe tun

Adjectives

Er sieht seinem Bruder ähnlich.
Ich bin Ihnen dankbar.

Some familiar adjectives which govern dative case are:

ähnlich	gleichgültig	schuldig
angenehm	leicht	teuer
bekannt	lieb	treu
böse	möglich	unbegreiflich
dankbar	nahe	wert
egal	recht	wichtig
fremd	schädlich	willkommen
gleich		

Impersonal Constructions

Accusative

Es ärgert mich.   Es langweilt mich.
Es freut mich.   Es macht mich glücklich.

Es geht mich nichts an.   Es überrascht mich.
Es interessiert mich.   Es wundert mich.

Dative

Es gefällt mir.   Es ist mir gleich.
Es genügt mir.   Es scheint mir.
Es kommt mir darauf an.   Es paßt mir.

Es as a sentence starter

Es warten zwei Männer auf dich.
Es wartet jemand auf dich.

Es may begin a sentence when the real subject follows the verb. The verb must agree with the real subject.

Es as anticipator of an infinitive phrase or *daß*- clause.

daß- clause

Es freut uns, daß er morgen kommt.
Ich weiß es sicher, daß er wieder gesund ist.

When the sentence involves two different subjects, stated or implied, a *daß*- clause is used.

Ich weiß, daß er heute kommt.

If the main clause has only a subject and verb, the *es* is usually omitted.

Infinitive Phrase

Es freut uns, ihn wiederzusehen.
Wir lehnen es ab, ihm weiter zu helfen.

When the sentence involves a single subject, stated or implied, an infinitive phrase is used.

ÜBUNGEN

A   Ersetzen Sie *uns* oder *euch* durch die angegebenen Wörter!

Hier ist uns vieles fremd. (der Ausländer)   *Hier ist dem Ausländer vieles fremd.*

1   Wie es den Kindern geht, ist uns nicht gleichgültig.   (*ihre Mutter*)
2   Wäre es euch lieb, wenn man die Wahrheit sagte?   (*euer bester Freund*)
3   Das sieht euch ähnlich!   (*du*)

4 Die Heiterkeit des Publikums war uns recht unangenehm.   (*der junge Autor*)

5 Ich bin euch für jeden Rat dankbar.   (*er*)

6 Es ist uns sehr angenehm, daß du morgen kommst.   (*unsere ganze Familie*)

7 Wäre es euch möglich, noch einen Tag länger zu bleiben?   (*deine Schwester*)

8 Meine neue Adresse ist euch hoffentlich bekannt.   (*dein Vetter*)

9 Alle Kinder sind uns gleich lieb.   (*ihre Eltern*)

10 Der junge Mann steht uns sehr nahe.   (*sein alter Professor*)

11 Es ist uns unbegreiflich, wie er das hat machen können.   (*jeder*)

B   Bilden Sie Sätze!

Schüler / Lehrer / antworten   *Der Schüler antwortet dem Lehrer.*

1 Was / General / Soldat / befehlen?

2 Student / Professor / für Buch / danken

3 Polizist / Wagen / folgen

4 Spaziergänger / Freunde / begegnen

5 Rauchen / Gesundheit / schaden

6 Wer / Buch / gehören?

7 Jeder / Freund / trauen

8 Onkel / Neffe / zum Geburtstag / gratulieren

9 Was / du / ich / raten?

10 D- kalt- Essen / ich / nicht / schmecken

C   Ersetzen Sie *uns* durch *mir* oder *mich*!

Es ärgert uns, daß die Kinder nicht aufpassen.   *Es ärgert mich, daß die Kinder nicht aufpassen.*

1 Es freut uns, daß er sich erholt hat.

2 Es ist uns nicht gelungen, das Geheimnis zu entdecken.

3 Es gefällt uns gar nicht, daß man uns nicht eingeladen hat.

4 Es langweilt uns furchtbar, daß er immer so lange redet.

5 Es wundert uns, daß Sie sich plötzlich so anstrengen.

6 Es ist uns, als ob er über uns spottet.

7 Es macht uns glücklich, daß er angefangen hat, wieder zu malen.

8 Es genügt uns, wenn du ein kleines Stückchen probierst.

9 Es paßt uns nicht, daß man bei dieser Arbeit so schlecht verdient.

10 Es geht uns nichts an, wenn du nicht studieren willst.

D Antworten Sie mit den angegebenen Wörtern! Beginnen Sie die Antworten mit *es*!

Wen langweilte es, daß das Haus so einsam lag? (die Frau) *Es langweilte die Frau, daß das Haus so einsam lag.*

1 Wen überraschte es, daß der Krieg ausgebrochen war? *(ihr Mann)*
2 Wen interessierte es, was der Nachbar zu berichten hatte? *(wir)*
3 Wem gefiel es nicht, daß man Lebensmittel kaufen mußte? *(die Nachbarin)*
4 Wem schien es, als ob sie das alles schon einmal gehört hätte? *(die Frau)*
5 Wen ärgert es, wenn das Feuer ausgeht? *(ihr Mann)*
6 Wem war es gleich, daß die Frau Deutsche war? *(die Leute)*
7 Wem ist es aufgefallen, daß niemand vom Krieg sprach? *(der Mann)*
8 Wen freute es, als der Schneepflug ankam? *(alle)*

E Beginnen Sie die Sätze mit *es*!

Hier wird deutsch gesprochen. *Es wird hier deutsch gesprochen.*

1 Jemand klopft.
2 Zwei Männer standen an der Tür.
3 Eine Stille herrschte im Haus.
4 Stimmen wurden gehört.
5 Viel wurde gefragt.
6 Nichts war passiert.
7 Alle lachten über die Geschichte.

F Bilden Sie aus den zwei Sätzen einen Satz!

Es freut uns. Er strengt sich an. *Es freut uns, daß er sich anstrengt.*

1 Ich weiß es sicher. Ich habe den Schrank zugeschlossen.
2 Wir finden es gut. Du bist wieder beschäftigt.
3 Es ist möglich. Er kommt noch.
4 Du wirst es noch so weit bringen. Er regt sich wirklich auf.
5 Ich kann es mir nicht vorstellen. Sie ist so böse geworden.
6 Es ist nicht wahr. Er hat nicht alles gestanden.
7 Weißt du es sicher? Er hat das Fenster zerbrochen?
8 Ich finde es dumm von ihm. Er will sein Haus verkaufen.
9 Wir halten es nicht länger aus. Er besucht uns jeden Abend.
10 Hat er es um dich verdient? Du behandelst ihn so schlecht.

Wir geben es auf. Wir helfen ihm nicht weiter. *Wir geben es auf, ihm weiter zu helfen.*

11 Wir lehnen es ab. Wir leihen ihm kein Geld mehr.
12 Er kann es kaum erwarten. Er sieht sie nächste Woche wieder.
13 Ich halte es nicht länger aus. Ich mache die ganze Arbeit allein.
14 Es überrascht mich. Ich höre so etwas von Ihnen.
15 Es freut uns. Wir sehen euch wieder.
16 Wir haben es dieses Jahr vor. Wir machen eine längere Reise.

WORTBILDUNG

-isch

Adjectives ending in *-isch* can be formed from nouns and pronouns.

A Nennen Sie das Substantiv oder das Pronomen, das man mit dem Adjektiv identifizieren kann!

chemisch *Chemie*

diebisch, geographisch, irdisch, kindisch, malerisch, musikalisch, neidisch, fotografisch, regnerisch, städtisch

B Bilden Sie Sätze mit einem Adjektiv mit der Endung *-isch*!

Wir werden alles mit Hilfe von Fotografien erklären. *Wir werden alles fotografisch erklären.*

1 Das Mädchen ist voller *Neid*.
2 Das schöne Schwimmbad gehört der *Stadt*.
3 Seit zwei Wochen ist das Wetter schlecht. Es *regnet* immer.
4 Das Dorf liegt sehr schön im Tal. Es ist wie *gemalt*.
5 So lange man auf der *Erde* lebt, soll man das Leben genießen.
6 Du bist schon 18 Jahre alt. Benimm dich nicht wie ein *Kind*!
7 Der junge Mann hat viel Talent für *Musik*.

C Welche Sprache wird in den folgenden Ländern gesprochen? Lassen Sie die Buchstaben in den Klammern weg!

Norweg(en) *norwegisch*

Schwed(en), Belg(ien), Span(ien), Italien, Ruß(land), Eng(land), Japan, Tschech-(oslowakei), Rumän(ien), Ungar(n), Pol(e)n

erst, nur

erst

Er ist erst vor drei Wochen angekommen.
Er kommt erst am Freitag.

When used with time, *erst* is equivalent to English *just* or *only*.

nur

Er hat uns nur zwei Tage besucht.
Ich habe nur drei Mark bei mir.

When used with quantity, *nur* is equivalent to English *just* or *only*.

Er braucht es uns nur zu sagen.

Nur is also used for emphasis.

D   Setzen Sie *erst* oder *nur* ein!

1   Ich komme . . . . . . um 2 Uhr.
2   Ich bin eben . . . . . . zurückgekommen.
3   Ich weiß es . . . . . . zu gut.
4   Ich habe . . . . . . einen Schlüssel.
5   Er kommt . . . . . . nächsten Freitag.
6   Ich blieb . . . . . . zwei Stunden zu Besuch.
7   Wenn er . . . . . . nicht sagt, daß es unmöglich ist.
8   Ich komme . . . . . . später. Vorher habe ich keine Zeit.
9   Können Sie . . . . . . noch eine Stunde warten?
10 Ich möchte dieses Buch kaufen, aber ich habe . . . . . . drei Mark.

Wiederholung

A   Verwandeln Sie in die indirekte Rede!

Barbo erzählte:

Seit Jahren versuche ich, an das Ohr unseres Kaisers zu gelangen. Ich will ihm eine Botschaft überbringen. Da der Kaiser auf meine Briefe nicht antwortet, oder bestenfalls von einem seiner Unterbeamten einen kurzen Ukas ausfertigen läßt, warte ich die neueste Entwicklung ab, die zwar den Zielen meiner Botschaft zuwiderläuft, es mir aber in nicht allzu ferner Zukunft gestatten wird, den Kaiser selbst zu sprechen. Seit einigen Monaten verlassen nämlich immer mehr Leute unser Land. Sie gehen in den Nachbarstaat, arbeiten dort in ihren früheren Berufen und sind, zumal es keine unüberwindbaren sprachlichen Schwierigkeiten gibt, samt und sonders zufrieden.

B   Bilden Sie Sätze mit einem Modalverb!

Es war nötig, daß der Herr in die Stadt ging.   *Der Herr mußte in die Stadt gehen.*

1   Herr Wild hatte den Wunsch, seine Pferde bei dem Kaufladen anzubinden.
2   Es war nötig, daß Herr Wild eine Kiste Eier vom Wagen nahm.
3   Man glaubt, daß Herr Wild eines der Pferde erschreckt hat.
4   Man sagt, das Pferd hat ausgeschlagen.
5   Herr Wild sagt, daß er 20 Fuß weit in die Straße flog, aber ich glaube es nicht.
6   Es ist nicht möglich, daß das Pferd ihn so kräftig geschlagen hat.
7   Es war zwei Herren möglich, Herrn Wild aufzuheben.
8   Es war Herrn Wild möglich, sich nach ein paar Minuten wieder zu erholen.
9   Man sagt, daß Herr Wild gar keinen Schaden davongetragen hatte.
10   Es ist möglich, daß es stimmt.

C   Bilden Sie das Perfekt!

1   Dreizehn Familien wollten auswandern.
2   Sie mußten mit der *Concord* fahren.
3   Wer konnte im voraus wissen, daß die Fahrt so kurze Zeit dauern würde.
4   Sie wollten ihre Heimat verlassen.
5   William Penn war zufrieden, weil er neue Menschen für seine Kolonie gewinnen konnte.
6   Sie waren froh, in Amerika zu sein, obwohl sie in den ersten Jahren viel erleiden mußten.
7   Man staunte aber, daß sie die Stadt so schnell zum Wohlstand bringen konnten.

Mündlicher oder schriftlicher Bericht

Schreiben Sie Zeitungsartikel! Gebrauchen Sie als Text einige der folgenden Lesestücke:

Der Stift, Repertoire, Tischtennis, Der Brötchenclou oder *Einwanderung.*

DIE KUNST

Auf dem Gebiet der Kunst kann Deutschland auf eine Tradition zurückblicken, die für Theater und Musik bis ins 16. und 17. Jahrhundert zurückreicht. Für Literatur und bildende Kunst (Malerei, Plastik, Baukunst) ist die Tradition sogar noch älter.

Nach Beendigung des Dreißigjährigen Krieges° bestand Deutschland aus vielen kleinen Staaten, deren Fürsten° danach strebten,° ihr eigenes Theater und Orchester zu besitzen. Manchmal hatten sie sogar ein eigenes Opernhaus. Auch Dichter und Komponisten,° Maler und Bildhauer,° wurden von den Fürsten unterstützt.° Oft standen die Theater unter der Leitung° berühmter Männer, wie das Weimarer Theater unter Goethes Führung.

Heute stehen die Türen zur Welt der Kunst nicht nur der hochgestellten Gesellschaftsklasse, sondern jedem Deutschen offen. In Deutschland werden nämlich die Theater, Opern und Orchester zum größten Teil vom Staat finanziert. Auf diese Weise bleiben die Eintrittskarten niedrig im Preis und geben jedermann die Möglichkeit, sich an Schauspielen,° Opernaufführungen und Konzerten zu erfreuen. An dieser Kunstbegeisterung der Deutschen hat auch die Einführung des Radios und des Fernsehens kaum etwas geändert.

Daß die langjährige Tradition das Interesse der Deutschen für die Theaterwelt wachhält,° wurde besonders nach dem Zweiten Weltkrieg deutlich. Der größte Teil der deutschen Bühnen° war zerstört. Aber es dauerte nicht lange, bis man an den Wiederaufbau heranging. In fast jeder größeren Stadt gibt es jetzt moderne Theater, Opernhäuser und Konzertsäle. Heute führt man sowohl klassische als auch moderne Theaterstücke auf. Neben klassischer Musik hört man auch Werke moderner Komponisten in den Konzertsälen. Besondere Festspiele° werden an vielen Orten abgehalten. Am bekanntesten sind wohl die Passionsspiele in Oberammergau° und die Richard-Wagner-Festspiele in Bayreuth.° Gedenkjahre° lassen die Werke großer Meister wieder aufleben. Das geschah 1970 zum 200. Geburtstag Ludwig van Beethovens und 1971 zum 500. Geburtstag von Albrecht Dürer.

1618–1648

Prinzen

sich bemühten

Musikschreiber/Hersteller von Skulpturen geholfen/Führung

Dramen

keeps alive

Theater

Aufführungen von Dramen und Opern

Stadt in Bayern

Stadt in Bayern/anniversaries

323

Albrecht Dürer

Albrecht Dürer wurde am 21. Mai 1471 in Nürnberg geboren. Schon früh ging der Junge bei seinem Vater in die Lehre,° aber er interessierte sich viel mehr für die Malerei als für des Vaters Goldschmiedekunst.° Schließlich wurde er dem Nürnberger Maler Wolgemut zur Ausbil-
5 dung° übergeben. Mit neunzehn Jahren, also nach Beendigung der Lehrzeit, begab sich Dürer auf die Wanderschaft. Er besuchte den Süden Deutschlands, die Schweiz und später auch Italien. Neben der Schönheit der Landschaft muß ihn auch die italienische Kunst gewaltig beeindruckt haben. Als er sich endlich in Nürnberg nieder-
10 ließ,° konnte er die neu gewonnenen Eindrücke verwenden. In fast fotografischer Genauigkeit zeichnete er jetzt die Wirklichkeit — ob es sich um einen Hasen,° ein Rasenstück° oder ein Porträt handelte.

International bekannt wurde der Maler Dürer besonders durch seine großartigen Leistungen° auf dem Gebiet der Graphik — durch
15 Zeichnungen, Kupferstiche° und Holzschnitte.° Aus Italien brachte Dürer auch eine für Deutschland völlig neue Idee der Wertschätzung° des Künstlers und seiner Werke mit. Während im Mittelalter das Werk selbst wichtiger war als der Künstler, war Dürer sich jetzt der Wichtig-keit seiner Rolle als Künstler in der Gesellschaft voll und ganz bewußt.
20 Dürer lebte zu einer Zeit, in der die Menschen zum ersten Mal ihren Eigenwert erkannten. Er war der erste deutsche Künstler, der den Großen seiner Zeit gleichberechtigt° gegenübertrat, jedoch nicht immer als gleichberechtigt akzeptiert wurde. Die folgenden Anekdoten sollen Ihnen einen Eindruck von dem neuen Selbstbewußtsein Dürers ver-
25 mitteln.°

apprenticeship

Verarbeitung von Gold und Silber

zur Ausbildung: in die Lehre

sich . . . niederließ: settled

rabbit/Gras

ausgeführte Arbeit
engravings/woodcuts
Anerkennung

gleiche Rechte habend

geben

Verstehen Sie diese Wörter und Ausdrücke?

sich aufhalten (ä; ie, a):   bleiben; irgendwo vorübergehend leben / *Ich kann mich nicht lange aufhalten. Ich muß um 8 Uhr in der Schule sein. / Werden Sie sich längere Zeit in Italien aufhalten?*

nachahmen: kopieren; sich genauso verhalten; jemanden imitieren / *Kannst du seine Sprechweise nachahmen? / Er ist ein guter Imitator. Er kann viele Persönlichkeiten und auch Tiere nachahmen.*

täuschen: nicht ehrlich sein; etwas für etwas anderes halten; tun als ob / *Laß dich nicht durch sein freundliches Wesen täuschen! Er meint es nicht ehrlich. / Bist du ganz sicher? Täuschst du dich da auch nicht?*

echt: wahr; wirklich; nicht imitiert; original / *Das Dokument ist echt. Es stammt aus dem 17. Jahrhundert. / Ist dieser Diamant wirklich echt?*

schätzen: ungefähr berechnen; eine Zahl feststellen; für wertvoll halten; jemanden verehren / *Sie schätzt diese Halskette, weil sie ihrer Mutter gehörte. / Der Wert des Diamanten wurde auf viertausend Mark geschätzt.*

ausschmücken: dekorieren; aufputzen; ergänzen / *Wir haben morgen ein kleines Fest. Willst du mir helfen, das Zimmer auszuschmücken? / Kannst du nicht die Geschichte etwas ausschmücken? So ist sie nicht interessant genug.*

lehnen: etwas so hinstellen, daß es gestützt wird; sich auf etwas stützen; sich hinausbeugen / *Lehne dich nicht so weit aus dem Fenster; du wirst hinausfallen! / Das Fahrrad lehnt an der Garagenwand.*

vornehm: edel; nobel; elegant; geschmackvoll / *Sie ist immer vornehm gekleidet. / Ihre Wohnung ist sehr vornehm eingerichtet.*

beleidigen: verletzen; kränken; beschimpfen / *Ich spreche nicht mehr mit ihm. In seinem letzten Brief hat er mich beleidigt. / Sie war beleidigt, daß ihr niemand Komplimente über ihr neues Kleid gemacht hatte.*

Die Rivalen

In Venedig,° wo sich Albrecht Dürer während seiner zweiten Italienreise längere Zeit aufhielt, hatte er bald Freunde unter den dortigen Künstlern gefunden. Man traf sich gern in einer Weinschenke° und diskutierte eifrig° über die Malerei und die Maler.

5   Einmal kam das Gespräch auf die Frage, ob ein Maler die Natur so nachahmen könne, daß der Betrachter getäuscht würde. Ein Maler, der zwar Dürers Kunst sehr bewunderte, aber auch von sich selbst eine sehr hohe Meinung hatte, schlug vor, daß Dürer und er in einer Stunde ein Bild malen sollten, das der Natur möglichst nahe kommt. Der 10 Vorschlag° wurde begeistert aufgenommen, auch Dürer war damit einverstanden.°

    Als erster kam der Italiener an die Reihe. Er hatte ein Bild mit zwei spielenden Mäusen gemalt, die so lebensecht aussahen, daß eine herbeigeholte Katze sich sogleich auf die vermeintliche° Beute° stürzte. 15 Es gab lauten Beifall.

    Nun führte Dürer seine Freunde in sein Arbeitszimmer. Es war aber kein Bild zu sehen. Man schaute ihn fragend an, als Dürer sagte: Dort in der Fensternische,° hinter dem Vorhang, werdet ihr mein Bild finden!"

20   Mit einem Sprung war der Konkurrent° Dürers in der Ecke, griff zu — und schrie vor Überraschung laut auf: Was seine Finger berührten, war eine bemalte Leinwand!°

italienische Stadt mit Kanälen

Wirtshaus

unermüdlich, fleißig

Idee

*war . . . einverstanden:
erklärte sich bereit*

vermutet/prey

Nische: **niche**

Rivale

canvas

Der Kaiser° und der Maler

emperor

Kaiser Maximilian, den man den „letzten Ritter"° nannte, liebte es, Albrecht Dürer zu besuchen, den er unter den Künstlern seiner Zeit am meisten schätzte. Dürer zeichnete und malte den Kaiser wiederholt; er schmückte auch dessen° Gebetbuch° mit Ornamenten und Rand-
5 zeichnungen° aus.

    Als Maximilian wieder einmal in Dürers schönem Haus in der alten Reichsstadt dem Meister in der Werkstatt bei der Arbeit zusah, fiel sein Blick auf ein besonders anziehendes° Bild an einer Wand. Da es sehr hoch hing und der Kaiser es gerne aus der Nähe betrachtet
10 hätte, bat er Dürer, es herunterzuholen.

    Der Maler unterbrach seine Arbeit, holte eine Leiter° und lehnte sie an die Wand. Dann bat er einen Begleiter seines hohen Gastes, die Leiter festzuhalten. Darüber war der vornehme Herr beleidigt und gab zu verstehen, daß ein gewöhnlicher Bürger einen
15 solchen Dienst von einem Adligen° nicht verlangen dürfe.

    Der Kaiser aber war anderer Meinung. Er hielt selbst die Leiter fest und sagte zu seinem Gefolge:° „Auch Dürer ist für mich ein Edelmann.° Wie leicht könnte ich aus ihm einen Adligen machen, aus einem Adligen aber gewiß keinen Künstler wie Albrecht Dürer."

knight

his (the latter's)/prayer book
border designs

attraktiv

ladder

Aristokrat

retinue
Adliger

Fragen

Die Rivalen

1 In welcher Stadt hielt Dürer sich auf?
2 Wo saßen Dürer und seine Freunde?
3 Worüber diskutierten sie?
4 Was für ein Bild sollten beide Künstler malen?
5 Was hatte der Italiener gemalt?
6 Wie bewies man, daß das Bild lebensecht war?
7 Was hatte Dürer gemalt?

Der Kaiser und der Maler

1 Warum besuchte der Kaiser den Maler Dürer?
2 Weshalb mußte Dürer das Bild von der Wand nehmen?
3 Warum wollte der Begleiter des Kaisers nicht die Leiter des Künstlers halten?
4 Welcher Meinung war der Kaiser?

Verwandte Wörter

Ergänzen Sie:

nachahmen *die Nachahmung (–, en)* *eine Kopie; die Imitation*

Kannst du auch Onkel Franz . . . . . . ? Er ist immer so ein lustiger Bursche.
Diese Perle ist nicht wertvoll. Es ist nur eine billige . . . .

täuschen *die Täuschung (–, en)* *das Täuschen; der Mißbrauch des Vertrauens*

Nein, das ist in Wirklichkeit ganz anders. Das ist nur eine optische . . . .
Wenn mich nicht alles . . . . . . , dann sehe ich dort drüben deinen alten Freund.

schätzen *der Schatz (es, ⸚e)* *etwas Kostbares; das Geld eines Staates; der oder die Liebste*

Das Mädchen hat schon einen . . . .
Schlesien ist sehr reich an Boden . . . .
Er weiß ein gutes Glas Wein zu . . . .
Das Museum hat einen reichen . . . . . . an modernen Gemälden.

| ausschmücken | der Schmuck (es, kein Plural) | die Verschönerung; das Ornament |
| | schmücken | putzen; verschönern; dekorieren |

Bitte, hilf mir, den Weihnachtsbaum zu ·······
Sie trägt immer sehr viel ·······
Das Zimmer war sehr hübsch mit Blumen und Girlanden ·······

| beleidigen | die Beleidigung (–, en) | die Kränkung eines Menschen; eine böse Rede über eine Person |

Ich höre mir Ihre ······ nicht länger an.
Sei bitte vorsichtig! Sie ist sehr leicht ·······

Wortschatzübung

Ergänzen Sie:

sich aufhalten, ausschmücken, beleidigen, Beleidigung, echt, lehnen, nachahmen, Nachahmung, Schatz, schätzen, Schmuck, schmücken, täuschen, Täuschung, vornehm

1 Sie ist wirklich eine sehr ······ Dame.
2 Wie weit ist es von hier bis zur Ecke? Was ······ Sie?
3 Höre dir das mal an! Er kann fast alle Tierstimmen ·······
4 Wir sollten uns wirklich nicht länger ······· Unser Kindermädchen muß nach Hause.
5 Das ist eine ······· Wie können Sie so etwas sagen?
6 Bitte nicht rauchen und nicht aus dem Fenster hinaus ······!
7 Stell bitte die Musik ab! Die Platte ist so alt; solche Klänge ······ mein Ohr.
8 Diese Unterschrift ist nicht ······· Jemand hat sie nachge ·······
9 Diese gute Tat wird zur ······ empfohlen. Wir brauchen mehr gute Taten wie diese.
10 Das Museum besitzt einen reichen ······ an Gemälden von Albrecht Dürer.
11 Es war ein tragischer Zufall. Er wurde das Opfer einer ·······
12 Nein, ich will nicht zwei Ringe und drei Halsketten tragen. Das sieht dumm aus, und ich mache mir überhaupt nicht viel aus ·······
13 Bei der Parade sind alle Straßen, Häuser und Plätze mit Fahnen ·······
14 Werner hat eine ······ Ähnlichkeit mit seinem Vater. Wenn man sie nebeneinander sieht, kann man sie kaum unterscheiden.
15 Können wir nicht das Wohnzimmer etwas mit Blumen ······? Es sieht so kahl und unfreundlich aus.

Satzbildung

1 Dürer / sich aufhalten / länger- Zeit / in Venedig   (*Imperfekt*)

2 er / können / nachahmen / d- Natur / so gut // daß d- Betrachter / täuschen
(*Imperfekt/Imperfekt Passiv*)

3 Dürer / führen / sein- Freunde / in d- Arbeitszimmer // wo / sie / suchen /
nach ein- Bild   (*Imperfekt*)

4 Dürer / sagen // sie / werden / finden / es / hinter d- Vorhang   (*Imperfekt/
Konjunktiv*)

5 ein- Überraschung / erwarten / d- Besucher   (*Imperfekt*)

Anregung

1 Stellen Sie eine Liste einiger deutscher Maler zusammen und nennen Sie
ihre bekanntesten Werke!

2 Versuchen Sie, mehr über das Leben und die Werke Albrecht Dürers in
Erfahrung zu bringen. Halten Sie einen Vortrag darüber! Ihre Klassenkameraden sind Ihr Publikum.

ROBERT SPAETHLING: Goethe — Beethoven: Begegnung° in Teplitz

meeting

Nur selten geschieht es, daß die Namen Johann Wolfgang von Goethe
und Ludwig van Beethoven in Zusammenhang° gebracht werden, und
doch haben der gefeierte Dichter und der bekannte Komponist zur
selben Zeit der Welt ihre Werke geschenkt. Die Lebensgeschichten der
5 zwei großen Deutschen lassen eine gewisse Ähnlichkeit, aber auch
deutliche Unterschiede der Charaktere erkennen.

Verbindung

Goethe wurde am 28. August 1749 in Frankfurt geboren. Nach
langjährigem Studium begab sich der Sechsundzwanzigjährige nach
Weimar, um dort die Staatsgeschäfte des Landes zu versehen.° Bee-
10 thoven wurde am 17. Dezember 1770 getauft° und erhielt in seiner
Geburtsstadt Bonn den ersten Musikunterricht. Im Alter von siebzehn
Jahren machte er seine erste Reise nach Wien, um dort Mozart kennenzulernen. Schon 1792 siedelte Beethoven endgültig° nach Österreich
über, wo er, wie Goethe in Weimar, eine neue Heimat fand.

sorgen für
baptized

für immer

15 Goethe betätigte° sich in Weimar nicht nur als Staatsmann,
sondern auch als Dichter, Künstler und Wissenschaftler. Man betrachtet ihn als einen der größten Lyriker Deutschlands. Unter seinen
Dramen, Prosawerken, Balladen und Gedichten nimmt sein größtes
Werk *Faust* eine Sonderstellung° ein und wird in der ganzen Welt
20 gelesen und geschätzt. Beethoven zeichnete° sich in Wien besonders als
Komponist, Dirigent° und Klaviervirtuose aus. Seine Genialität° zeigt
sich in der gewaltigen Wirkung° seiner Musik. Unter seinen zahlreichen
Kompositionen befinden sich auch neun Sinfonien.

beschäftigte

nimmt ... ein: hat eine besondere Stellung
zeichnete ... aus: wurde bekannt
Leiter eines Orchesters/ genius
Effekt

In einem anderen Punkt unterscheiden sich die beiden großen
25 Deutschen. Beethoven war der erste bedeutende deutsche Komponist,
der trotz finanzieller Unterstützung° vom Wiener Hofe° seine Unabhängigkeit behauptete.° Im Gegensatz° zu dem überzeugten Hofmann
Goethe trat er selbstbewußt auf und erwartete auch von Adligen die
Achtung, die dem Genie zustand.° Wie Goethe und Beethoven einander
30 betrachteten, werden Sie aus dem folgenden Vortrag ersehen.°

Hilfe/court
behielt/Kontrast

verdiente
erkennen

Verstehen Sie diese Wörter und Ausdrücke?

berühmt: wichtig; geehrt; von hohem Ansehen; allgemein bekannt / *Goethes berühmtestes literarisches Werk ist Faust. / Kennst du ihn nicht? Er ist doch eine ganz berühmte politische Persönlichkeit.*

das Ereignis (ses, se): das Geschehen; die besondere Tat; das Erlebnis / *Die Aufführung des gewaltigen Chorwerkes war wirklich ein Ereignis. / Ich war sechs Wochen verreist. Hat es inzwischen irgendwelche besonderen Ereignisse gegeben?*

die Begegnung (–, en): das Zusammentreffen; das Zusammenkommen / *Die Begegnung mit seinen früheren Kollegen war sehr herzlich. / Die Begegnung der deutschen Nationalmannschaft mit einer englischen Mannschaft verlief 1:1.*

gemeinsam: zusammen; miteinander / *Wir haben den Artikel gemeinsam studiert. / Können wir die Reise nicht gemeinsam machen? Das macht doch viel mehr Spaß.*

der Gegenstand (es, ⸚e): das Ding; das Objekt; die Sache; das Thema / *Wähle einen bestimmten Gegenstand und beschreibe ihn mir. Ich werde versuchen zu erraten, was es ist. / Seine Rede war der Gegenstand unserer Diskussion.*

die Beziehung (–, en): die Verbindung; der Zusammenhang / *Da diese beiden Länder nun Krieg miteinander führen, gibt es keine diplomatischen Beziehungen mehr. / In mancher Beziehung muß ich dir recht geben.*

das Verhältnis (ses, se): die Beziehung; die Proportion; die allgemeine Situation / *Können wir nicht etwas für die Englers tun? Diese Familie lebt schon sehr lange in ärmlichen Verhältnissen. / Wie war das Verhältnis zwischen Goethe und Beethoven?*

erwähnen: nennen; sagen; kurz davon sprechen; bemerken / *Nein, davon ist nichts erwähnt worden. Ich habe extra aufgepaßt. / Ich sollte vielleicht noch erwähnen, daß wir für Juni ein Picknick geplant haben.*

die Sehnsucht: eine Hoffnung; der starke Wunsch; das Herbeiwünschen / *Die Erinnerung an das Weihnachtsfest in Deutschland erfüllte sie mit Sehnsucht. / Endlich kommst du. Du wirst schon mit Sehnsucht erwartet.*

wirken: arbeiten; schaffen; erscheinen; einen bestimmten Eindruck oder Effekt haben / *Nehmen Sie diese Tabletten! Die wirken sehr schnell. / Das Theaterstück hat doch sehr auf mich gewirkt.*

Goethe — Beethoven: Begegnung in Teplitz

Meine Damen und Herren:

In Goethes Tagebuch finden wir eine Begebenheit° aufgezeichnet,° *Ereignis/aufgeschrieben*
die von Germanisten und Künstlern, von Musikologen und Kultur-
historikern immer wieder diskutiert wurde und die auch heute noch
5 lebhaftes Interesse erweckt. Die Eintragung° in Goethes Tagebuch *Notiz*
lautet:° „Abends bei Beethoven. Er spielte köstlich.“° Diese einfache *heißt/ausgezeichnet*
und kurze Notiz gibt uns also zu verstehen, daß der gefeiertste Dichter
der Deutschen dem Klavierspiel des berühmtesten Komponisten seiner
Zeit zugehört hat. Dieses denkwürdige Ereignis fand am 19. Juli 1812 *Bohemian:* part of Czecho-
10 statt und zwar in dem böhmischen° Städtchen Teplitz, einem damals   slovakia
bekannten Ferienplatz und Kurort.° *spa*

Die Begegnung zwischen Goethe und Beethoven, die dem reinen
Zufall° zu verdanken war, dauerte nur kurze Zeit. Die zwei Männer *coincidence*
besuchten sich zwei oder dreimal, machten einen gemeinsamen Spazier-
15 gang und trennten sich dann, ohne sich jemals wiederzusehen. Aber
trotz aller Kürze und Zufälligkeit° ist dieses Zusammentreffen oft und *durch Zufall*
gern zum Gegenstand von Hypothesen und Spekulationen gemacht
worden. Immer wieder versuchte man sich vorzustellen, was wohl die
künstlerischen Folgen gewesen wären, wenn Goethe und Beethoven in
20 eine freundschaftliche Beziehung zueinander getreten wären, wenn sich
Musiker und Dichter entschlossen hätten, ein gemeinsames Kunstwerk
zu schaffen. Doch zu einem solchen Gemeinschaftswerk kam es nicht.
Im Gegenteil: Goethe und Beethoven gingen nach der Begegnung in
Teplitz wieder ihre eigenen Wege, ohne daß man von einer gegen-
25 seitigen Inspirierung sprechen könnte, ja aus ihren Briefen läßt sich der
Eindruck gewinnen, daß sie unter Mißverständnissen und sogar mit
leichtem gegenseitigen Mißtrauen auseinander gingen.

Meine Damen und Herren: Ich möchte in meinem heutigen
Vortrag dieses ebenso interessante wie eigenartige° Verhältnis zwischen *sonderbar*
30 Goethe und Beethoven, das zu vielen Fragen aber auch zu falschen
Vorstellungen geführt hat, etwas näher untersuchen.

Ein bekannter Kulturhistoriker machte einmal die folgende Feststellung: „Beethoven, Napoleon und Goethe sind die drei größten Gestalten° ihres Zeitalters;° aber Beethoven ist der edelste° von den dreien. Und es ist eine tragische Fügung,° daß Beethoven wohl die
5 beiden andern verstanden hat, sie aber nicht ihn." Um bei unserem Thema zu bleiben, das sich auf Goethe und Beethoven beschränkt,° möchte ich den Hinweis° auf Napoleon hier nicht weiter diskutieren. Die Bemerkung aber, daß Beethoven zwar Goethe verstanden hätte, Goethe aber nicht Beethoven, diese Bemerkung muß uns im Rahmen°
10 unseres Themas interessieren und beschäftigen.

Die erste Frage, die wir also stellen wollen, ist die folgende: was war Beethovens Verhältnis zu Goethe, was dachte der Musiker über den Dichter? Wir wissen von Beethovens Biographen, daß Beethoven ein unermüdlicher Leser war, daß er von den älteren Dichtern Shake-
15 speare sehr bewunderte und oft versuchte, in seiner Musik dem Geiste Shakespeares nahezukommen. Wir wissen aber auch, daß ihn von den Dichtern seiner eigenen Zeit neben Schiller vor allem Goethe fas- zinierte und daß er von Goethes Dichtungen wiederum besonders die Lyrik, das Drama *Egmont* und den ersten Teil des *Faust* liebte. Als
20 Bettina Brentano, die Schwester des romantischen Dichters Clemens Brentano, Beethoven im Jahre 1810 besuchte, war dieser eben dabei, drei Gedichte von Goethe zu komponieren,° und wie Bettina Brentano berichtet, sprach Beethoven mit großer Bewunderung von Goethe. „Goethes Gedichte haben . . . eine große Gewalt über mich", sagte
25 Beethoven zu seiner Besucherin, „ich werde gestimmt° und aufgeregt zum Komponieren durch diese Sprache." Beethoven vertonte° nicht nur Gedichte von Goethe, er komponierte auch Musik zum *Egmont* und mehrmals befaßte° er sich mit dem Gedanken, Musik zu Goethes *Faust* zu schreiben. Fünfzehn Jahre lang beschäftigte ihn dieser Gedanke und
30 noch aus dem Jahre 1823 ist uns ein Gespräch überliefert,° in dem Beethoven den Wunsch zu einer solchen Komposition ausdrückt: „ . . . so hoffe ich endlich zu schreiben", lesen wir in seinen Aufzeich- nungen, „was mir und der Kunst das Höchste ist . . . *Faust*." Beethoven starb im Jahre 1827, ohne diesen Wunsch verwirklicht° zu haben.
35 Eines aber läßt sich aus seinen Briefen, Notizen und verschiedenen Kompositionen klar erkennen, daß er den Dichter Goethe sein Leben lang bewunderte und verehrte.

Damit kommen wir zur zweiten Frage unserer Untersuchung: was war Goethes Verhältnis zu Beethoven? Was dachte der Dichter
40 über den Musiker? Wir sprachen davon, daß Beethoven lange Zeit die Hoffnung hatte, Goethes *Faust* zu vertonen. Auch Goethe sprach mehrmals von einer musikalischen Bearbeitung des *Faust*; doch der Komponist, den Goethe sich für diese Arbeit gewünscht hätte, war nicht Beethoven, sondern Mozart. Selbst als Mozart schon gestorben war,
45 erwähnte Goethe nie den Namen Beethovens im Zusammenhang mit

Figuren/Epoche/nobel

tragische Fügung: **fateful event**

sich . . . beschränkt: **limits itself**
Andeutung

im Rahmen: **in the frame- work**

in Musik setzen

in eine bestimmte Stim- mung versetzt
komponierte

befaßte . . . sich: **beschäf- tigte sich**

erhalten

Wirklichkeit werden

seinem *Faust*. Auch über Beethovens Vertonung seiner Gedichte sprach
Goethe nie. In seinen Briefen schrieb er oft und ausführlich über
Kompositionen von zweit- und drittrangigen° Musikern, aber über
Beethoven hören wir sehr wenig. Goethe, so scheint es, hatte eine heim-
5 liche Scheu° vor Beethoven und dessen° Kunst. Seine Haltung° zu ihm
war unsicher und ambivalent. Beethoven beunruhigte Goethe, er störte
zutiefst sein menschliches und künstlerisches Gleichgewicht.° Einmal,
im Mai 1811, ließ sich Goethe Sonaten von Beethoven auf dem Klavier
vorspielen. Während des Konzerts wanderte er unruhig im Musik-
10 zimmer auf und ab und kommentierte halb in Bewunderung, halb in
Ablehnung dessen, was er hörte: „Das will Alles umfassen° und verliert
sich darüber immer ins Elementarische . . . es ist schön und schrecklich
zugleich . . . " Goethe, dem maßvollen° Klassiker jener Jahre, erschien
die elementare Kraft, die direkt und ergreifend° aus Beethovens Musik
15 hervordringt,° zu subjektiv und zu gewaltsam.

Trotzdem aber kam es zu jener berühmten Begegnung der beiden
Männer in Teplitz. Goethe hatte sich überreden lassen, den zufällig
anwesenden Beethoven zu besuchen und dieser, hocherfreut über den
Besuch, spielte dem verehrten Dichter einige seiner Kompositionen auf
20 dem Klavier vor. Zweifellos erkannte Goethe in Beethoven die Größe
seines Talentes — doch näher brachte ihn diese Erkenntnis dem Musiker
nicht. Goethe blieb weiterhin distanziert, denn auch als Mensch machte
Beethoven einen fragwürdigen, wenn nicht unheimlichen° Eindruck auf
ihn. Beethoven war ein trotziger,° fast arroganter Individualist, ein
25 Künstler, der sich seines Wertes durchaus bewußt war. Goethe,
andererseits, war ein Mann der gesellschaftlichen Formen, ein Mann
höfischer° Kultur. Eine kleine Anekdote mag den Unterschied der
beiden in ihren Beziehungen zur gesellschaftlichen Welt illustrieren. Als
Beethoven und Goethe in Teplitz spazieren gingen, begegneten ihnen
30 eine Gruppe von hochgestellten° Aristokraten. Beethoven blieb mitten
auf dem Weg stehen und sagte zu Goethe: „Bleibt nur an meinem Arm
hängen, sie müssen uns Platz machen, wir nicht." Goethe war diese
revolutionär trotzige Haltung peinlich,° er trat zur Seite und zog
seinen Hut vor den Fürsten.° Beethoven aber ging geradewegs durch
35 die Aristokraten hindurch, die sich teilen mußten, um an ihm vor-
beizukommen. Dann blieb er stehen, wartete bis Goethe herangekom-
men war und sagte zu ihm: „Auf Euch hab ich gewartet, weil ich Euch
ehre und achte, wie Ihr es verdient; aber jenen habt Ihr zuviel Ehre
angetan." Beide Männer waren durch diesen Vorfall° pikiert° und
40 verärgert. Beethoven schrieb kurz danach: „Goethe gefällt die Hofluft
sehr, mehr als sie einem Dichter gefallen soll." Und Goethe berichtete
brieflich an einen Freund: „Beethoven habe ich in Töplitz kennengelernt. Sein Talent hat mich in Erstaunen gesetzt; aber er ist leider
eine ganz wilde Persönlichkeit." Nach diesem Ereignis sahen sich

---

Glosses (right margin):

zweit- . . . rangigen: **zweite
und dritte Klasse**

reverence/his (the latter's)/
attitude

Balance

include

moderate
berührend
spürbar wird

gewaltig
defiant

aristokratisch

eine hohe Stelle haben

unangenehm
Prinzen

Ereignis/ärgerlich

Goethe und Beethoven nie wieder. Trotz allem aber blieb Beethoven
ein lebenslänglicher Verehrer Goethes, er schrieb ihm sogar Briefe, den
letzten im Jahre 1823, den Goethe jedoch nicht beantwortete; Goethe
suchte keinerlei Verbindung mit Beethoven.

5   Die letzte Frage, die uns am Schluß dieses Vortrages zu stellen
bleibt, ist die Frage, warum hat sich Goethe so ablehnend Beethoven
gegenüber verhalten? Was war der Grund für seine Kühle? Können
wir mit dem Kulturhistoriker übereinstimmen, der sagte, daß Goethe
den Beethoven einfach nicht verstanden hat? Ich glaube nicht. Oder
10 wenigstens können wir mit dieser These nur zum Teil übereinstimmen.
Erinnern wir uns an Goethes Kommentar, als ihm einmal Beethoven-
Sonaten vorgespielt wurden. Damals sagte er: „Das will Alles umfassen
und verliert sich darüber immer ins Elementarische...“ Das, was
Goethe hier das „Elementarische“ nennt, wurde von E. T. A. Hoff-   *(1776–1822)*
15 mann,° dem romantischen Erzähler, mit anderen Worten beschrieben.   **levers**
Er sagte: „Beethovens Musik bewegt die Hebel° der Furcht, des   *ängstliches Zittern/***horror**
Schauers,° des Entsetzens,° des Schmerzes und erweckt eben jene
unendliche Sehnsucht, welche das Wesen der Romantik ist.“ Goethe
verstand, genau wie Hoffmann, daß sich in Beethovens Musik mensch-
20 liche Erfahrungen und Probleme ausdrückten, die persönlich waren
und persönlich wirkten und die weit über die gewohnten ästhetischen
Kunstregeln° hinausgingen. Doch von dieser Art Kunst versuchte sich   **aesthetic laws**
der reife und klassische Goethe fernzuhalten. Denn auch in ihm
wohnten unruhige Mächte,° die mehr das Chaos wollten als die Form.   *Kräfte*
25 Immer von neuem mußte er sich aus seiner Kunst und Bildung eine
Lebensharmonie schaffen, um nicht zu verzweifeln, immer wieder
mußte er sich mühen, seine menschliche und künstlerische Kultur zu
bewahren.° Deshalb distanzierte sich Goethe von Künstlern, die ihm zu   *erhalten*
problematisch waren, deren Kunst psychologische Probleme offen-
30 barte,° mit denen er selbst zu kämpfen° hatte. Zu diesen Künstlern   *zeigte/***fight**
gehörten der Dichter Heinrich von Kleist,° zu ihnen gehörte aber auch   *(1777–1811)*
der Komponist Beethoven. Goethes Kühle zu Beethoven ist also
weniger dem Umstand° zuzuschreiben,° daß er Beethoven nicht verstand,   *Tatsache/***attribute**
sondern im Gegenteil, der sensitive Dichter verstand den Komponisten
35 allzu gut, er spürte, daß sich in dieser Musik Fragen und Probleme   *sich . . . abzeichneten:*
abzeichneten,° die er in sich selbst zu verdecken° suchte.   **deutlich sichtbar**
    *wurden/***hide**
    Nur in einem hat Goethe den Beethoven nicht ganz richtig
erfaßt,° oder vielleicht auch nicht erfassen wollen: nämlich daß Bee-   *verstanden*
thovens musikalische Schöpfungen,° die für Goethe zu formlos und   *Meisterwerke*
40 maßlos° waren, selbst wieder neue Formen schufen.° Denn wie Goethe,   *ungeheuer/***created**
so gehört auch Beethoven zu jenen genialen° Menschen, welche die   *talentiert*
Fähigkeit° haben, sich selbst auszusprechen und dabei allgemein   **ability**
Menschliches gestalten,° welche eigene Formen erfinden und doch   *formen*
allgemein gültige° Gesetze° der Kunst wiedergeben.   *allgemein gültige:* **universal/**
    laws

1   Welche beiden großen Deutschen haben sich getroffen?
2   Wo haben sie sich getroffen?
3   War das Treffen geplant?
4   Wurde damals beschlossen, gemeinsam an einem Werk (einer Oper) zu arbeiten?
5   Welche Meinung hatten die beiden großen Männer voneinander?
6   Welche Dichter bewunderte Beethoven?
7   Welche Werke von Goethe hat Beethoven vertont?
8   Zu welchem Werk wollte Beethoven gern die Musik schreiben?
9   Was war Goethes Verhältnis zu Beethoven? Was dachte der Dichter über den Musiker?
10 Wen hätte Goethe als Komponisten für seinen *Faust* gewünscht?
11 Warum hatte Goethe eine gewisse Scheu vor Beethoven?
12 Wem begegneten die beiden einmal in Teplitz?
13 Was tat Beethoven bei dieser Begegnung?
14 Wie verhielt sich Goethe?
15 Wie hat das Ereignis auf das Verhältnis zwischen den beiden gewirkt?
16 Welcher der beiden Männer war revolutionärer gesinnt?
17 Wie würden Sie diese beiden Menschen charakterisieren?
18 Was wollten beide Künstler in ihren Werken zum Ausdruck bringen?

Verwandte Wörter

Ergänzen Sie:

das Ereignis   *sich ereignen   geschehen; passieren*

Seit diesem tragischen . . . . . . sind viele Monate vergangen. Wir können wieder darüber reden.
Gestern hat sich etwas ganz Schreckliches . . . .

die Begegnung   *begegnen   treffen; mit jemandem zusammenkommen*

Wir sind einander heute nachmittag an der Bushaltestelle . . . .
In dieser kleinen Stadt . . . . . . man sich oft.
Die . . . . . . der beiden Politiker war ein wichtiges Ereignis.

gemeinsam   *gemein*   *einfach; gewöhnlich; normal; nicht nett; gefühllos, böse*
             die Gemeinde (–, n) *ein kleiner Ort; ein kleines Dorf*
             allgemein   *überall; fast bei allen bekannt*

Er tut viel Böses; er ist wirklich ein . . . . . . Kerl.
Diese Häuser gehören zur Nachbar . . . .

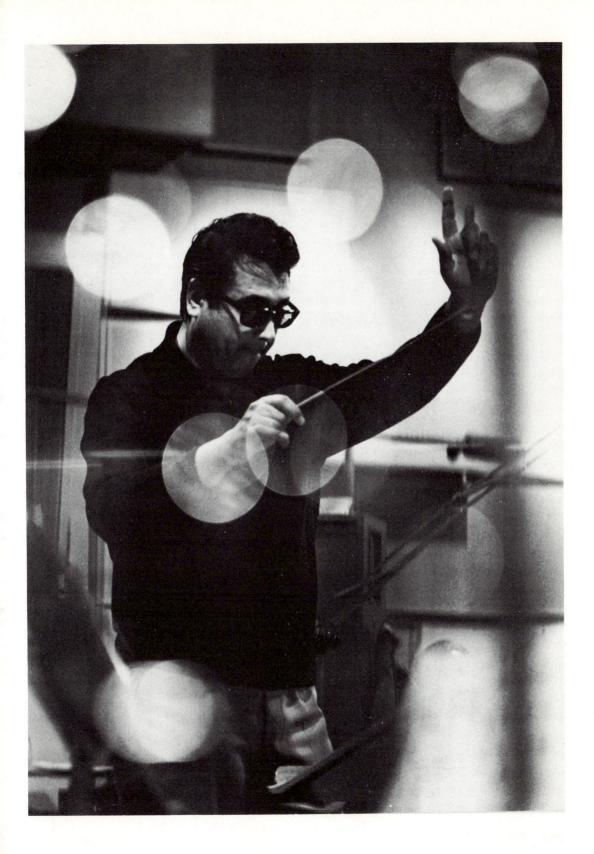

Er ist nur ein ..... Mann, d.h. ein einfacher Mann aus dem Volke.

Ihr habt die Melodie gehört. Nun laßt uns das Lied ...... singen!

Ich weiß es. Mein Nachbar weiß es. Es ist ...... bekannt.

<blockquote>

die Beziehung   *sich beziehen auf*   *auf etwas zurückkommen; wieder-*

           (bezog, bezogen)   *holen; deuten auf*

</blockquote>

Zwischen den beiden Familien bestehen seit vielen Jahren freundschaftliche ....

Wir ...... uns auf Ihre Annonce in der Zeitung.

<blockquote>

die Sehnsucht   *sich sehnen nach*   *sich etwas wünschen; auf etwas*

                                         hoffen

</blockquote>

Es geht ihm hier sehr gut. Er ...... sich aber trotzdem nach den Wäldern und
     Bergen seiner Heimat.

Sie ist vor ...... schon ganz krank.

<blockquote>

wirken   *verwirklichen*   *wahr machen; Wirklichkeit werden lassen;*

                          realisieren

         die Wirkung (–, en)   *die Folge; der Einfluß; der Effekt; die*

                          Reaktion

</blockquote>

Gott sei Dank! Meine Hoffnung hat sich doch noch .... Ich darf nach
     Deutschland fahren.

Diese Tabletten haben viel zuviel Coffein. Sie ...... noch nach mehreren Stunden.

Die Beleuchtung hatte eine ungeheure ....

Wortschatzübung

Ergänzen Sie:

allgemein, begegnen, Begegnung, berühmt, sich beziehen auf, Beziehung,
sich ereignen, Ereignis, erwähnen, Gegenstand, gemein, Gemeinde,
gemeinsam, sich sehnen nach, Sehnsucht, Verhältnis, verwirklichen,
wirken, Wirkung

1   Vater kommt heute um 5 Uhr nach Hause. Wir wollen alle ...... essen.

2   Ich bin ihm heute schon zum dritten Mal ....

3   Sei doch nicht immer so ...... ; wir helfen dir doch auch!

4   Ach, Camping war ja ganz nett, aber ich ...... mich doch nach meinem
     Bett.

5   Paß auf! Das hat eine fantastische .... Mit einem Mal explodiert alles.

6   In was für einem ...... stehst du zu deinem Vater? Kannst du ihn um Rat
     bitten?

7   Der Tanz heute abend war auch für mich ein besonderes ....

8   Du mußt zwei Minuten warten, dann beginnt die Medizin zu ....

9 Diese Bemerkung brauchst du nicht auf dich zu .... Er hat nur allgemein gesprochen.

10 Räumt doch endlich mal das Spielzeug weg! Nun bin ich in der Dunkelheit wieder über einen ...... gefallen.

11 In dieser ...... gebe ich dir recht. Das habe ich ja schon immer gesagt.

12 Das ist eine ...... von 300 Einwohnern.

13 Kannst du nicht endlich dein Versprechen ...... und mit uns nach Italien fahren?

14 Hier war nichts los. Nichts Besonderes hat sich ....

15 Kennen Sie einen ...... Maler des 16. Jahrhunderts?

16 Du brauchst nicht so geheimnisvoll zu tun. Die Tatsache ist doch ...... bekannt.

17 Warum weint das Kind? Hat es ...... nach seinen Eltern?

18 Für den nächsten Monat ist eine ...... dieser beiden Diplomaten in der Schweiz geplant.

19 Schade, daß er vergessen hatte, den genauen Treffpunkt zu ....

Satzbildung

1 ein Professor / sprechen / über d- Beziehung zwischen Goethe und Beethoven / ein- d- berühmtest- deutsch- Komponisten   (*Imperfekt*)

2 Beethoven / bewundern und verehren / d- Dichter Goethe / sein Leben lang (*Perfekt*)

3 Goethe / ablehnen / Beethovens Musik // weil / er / finden / d- Musik / zu wild und gewaltsam   (*Imperfekt*)

4 nach d- Begegnung in Teplitz / Goethe / sich ärgern / über Beethoven (*Imperfekt*)

5 Goethe / sich distanzieren / von Künstler- // die / haben / dieselb- Probleme // mit d- / er / selbst / müssen / kämpfen   (*Imperfekt*)

Anregung

1 Stellen Sie eine Liste der bekanntesten Werke Beethovens und der Werke Goethes zusammen!

2 Schreiben Sie einen kurzen Aufsatz über die Begegnung zwischen Goethe und Beethoven!

CHRISTIAN BOCK: aus Nachtgespräche

Was ist ein Hörspiel? Es ist genau das, was der Name andeutet: ein Drama, das man nicht sieht, sondern hört. Im Gegensatz zum Bühnenstück° wird das Hörspiel über das Radio gesendet. Die optischen Mittel fallen fort. Aber nicht nur was gesagt wird, sondern auch wie etwas
5 gesagt wird, muß beachtet werden. Das gesprochene Wort, unterstützt von bezeichnenden Geräuschen und wirkungsvoller Musik, übernimmt die Aufgabe, die Fantasie der Hörer anzuregen° und Bilder, Stimmungen und Gefühle zu erwecken. Der Zuhörer stellt sich also selbst den Ort der Handlung° vor. Im Geiste sieht er die einzelnen Personen und
10 verfolgt ihr Handeln. Der Zuhörer fühlt sich ins Stück einbezogen.° Es fällt ihm leicht, sich mit einzelnen Sprechern zu identifizieren. Ein rascher Szenenwechsel kann ein Hörspiel besonders spannend machen. Da jedoch von der Fantasie des Hörers viel mehr erwartet wird als vom Theaterbesucher, darf ein Hörspiel nicht zu lange dauern.
15 Die Entwicklung des Hörspiels hängt eng mit der des Radios zusammen. Als im Jahre 1923 die erste offizielle Radiostation in Deutschland ihre Arbeit aufnahm, wurde bald darauf auch das Hörspiel für die Sendungen geschaffen. Vielleicht ist das Hörspiel heute noch immer beliebt, weil es eine gute Möglichkeit bietet, aktuelle° Themen
20 zu diskutieren. Was wollte Christian Bock wohl den Menschen durch die folgenden Szenen seines Hörspiels *Nachtgespräche* sagen?

Theaterstück

aktivieren

Ort . . . Handlung: **Platz des Geschehens angesprochen**

modern

Verstehen Sie diese Wörter und Ausdrücke?

vollkommen: ganz; vollständig; ganz und gar; ohne Fehler / *Das kannst du doch nicht machen. Ich bin vollkommen sprachlos darüber.* / *Sie brauchen nichts mehr zu sagen. Das genügt vollkommen. Ich verstehe jetzt.*

auf einmal: plötzlich; zu einem unbestimmten Zeitpunkt; zu gleicher Zeit / *Auf einmal ging das Licht aus. Wir mußten zwei Stunden im dunklen Zimmer sitzen.* / *Selbst wenn ich es wollte, ich könnte nicht alles auf einmal machen.*

das Geräusch (es, e): der Ton; der Laut; der Klang / *Das Geräusch der Autos läßt mich nachts nicht schlafen.* / *Hörst du das Geräusch? Ich glaube, wir haben einen Dieb im Haus!*

schwach: nicht stark; nicht sehr kräftig; leise; kränklich / *Nach der langen Krankheit ist er noch ein bißchen schwach.* / *Sie haben die Fenster zugemacht. Man kann die Musik jetzt nur noch ganz schwach hören.*

rasch: schnell; eilig / *Würdest du mal rasch zum Kaufmann laufen und ein paar Eier holen?* / *Nun, das hast du wohl ein bißchen rasch gemacht, nicht wahr?*

gewöhnt (gewohnt): nicht fremd; üblich; etwas immer wieder tun / *Ich habe mich schon daran gewöhnt, daß Käthe immer zu spät kommt.* / *Er ist jetzt gesund! Heute hat er wieder seine gewohnte Arbeit gemacht.*

die Behauptung (–, en): eine Meinung ohne Beweis; eine unbegründete Erklärung / *Das ist ja nicht wahr! Er hat da eine falsche Behauptung aufgestellt.* / *Er bleibt bei seiner Behauptung, daß er das Buch gelesen hat.*

scharf: spitz; wie ein Messer; klug / *Sie hatte überhaupt keinen Grund, so eine scharfe Bemerkung zu machen.* / *Hast du dein scharfes Messer mitgebracht?*

die Angelegenheit (–, en): die Sache; das Geschehen; der Fall / *Das ist eine ganz andere Angelegenheit. Mit dem Thema hat es gar nichts zu tun.* / *Mische dich bitte nicht in seine Angelegenheiten!*

kämpfen: streiten; Krieg führen; sich mit Waffen oder Worten schlagen; sich verteidigen; sich bemühen / *Der Arzt kämpfte verzweifelt um das Leben seines Patienten.* / *Wir haben mutig gekämpft, aber wir haben trotzdem verloren.*

Nachtgespräche

Die Stimmen:

Sprecher	Michael
Sie	Günter
Er	Vater
5 Frau Dietze	Mutter
Frau Liska	

1. Szene

SPRECHER. Drüben liegt ein Haus. Nur ein Mietshaus,° gar nichts   *Apartmenthaus*
Besonderes. Kein Haus, von dem man sagen könnte: was für ein
prächtiges° Haus! Oder: was für ein Land, in dem so ein prächtiges   *herrlich*
10 Haus steht! Man kann nicht damit prahlen,° es ist nur irgendein   *brag*
Mietshaus. — Am Tage übersieht man es vollkommen. — Natürlich, es
ist immer da, aber es ist einem ganz egal, ganz uninteressant. Man
käme am Tage einfach nicht auf die Idee, ans Fenster zu gehen, um
mal nachzusehen, was das Haus drüben eigentlich macht. Wozu? —
15 Aber abends oder nachts, da ist das etwas ganz anderes. Da sieht man
drüben Lichter an- und ausgehen, da bewegt sich etwas, da tut sich
eine Menge.° Nachts, da ist es nicht nur ein Haus, da ist es eine Men-   *tut ... Menge:* **es ist viel los**
schenwabe,° in der es auf und ab und hin und her geht. Nachts, da geht   **human beehive**
man manchmal ans Fenster, um nachzusehen, was das Haus eigentlich
20 drüben macht, und zieht die Gardinen° zur Seite, um besser zu sehen.   **curtains**

(*Gardinengeräusch*)

So. — Das Haus drüben schläft noch nicht. In sechs, sieben — — — in
neun Fenstern ist es noch hell. Eben geht das Licht im Treppenhaus° an.   *Raum für die Treppen*
Das sind die vier schmalen Fenster übereinander, die immer auf einmal
25 hell werden. Vielleicht geht jetzt jemand, der drüben irgendwo zu Gast

war, und man atmet auf, daß er endlich geht. Natürlich weiß man nie genau, was da drüben alles vor sich geht.° Oder was es bedeutet, wenn es in einem Fenster dunkel wird. — Eigentlich ist es auch viel besser, sich das alles nur vorzustellen.

vor . . . geht: sich ereignet

5 (*Eine Uhr beginnt, zwölf zu schlagen.*)

Es ist zwölf. In einem Fenster drüben im zweiten Stock ist es dunkel. Vor einer ganzen Weile ging das Licht aus. Aber jetzt flackert° da ein schwaches Licht. Von einem Feuerzeug° vielleicht. Es ist wieder ausgegangen.

brennt unregelmäßig
cigarette lighter

10 (*Die Uhr schlägt zu Ende und überblendet° zur nächsten Szene.*)

fades into

2. Szene

(*Der Dialog fängt behutsam° an. Der Tonfall° muß die Vorstellung unterstützen, daß es ein Gespräch im Dunkeln ist. Ihre Stimme ist nahe am Mikrophon — seine etwas entfernter.*)

vorsichtig/Sprachmelodie

Sie. Thomas, schläfst du nicht?
15 Er. Nein.
Sie. Warum nicht?
Er. Ich konnte nicht einschlafen und steckte mir eine Zigarette an im Dunkeln. Bist du wach° geworden davon?

aufgeweckt

Sie. Nein. Ich lag auch wach.
20 Er. Du auch?
Sie. Ja.
Er (*leicht irritiert*). Ich habe es mir ja gedacht. Du machst dir auch Sorgen. Du willst mich nur schonen — wie einen, der krank ist.
Sie. Nein. — Nein, nein.
25 Er (*noch irritierter*). Doch. Du tust so, als spiele es gar keine Rolle, daß ich heute gekündigt° bin, als wäre es gar nicht der Rede wert!

fired

Sie. Das habe ich nicht gesagt, Thomas.
Er. Nein, so hast du es nicht gesagt, aber so ähnlich. Ganz
30 ähnlich. Und jetzt liegst du wach und denkst darüber nach.
Sie. Nicht so, wie du meinst. Ich mache mir tatsächlich keine Sorgen.
Er. Versteh ich nicht. Wie kannst du dir da keine Sorgen machen!
Sie. Ich liebe dich ja.
35 Er (*zögernd°*). Ich habe Angst, daß du das vielleicht — eines Tages nicht mehr sagen kannst.

hesitating

Sie (*mit echtem Erschrecken*). Was sagst du da, Thomas?
Er. Ich hab' einfach Angst, dich zu verlieren.

SIE. Weil du gekündigt bist, hast du Angst, mich zu verlieren?

ER. Ich seh' weiter als du — deswegen hab' ich Angst. Wir werden es schwer haben jetzt.

SIE. Das weiß ich.

5 ER. Von morgen an schon. Gleich von morgen an.

SIE. Ich weiß, Thomas.

ER. Wir werden ewig in Geldsorgen sein.

SIE. Es macht mir nichts.

ER. Das glaube ich dir, ich glaube es dir wirklich. Jetzt macht es
10 dir noch nichts. Aber wenn eine ganze Zeit vergangen ist, und es hat sich nichts geändert —

SIE. Was dann?

ER. Dann merken wir eines Tages, daß wir immer öfter Streit miteinander haben. Um gar nichts Besonderes vielleicht, um lauter
15 Kleinigkeiten. Und wir wissen gar nicht, wie das kommt.

SIE. Und wie kommt das, meinst du?

ER. Unser Leben ist so lange Zeit grau in grau — daher kommt es. Wir machen sonntags einen Spaziergang und haben eigentlich gar keine Lust, einen Spaziergang zu machen, und wir gehen einmal in der
20 Woche ins Kino, auf einen billigen Platz — daher kommt das.

SIE. Meinst du, wir lieben uns dann nicht mehr?

ER. Doch, wir lieben uns wohl noch, aber — es fehlt etwas dabei.

SIE. Was — fehlt dabei?

ER. Eines Tages siehst du irgend etwas. Vielleicht ist es ein
25 wunderbares Kleid in einem Schaufenster in der Stadt, und du weißt jetzt, du wirst nie so ein Kleid haben. Oder es ist ein Reiseprospekt,° auf dem man sieht, wie Leute an einem sonnigen Badestrand° prome-nieren.° Sie sind vornehm, und sie haben gar keine Sorgen, sie prome-nieren nur.

30 SIE. Imponiert° mir gar nicht.

ER. Vielleicht imponiert es dir nicht. Aber du weißt plötzlich, daß eine Liebe in lauter Grau nicht leben kann, sie braucht Licht und Leben. — Du weißt plötzlich, es ist nicht getan mit einem Sonntags-spaziergang und einem Kinobesuch in der Woche. (*Pause*) Und
35 vielleicht liebst du mich dann nicht mehr — — —

SIE (*ruhig*). Das ist nicht wahr, Thomas. (*Pause — dann lauter*) Thomas! (*Pause — dann immer verzweifelter und lauter — fast hysterisch laut, aber in der Aussage° ganz überzeugend*) Das ist nicht wahr! Hörst du? Das ist nicht wahr! (*Dann schlägt° ihr Ausbruch plötzlich in stilles*
40 *Schluchzen° um.*)

ER (*seine Stimme kommt jetzt rasch näher*). Nein, du, hör zu — natürlich ist es nicht wahr, natürlich nicht. Ich hatte nur plötzlich solche Angst um dich. Ich weiß nicht, wie das kam. Ich glaube auch, wenn man nachts im Dunkeln wach liegt, da wiegt° alles viel schwerer,
45 als es ist.

---

travel folder

beach

spazieren

*Imponiert . . . nicht: **Das macht keinen Eindruck.***

Rede

*schlägt . . . um: **ändert sich***

Weinen

weighs

SIE (*mit echter Zuversicht°*). Ich habe keine Angst, Thomas.   *Vertrauen, Überzeugung*
ER. Dann ist es gut.
SIE. Mach Licht, Thomas, und gib mir auch eine Zigarette.
ER. Ja. Gleich —

3. Szene

5   SPRECHER. Im Haus drüben herrscht irgendeine merkwürdige
Unruhe. Es schläft nicht langsam ein wie sonst, wenn ein Fenster nach
dem anderen dunkel wird, bis nirgends mehr ein Licht brennt. — Jetzt
wird es in dem Fenster hell, hinter dem vorhin das Feuerzeug kurz
aufflammte. So geht es die ganze Zeit, es ist wie ein nervöses Zucken,°   *plötzliche Bewegung*
10 irgendwo springt ein Licht auf, anderswo verlöscht° es im gleichen   *geht aus*
Augenblick. Der Himmel ist dunkel, es ist wie Gewitter in der Luft.
Vielleicht kommt es daher. Es ist so, als fühlte man die Spannungen.°   *tension*
Weit weg sieht man es manchmal wetterleuchten.° Jetzt geht in einem   *blitzen ohne hörbaren Donner*
Fenster im Dachgeschoß° drüben das Licht an und wieder aus — und   *oberstes Stockwerk unter dem Dach*
15 wieder an. Merkwürdig. Was spielt sich da ab? — Na, vielleicht gar
nichts Besonderes — — (*Man hört, wie die Gardinen zugezogen werden.*)
Sollen sie drüben machen, was sie wollen!

4. Szene

FRAU DIETZE (*in einem ruhigen, aber bestimmten Ton*). Das Licht
bleibt an, Frau Liska!
20 FRAU LISKA (*spitz, vorwurfsvoll°*). Es ist zwölf Uhr durch,° Frau   *reproachfully/nach zwölf Uhr*
Dietze!
FRAU DIETZE (*wurstiger° Tonfall*). Ich weiß.   *gleichgültig*
FRAU LISKA. Jeden Abend dasselbe! Immer, wenn ich grade ins
Bett gegangen bin, dann fangen Sie an, sich Lockenwickler° ins Haar   *hair rollers*
25 zu drehen. Es macht mich noch rasend!°   *wütend*
FRAU DIETZE. Das Zimmer ist genau so gut mein's wie Ihr's.
FRAU LISKA. Wie Sie da vorm Spiegel stehen! Ich kann es nicht
sehen! Diese Bewegungen! Dieser — dieser Genuß!°   *Genießen*
FRAU DIETZE (*mit einem Lockenwickler im Mund*). Legen Sie sich
30 lang, dann sehen Sie es nicht.
FRAU LISKA. Und dauernd einen Lockenwickler im Mund!
Widerlich!°   *disgusting*
FRAU DIETZE (*noch mit dem Lockenwickler im Mund nach einer
Pause*). Ich glaube — eines Tages bringen° Sie mich um hier.   *bringen . . . um: töten*
35 FRAU LISKA. Kann schon sein. Aber ich bin dann nicht schuld,
das Wohnungsamt° ist schuld! Zwei Jahre wohne ich hier mit Ihnen   *housing office*
zusammengesperrt. In einer richtigen Bude!° Ich bin aus Stettin etwas   *alte Wohnung*
anderes gewöhnt, das kann ich Ihnen sagen.

FRAU DIETZE. Ja, ich weiß. Sie sind partout° Chippendale° gewöhnt.

FRAU LISKA (*spitz*). Seien Sie nur vorsichtig mit Fremdwörtern, Frau Dietze, das kann so leicht danebengehen.°

5 FRAU DIETZE (*die bisher sehr ruhig sprach, wird jetzt aggressiv; sie kommt nahe zu* FRAU LISKAS *Bett hin*). So! Jetzt will ich Ihnen mal was sagen! Ich weiß es schon lange, aber ich hab' Sie immer ruhig Ihren Blödsinn° reden lassen —

FRAU LISKA (*mit extra betonter Ironie*). Oh, Sie unterbrechen 10 Ihre Nachtfrisur,° um mit mir zu plaudern? Wie ungewöhnlich, Frau Dietze!

FRAU DIETZE. Vor ein paar Wochen traf ich eine Frau, die war auch aus Stettin.

FRAU LISKA. Ach!

15 FRAU DIETZE. Die kennt Sie. Die hat Ihr Chippendale-Schlafzimmer° gesehen. Es war bloß kein Chippendale, es war Sperrholz!°

FRAU LISKA (*außer sich vor Erregung°*). Das ist unerhört!° Das ist ganz unerhört, ist das! Eine unverschämte° Behauptung!

FRAU DIETZE. So, und nun hören Sie bloß auf mit Ihrem eleganten 20 Chippendale-Schlafzimmer und Ihrem tragischen Schicksal,° das Sie gehabt haben. Das ist auch bloß Sperrholz gewesen. (*Währenddessen entfernt sich ihre Stimme; sie ist wieder zum Spiegel hingegangen.*)

FRAU LISKA (*rasend*). So? Meinen Sie?! Meinen Sie das?! Wenn Sie das erlebt hätten, was ich alles erlebt habe, dann möchte ich Sie 25 sehen!!

FRAU DIETZE (*wieder mit dieser Ruhe, die die andere gerade so wütend macht*). Lassen Sie man, in Köln war's auch ganz schön im Krieg.

FRAU LISKA. Was Sie da schon verloren haben!

30 FRAU DIETZE. Bloß meinen Mann und meine Wohnung. Aber das war natürlich kein Chippendale, das war bloß Nußbaum-Furnier.°

FRAU LISKA. Was war das für eine Frau, die Ihnen erzählt hat, ich hätte kein Chippendale-Schlafzimmer gehabt? Wie? (*Keine Antwort*) Sagen Sie das mal! Wie heißt die Frau?

35 FRAU DIETZE. Spielt ja keine Rolle, wie die heißt. (*Man hört Gepolter°*) Bleiben Sie bloß im Bett, Sie! Was wollen Sie?

FRAU LISKA (*nahe, bedrohlich,° mit heiserer° Stimme*). Wie sie heißt, will ich wissen! Wer das gesagt hat, will ich wissen!

FRAU DIETZE (*Lockenwickler im Mund*). Sag' ich Ihnen nicht. 40 Weiß ich nicht mehr.

FRAU LISKA. Nehmen Sie den Lockenwickler aus dem Mund!

FRAU DIETZE. Denk' nicht dran!°

FRAU LISKA. Ich schlage Ihnen das Ding aus dem Mund, wenn Sie es nicht gleich herausnehmen.

45 FRAU DIETZE (*noch den Lockenwickler im Mund*). Gehen Sie bloß

Marginal glosses:

(französisch) nichts als/ Möbelstil

nicht gut ausgehen

Unsinn

Frisur: hair setting

Schlafzimmermöbel/ plywood
außer . . . Erregung: beside herself with agitation/ scandalous
frech

fate

walnut veneer

Geräusch
threatening/hoarse

Denk . . . dran: Ich will nicht.

ins Bett, Mensch. (*Dann hört man* FRAU LISKA *der anderen ins Gesicht schlagen.*)

FRAU DIETZE (*sprachlos, erst nach einer Pause*): Waas?

5 FRAU LISKA (*plötzlich schlägt ihre Stimmung um, sie weint; ihr Atem fliegt,° sie spricht hastig° und erregt°*). Frau — Frau Dietze, ich wollte es nicht, ich wollte Sie nicht schlagen, bestimmt nicht, ich kann nicht dafür, ich bitte Sie um Verzeihung, ich habe einfach zuviel erlebt, wir haben beide zu viel durchgemacht, verzeihen Sie mir, Frau Dietze, verzeihen Sie mir, verzeihen Sie mir doch — (*Sie schluchzt.*)

Atem fliegt: **sie atmet schnell/schnell/aufgeregt**

10 FRAU DIETZE (*ruhig, nachsichtig,° verzeihend*). Kommen Sie, Frau Liska. Kommen Sie, ich bringe Sie ins Bett. — — Und dann reden wir nicht darüber, es ist nie passiert, verstehen Sie?

patiently

FRAU LISKA (*noch vom Weinen geschüttelt*). Ja. — Nein. — Ich danke Ihnen, Sie sind gut zu mir, Frau Dietze.

15 FRAU DIETZE. So — kommen Sie, nun legen Sie sich hin. Und wir wollen versuchen, gut miteinander auszukommen.°

leben zu können

FRAU LISKA. Ja. — Ja. (*Ein heller Glockenschlag von einer Tischuhr*)

FRAU DIETZE. Viertel nach. Ich geh' dann auch ins Bett.

FRAU LISKA. Stimmt die Uhr? (*Ein dunkler Glockenschlag,*
20 *entfernt*)

FRAU DIETZE. Ja. In der Wohnung unten schlägt's auch grade Viertel.

5. Szene

GÜNTER. Es ist viertel nach!

MICHAEL (*verärgert*). Ich hab's gehört.

25 GÜNTER. Die Eltern werden gleich ins Bett gehen.

MICHAEL. Ich weiß.

(*Pause*)

GÜNTER (*herausfordernd°*). Willst du es tun oder willst du es nicht tun? Ich möchte es nur wissen. (*Pause*) Sonst muß ich eben selber was
30 unternehmen.

challengingly

MICHAEL (*langsam*). Was — mußt du sonst unternehmen? (*Keine Antwort*) Hm? Was?

GÜNTER. Weiß ich noch nicht. Irgend etwas.

MICHAEL. Irgend etwas Gefängnisreifes,° ja?

Strafbares

35 GÜNTER. Hab' ich das gesagt?

MICHAEL. Du bist ganz schön im Abrutschen,° mein Lieber.

Du . . . Abrutschen: **Es geht dir immer schlechter**

GÜNTER. Ich brauch' die 300 Mark. So oder so. (*Pause*) Was überlegst du? (*Pause — in seinen bisher frechen, herausfordernden Ton kommt jetzt deutlich etwas Verzweifeltes*) Willst du mir helfen? Oder
40 willst du mir nicht helfen?

MICHAEL. Bleib im Bett, Mensch.

GÜNTER (*jetzt nur verzweifelt und flehend,° näher*). Michael, hilf mir doch. Ich kann nicht selber zum Vater gehen. Du bist älter, du kannst es eher. Ich weiß nicht, was ich machen soll.   *ernst bittend*

5 MICHAEL. Günter, hör mal zu. Wenn ich es tue — versprichst du mir, daß du die Finger von dem Mädchen läßt?

GÜNTER. Das tue ich, das verspreche ich dir.

MICHAEL. Gibst du mir dein Ehrenwort?

GÜNTER. Ja.

10 MICHAEL. Gilt das was, dein Ehrenwort?

GÜNTER. Ich würde es dir nicht geben, wenn ich's nicht halte. (*Türgeräusch und entferntes Sprechen*) Das sind die Eltern, sie gehen ins Bett.

MICHAEL. Geh, leg dich hin. Ich geh rüber. Wo ist mein Morgen-
15 mantel?

GÜNTER. Hier.

(*Nach einer Pause kurzes Anklopfen. Dann Türöffnen und Schließen*)

DER VATER. Michael? Was gibt's?

MICHAEL. Vater, ich möchte gern noch einen Moment mit dir
20 sprechen.

DER VATER. Ja? Was ist denn? Etwas Besonderes?

MICHAEL. Ja.

DER VATER. Also? Was denn? Schieß los, mein Junge.

MICHAEL. Ich möchte dich allein sprechen.

25 DER VATER. Allein?

DIE MUTTER. Hast du Geheimnisse vor mir?

DER VATER. Also, bitte, Michael, was sind das für Albernheiten!°   *Dummheiten*
Wenn es nicht bis morgen Zeit hat, mußt du dir schon die Gegenwart°   *Anwesenheit*
deiner Mutter gefallen lassen.

30 MICHAEL. Also gut. Wie ihr wollt.

(*Pause*)

DER VATER (*ein bißchen lachend*). Wir warten, Michael.

MICHAEL (*sehr ruhig, sehr bestimmt*). Ich brauche 300 Mark.

DER VATER (*verblüfft°*). Wie bitte? — Du brauchst — 300 Mark?   *sehr überrascht*
35 MICHAEL. Ja.

DER VATER. Wozu? — Wenn ich fragen darf?

MICHAEL. Ich brauche sie dringend.°   *unbedingt*

DER VATER. Ich habe dich gefragt, wozu du sie brauchst.

MICHAEL. Das kann ich dir nicht sagen, Vater.

40 DIE MUTTER. Michael, was ist denn mit dir los? So kennen wir dich doch gar nicht.

DER VATER. Also, wir sprechen uns morgen früh. Darf ich dich

jetzt bitten, uns allein zu lassen, wir wollen ins Bett gehen. Was sind das
für Manieren!

MICHAEL. Vater, ich brauche deine Antwort jetzt!

DER VATER (*mit Schärfe — und höchst verwundert*). Hör mal, wie
5 sprichst du eigentlich mit mir?

DIE MUTTER. Michael, willst du nicht erklären, was das bedeuten
soll?

MICHAEL. Ich brauche 300 Mark. Das ist alles.

DER VATER. Sehr ungewöhnlich, das Ganze. Sehr merkwürdig. —
10 Nimm mal an, ich wäre so generös, meinen Herrn Sohn nicht zu fragen,
wozu er 300 Mark braucht — willst du mir mal sagen, woher ich sie
nehmen sollte? 300 Mark! Das ist mein halbes Monatsgehalt!°   *monthly salary*

MICHAEL. Ich weiß.

DER VATER. Ah, du weißt! Und woher soll ich das nehmen?
15 Woher soll das kommen? (*Pause*) Woher bitte??

MICHAEL (*er spricht etwas zögernd*). Vater, ich möchte dir etwas
sagen — — Damals in der R-Mark-Zeit[1] — — es ist ja so lange her,
aber — —

DER VATER. Handelt° es sich um irgendeine unsaubere Ange-   *handelt . . . um:* **ist es eine**
20 legenheit aus der R-Mark-Zeit?   **Frage von**

MICHAEL (*mit einer gewissen Aggressivität*). Nein, das nicht. Ich
wollte nur sagen, damals haben wir allerhand° zum Essen nach Hause   *ziemlich viel*
gebracht, Günter und ich. Und damals habt ihr nicht gefragt, woher
das kam und woher das genommen war. Das wolltet ihr auch gar nicht
25 wissen. Da waren wir eine Zeitlang die Erwachsenen, die man nicht so
ausfragen° soll.   *Fragen stellen*

DER VATER. Was willst du damit sagen?

MICHAEL. Als die Zeit vorbei war, da sollten wir plötzlich wieder
„die Kinder" sein wie vorher. Das war gar nicht so leicht für uns. Wir
30 hatten schon ziemlich erwachsene Geschäfte gemacht, und jetzt gab es
wieder Taschengeld.° — Ihr habt das gar nicht so gemerkt, für euch war   *weekly allowance*
es ganz selbstverständlich, daß wir wieder „die Kinder" waren. Und
daß man wieder fragte, woher etwas kommt und woher es genommen ist.

DER VATER (*halb verärgert, halb mit sich kämpfend*). Also, Michael
35 — ich weiß wirklich nicht, was du dir dabei — — was — was soll das
heißen?

MICHAEL. Ich wollte dich nur bitten, mir zu helfen und mal nicht
zu fragen, wozu ich deine Hilfe brauche. Ich meine, könntest du mir
nicht einmal — einfach vertrauen?

40   (*Pause*)

Ich weiß auch, daß es viel ist, worum ich dich bitte, aber — —

---

[1] Before the currency reform of 1948, the *Reichsmark* (*RM*) was the legal currency.

(Pause)

DER VATER. Michael, hör zu. Ich will dir einmal vertrauen und nichts fragen. Vielleicht brauchst du mal so ein Vertrauen notwendiger° noch als das Geld. — Wann mußt du das Geld haben?

nötiger

5 MICHAEL. Morgen früh.

DER VATER. Gut. — Dann wollen wir jetzt schlafen gehen. Gute Nacht, mein Junge.

MICHAEL. Gute Nacht, Vater. Ich danke dir. — Gute Nacht, Mutter.

10 DIE MUTTER. Gute Nacht, mein Junge.

(Man hört ihn gehen).

6. Szene

(Man hört es in der Ferne gewittern. Dann hört man, wie Gardinen aufgezogen werden.)

SPRECHER. Na — da braut° sich ganz schön was zusammen.
15 Drüben kommt jemand nach Hause. Junger Mann. Schließt die Haustür auf. Im Treppenflur geht das Licht an. Na, ein Optimist. So was sieht man gleich. Am Gang,° am ganzen Gehabe.° Mantel offen — Schal° über die Schulter — Hut etwas schräg° auf dem Kopf — — Das Gewitter kommt näher. Oben ist der Himmel dunkel, aber dahinten
20 ist er mehr als dunkel, da ist er schwarz. Drüben geht jetzt wieder irgendwo ein Licht an. Das ist wohl der Optimist, der eben ins Haus ging. Ach, diese Optimisten.

braut . . . zusammen: ein Gewitter zieht herauf

Art zu gehen/Benehmen

scarf/quer

(Unmittelbar° danach wird die Gardine wieder zugezogen.)

sofort

Fragen

1 Welche Funktion übernimmt der Sprecher?
2 Warum konnte der Mann nicht schlafen?
3 Warum befürchteten sie, von nun an in Geldsorgen zu sein?
4 Warum hatte der Mann Angst, seine Frau zu verlieren?

5 Warum geht das Licht im Dachgeschoß laufend an und dann gleich wieder aus?
6 Warum wohnen die beiden Frauen in einem Zimmer?
7 Sind sie miteinander verwandt?
8 Hatte Frau Liska wirklich ein elegantes Chippendale-Schlafzimmer verloren?

9 Welches Schicksal hatten die beiden Frauen im Kriege erlitten?
10 Wo ist Herr Liska?

11 Warum will Michael seinen Vater allein sprechen?
12 Bekommt der Junge das Geld von seinem Vater?
13 Muß Michael sagen, wofür er es verwenden wird?
14 Wie hätten Sie als Vater gehandelt?

15 Woran kann man erkennen, daß der junge Mann ein Optimist sein muß?
16 Was ist ein Optimist?
17 Wie ist das Wetter an diesem Abend?

Verwandte Wörter

Ergänzen Sie:

vollkommen   *die Vollkommenheit   das Perfektsein*

Wir werden nie . . . . . . erreichen.
Ich weiß nichts mehr darauf zu sagen. Ich bin . . . . . . hilflos.

schwach   *die Schwäche (–, n)   die Kraftlosigkeit*

Er ist schon ein alter Mann. Er kann nicht mehr richtig sehen, weil er . . . . . .
    Augen hat.
Sei nicht immer gleich so sarkastisch! Wir alle haben unsere . . . .

gewöhnt   *die Gewohnheit (–, en)   das, was man immer wieder tut*
    (sich) gewöhnen   sich etwas zur Gewohnheit machen

Das macht er wie im Schlaf. Es ist ihm schon zur . . . . . . geworden.
Ich habe mich nun allmählich an dieses Haus . . . .
Wenn man ein fremdes Land besucht, muß man die . . . . . . der Einwohner
    akzeptieren.

die Behauptung   *behaupten   etwas für wahr erklären, ohne es beweisen*
                zu können

Du . . . . . . also, daß er die Arbeit ganz allein geschrieben hat.
Jeder kann eine . . . . . . aufstellen, aber nicht jeder kann den Beweis liefern.

kämpfen   *der Kampf (es, ⸚e)   der Streit; der Krieg; die Bemühung*

Der . . . . . . gegen die Umweltverschmutzung darf nicht aufhören.
In jedem Land . . . . . . man für die Freiheit.

Wortschatzübung

Ergänzen Sie:

> Angelegenheit, behaupten, Behauptung, Geräusch, (sich) gewöhnen, Gewohnheit, gewöhnt (gewohnt), Kampf, kämpfen, rasch, scharf, schwach, Schwäche, vollkommen

1 Ich kann mich nicht daran . . . . . ., früh aufzustehen.

2 Diese . . . . . . muß noch erledigt werden.

3 Der Wortwechsel führte schließlich zu einem richtigen . . . .

4 Er hatte es sehr eilig. Mit . . . . . . Schritten ging er zur Vorlesung.

5 Woher weißt du das so genau? Wie kannst du diese . . . . . . aufstellen?

6 Du brauchst mir nichts zu erzählen; ich verstehe jetzt . . . .

7 Das ist ein Zeichen von . . . . . ., daß du jetzt aufgibst. Sage doch deine Meinung!

8 Dieses Messer ist nicht . . . . . . genug.

9 Es fiel ihm wirklich nicht leicht, eine solche Entscheidung zu treffen. Er . . . . . . lange mit sich selbst, ehe er den Befehl gab.

10 Das macht mir nichts aus, ich bin an diese Arbeit . . . .

11 Du kannst das nicht einfach . . . . Du mußt es auch beweisen können.

12 Er hat die . . . . . ., nach dem Mittagessen ein wenig zu schlafen.

13 Plötzlich hörten sie ein . . . . . . im anderen Zimmer.

14 Das Schauspiel war nicht sehr gut. Deshalb war die Vorstellung auch nur . . . . . . besucht.

Satzbildung

1 a- Tag / man / können / übersehen / d- Haus / vollkommen (*Präsens*)

2 auf einmal / man / sehen / schwach- Licht / in- Fenster // und / hören / Geräusch (*Präsens*)

3 Mann und Frau / diskutieren / Problem sein- Arbeitslosigkeit (*Präsens*)

4 Frau Liska / behaupten // sie / haben / vor Jahren / Chippendale-Schlafzimmer (*Präsens/Konjunktiv*)

5 Vater / versprechen / Michael / Geld / geben // obwohl / Michael / schweigen / über d- Angelegenheit (*Präsens*)

Anregung

1 Versuchen Sie sich als Schriftsteller! Schreiben Sie eine kurze dramatische Szene über ein Thema, das Sie besonders interessiert. Nehmen Sie die *Nachtgespräche* als Vorlage (model).

2 Bringen Sie diese kurze Szene als Hörspiel! (Denken Sie auch an Toneffekte!)

GRAMMATIK

Participles

Both present and past participles can be used as adverbs, adjectives, or nouns. An extended participial construction can also be used in place of a relative clause.

Adverbs

Die Kinder sprangen *lachend* ins Wasser.
Sie standen *frierend* vor dem Haus.
Er hörte dem Redner *gelangweilt* zu.

Adjectives

Sie spricht leise mit dem *weinenden* Kind.
Das ist ein viel *besuchtes* Lokal.

A participle which precedes the noun it modifies has a regular adjective ending.

Nouns

Ein *Reisender* stieg in den Zug ein.
Er hat mir etwas *Geschriebenes* gegeben.

Participles used as nouns have adjective endings.

Extended Participial Constructions

Das *dort drüben stehende* Mädchen ist seine Schwester.
Sie wollte das *vor Müdigkeit eingeschlafene* Kind nicht stören.

An extended participial construction replaces a relative clause. In the participial phrase the participle immediately precedes the noun it modifies and has an adjective ending.

Idioms

Er kam *gelaufen*.
Er bekam das Paket *geschickt*.

The past participle is used with certain verbs like *kommen* and *bekommen* to indicate manner. It answers the question *how*. English would have a present participle: *He came running*.

Anticipatory *da(r)*

Ich denke nicht daran, so früh nach Hause zu gehen.
Sie wartet darauf, daß ich ihr helfe.
Er ist weit davon entfernt, uns die Wahrheit zu sagen.

The anticipatory *da(r)* + preposition serve the same function as the anticipatory *es*. *Da(r)* is used with verbs and adjectives which can be followed by prepositions. See the Appendix, p. 391, for a list of verbs and adjectives which take prepositions.

ÜBUNGEN

A Bilden Sie ein Partizip aus dem angegebenen Verb! Setzen Sie das Partizip mit der richtigen Adjektivendung ein!

Lesen Sie in dem . . . Bericht über zwei Jungen aus Bayern. (folgen)
Lesen Sie in dem folgenden Bericht über zwei Jungen aus Bayern.

1 Preußen wurde 1871 zur . . . . . Macht in Deutschland. (*führen*)
2 Man darf an die Möglichkeit eines . . . . . Weltfriedens glauben. (*dauern*)
3 Der junge Mensch fürchtet sich nicht vor dem . . . . . Blick der älteren Generation. (*prüfen*)
4 In einem Schülerlokal behandelt man den Schüler als . . . . . Gast. (*zahlen*)
5 In jeder Sprache gibt es . . . . . Rätsel. (*verwirren*)

Ist es möglich, zwischen . . . Klischeebildern und eigenen Vorstellungen klar zu unterscheiden? (übernehmen) *Ist es möglich, zwischen übernommenen Klischeebildern und eigenen Vorstellungen klar zu unterscheiden?*

6 Nach 1871 gab es ein . . . . . Deutschland. (*vereinen*)
7 Wer möchte zum . . . . . Automaten werden? (*programmieren*)
8 Man muß die . . . . . Flüsse und Seen säubern. (*verschmutzen*)
9 Wann und wo beginnt dieser viel . . . . . Generationskonflikt? (*diskutieren*)
10 Jung sein bedeutet . . . . . Lernen. (*konzentrieren*)

B Bilden Sie aus den zwei Sätzen einen Satz! Gebrauchen Sie ein Partizip als Adjektiv!

Im Haus sieht er ein Licht. Es *geht an* und *aus*. *Im Haus sieht er ein an- und ausgehendes Licht.*

1 Er sieht einen Mann vor dem Haus. Er *geht auf* und *ab*.
2 Hast du die Gardinen gesehen? Sie waren *zugezogen*.

3 Sie weckt ihren Mann. Er *schläft*.

4 Er gab ihr die Zigarette. Sie war *angesteckt*.

5 Die Frau machte ein ängstliches Gesicht. Sie war *besorgt*.

6 Er macht viele Bemerkungen. Er will sie *schonen*.

7 Er sprach von der Zeit. Die Zeit war *vergangen*.

8 Sie sprach mit lauter Stimme. Sie war *verzweifelt*.

9 Er macht dann eine Bewegung. Sie *beruhigt*.

10 Das ist eine schwere Arbeit. Die *strengt* uns *an*.

C Bilden Sie aus den zwei Sätzen einen Satz! Gebrauchen Sie ein Partizip als Adverb!

Er geht am Haus vorbei. Er *schweigt*.   *Er geht schweigend am Haus vorbei*.

1 Er blickte zu uns herüber. Er war *erstaunt*.

2 Sie verbrachten den ganzen Abend zusammen. Sie *feierten*.

3 Wir hörten ihm zu. Wir *langweilten* uns.

4 Die Leute bei der Party saßen nur da. Sie *tranken* und *aßen*.

5 Du hast die Geschichte erzählt. Du wirst mich *überzeugen*.

6 Die arme Frau stand nur da. Sie war *verzweifelt*.

7 Morgen kommst du zum Unterricht. Du mußt dich besser *vorbereiten*.

8 Drückt er seine Gedanken immer so aus? Er *beleidigt* jeden.

D Ergänzen Sie! Gebrauchen Sie ein Partizip als Substantiv!

Jemand, der als Verkäufer für eine Firma *reist*, ist ein Reisender.

1 Leute, die mit uns *verwandt* sind, sind unsere . . . .

2 Jemand, der *erwachsen* ist, ist ein . . . .

3 Das, was man *angeboten* bekommt, ist das . . . .

4 Leute, mit denen wir *bekannt* sind, sind unsere . . . .

5 Jemand, der *wütend* ist, ist ein . . . .

6 Am Anfang des Krieges wurde der Soldat *gefangen*. Er verbrachte den ganzen Krieg als . . . .

7 Jemand wurde *verhaftet*. Die Polizisten brachten den . . . . . . in einem Auto zum Polizeiamt.

8 Jemand wurde aus dem Feuer *gerettet*, aber ich weiß nicht, wie der . . . . . . heißt.

E Bilden Sie Sätze mit den Partizipien als Substantive!

1 ein Ertrinkender

2 ein Befehlender

3 ein Anwesender

4 das Gemalte

5 das Geprüfte

6 das Verwirrende

F Verwandeln Sie den Partizipialsatz in einen Relativsatz!

Wie konnte ein vollkommen zerstörtes Deutschland so schnell aufgebaut werden? *Wie konnte ein Deutschland, das vollkommen zerstört war, so schnell aufgebaut werden?*

1 Die deutsche Tüchtigkeit könnte man als eine überall vertretene Eigenschaft bezeichnen.

2 Man fürchtet, daß sich der Mensch heute zu einem mechanisch denkenden und handelnden Wesen entwickeln könne.

3 Er lehnte den einem Automaten immer ähnlicher gewordenen Menschen ab.

4 Denken Sie noch zurück an die vor kurzem besprochenen Probleme!

5 Sein sorgfältig ausgedachter Plan mußte leider mißglücken.

6 Nach einer mit der Note zwei überstandenen Abschlußprüfung wird der Schüler auch auf der Universität erfolgreich sein.

7 Durch den gerade erfundenen Buchdruck wurde Luthers Bibelübersetzung sehr schnell bekannt.

8 In dem heute geteilten Deutschland hat die gemeinsame deutsche Sprache eine besondere Aufgabe.

G Beantworten Sie die Fragen! Gebrauchen Sie ein Partizip!

Wie kam er nach Hause? Ist er gelaufen? *Ja, er kam gelaufen.*

1 Wie kam das Kind in den Garten? Ist es gesprungen?

2 Wie kam das Mädchen auf das Feld? Ist es geritten?

3 Wie kam er zur Gesellschaft? Ist er in seinem eleganten Auto gefahren?

4 Wie bekamst du die neue Uhr? Hat man sie dir geschenkt?

5 Wie bekam er das Buch? Hat man es ihm geliehen?

6 Wie bekam sie das Paket? Hat man es ihr geschickt?

7 Wie kommen die Leute, die auf die Straßenbahn warten, zum Zeitungsverkäufer? Laufen sie schnell?

Bilden Sie aus den zwei Sätzen einen Satz! Gebrauchen Sie einen Infinitivsatz oder einen Nebensatz!

Ich freue mich schon darauf. Ich werde dich wiedersehen. *Ich freue mich schon darauf, dich wiederzusehen.*
Er hat davon gesprochen. Wir fliegen im Sommer nach Deutschland. *Er hat davon gesprochen, daß wir im Sommer nach Deutschland fliegen.*

1 Ich denke nicht daran. Ich sitze nicht den ganzen Nachmittag allein hier.
2 Wir freuen uns sehr darüber. Er hat den ersten Preis gewonnen.
3 Ich kann mich nicht daran gewöhnen. Ich muß so früh aufstehen.
4 Er ist im Moment beschäftigt. Er versucht, seinen Vater von seinen Geldsorgen zu überzeugen.
5 Es hängt davon ab. Hast du Zeit? (Gebrauchen Sie *ob*!)
6 Es kommt darauf an. Hast du Lust mitzukommen? (Gebrauchen Sie *ob*!)
7 Davon hätte ich nie geträumt. Er wird eines Tages auf einmal hier erscheinen.
8 Er wartet darauf. Jemand muß ihm sagen, was er machen soll.
9 Sie hofft sehr darauf. Wir werden das Geld finden.

WORTBILDUNG

-lich

Adjectives ending in *-lich* can be derived from nouns or verbs. If the stem ends in *-n, -d* or *-t* is added: *wissen — wissentlich.* Some words take an umlaut.

A Nennen Sie das Wort, das man mit dem Adjektiv identifizieren kann!

ängstlich, ärgerlich, bläulich, jährlich, lächerlich, männlich, natürlich, nördlich, rötlich, stündlich, täglich, väterlich, wesentlich, westlich, wöchentlich

B Bilden Sie Adjektive mit der Endung *-lich*!

gelb, Herr, Herz, Kind, König, Staat, wissen

C Verwandeln Sie die Sätze! Gebrauchen Sie ein Adjektiv mit der Endung *-lich*!

Er grüßt ihn von ganzem *Herzen.* *Er grüßt ihn herzlich.*

1 Die Farbe der Wand ist *fast blau.*
2 Im Sommer schwimmt er *jeden Tag.*

3 Er macht *jedes Jahr* eine Reise.

4 Ihr Gesicht war noch *wie das eines Kindes*.

5 Er amüsierte sich *wie ein König*.

6 Warum ist das Kind immer *voller Angst*?

7 Er benimmt sich wirklich *so, daß man darüber lachen muß*.

8 Das ist die Charaktereigenschaft *eines Mannes*.

9 Die Eisenbahn in Deutschland gehört *dem Staat*.

10 Man soll auf den Rat *eines Vaters* hören.

---

obwohl, doch, dennoch, trotzdem

Er war lange krank gewesen, trotzdem (doch, dennoch) ist er skilaufen gefahren.

Ich werde es dennoch (trotzdem, doch) tun.

Trotzdem, *doch*, and *dennoch* can be used as conjunctions or adverbs. The meaning is equivalent to *nevertheless*.

Obwohl er lange krank gewesen war, ist er skilaufen gegangen.

Obwohl (*obgleich*, *obschon*) are conjunctions. They require the verb at the end of the clause. The meaning is equivalent to *although*.

D Bilden Sie Sätze mit dem angegebenen Wort!

Obwohl du mein Freund bist, kann ich dir nicht helfen. (trotzdem) *Du bist mein Freund; ich kann dir trotzdem nicht helfen.*

1 Er kannte mich gut; er grüßte mich trotzdem nicht. (*obwohl*)

2 Obwohl er sich anstrengte, konnte er die Prüfung nicht bestehen. (*dennoch*)

3 Ich war sehr aufmerksam; aber ich konnte doch kein Wort verstehen. (*trotzdem*)

4 Die Straße war schlecht; er fuhr trotzdem sehr schnell. (*obwohl*)

5 Wir gehen jeden Tag spazieren, obwohl das Wetter sehr schlecht ist. (*trotzdem*)

6 Obwohl es sehr warm war, trug sie einen dicken Mantel. (*dennoch*)

7 Obwohl Deutschland heute anders ist, scheint man die alten Klischeebilder nicht vergessen zu können. (*dennoch*)

8 Es gibt heute keinen preußischen Staat mehr; die Preußen leben doch weiter. (*obwohl*)

9 Ich habe ihnen dreimal geschrieben; ich habe dennoch bis heute keine Antwort bekommen. (*obwohl*)

10 Er war sehr faul; er hat trotzdem viel Glück im Leben gehabt. (*obwohl*)

Wiederholung

A   Setzen Sie die richtige Präposition ein!

Die Entscheidung hängt nicht <u>von</u> mir ab.

1   Als Autofahrer sollte man ...... die Fußgänger achtgeben.
2   Es kommt ...... das Wetter an, ob ich reise.
3   Wann hörst du ...... dieser Arbeit auf?
4   Er hat uns ...... das Konzert am Samstagabend aufmerksam gemacht.
5   Er beschäftigt sich ...... der Gartenarbeit.
6   Wie weit ist München ...... Frankfurt entfernt?
7   Er erkundigt sich ...... dem bestellten Buch.
8   Ich kümmere mich ...... gar nichts.
9   Die Frau sorgt ...... ihre Kinder.
10 Sie nahm ...... dem Ausflug teil.
11 Ich stimme ...... dir vollkommen überein.
12 Du bist hoffentlich nicht böse ...... mich.
13 Ich zweifle nicht ...... deinem guten Willen.

B   Bilden Sie aus dem langen Satz mehrere kurze Sätze!

Erst am Anfang des 20. Jahrhunderts, als die politische Einheit des deutschen Reiches wieder hergestellt war, fing man an, die Deutschen zu fürchten. *Die politische Einheit des deutschen Reiches wurde erst am Anfang des 20. Jahrhunderts wieder hergestellt. Dann fing man an, die Deutschen zu fürchten.*

1   Die Handwerksburschen wollten nicht nur bei einem neuen Meister arbeiten, um sich in ihrem Gewerbe zu verbessern, sondern sie hatten auch den Wunsch, Land und Leute kennenzulernen.
2   Auf jedem Lehrplan einer Schule stehen Wandertage, an denen alle Schüler mit ihren Lehrern hinausfahren, um vielleicht geologische oder botanische Studien zu treiben.
3   Übernachtet wird in Jugendherbergen, die überall für wenig Geld zur Verfügung stehen und den jungen Menschen neben dem Bett für die Nacht auch ein kräftiges Essen bieten.
4   Obwohl viele Leute heute ein modernes und leichteres Leben führen können als früher, bedeutet das noch nicht, daß es ein besseres Leben ist als vorher.
5   Viele Menschen werden zum programmierten Automaten, für den es kein menschliches Fühlen und Denken mehr gibt.
6   Man plant, die verschmutzten Flüsse und Seen zu säubern, in denen die Fische sterben.

7 Man glaubt, daß jetzt schon zu viele Menschen hungern müssen, weil es nicht genug Nahrung gibt.

8 In den meisten Fällen konzentriert man sich auf den Fortschritt und lobt die Erleichterungen des modernen Lebens, aber man übersieht die negativen Auswirkungen und scheint zu träge zu sein, etwas gegen die neuen Gefahren zu unternehmen.

C Bilden Sie Wortfamilien!

merken: *bemerken, bemerkbar, bemerkenswert, merkwürdig, aufmerksam, Aufmerksamkeit*

leben: *Lebensmittel, Leben, erleben, Erlebnis*

der Sinn, teilen, fallen, verstehen, der Blick, führen, schreiben, der Prüfer, halten

---

Mündlicher oder schriftlicher Bericht

1 Erzählen Sie eine der Episoden in *Nachtgespräche* als eine Kurzgeschichte!

2 Erzählen Sie, was den Leuten in Ihrer Kurzgeschichte einen Monat später passiert ist!

HUMOR

Was ist Humor? Als Humor bezeichnet man die Fähigkeit° eines
Menschen, über sich selbst zu lachen. Es ist die Gabe° des einzelnen,
die Probleme eines unvollkommenen Lebens ruhig und heiter zu
betrachten.

5   Worüber lachen die Menschen gewöhnlich? Man kann
zwischen verschiedenen Gruppen des Humors unterscheiden. Als
lustig bezeichnet man zum Beispiel eine Situation, die plötzlich nicht
mehr den üblichen Erwartungen entspricht. Der Ausgang° einer
Geschichte kann äußerst komisch wirken, wenn er plötzlich nicht
10 mehr mit den allgemein akzeptierten Gewohnheiten übereinstimmt.
Wir sprechen dann von einer Situationskomik. Daneben amüsiert sich
der Mensch gern über andere. Es ist viel leichter, über andere Personen
zu lachen, als selbst zum amüsanten Gegenstand zu werden.
Autoren zeigen oft ihren Humor, wenn sie sich in ihren Werken über
15 jemand lustig machen. Damit üben sie meistens Kritik an der
Menschheit, die sich anders benimmt als man erwarten würde.

    Um humoristische Betrachtungen anzustellen,° bedient° man
sich der Sprache. Oft hat ein Wort eine doppelte Bedeutung und kann
darum zugleich sinnvoll oder unsinnig erscheinen. Es handelt sich
20 ganz einfach um ein Spiel mit Worten. Was geschieht jedoch, wenn
man versucht, solche Wortspiele in eine andere Sprache zu übersetzen? Es kann passieren, daß Amerikaner etwas sehr lustig finden,
worüber ein Deutscher kaum zu lächeln vermag.° Genauso können
Deutsche über einen Scherz° lachen, den ein Amerikaner überhaupt
25 nicht komisch findet. Warum ist das Lustige plötzlich verschwunden?
Sowohl in der deutschen als auch in der englischen Sprache greifen
humoristische Bemerkungen auf idiomatische Ausdrücke zurück, die
sich nicht genau übersetzen lassen und darum nicht mehr lustig
wirken. Sprache ist also ein bedeutender° Bestandteil° des Humors.
30 Nicht was man erzählt, sondern wie man etwas erzählt, ist wichtig.

    Versuchen Sie, beim Lesen der folgenden Geschichten zu
erkennen, ob es wirklich einen Unterschied zwischen deutschem und
amerikanischem Humor gibt!

das Können
Fähigkeit

Pointe

Um . . . anzustellen: **um
Komisches zu sagen**/
bedient . . . sich: **gebraucht**

kann
Spaß

wichtig/Element

HANNS HEINZ EWERS: Abenteuer in Hamburg

Als ein Beispiel der Situationskomik kann das folgende *Abenteuer in Hamburg* gelten. Der Autor erzählt die Geschichte eines leidenschaft-lichen° Bleistiftsammlers. Daran läßt sich eigentlich noch nichts Ungewöhnliches erkennen, denn viele Leute sammeln heute recht

          passionate

5 eigenartige° Dinge. Dieser Mann jedoch trägt eine ungeheure Anzahl von Bleistiften zusammen, die er nicht zum Schreiben benutzen will. Er möchte sie nur anspitzen.

          merkwürdig

      Wie viele Leute haben Sie bisher kennengelernt, die Bleistifte sammeln? Finden Sie, daß das ein ungewöhnliches Hobby ist? Achten

10 Sie beim Lesen besonders auf die vom Autor gewählten Wörter. Er spricht von schrecklichen Ereignissen und großem Entsetzen.° Entspricht diese Wortwahl dem Bericht eines lustigen Abenteuers? Zugleich malt der Autor ein interessantes Bild von deutschen Beamten. Hat diese lustige Geschichte vielleicht auch einen ernsten Zweck?

          Schrecken

Abenteuer in Hamburg

Ich bin sehr unzufrieden mit Hamburg. Hamburg hat mich enttäuscht, Hamburg ist auf dem absteigenden Aste.° Hamburg ist überhaupt nicht mehr Hamburg.

ist . . . Aste: **geht bergab**

Ich schimpfte fürchterlich über Hamburg, das hat seine Ursache.° *Grund*

5 Es ist mir nämlich etwas Schreckliches dort passiert, und das kam so:

Jeder Mensch, der mich kennt, weiß, daß ich ein passionierter Bleistiftsammler bin. Wenn ich etwas schreiben will, bitte ich meinen Nachbarn, mir seinen Bleistift zu leihen, aber wiedergeben tue ich nie einen: ich bin Bleistiftkleptomane.° Ich sammle auch gespitzte Bleistifte, *Bleistiftdieb*

10 aber lieber sind mir ungespitzte, weil ich den andern erst noch die Spitze abbrechen muß. Alle meine Bleistifte werfe ich in einen alten Sack, und den Sack nehme ich mit, wenn ich nach Hamburg fahre.

Mit dem Sack über der Schulter gehe ich über den Jungfernstieg° *elegante Hauptstraße*
zum Alsterpavillon.° Dort steht am Eingang eine kleine Maschine, in *bekanntes Restaurant*

15 die man vorne den Bleistift hineinsteckt. Dann dreht man; nach allen Seiten fliegt der feine Holzstaub° heraus, und der Bleistift wird so spitz *wood shavings*
wie eine Nähnadel. Es ist eine ganz prächtige° kleine Maschine, und *herrlich*
ich könnte den ganzen Tag lang Bleistifte damit spitzen.

Und nun denken Sie sich mein Entsetzen: diese Bleistiftspitz-

20 maschine ist nicht mehr da!

Ich stellte meinen Sack mit allen ungespitzten Bleistiften in die Ecke, ging in den Alsterpavillon hinein und rief einen Kellner;° der *Ober*
erzählte mir, daß vor drei Tagen die hübsche kleine Maschine mitsamt der Marmorplatte,° auf der sie angeschraubt° war — gestohlen worden *marble slab/festgemacht*

25 sei.

Ich wurde bleich und sank auf einen Stuhl. Der Kellner war ein Menschenfreund, er hatte Mitleid mit mir° und erzählte mir, daß *er . . . mir:* **ich tat ihm leid**
drüben bei Kempinski auf der anderen Seite des Jungfernstieges auch eine kleine Bleistiftspitzmaschine stehe. Ich ging also zu Kempinski.

30 Aber seine Bleistiftspitzmaschine ist ein Scheusal.° Sie dreht *schreckliches Ding*

nicht, sie läuft nicht, sie spitzt nicht. Es ist sicher englisches Fabrikat.

Gerade als ich meinen alten Sack wieder auf den Rücken nehmen und tränenden Auges hinwegschleichen° wollte, kam Herr Kempinski vorbei und erkannte mich. Er ist auch ein Menschenfreund und suchte mich mit einer Flasche 1864er Tokaier° und einem ausgesuchten Frühstück zu trösten.° Dann brachte er mir sein Fremdenbuch.° Ich schrieb ihm hinein: „Lieber Herr Kempinski! Sie sind gewiß ein schöner Mensch, haben eine edle Seele° und sind ein guter Familienvater. Aber Sie haben eine sehr schlechte Bleistiftspitzmaschine, die nicht spitzt und wahrscheinlich englisches Fabrikat ist. Leben Sie wohl!" — Da Herr Kempinski sah, wie mir eine Träne auf das Blatt fiel, da ließ er noch eine Flasche 1864er Tokaier kommen. Dabei erzählte er mir, daß der Mann, der die hübsche kleine Bleistiftspitzmaschine vom Alsterpavillon gestohlen habe, schon in Haft° sitze, und daß die Maschine selbst beim Untersuchungsrichter° als corpus delicti sich befinde.

Ich dankte ihm gerührt, trank in meiner Freude die Flasche allein aus, nahm meinen Sack über die Schultern und ging zum Landgericht.° Auf dem Gange traf ich einen Gerichtsdiener und sagte ihm, daß ich ihm drei gespitzte Bleistifte schenken würde, wenn er mir mitteile, in welchem Zimmer der Untersuchungsrichter sich aufhielte, der die hübsche kleine Bleistiftspitzmaschine vom Alsterpavillon in Verwahrung° habe. Fünf Bleistifte versprach ich dem Herrn Gerichtsschreiberassistenten, sieben dem Herrn Sekretär, zehn Herrn Obersekretär. Alle sahen mich sehr böse an und fragten, ob ich verrückt sei; aber sie beförderten° mich doch immer weiter. Vor der Türe des Herrn Untersuchungsrichters mußte ich zwei Stunden vierzehn Minuten warten; ich benützte° die Zeit, um meine Bleistifte zu zählen, es waren 723 fast ganze, 641 halbe und 379 Stümpchens; ich hatte gerade ein Jahr lang daran gesammelt.

Endlich wurde die Tür geöffnet, ich durfte eintreten.

„Sie kommen, um in der Diebstahlsangelegenheit vom Alsterpavillon Angaben° zu machen", sagte der Untersuchungsrichter. „Wissen Sie etwas Belastendes° gegen den Dieb auszusagen?"

„Nennen Sie ihn nicht einen Dieb, Herr Untersuchungsrichter", sagte ich, „das ist ein hartes Wort! Ich glaube, es ist ein Sammler, ein ehrlicher Mensch, der die hübsche, kleine Bleistiftspitzmaschinen sammelt."

„Herr!" rief der Richter — und es war so ein „Herr" mit sieben preußischen „R"en, „sind Sie verrückt? Was fällt Ihnen ein° —"

Aber ich hörte nicht mehr auf ihn. Auf dem Seitentische bemerkte ich die kleine Maschine, schnürte° gleich meinen Sack auf, nahm eine Handvoll Bleistifte heraus und begann zu spitzen.

„Herr!" rief der Richter — diesmal waren es wenigstens ein

Dutzend „R"en — „sind Sie wahnsinnig?° Machen Sie sofort, daß Sie hinauskommen." — *verrückt*

„Herr Untersuchungsrichter", bat ich, „ich bin Bleistiftspitzamateur. Ich sammle das ganze Jahr über Bleistifte, nur um sie mit dieser entzückenden° Maschine in Hamburg spitzen zu können. Lassen Sie mich meine Bleistifte spitzen!" — *sehr hübsch*

Ich glaubte bei ihm eine menschenfreundliche Ader° zu entdecken; er lächelte und sagte: — *vein*

„Nun, wieviel Bleistifte haben Sie denn zu spitzen?"

Ich hielt ihm meinen Sack hin: „723 fast ganze, 641 halbe und 379 Stümpchens!"

„Was?" schrie der Richter, und ich sah, daß er doch kein Menschenfreund war. „Eine solche Menge? Ausgeschlossen.° Gehen Sie sofort hinaus!" — *unmöglich*

Ich versuchte mein letztes Mittel: „Herr Untersuchungsrichter, Sie sollen zwölf schön gespitzte Bleistifte mithaben."

Das war liebenswürdig und nett von mir gehandelt. Der Untersuchungsrichter aber fand das gar nicht, er war wahrscheinlich durch den schlechten Umgang,° den er tagaus, tagein° hatte, völlig verdorben.° Darum schrie er:

schlechten Umgang: **Verkehr mit schlechten Menschen***/tagaus, tagein:* **täglich**/**ruiniert**

„Das ist ein Bestechungsversuch!° Ein Beamtenbestechungsversuch!! Warten Sie nur, warten Sie nur, Sie werden das bitter zu bereuen° haben!" — **attempt of bribery** / *leid tun*

Dabei klingelte er fürchterlich, so daß ich mir die Ohren zuhalten mußte. Aber es kam niemand. Dann rief er, und als immer noch niemand erschien, öffnete er die Tür und schrie auf den Flur hinaus. Als er ein wenig in den Gang hineintrat, drückte° ich geschwind die Tür zu und drehte den Schlüssel um; dann ging ich zu meiner geliebten Maschine und begann mit Wonne° Bleistifte zu spitzen. — *drückte . . . zu:* **schloß** / **Begeisterung**

Brr — rum — sss — — einen nach dem anderen.

„Aufmachen, sofort aufmachen!" schrie er draußen.

„Ich bin noch nicht fertig!" sagte ich.

Er schlug und trampelte° gegen die Tür. — *stampfte*

Aber ich achtete nicht darauf. Ich spitzte ruhig weiter, ganze, halbe und Stümpchens. Ich legte sie alle der Reihe nach auf den Tisch, es war ein entzückender Anblick.

Eine Weile war es draußen ruhig, dann kam der wütende Richter wieder, mit ein paar Menschen, die er auch ganz wütend gemacht hatte, Gerichtsdienern und Gendarmen.° Sie meinten, ich solle die Tür aufmachen, sie riefen und schrien und lärmten.° — *Polizisten* / **machten starkes Geräusch**

„Ach bitte", sagte ich, „nur ein Viertelstündchen! Noch 427 ganze, 332 halbe und 152 Stümpchens!"

Ich war froh, daß Tür und Schloß° so stark waren. Ich rückte° die Tische und Stühle vor die Tür und legte alle Gegenstände darauf, — **lock**/*schob* die ich finden konnte. Obenauf die dicken Akten° und darauf die Tintenfässer.° Es war ein richtiger Budenkaspar.°

Da draußen kamen immer mehr Leute an, Sekretäre, Assistenten und Referendare,° Assessoren,° Landrichter, Staatsanwälte° und Erste
5 Staatsanwälte.° Ich kann beschwören, daß sie einen ruhestörenden Lärm verursachten,° und ich hätte sie gerne alle wegen groben Unfugs° bestrafen lassen mögen. Dann sagte eine sanfte° Mehlstimme,° während die anderen schwiegen:

„Treiben Sie die Sache nicht zu arg,° Herr! Ich gebe Ihnen den
10 wohlmeinenden Rat, nun zu öffnen!"

Ich machte mir auch so eine sanfte Mehlstimme und antwortete:

„Ich danke Ihnen verbindlichst,° Herr! Darf ich fragen, mit wem ich die Ehre habe?"

„Ich bin der Landgerichtspräsident!"° sagte die Mehlstimme.

15 „Sehr angenehm!" bemerkte ich und spitzte meine Stümpchens weiter. „Wollen Sie sich gefälligst° legitimieren!"°

Jetzt aber wurde die Mehlstimme ganz rabiat,° sie klang wie angebrannt.°

„Eine solche Frechheit ist mir noch nicht vorgekommen! Brecht
20 die Türe auf, Leute!"

Die Leute gaben sich die größte Mühe, aber es ging nicht. „Holt sofort einen Schlosser",° schrie die angebrannte Mehlstimme.

Sie gaben nun ein wenig Ruhe, während ich spitzte, spitzte, spitzte. Ganze, halbe und Stümpchens.

25 Ich kam glänzend vorwärts und geriet° so in Begeisterung, daß ich ausrief: „Es ist eine Lust, zu leben!"

„Warten Sie nur, die Lust soll Ihnen bald vergehen!" rief der wütende Herr Untersuchungsrichter. Ich hörte, daß der Schlosser gekommen war und die Schrauben° des Schlosses abschraubte. Die
30 Türe löste° sich, jetzt war es höchste Zeit, zu verschwinden. Zum Glück war das Zimmer zu ebener Erde, ich öffnete das Fenster.

„Nehmen Sie sich Zeit, Schlosser", sagte die Mehlstimme. „Beschädigen Sie so wenig wie möglich das Staatseigentum!"°

Ich spitzte meine Bleistifte zu Ende. Auf das Fensterbrett° legte
35 ich auf die eine Seite zwölf Stümpchens hin, auf die andere fünfundzwanzig Stümpchens. Dazu schrieb ich zwei Zettelchen, auf das eine: „Für den Herrn Untersuchungsrichter. In dankbarer Erinnerung!" Auf das andere: „Für den Herrn Landgerichtspräsidenten. Zum Abschiede."°

40 Als ich auf der Fensterbank saß und vorsichtig meinen Sack hinunterließ, flog die Tür auf. Der Budenkaspar stürzte zusammen, und ich freute mich, wie die Tinte so hübsch über die Akten floß.

Dann sprang ich hinab und lief, so schnell ich konnte. Ich fand einen Zufluchtsort,° was für einen, sage ich nicht; einen hübschen,

kleinen, runden Zufluchtsort, der stets allen Bedürftigen° freundlich   **needy**
winkt.° Dort ließ ich meinen Sack stehen — ich habe kein Interesse für   *einlädt*
gespitzte Bleistifte.

Fragen

1   Was für ein Hobby hat der Erzähler?
2   Was für Bleistifte sammelt er am liebsten?
3   Warum ging er zum Alsterpavillon?
4   Warum wurde er von der Stadt Hamburg enttäuscht?
5   Wo fand er eine Bleistiftspitzmaschine?
6   Warum war er wieder enttäuscht?
7   Wie versuchte Herr Kempinski ihn zu trösten?
8   Was für einen Wein tranken die beiden Männer?
9   Warum ging der Erzähler zum Gerichtsgebäude?
10   Wie betrachteten die Beamten das Angebot von Bleistiften?
11   Was wollte der Richter über den Dieb hören?
12   Was zeigte die Frage des Richters?
13   Warum war der Richter dagegen, daß der Erzähler seine Bleistifte spitze?
14   Warum trat der Richter in den Gang?
15   Warum schloß der Erzähler die Tür, sobald er allein im Untersuchungszimmer war?
16   Warum konnte man die Tür nicht aufbrechen?
17   Warum sprach der Landesgerichtspräsident so sanft mit dem Erzähler?
18   Was wollte der Landesgerichtspräsident von ihm?
19   Wann wurde der Landesgerichtspräsident wütend?
20   Warum holte man einen Schlosser?
21   Warum ließ er einige Bleistifte auf dem Fensterbrett zurück?
22   Wo versteckte sich der Mann schließlich vor der Polizei?
23   Warum nahm er seinen Sack mit gespitzten Bleistiften nicht mit?
24   Halten Sie es für möglich, daß eine derartige Geschichte wirklich passieren könnte?
25   Welche Einzelheiten finden Sie besonders humorvoll?

WILHELM BUSCH: Die beiden Enten und der Frosch

Wilhelm Busch war ein bekannter Dichter, Maler und Zeichner° des 19. Jahrhunderts. Er wurde durch seine Bildergeschichten berühmt. Seine Zeichnungen versah° er mit passenden Versen und charakterisierte auf diese Weise die Fehler und Schwächen der Menschen. Mit seinen
5 Karikaturen wollte er das Böse und Unsinnige im menschlichen Leben andeuten. Um das auszudrücken, was er sagen wollte, stellte° Busch seine Figuren übertrieben komisch dar. Oft ist es nur nötig, die Bilder genau zu betrachten, um den Sinn der Geschichte zu erkennen. Was für eine Moral steckt zum Beispiel in der folgenden Geschichte?

sketcher

provided

stellte . . . dar: **repräsentierte**

Die beiden Enten° und der Frosch

ducks

Sieh da, zwei Enten jung und schön,
Die wollen an den Teich hingehn.

Zum Teiche gehn sie munter°
Und tauchen° die Köpfe unter.

lebhaft

unter Wasser stecken

5 Die eine in der Goschen°
Trägt einen grünen Froschen.

Sie denkt allein ihn zu verschlingen,°
Das soll ihr aber nicht gelingen.°

beak

auffressen

succeed

Die Ente und der Enterich,°
Die ziehn den Frosch ganz fürchterlich.

Sie ziehn ihn in die Quere,
Das tut ihm weh gar sehre.

5 Der Frosch kämpft tapfer° wie ein Mann.
Ob das ihm wohl was helfen kann?

Schon hat die eine ihn beim Kopf,
Die andre hält ihr zu den Kropf.°

mutig

craw

Die beiden Enten raufen,°
10 Da hat der Frosch gut laufen.°

Die Enten haben sich besunnen°
Und suchen den Frosch im Brunnen.°

kämpfen

*Da . . . laufen: **Der Frosch
läuft weg.***

*besonnen: **es sich überlegt***

well

Sie suchen ihn im Wasserrohr,°
Der Frosch springt aber schnell hervor.

Die Enten mit Geschnatter°
Stecken die Köpfe durchs Gatter.°

waterpipe

Laute einer Ente
fence, gate

5 Der Frosch ist fort — die Enten,
Wenn die nur auch fort könnten!

Da kommt der Koch herbei sogleich,
Und lacht: „Hehe, jetzt hab' ich euch!"

Drei Wochen war der Frosch so krank!
10 Jetzt raucht er wieder, Gott sei Dank!

WOLFGANG HILDESHEIMER: *Der hellgraue Frühjahrsmantel*

Modernen Humor eines modernen Schriftstellers° findet man in Wolfgang Hildesheimers Erzählung vom *Frühjahrsmantel.* Wieder handelt es sich um Situationskomik. Der Autor beschreibt die Reaktionen verschiedener Menschen im täglichen Leben. Der besondere
5 Humor liegt darin, daß diese Leute sich keineswegs° so verhalten, wie man es von ihnen erwartet. Sie lassen sich einfach durch nichts aus ihrer Ruhe bringen. Was auch immer passieren mag, sie akzeptieren die Situation mit unveränderter Gelassenheit.° Gerade weil sie das Ungewöhnliche als normal erscheinen lassen, empfindet der objektive
10 Betrachter ihr Benehmen als absurd. Was halten Sie von dieser Art des Humors?

Schreiber, Dichter

ganz und gar nicht

Ruhe

Der hellgraue Frühjahrsmantel

Vor zwei Monaten — wir saßen gerade beim Frühstück — kam ein
Brief von meinem Vetter Eduard. Mein Vetter Eduard hatte an einem
Frühlingsabend vor zwölf Jahren das Haus verlassen, um einen Brief
einzustecken, und war nicht zurückgekehrt. Seitdem hatte niemand
5 etwas von ihm gehört. Der Brief kam aus Sydney in Australien. Ich
öffnete ihn und las:

Lieber Paul!
Könntest Du mir meinen hellgrauen Frühjahrsmantel nach-
schicken? Ich kann ihn nämlich brauchen. In der linken Tasche
10 ist ein *Taschenbuch für Pilzsammler.*° Das kannst Du herausneh-   *Pilz:* **mushroom**
men. Eßbare Pilze gibt es hier nicht. Im voraus vielen Dank.

Herzlichst Dein Eduard.

Ich sagte zu meiner Frau: „Ich habe einen Brief von meinem
Vetter Eduard aus Australien bekommen." Sie war gerade dabei, den
15 Tauchsieder° in die Blumenvase zu stecken, um Eier darin zu kochen,   **electric coil which heats water**
und fragte: „So, was schreibt er?"
„Daß er seinen hellgrauen Mantel braucht und daß es in Australien keine eßbaren Pilze gibt." — „Dann soll er doch etwas anderes
essen." — „Da hast du recht", sagte ich, obwohl es sich eigentlich
20 darum nicht gehandelt hatte.
Später kam der Klavierstimmer.° Es war ein etwas schüchterner°   **piano tuner**/*scheu*
und zerstreuter° Mann, aber er war sehr nett, ich kannte ihn. Er   *vergeßlich*
stimmte nicht nur Klaviere, sondern reparierte auch Saiteninstrumente°   *Saite:* **string**
und erteilte° Blockflötenunterricht.° Er hieß Kolhaas. Als ich aufstand,   *gab*/*Blockflöte:* **recorder**
25 hörte ich ihn schon im Nebenzimmer Akkorde anschlagen.
In der Garderobe° sah ich den hellgrauen Mantel hängen. Meine   **Platz, wo man Mäntel ablegen kann**
Frau hatte ihn also schon vom Speicher° geholt. Ich packte ihn sorg-   **Raum unter dem Dach**
fältig° ein, trug das Paket zur Post und schickte es ab. Mir fiel ein,°   *vorsichtig*/*mir . . . ein:* **ich erinnerte mich daran**
daß ich vergessen hatte, das Pilzbuch herauszunehmen.

Ich ging noch etwas spazieren, und als ich nach Hause kam, irrten° der Klavierstimmer und meine Frau in der Wohnung umher und schauten in die Schränke und unter die Tische.

„Kann ich irgendwie helfen?" fragte ich.

5 „Wir suchen Herrn Kolhaas' Mantel", sagte meine Frau. „Ach so", sagte ich, „den habe ich eben nach Australien geschickt." „Warum nach Australien?" fragte meine Frau. „Aus Versehen,° sagte ich. „Dann will ich nicht weiter stören", sagte Herr Kolhaas etwas betreten° und wollte sich entschuldigen, aber ich sagte: „Warten Sie, Sie können 10 den Mantel von meinem Vetter bekommen."

Ich ging auf den Speicher und fand dort in einem verstaubten° Koffer den hellgrauen Mantel meines Vetters. Er war etwas zerknittert° — schließlich hatte er zwölf Jahre im Koffer gelegen — aber sonst in gutem Zustand.°

15 Meine Frau bügelte° ihn noch etwas auf, während ich mit Herrn Kolhaas eine Partie Domino spielte. Dann zog Herr Kolhaas ihn an, verabschiedete sich und ging.

Wenige Tage später erhielten wir ein Paket. Darin waren Steinpilze. Auf den Pilzen lagen zwei Briefe. Ich öffnete den einen und las:

20 Sehr geehrter Herr!
Da Sie so liebenswürdig waren, mir ein *Taschenbuch für Pilzsammler* in die Tasche zu stecken, möchte ich Ihnen als Dank das Resultat meiner ersten Pilzsuche zuschicken und hoffe, daß es Ihnen schmecken wird. Außerdem fand ich in der anderen 25 Tasche einen Brief, den Sie mir wohl irrtümlich° mitgegeben haben. Ich schicke ihn hiermit zurück.
Ergebenst° Ihr A. M. Kolhaas.

Der Brief, um den es sich hier handelte, war also wohl der, den mein Vetter damals in den Kasten° stecken wollte. Offenbar° hatte er 30 ihn dann zu Hause vergessen. Er war an Herrn Bernhard Hase gerichtet,° der, wie ich mich erinnerte, ein Freund meines Vetters gewesen war. Ich öffnete den Umschlag. Eine Theaterkarte und ein Zettel fielen heraus. Auf dem Zettel stand:

Lieber Bernhard!
35 Ich schicke Dir eine Karte zu *Tannhäuser* nächsten Montag, von der ich keinen Gebrauch machen werde, da ich verreisen möchte, um ein wenig auszuspannen.° Vielleicht hast Du Lust, hinzugehen.
Herzliche Grüße, Dein Eduard.

40 Zum Mittagessen gab es Steinpilze. „Die Pilze habe ich hier auf dem Tisch gefunden. Wo kommen sie eigentlich her?" fragte meine

*irrten . . . umher: **liefen herum***

*Aus Versehen: **ungewollt, unabsichtlich*** **unangenehm berührt**

dusty

wrinkled

condition

*bügelte . . . auf: **ironed***

aus Versehen

sincerely, devotedly

*Briefkasten/**sicher***

adressiert

auszuruhen

Frau. „Herr Kolhaas hat sie geschickt." „Wie nett von ihm. Übrigens habe ich auch eine Theaterkarte gefunden. Was wird denn gespielt?"

„Die Karte, die du gefunden hast", sagte ich, „ist zu einer Aufführung von *Tannhäuser*, aber die war vor zwölf Jahren!" „Na ja",
5 sagte meine Frau, „zu *Tannhäuser* hätte ich sowieso keine Lust gehabt."

Heute morgen kam wieder ein Brief von Eduard mit der Bitte, ihm eine Tenorblockflöte zu schicken. Er habe nämlich in dem Mantel (der übrigens länger geworden sei) ein Buch zur Erlernung des Blockflötenspiels gefunden und gedenke,° davon Gebrauch zu machen. Aber

habe vor

zu kaufen

10 Blockflöten seien in Australien nicht erhältlich.°

„Wieder ein Brief von Eduard", sagte ich zu meiner Frau. Sie war gerade dabei, die Kaffeemühle auseinanderzunehmen und fragte: „Was schreibt er?" — „Daß es in Australien keine Blockflöten gibt." — „Dann soll er doch ein anderes Instrument lernen", sagte sie. „Das
15 finde ich auch", meinte ich.

Sie kennt eben keine Probleme.

Fragen

1 Wo lebt Vetter Eduard jetzt?

2 Seit wann lebt er schon dort?

3 Worum bittet er in dem ersten Brief?

4 Warum will er das *Taschenbuch für Pilzsammler* nicht nachgeschickt haben?

5 Beschreiben Sie den Klavierstimmer!

6 Wessen Mantel wurde per Post nach Australien geschickt?

7 Wie reagierte Herr Kolhaas auf die Nachricht, daß sein Mantel auf dem Weg nach Australien war?

8 Wie entschädigte man Herrn Kolhaas?

9 Warum hatten die beiden Männer Zeit, Domino zu spielen?

10 Was war in dem Paket, daß sie ein paar Tage später von Herrn Kolhaas erhielten?

11 Warum hat Herr Kolhaas Pilze geschickt?

12 Konnte der Erzähler die Karte zu *Tannhäuser* gebrauchen?

13 Warum war es seiner Frau egal, daß die Karte alt war?

14 Was wollte der Vetter nun nachgeschickt haben?

15 Warum wollte er Blockflöte spielen lernen?

16 Warum kaufte er sich keine in Australien?

17 Wie wollte die Frau das Problem lösen, daß der Vetter keine Blockflöte kaufen konnte?

18 Was finden Sie besonders humorvoll in dieser Erzählung?

CHRISTIAN MORGENSTERN (1817 – 1914): Zäzilie

Zäzilie soll die Fenster putzen;
Sich selbst zum Gram,° jedoch dem Haus zum Nutzen.°   *Sorge/Vorteil*
„Durch meine Fenster muß man", spricht die Frau,
„So durchsehn können, daß man nicht genau
5 Erkennen kann, ob dieser Fenster Glas
Glas oder bloße Luft ist. Merk dir das!"

Zäzilie ringt° mit allen Menschen-Waffen°...   *kämpft/weapons*
Doch Ähnlichkeit mit Luft ist nicht zu schaffen.
Zuletzt ermannt° sie sich mit einem Schrei   *ermannt . . . sich: **hat den Mut***
10 Und schlägt° die Fenster allesamt° entzwei!   *schlägt . . . entzwei: **zerbricht/alle** frames*
Dann säubert sie die Rahmen° von den Resten,
Und ohne Zweifel ist es so am besten.
Sogar die Dame spricht, zunächst verdutzt:°   *erstaunt*
„So hat Zäzilie ja noch nie geputzt!"

15 Doch alsobald ersieht man, was geschehn,
Und spricht einstimmig:° „Diese Magd muß gehn!"   *übereinstimmend*

WILHELM BUSCH (1832 – 1908): aus Kritik des Herzens

Es sitzt ein Vogel auf dem Leim,°   *Klebstoff*
    Er flattert° sehr und kann nicht heim.   *bewegt die Flügel*
Ein schwarzer Kater° schleicht° herzu,   *männliche Katze/kommt leise und unbemerkt*
    Die Krallen° scharf, die Augen gluh.°   **claws/glowing**
5 Am Baum hinauf und immer höher
    Kommt er dem armen Vogel näher.
Der Vogel denkt: Weil das so ist
    Und weil mich doch der Kater frißt
So will ich keine Zeit verlieren,
10   Will noch ein wenig quinquilieren°   *singen*
Und lustig pfeifen° wie zuvor.   **whistle**
Der Vogel, scheint mir, hat Humor.

JOACHIM RINGELNATZ (1883 – 1934): Im Park

Ein ganz kleines Reh° stand am ganz kleinen Baum   **deer**
Still und verklärt° wie im Traum.   **transfigured**
Das war des Nachts elf Uhr zwei.
Und dann kam ich um vier
5 Morgens wieder vorbei,
Und da träumte noch immer das Tier.
Nun schlich° ich mich leise — ich atmete kaum —   *schlich . . . mich:* **ging**
Gegen den Wind an den Baum,
Und gab dem Reh einen ganz kleinen Stips.°   **shove**
10 Und da war es aus Gips.°   **plaster**

Appendix

Principal Parts of Strong and Irregular Verbs

This list gives the basic form of the verb, except in cases where this form has not been introduced. For additional meanings of verbs the end vocabulary should be consulted.

Infinitive	Present Tense Vowel Change	Simple Past	Past Participle	Regular Subjunctive	Meaning
befehlen	befiehlt	befahl	befohlen	befähle (*or* beföhle)	to command
beginnen		begann	begonnen	begänne (*or* begönne)	to begin
beißen		biß	gebissen	bisse	to bite
bergen	birgt	barg	geborgen	bärge (*or* bürge)	to hide
bersten	birst (*or* berstet)	barst	ist geborsten	bärste (*or* börste)	to burst
biegen		bog	gebogen	böge	to bend
bieten		bot	geboten	böte	to offer
binden		band	gebunden	bände	to bind
bitten		bat	gebeten	bäte	to ask
blasen	bläst	blies	geblasen	bliese	to blow
bleiben		blieb	ist geblieben	bliebe	to remain
braten	brät	briet	gebraten	briete	to roast
brechen	bricht	brach	gebrochen	bräche	to break
brennen		brannte	gebrannt	brennte	to burn
bringen		brachte	gebracht	brächte	to bring
denken		dachte	gedacht	dächte	to think
dringen		drang	ist gedrungen	dränge	to penetrate
empfehlen	empfiehlt	empfahl	empfohlen	empfähle (*or* empföhle)	to recommend
erschrecken	erschrickt	erschrak	ist erschrocken	erschräke	to be frightened
essen	ißt	aß	gegessen	äße	to eat
fahren	fährt	fuhr	(ist) gefahren	führe	to drive, ride, go

Infinitive	Present Tense Vowel Change	Simple Past	Past Participle	Regular Subjunctive	Meaning
fallen	fällt	fiel	ist gefallen	fiele	to fall
fangen	fängt	fing	gefangen	finge	to catch
finden		fand	gefunden	fände	to find
fliegen		flog	(ist) geflogen	flöge	to fly
fliehen		floh	ist geflohen	flöhe	to flee
fließen		floß	ist geflossen	flösse	to flow
fressen	frißt	fraß	gefressen	fräße	to eat (for animals)
frieren		fror	gefroren	fröre	to freeze
gebären	gebiert	gebar	geboren	gebäre	to give birth to
geben	gibt	gab	gegeben	gäbe	to give
gehen		ging	ist gegangen	ginge	to go
gelingen		gelang	ist gelungen	gelänge	to succeed
gelten	gilt	galt	gegolten	gälte (or gölte)	to be worth
genießen		genoß	genossen	genösse	to enjoy
geschehen	geschieht	geschah	ist geschehen	geschähe	to happen
gewinnen		gewann	gewonnen	gewänne (or gewönne)	to win
gießen		goß	gegossen	gösse	to pour
gleichen		glich	geglichen	gliche	to resemble
gleiten		glitt	ist geglitten	glitte	to glide
graben	gräbt	grub	gegraben	grübe	to dig
greifen		griff	gegriffen	griffe	to seize
halten	hält	hielt	gehalten	hielte	to hold
hängen		hing	gehangen	hinge	to hang
heben		hob	gehoben	höbe (or hübe)	to lift
heißen		hieß	geheißen	hieße	to be named
helfen	hilft	half	geholfen	hälfe (or hülfe)	to help
kennen		kannte	gekannt	kennte	to know
klingen		klang	geklungen	klänge	to sound
kneifen		kniff	gekniffen	kniffe	to pinch
kommen		kam	ist gekommen	käme	to come
kriechen		kroch	ist gekrochen	kröche	to creep
laden	lädt	lud	geladen	lüde	to load
lassen	läßt	ließ	gelassen	ließe	to let, leave
laufen	läuft	lief	ist gelaufen	liefe	to run
leiden		litt	gelitten	litte	to suffer
leihen		lieh	geliehen	liehe	to lend
lesen	liest	las	gelesen	läse	to read
liegen		lag	gelegen	läge	to lie
lügen		log	gelogen	löge	to (tell a) lie
meiden		mied	gemieden	miede	to avoid
messen	mißt	maß	gemessen	mäße	to measure
nehmen	nimmt	nahm	genommen	nähme	to take
nennen		nannte	genannt	nennte	to name
pfeifen		pfiff	gepfiffen	pfiffe	to whistle

Infinitive	Present Tense Vowel Change	Simple Past	Past Participle	Regular Subjunctive	Meaning
raten	rät	riet	geraten	riete	to advise, guess
reiben		rieb	gerieben	riebe	to rub
reißen		riß	gerissen	risse	to tear
reiten		ritt	(ist) geritten	ritte	to ride
rennen		rannte	ist gerannt	rennte	to run
riechen		roch	gerochen	röche	to smell
ringen		rang	gerungen	ränge	to wrestle
rufen		rief	gerufen	riefe	to call
schaffen		schuf	geschaffen	schüfe	to create
scheiden		schied	geschieden	schiede	to separate
scheinen		schien	geschienen	schiene	to shine; seem
schieben		schob	geschoben	schöbe	to shove
schießen		schoß	geschossen	schösse	to shoot
schlafen	schläft	schlief	geschlafen	schliefe	to sleep
schlagen	schlägt	schlug	geschlagen	schlüge	to hit
schleichen		schlich	ist geschlichen	schliche	to creep
schließen		schloß	geschlossen	schlösse	to close
schmeißen		schmiß	geschmissen	schmisse	to fling
schmelzen	schmilzt	schmolz	ist geschmolzen	schmölze	to melt
schneiden		schnitt	geschnitten	schnitte	to cut
schreiben		schrieb	geschrieben	schriebe	to write
schreien		schrie	geschrie(e)n	schriee	to cry
schweigen		schwieg	geschwiegen	schwiege	to be silent
schwimmen		schwamm	(ist) geschwommen	schwämme (or schwömme)	to swim
schwingen		schwang	geschwungen	schwänge	to swing
sehen	sieht	sah	gesehen	sähe	to see
sein	ist	war	ist gewesen	wäre	to be
senden		sandte (or sendete)	gesandt (or gesendet)	sendete	to send
singen		sang	gesungen	sänge	to sing
sinken		sank	ist gesunken	sänke	to sink
sinnen		sann	gesonnen	sänne (or sönne)	to meditate
sitzen		saß	gesessen	säße	to sit
sprechen	spricht	sprach	gesprochen	spräche	to speak
springen		sprang	ist gesprungen	spränge	to jump
stechen	sticht	stach	gestochen	stäche	to sting
stehen		stand	gestanden	stände (or stünde)	to stand
stehlen	stiehlt	stahl	gestohlen	stähle (or stöhle)	to steal
steigen		stieg	ist gestiegen	stiege	to climb
sterben	stirbt	starb	ist gestorben	stürbe	to die
stoßen	stößt	stieß	gestoßen	stieße	to push
streichen		strich	gestrichen	striche	to stroke
streiten		stritt	gestritten	stritte	to quarrel

Infinitive	Present Tense Vowel Change	Simple Past	Past Participle	Regular Subjunctive	Meaning
tragen	trägt	trug	getragen	trüge	to carry, wear
treffen	trifft	traf	getroffen	träfe	to meet, hit
treiben		trieb	getrieben	triebe	to drive
treten	tritt	trat	(ist) getreten	träte	to step, kick
trinken		trank	getrunken	tränke	to drink
tun		tat	getan	täte	to do
verderben	verdirbt	verdarb	ist verdorben	verdürbe	to spoil
vergessen	vergißt	vergaß	vergessen	vergäße	to forget
verlieren		verlor	verloren	verlöre	to lose
verschlingen		verschlang	verschlungen	verschlänge	to devour
verschwinden		verschwand	ist verschwunden	verschwände	to disappear
verzeihen		verzieh	verziehen	verziehe	to pardon
wachsen	wächst	wuchs	ist gewachsen	wüchse	to grow
waschen	wäscht	wusch	gewaschen	wüsche	to wash
weichen		wich	ist gewichen	wiche	to yield
weisen		wies	gewiesen	wiese	to show
wenden		wandte (or wendete)	gewandt (or gewendet)	wendete	to turn
werden	wird	wurde (or ward)	ist geworden	würde	to become
werfen	wirft	warf	geworfen	würfe	to throw
wiegen		wog	gewogen	wöge	to weigh
winden		wand	gewunden	wände	to wind
wissen	weiß	wußte	gewußt	wüßte	to know
ziehen		zog	(ist) gezogen	zöge	to pull, move
zwingen		zwang	gezwungen	zwänge	to force

Prepositions

With accusative: durch, für, gegen, ohne, um, wider
With dative: aus, außer, bei, mit, nach, seit, von, zu
With accusative or dative: an, auf, hinter, in, neben, über, unter, vor, zwischen
With genitive: (an)statt, trotz, während, wegen

Prepositions associated with certain verbs

abhängen von
achten auf (*acc.*)
ankommen auf (*acc.*)
antworten auf (*acc.*)
arbeiten an (*dat.*)
sich ärgern über (*acc.*)
sich bemühen um
sich beschäftigen mit
sich beschweren über (*acc.*)
bestehen auf (*dat.*)
bestehen aus
bitten um
blicken auf (*acc.*)
danken für
denken an (*acc.*)
sich erinnern an (*acc.*)
erkennen an (*dat.*)
sich erkundigen nach
fliehen vor (*dat.*)
fragen nach
sich freuen auf (*acc.*)
sich freuen über (*acc.*)
sich fürchten vor (*dat.*)

gehören zu
sich gewöhnen an (*acc.*)
glauben an (*acc.*)
halten von (or für)
handeln von
sich handeln um
herrschen über (*acc.*)
hoffen auf (*acc.*)
sich interessieren für
kämpfen für (or gegen)
klagen über (*acc.*)
sich kümmern um
lachen über (*acc.*)
leiden an (*dat.*)
sich lustig machen über (*acc.*)
rechnen auf (*acc.*)
sich schämen vor (*dat.*)
schauen auf (*acc.*)
schmecken nach
schreiben an (jemanden)
schreiben über (etwas, *acc.*)
schützen vor (*dat.*)

sich sehnen nach
sorgen für
sprechen über (*acc.*)
sterben an (*dat.*)
sich streiten mit
streiten über (*acc.*)
suchen nach
teilnehmen an (*dat.*)
träumen von
übereinstimmen mit
überzeugen von
sich verlassen auf (*acc.*)
sich verlieben in (*acc.*)
vertrauen auf (*acc.*)
verzichten auf (*acc.*)
sich vorbereiten auf (*acc.*)
warnen vor (*dat.*)
warten auf (*acc.*)
sich wundern über (*acc.*)
zeigen auf (*acc.*)
zittern vor (*dat.*)
zweifeln an (*dat.*)

Prepositions associated with certain adjectives

abhängig von
aufmerksam auf (*acc.*)
berühmt wegen
böse auf (*acc.*)
eifersüchtig auf (*acc.*)
entfernt von
erstaunt über (*acc.*)

freundlich gegen (or zu)
froh über (*acc.*)
gewöhnt an (*acc.*)
glücklich über (*acc.*)
höflich gegen
interessiert an (*dat.*)
müde von

stolz auf (*acc.*)
überzeugt von
verantwortlich für
verliebt in (*acc.*)
wütend auf (*acc.*)
zornig auf (*acc.*)
zufrieden mit

Dieser- words (*dieser, jeder, jener, mancher, solcher, welcher*)

	Masculine	Neuter	Feminine	Plural
Nom.	dieser Mann	dieses Kind	diese Frau	diese Leute
Acc.	diesen Mann	dieses Kind	diese Frau	diese Leute
Dat.	diesem Mann	diesem Kind	dieser Frau	diesen Leuten
Gen.	dieses Mannes	dieses Kindes	dieser Frau	dieser Leute

	dieser Mann	dieses Kind	diese Frau	diese Leute
Nom.	r	s	e	
Acc.	n	s	e	
Dat.	m	m		n
Gen.	s	s	r	

Adjectives following *dieser*- words

	Masculine	Neuter	Feminine	Plural
Nom.	der gute Mann	das gute Kind	die gute Frau	die guten Leute
Acc.	den guten Mann	das gute Kind	die gute Frau	die guten Leute
Dat.	dem guten Mann	dem guten Kind	der guten Frau	den guten Leuten
Gen.	des guten Mannes	des guten Kindes	der guten Frau	der guten Leute

	der Mann	das Kind	die Frau	die Leute
Nom.	e	e	e	e
Acc.	n	e	e	e
Dat.	n	n	n	n
Gen.	n	n	n	n

Adjectives following *ein*- words (*kein, mein, dein, sein, ihr, Ihr, unser, euer*)

	Masculine	Neuter	Feminine	Plural
Nom.	ein guter Mann	ein gutes Kind	eine gute Frau	keine guten Leute
Acc.	einen guten Mann	ein gutes Kind	eine gute Frau	keine guten Leute
Dat.	einem guten Mann	einem guten Kind	einer guten Frau	keinen guten Leuten
Gen.	eines guten Mannes	eines guten Kindes	einer guten Frau	keiner guten Leute

	ein Mann	ein Kind	eine Frau	keine Leute
Nom.	r	s	e	
Acc.	n	s	e	
Dat.	n	n	n	n
Gen.	n	n	n	n

Adjectives without a preceding article

	Masculine	Neuter	Feminine	Plural
Nom.	kalter Tee	kaltes Bier	kalte Milch	kalte Getränke
Acc.	kalten Tee	kaltes Bier	kalte Milch	kalte Getränke
Dat.	kaltem Tee	kaltem Bier	kalter Milch	kalten Getränken
Gen.	kalten Tees	kalten Biers	kalter Milch	kalter Getränke

	kalter Tee	kaltes Bier	kalte Milch	kalte Getränke
Nom.	r	s	e	e
Acc.	n	s	e	e
Dat.	m	m	m	n
Gen.	n	n	r	r

Numerical adjectives such as *andere, einige, mehrere, viele,* and *wenige* take the same endings as adjectives without a preceding article:

Nom. viele gute Leute
Acc. viele gute Leute
Dat. vielen guten Leuten
Gen. vieler guter Leute

Adjectives after *alle* have weak endings: alle guten Leute.

Relative pronouns

	der	das	die	Plural
Nom.	der	das	die	die
Acc.	den	das	die	die
Dat.	dem	dem	der	denen
Gen.	dessen	dessen	deren	deren

	wer	was
Nom.	wer	was
Acc.	wen	was
Dat.	wem	
Gen.	wessen	

Vocabulary

Because word-building and learning how language functions are two important aims of this book, the end vocabulary is less a list of words to be looked up than an opportunity to apply and reinforce what the student has learned.

1. Related words are listed together, unless the alphabetical order is too severely violated.
2. No separate listing appears for:
   a. compound nouns whose meanings are clear from their component parts, e.g. *Haustür*
   b. nouns which are in fact the infinitive form of the verb, e.g. *das Wandern*
   c. obvious negatives beginning with *un-*, e.g. *unbekannt*
   d. the feminine form of nouns ending in *-in*, e.g. *die Lehrerin*
   e. diminutives ending in *-chen* or *-lein*, e.g. *das Zettelchen*
   f. adjectives which are present or past participles of verbs, e.g. *geteilt*
3. Certain obviously related words are listed in parentheses without translation:
   a. related nouns or verbs, e.g. *der Rauch* smoke (*rauchen*)
   b. derivatives of words formed by certain prefixes and suffixes:
      adjectives and adverb suffixes: *-bar*, -able; *-lich*, -ly; *-los*, -less; *-voll*, -ful
      noun suffixes: *-er*, -er; *-heit, -igkeit, -keit, -ung*
4. Plurals of nouns are given unless they are nonexistent or rare. Strong verbs and irregular weak verbs are marked with *. The principal parts are found on pages 387–390.
5. The following categories of words do not appear in this vocabulary:
   a. function words such as articles, pronouns, prepositions, conjunctions, etc.
   b. days of the week, names of the months, numerals
   c. a select number (approximately 100) of content words listed in the first 700 entries of J. Alan Pfeffer, *Grunddeutsch: Basic (Spoken) German Word List* (Englewood Cliffs: Prentice-Hall, Inc., 1964)
   d. obvious cognates
   e. those verbs ending in *-ieren* whose stem is apparent from English
   f. low-frequency words which do not appear repeatedly and are translated in the margin

A

ab off, down, away; **ab und zu** occasionally

ab·brauchen to wear out

ab·brechen* to break off

das **Abendessen, –** supper

das **Abenteuer, –** adventure; **(abenteuerlich)**

ab·fahren* to depart; **die Abfahrt, –en** departure

ab·geben* to deliver

ab·gehen* to depart

der **Abgeordnete, –n** representative, deputy

ab·halten* to hold off, perform, celebrate

ab·hängen* to depend on; **abhängig** dependent

ab·heben* to lift off

ab·holen to call for, get

das **Abitur, –e** final comprehensive examination in German *Gymnasium*; **der Abiturient, –en** candidate for the *Abitur*

abgelegen isolated

ab·kaufen to buy from

ab·klingen* to sound the starting bell, ring off

ab·laden* to unload

ab·legen to take off, to discard, take (an oath)

ab·lehnen to reject; **(die Ablehnung, –en)**

ab·lesen* to read off, to infer (from a look)

ab·lösen to relieve

ab·passen to watch out for

ab·plagen to pester, worry

die **Abrede, –n** denial; agreement; **in Abrede stellen** deny

die **Abreise, –n** departure; **ab·reisen** to depart

das **Abrutschen** going downhill; **im Abrutschen** on the skids

der **Absatz, –̈e** paragraph

ab·schauen to observe

der **Abschied, –e** departure, farewell

ab·schließen* to shut off, separate

die **Abschlußprüfung, –en** final examination

ab·schnallen to unbuckle

ab·schreiben* to copy

der **Absender, –** sender

die **Absicht, –en** intention

ab·spielen to happen, take place

ab·sprechen* to deny, refuse

die **Abstammung, –en** descent, birth

ab·steigen* to get down

ab·stellen to turn off

das **Abteil, –e** compartment

ab·tragen* to remove, pay off (debts), wear out

abwärts downward

ab·waschen* to wash up

die **Abwechslung, –en** change

ab·wenden* to turn away, prevent

ab·wischen to wipe off

sich **ab·zeichnen** to become visible

die **Achsel, –n** shoulder

achten to consider, regard; **achten auf** to pay attention; **acht·geben*** to pay attention, watch out; **die Achtung** attention

ächzend moaning

der **Acker, –̈** field

ade farewell

der **Adlige, –n** nobleman

ähnlich similar; **(die Ähnlichkeit, –en)**

ahnen to have a presentiment, suspect; **(die Ahnung, –en)**; **(ahnungslos)**; **ahnungsvoll** expectantly

der **Akkord, –e** chord

die **Akte, –n** document; **die Aktentasche, –n** briefcase

aktivieren to activate

aktuell current

allerdings to be sure

allerhand all kinds of

allerlei all kinds of things

allesamt all together

allgemein general; **im allgemeinen** generally

allmählich gradually

alltagsgrau gray of everyday

allzu too much

allzufern all too distant

die **Alm, –en** Alpine meadow; **die Almhütte, –n** Alpine hut

die **Alpen** Alps

altmodisch old fashioned

das **Alter, –** age

das **Ampellicht, –er** traffic light

das **Amt, –̈er** office

amüsant amusing; **amüsieren** to amuse; **sich amüsieren** to enjoy oneself

an at, on, to

an·bauen to cultivate, add on

anbelangen to concern

der **Anblick, –e** sight

an·brennen* to scorch

an·bringen* to bring forward, establish

andauernd continually

das **Andenken** memory, keepsake

sich **ändern** to change, alter; **die Änderung, –en** change

anders different; **anderswo** elsewhere

anderthalb one and a half

an·deuten to hint at, indicate

andrerseits on the other hand

an·erkennen* to recognize; **die Anerkennung, –en** recognition

an·fahren* drive up, start up

der **Anfang, –̈e** beginning; **(an·fangen*)**

an·fassen to seize, touch

an·fertigen to complete

an·füllen to fill up

die **Angabe, –n** statement

an·geben* to declare, state, assign; **angegeben** supplied

das **Angebot, –e** offer

angebracht suitable

angehäuft piled up

an·gehen* to turn on, go on, begin, approach, ask; **es geht mich nichts an** it doesn't concern me

der **Angehörige, –n** member

die **Angelegenheit, –en** matter

angeln to fish

angenehm pleasant; **Sehr angenehm!** Pleased to meet you.

angesehen respected

an·gliedern to annex

der **Angriff, –e** attack, raid

die **Angst, –̈e** fear, anxiety; **ängstlich** anxious, uneasy

der **Anhalt, –e** support

an·halten* to stop, hold up; **anhaltend** continuously

der **Anhänger, –** follower

die **Anhänglichkeit** devotion

an·hören to listen to

an·knüpfen to tie, connect

an·kommen* to arrive, succeed; **es kommt darauf an** it all depends

an·kündigen to announce

die **Ankunft, –̈e** arrival

die **Anlage, –n** park, grounds

an·legen to put, lay on

an·machen to put on, fasten

an·melden to announce; **die Anmeldung, –en** announcement, reservation

an·merken to remark, note

die **Annahme, –n** supposition, acceptance

an·nehmen* to assume, accept

die **Annonce, –n** advertisement

sich **an·passen** to fit, adapt; **die Anpassung, –en** adaptation, adjustment

an·regen to inspire, incite; **die Anregung, –en** animation, incitement

an·schauen to look at

anscheinend apparently

an·schlagen* to chip edge (dishes), strike

anschließend afterward, following

an·sehen* to regard, observe; **das Ansehen** respect

die **Ansicht, –en** viewpoint, opinion; **seiner Ansicht nach**

in his opinion; **die Ansichts-karte, –n** picture postcard
an·siedeln to settle; (**der Ansiedler, –**), (**die Ansiedlung, –en**)
ansonsten otherwise
an·sprechen* to speak to; **sich ansprechen** to address oneself
die **Anstalt, –en** institution
an·stecken to light, fasten
sich **an·stellen** to line up, pretend
sich **an·strengen** to strain; **anstrengend** strenuous
der **Anteil, –e** share, interest
an·tun* to do to
die **Antwort, –en** answer; (**antworten**)
an·wachsen* to increase
an·wenden* to employ
anwesend present; **der Anwesende, –n** person who is present; **die Anwesenheit** presence
die **Anzahl** number
die **Anzeige, –n** notice, advertisement; **an·zeigen** to report; **der Anzeiger, –** advertiser, informer
an·ziehen* to pull, attract; **anziehend** attractive
sich **an·ziehen*** to get dressed
an·zünden to light, kindle
das **Arbeitszimmer, –** study
arg bad, hopeless
der **Ärger,** anger; **ärgerlich** angry; **ärgern** to annoy; **sich ärgern** to be angry
ärmlich poor, wretched
arretieren to arrest, stop
die **Art, –en** manner, way
artig good, well-behaved
der **Arzt, ⸚e** doctor
Asien Asia
der **Ast, ⸚e** branch
der **Atem** breath; (**atemlos**); **atmen** to breathe
auf on, up, open, on; **auf einmal** suddenly; **auf und ab** up and down
auf·atmen to breathe a sigh of relief
auf·bauen to build up, construct
auf·bewahren to store
der **Aufblick, –e** upward glance
auf·brauchen to use up
auf·brechen* to break open, to depart
auf·bringen* to summon up, gather
auf·drücken to press open
aufeinander one after another
der **Aufenthalt, –e** stay
auf·essen* to eat up

auf·fallen* to notice; **es fiel ihm auf** it struck him; **auffallend** noticeable; **auffällig** conspicuous
auf·flammen to flame up
auf·fliegen* to fly open
die **Aufforderung, –en** demand
auf·führen to perform; (**die Aufführung, –en**)
auf·füllen to replenish, fill up
die **Aufgabe, –n** lesson, task, assignment
auf·geben* to mail (at post office), give up
auf·gehen* to open, go up
auf·halten* to hold up, obstruct, delay; **sich aufhalten** stay at a place
auf·heben* to raise up, pick up, preserve
auf·hören to stop
auf·knöpfen to unbutton
auf·kommen* to pay, come up, come up with
auf·leben to revive
auf·legen to put on
auf·machen to open
aufmerksam attentive; **aufmerksam machen** to call attention to; **die Aufmerksamkeit, –en** attentiveness
auf·nehmen* to lift up, accept, take a picture
auf·passen to pay attention, watch
auf·putzen to dress up; **sich putzen** to deck oneself out
auf·räumen to clear away
sich **auf·regen** to become excited, worry; (**die Aufregung, –en**)
auf·reißen* to fling open, tear up
der **Aufsässige, –n** hostile or obstinate person
der **Aufsatz, ⸚e** essay, theme
auf·schlagen* to break, open, strike
auf·schließen* to unlock, open
auf·schnüren to unlace
auf·schreiben* to write down
auf·setzen to put down, put on; **sich aufsetzen** to sit up
auf·springen* to jump up
auf·stehen* to get up, stand up
auf·stellen to raise, set
auf·tauchen to emerge, turn up
auf·teilen to divide; (**die Aufteilung, –en**)
der **Auftrag, ⸚e** assignment
auf·treten* to appear; **der Auftritt, –e** appearance
auf·zeichnen to sketch, record
auf·zeigen to show, exhibit
das **Auge, –n** eye; **der Augenzeuge, –n** eyewitness

der **Augenblick, –e** moment; **augenblicklich** immediate; at present
aus out, from, over, off; **es ist aus** it is all over
die **Ausarbeitung, –en** working-out
die **Ausbildung, –en** education, training
aus·bleiben* to be left out
der **Ausblick, –e** view
aus·breiten to spread; **sich aus·breiten** to stretch, expand
aus·dehnen to expand
aus·denken* to think out, comprehend
der **Ausdruck, ⸚e** expression; **aus·drücken** to express; **ausdrücklich** expressly, positive
auseinander apart; **die Auseinandersetzung, –en** disagreement
aus·fertigen to execute, draw up
der **Ausflug, ⸚e** excursion
aus·fragen to interrogate
aus·führen to carry out
ausführlich detailed, exhaustive; **die Ausführlichkeit** completeness
aus·füllen to satisfy
die **Ausgabe, –n** edition
der **Ausgang, ⸚e** exit, outcome
aus·geben* to spend
ausgerechnet precisely, just
ausgeschlossen impossible
ausgestreckt stretched out
ausgesucht choice, first-rate
ausgezeichnet excellent
aus·halten* to endure, continue, keep
aus·klopfen to beat out (dust), knock out (ashes)
aus·kommen* to get along with, make do with
die **Auskunft, ⸚e** information
aus·lachen to laugh at
das **Ausland** foreign country; **der Ausländer, –** foreigner; **ausländisch** foreign
aus·lassen* to release, melt down
aus·löffeln to spoon out, eat up
aus·machen to amount to, decide, agree upon; **es macht mir nichts aus** it makes no difference to me
die **Ausnahme, –n** exception; **aus·nehmen*** to exempt
aus·nutzen to take advantage of
die **Ausrede, –n** excuse
aus·reißen* to tear out, tear open

aus·ruhen to rest up
die Aussage, –n testimony, manner of speaking; aus·sagen to testify, to make a statement
aus·schalten to eliminate, disconnect
aus·scheiden* to separate, resign
aus·schlafen* to sleep enough
aus·schlagen* to extinguish, to kick (horse)
aus·schneiden* to cut out, clip; der Ausschnitt, –e cut-out, clipping, extract
aus·sehen* to appear, look; das Aussehen exterior, appearance
die Außenwand, ⸚e outside wall
außerdem besides, moreover
außergewöhnlich unusual
außerhalb outside of
äußerst extremely
die Äußerung, –en expression, statement
aus·setzen to expose, discontinue, stop
die Aussicht, –en view, opinion
aus·spannen to rest up
aus·sprechen* to express, pronounce
aus·steigen* to get out
aus·stopfen to stuff
der Austausch, –e trade; aus·tauschen to interchange; der Austauschstudent, –en exchange student
aus·treten* to walk out, go to the restroom
der Ausverkauf, ⸚e sale
aus·wählen to choose, select
aus·wandern to emigrate; (der Auswanderer, –)
der Ausweg, –e way out, escape
der Ausweis, –e pass, certificate
die Ausweitung, –en broadening
aus·wirken to bring out; sich aus·wirken to work out; die Auswirkung, –en result
aus·zeichnen to distinguish, honor
aus·ziehen* to pull out
sich aus·ziehen* to undress
die Autolampe, –n headlight
der Automat, –en automaton, vending machine
der Autor, –en author
autoritär authoritarian
die Autorität, –en authority
die Axt, ⸚e axe

B

der Backofen, ⸚ oven
die Backe, –n cheek

das Bad, ⸚er bath; der Badeanzug, ⸚e swim suit
die Bahn, –en train, streetcar, track; der Bahnhof, ⸚e railroad station
bald soon; bald darauf soon thereafter
das Band, ⸚er ribbon
die Bank, ⸚e bench
barfuß barefoot
das Bauchweh stomach ache
der Bau, –ten construction, building; bauen to build; die Baukunst architecture
der Bauer, –n farmer, peasant
der Baum, ⸚e tree
der Bayer, –n Bavarian; Bayern Bavaria
beabsichtigen to intend
beachten to notice, pay attention
der Beamte, –n official
beängstigend alarming, anxious
beantworten to answer; (die Beantwortung, –en)
die Bearbeitung, –en treatment, preparation
die Beat-Band rock band
beaufsichtigen to oversee, inspect
bedächtig cautious, deliberate
bedecken to cover
bedenken* to consider, ponder; das Bedenken, – doubt, reflection
bedeuten to mean; die Bedeutung, –en meaning, significance; bedeutungsvoll significant
bedienen to attend to, serve; sich bedienen to make use of
bedrohen to threaten; (bedrohlich); (die Bedrohung, –en)
der Bedürftige, –n one in need of something
sich beeilen to hurry
beeindrucken to impress
beeinflussen to influence
beenden to end; (die Beendigung, –en)
sich befassen to concern oneself with, take care of
der Befehl, –e order; (befehlen*)
befestigen to make fast
sich befinden* to be present, feel, be located
beflecken to spot, stain
befleißen to take pains to
befördern to bring to, move ahead
befragen to ask; der Befragte, –n person questioned
das Befremden consternation
befühlen to feel, touch
befürchten to fear; (die Befürchtung, –en)

sich begeben* to go to, proceed; die Begebenheit, –en event
begegnen to meet; (die Begegnung, –en)
begehen* to commit
begeistern to enthuse, inspire; begeistert enthusiastic; die Begeisterung enthusiasm, inspiration
begießen* to water, sprinkle
begleiten to accompany; (der Begleiter, –)
sich begnügen to be satisfied
begraben* to bury
begreifen* to understand; der Begriff, –e idea, conception; im Begriff be on point of doing something; begriffen sein in the process of doing something
die Begründung, –en explanation
begrüßen* to greet; die Begrüßungsansprache, –n speech of greeting
behalten* to retain
behandeln to treat; (die Behandlung, –en)
behaupten to think, assert; (die Behauptung, –en)
beherbergen to shelter
beherrschen to rule, control, master
die Behörde, –n authority
behüten to protect
behutsam cautious
bei·bringen* to provide, teach, cause
der Beifall applause
das Bein, –e leg
beinahe almost, nearly
bei·packen to pack up
beisammen together
das Beispiel, –e example; beispielhaft exemplary
beißen* to bite
der Beitrag, ⸚e contribution; bei·tragen* to contribute
bei·treten* to join, concur
beizeiten early
bejahen to assent to
bekämpfen to fight
bekannt known; bekannt·machen to make known; die Bekanntmachung, –en announcement; die Bekanntschaft, –en acquaintance
bekommen* to receive, get
belasten to burden, incriminate; Belastendes incriminating information
belehren to teach
beleidigen to insult; (die Beleidigung, –en)
die Beleuchtung, –en illumination, lighting

Belgien Belgium; **belgisch** Belgian

beliebt popular; (**die Beliebtheit**)

die **Belohnung, –en** reward

belügen to lie

bemalt painted

bemerkbar noticeable

bemerken to notice; **bemerkenswert** note-worthy; **die Bemerkung, –en** remark

bemessen* to measure out

sich **bemühen** to strive; **die Bemühung, –en** effort

benachbart neighboring

benachrichtigen to inform

sich **benehmen*** to behave; **benehmen** to take away

beneiden to envy

die **Benennung, –en** designation

benutzen to use; (**die Benutzung, –en**)

benützen to use

das **Benzin** gasoline

beobachten to watch; **die Beobachtung, –en** observation

bepacken to load

bequem comfortable

berechnen to plan, calculate; (**die Berechnung, –en** calculation

der **Bereich, –e** sphere, province, field

bereit ready; **bereits** already

bereuen to regret

der **Berg, –e** mountain; **der Bergarbeiter, –** miner

der **Bericht, –e** report; (**berichten**)

der **Beruf, –e** occupation; **berufstätig** employed; **der Berufstätige, –n** worker

sich **beruhigen** to appease, calm down

berühmt famous

berühren to touch; (**die Berührung, –en**)

die **Besatzung, –en** complement (ship, etc.), troops

beschädigen to damage

die **Beschaffung, –en** procurement, attainment

beschäftigen to keep busy; **sich beschäftigen** to keep oneself occupied; **die Beschäftigung, –en** work, activity

der **Bescheid** information; **Bescheid wissen** to know about

beschießen* to fire on

beschimpfen to scold, insult

beschleunigen to quicken

beschließen* to decide, terminate

beschmutzen to dirty

beschränken to confine; **sich beschränken** to restrict oneself

beschreiben* to describe; (**die Beschreibung, –en**)

Beschuldigendes incriminating evidence

die **Beschwerde, –n** complaint

sich **beschweren** to complain

beschwerlich difficult, troublesome

beschwören to swear

besetzt occupied

besiegen to defeat

sich **besinnen*** to reflect, remember

besinnungslos unconscious

der **Besitz, –e** possession, property; **der Besitzer, –** owner

besonder special; **das Besondere** the strange way, special; **die Besonderheit, –en** peculiarity; **besonders** especially

besorgen to take care of, provide for; **die Besorgung, –en** procurement, purchase

besorgt worried

die **Besprechung, –en** discussion

bestätigen to confirm; (**die Bestätigung, –en**)

besteigen* to board, ascend

bestehen* to exist, consist, pass (examination); **bestehen auf** to insist upon; **bestehen aus** to consist of

bestellen to order; (**die Bestellung, –en**)

bestenfalls at the best

bestimmt certainly; **die Bestimmtheit, –en** certainty

die **Bestimmung, –en** condition

bestrafen to punish

bestreiten* to argue, contest

der **Besuch, –e** visit; (**besuchen**); (**der Besucher, –**)

betätigen to manifest, be active

betiteln to entitle

betonen to accent, stress

betrachten to watch, observe; **der Betrachter, –** observer; **die Betrachtung, –en** observation; **die Betrachtungsweise** way of looking at things

der **Betrag, ⸚e** sum, amount; **betragen*** to amount to

betreten* to walk on, enter

betreten disconcerted

das **Bett, –en** bed

beugen to bend, decline (as a noun); **sich beugen** to bend

beunruhigen to disquiet

beurteilen to judge; (**die Beurteilung, –en**)

die **Beute** booty, prey; **der Beutepreuße, –n** persons living in areas once added to Prussia

der **Beutel, –** money bag, purse

die **Bevölkerung, –en** population

bevorzugen to prefer

bewahren to preserve, guard

bewähren to stand the test, establish, satisfy

bewegen to move; **sich bewegen** to move; (**die Bewegung, –en**); **bewegt** agitated, moved

der **Beweis, –e** proof **beweisen*** to prove

bewilligen to grant

bewirken to cause, produce

bewohnen to inhabit; (**der Bewohner, –**)

bewundern to admire; (**die Bewunderung, –en**)

bewußt known, aware of; **das Bewußtsein** consciousness, knowledge; **bewußtlos** unconscious

bezahlen to pay; (**die Bezahlung, –en**)

bezeichnen to mark, designate; **bezeichnend** characteristic; **die Bezeichnung, –en** term, name

beziehen* to keep, maintain, move; **die Beziehung, –en** relationship **sich beziehen auf** to refer to

bezug: in bezug auf with reference to

bezwingen* to compel, overcome

die **Bibliothek, –en** library

bieder trusty, loyal

biegen* to bend, turn

bieten* to offer

das **Bild, –er** picture

bilden to form, build, make; **bildende Kunst** pictorial art

der **Bildhauer, –** sculptor

die **Bildung** education

billig inexpensive

binden* to bind

bisher until

bißchen: ein bißchen a little

der **Bissen, –** morsel

bisweilen sometimes

bitten* to ask

sich **blamieren** to make a fool of oneself

blasen* to blow; **der Bläser, –** horn blower

blaß pale

das **Blatt, ⸚er** page, leaf, sheet; **blättern** to page, to leaf

bläulich bluish

blei-frei lead-free

bleiben* to stay

bleich pale

der **Blick, –e** look (**blicken**)

blitzen to be lightning

blöd stupid; **der Blödsinn** nonsense; **blödsinnig** crazy

bloß only

blühen to bloom, blossom

die **Blume**, –n flower
die **Bluse**, –n blouse
das **Blut** blood; **bluten** to bleed;
    blutig bloody
die **Blüte**, –n bloom, prime; **die**
    Blütezeit golden age
der **Boden**, ̈ floor, ground; **der**
    Bodenschatz, ̈e natural
    resource
die **Bohne**, –n bean
    bohren to bore, drill
die **Borste**, –n stiff hair
    böse angry, bad; **der Bösewicht**,
    –e scoundrel
    boshaft malicious, spiteful; **die**
    Bosheit, –en malice, spite
der **Bote**, –n messenger; **die Bot-**
    schaft, –en message, em-
    bassy; **der Botschafter**, –
    ambassador
der **Brand**, ̈e fire
    brauchen to need
der **Brauch**, ̈e custom
    brausen to roar, rush
    brechen* to break
    breit broad, wide; **breitgezogen**
    drawn out
    brennen* to burn; **der**
    Brennstoff fuel
das **Brett**, –er board
der **Brief**, –e letter; **brieflich** by
    letter; **die Briefmarke**, –n
    stamp; **die Brieftasche**, –n
    portfolio
die **Brille**, –n eyeglasses
das **Brötchen**, – roll; **der Brötchen-**
    brocken, – bite of bread
der **Bruch**, ̈e break, breach,
    rupture
die **Brücke**, –n bridge
die **Bruderliebe** brotherly love
    brüllen to howl, roar
die **Brust**, ̈e breast
    buchen to book, register; **(die**
    Buchung, –en)
der **Buchdruck** printing
der **Buchstabe**, –n letter
    buchstabieren to spell
die **Büchse**, –n can
die **Bude**, –n shack, room, booth
die **Bühne**, –n stage; **das Bühnen-**
    stück, –e stage play
der **Bundestag** German parliament
die **Bundesrepublik Deutschland**
    (BRD) Federal Republic of
    Germany
    bunt colorful
die **Burg**, –en castle, fortress
der **Bürger**, – citizen; **der Bürger-**
    meister, – mayor
das **Büro**, –s office; **die Bürosprache**,
    –n official language
der **Bursche**, –n boy
der **Busch**, ̈e bush
das **Butterbrot**, –e sandwich

C

der **Chef**, –s boss
das **Chorwerk**, –e choral work
der **Clou**, –s chief attraction

D

    dabei at the same time
das **Dach**, ̈er roof; **das Dach-**
    geschoß, –sse attic
    dadurch by means of it
    dagegen on the other hand
    daheim at home
    daher for that reason
    dahinten at the back
    damalig at that time, then
    damals at that time
    damit in order that
    dankbar grateful
    danken to thank; **der Dank** thanks
    daneben·gehen* to not turn out
    well
    dann und wann now and then
    daran with that, at it
    darauf after that; **daraufhin**
    thereupon, then
    darnach accordingly
    dar·stellen to represent,
    exhibit, describe; **die**
    Darstellung, –en repre-
    sentation
    darum therefore
das **Dasein** existence
    daselbst in that very place
    da·stehen* to stand there
    dauern to continue; **dauernd**
    continually
    davon·tragen* to carry away
sich **davor·sammeln** to gather in
    front of
die **Decke**, –n cover, blanket,
    ceiling; **decken** to cover
    dekorieren to decorate
die **Delle**, –n depression
    denken* to think; **denkwürdig**
    memorable, noteworthy
    dennoch yet, still
    derartig such
    desgleichen the same
    deshalb therefore
    desto so much the better
    deswegen because of it
    deuten to indicate, signify;
    deutlich clearly; **die Deut-**
    lichkeit distinctness, clearness
    deutsch German; **der Deutsche**,
    –n German; **Deutschland**
    Germany; **deutschstämmig**
    of German origin
die **Deutsche Demokratische**
    Republik (DDR) German
    Democratic Republic
die **Deutung**, –en meaning, sig-
    nificance, interpretation

    dicht close
der **Dichter**, – poet, writer; **die**
    Dichtung, –en poetry,
    fiction
    dick thick, fat; **durch dick und**
    dünn through thick and
    thin
der **Dieb**, –e thief; **diebisch** thievish;
    der Diebstahl, ̈e theft
    dienen to serve; **der Dienst**, –e
    service; **dienstlich** officially;
    die Dienstreise, –n business
    trip
das **Ding**, –e thing
der **Dirigent**, –en orchestra
    conductor
sich **distanzieren** to go away from,
    separate
    diskutieren to discuss
    doch yet
    dolmetschen to translate; **(der**
    Dolmetscher, –)
der **Donner** thunder; **(donnern)**
der **Doppelgänger**, – duplicate,
    double
das **Dorf**, ̈er village
    dortig there
die **Dose**, –n can
    dösen to dose
    dran·kommen* to come next
    draußen outside
    drehen to turn; **sich drehen** to
    revolve, rotate
    dringen* to penetrate, force a
    way
    drinnen inside
    drohen to threaten; **(die**
    Drohung, –en)
    drüben over there, overseas
der **Druck**, –e pressure; **drücken** to
    press, weigh down
    drucken to print
    drunter: drunter und drüber
    helter-skelter
der **Duft**, ̈e scent
    dumm stupid; **(die Dummheit**,
    –en); **der Dummkopf**, ̈e
    dummy
    dumpf muffled
    dunkel dark; **(die Dunkelheit)**
    dünn thin
    durchaus entirely
    durcheinander in confusion
    durch·fallen* to fail
    durch·führen to conduct
    durch·kommen* to come
    through, pull through
    durch·leuchten to radio, to
    illumine, shine through
    (X-ray)
    durch·machen to undergo, to
    pass through
    durchnäßt sopping wet
    durch·prüfen to examine
    durch·schlüpfen to slip through

die **Durchsetzung, –en** carrying out
dürr dry
der **Durst** thirst
düster gloomy
das **Dutzend, –e** dozen

E

eben simply, just, even; **ebenfalls** also, likewise; **ebenso...wie** just ... as
die **Ebene, –n** plain
echt genuine
die **Ecke, –n** corner
edel noble; der **Edelmann (Edelleute)** nobleman
egal same; **es ist mir egal** it is all the same to me
ehe before; **eher** sooner, earlier, more
ehemalig former
das **Ehepaar, –e** married couple
die **Ehre, –n** honor; **ehrlich** honorable, honest; (die **Ehrlichkeit**)
das **Ei, –er** egg
eigen own; der **Eigenwert, –e** sense of one's worth
eigenartig peculiar, strange, curious
die **Eigenheit, –en** peculiarity
eigens only, especially
die **Eigenschaft, –en** characteristic, trait
eigensinnig obstinate
eigentlich really
eigentümlich curious, peculiar
eilen to hurry; **eilig** quickly
der **Eimer, –** pail
ein·betten to nestle
einbeziehen* to include
sich **ein·bilden** to imagine; die **Einbildung, –en** imagination
ein·brechen* to break into, commit burglary
der **Eindruck, –e** impression
einerseits on the one hand
einfach simple, simply
ein·fallen* to fall in, fall down, occur to
die **Einfalt** innocence
der **Einfluß, –sse** influence
einförmig uniform
ein·frieren* to freeze up
ein·führen to introduce; die **Einführung, –en** introduction, initiation
der **Eingang, –e** entrance
ein·gehen* to enter, shrink
eingeklammert in parentheses
eingeschrumpft shrunken into
ein·halten* to stop, observe, obey (rules)
die **Einheit, –en** unity, unit; **einheitlich** unified

ein·jagen to instill
der **Einkauf, –e** purchase, shopping; **ein·kaufen** to shop
ein·klemmen to jam in, wedge in
ein·laden* to invite
einleuchtend clear
einmal once; **auf einmal** suddenly; **mit einmal** suddenly; **einmalig** happening but once
ein·mischen to mingle; sich **ein·mischen** to meddle with, mix
ein·nehmen* to occupy
der **Einödhof, –e** a single farm
ein·packen to wrap up, pack up
sich **ein·prägen** to impress upon the memory
ein·rahmen to frame, adorn
ein·reden to encourage, persuade
ein·reichen to submit, hand in
ein·richten to furnish; sich **ein·richten** to establish oneself, to settle
ein·rücken to march in
einsam lonely; die **Einsamkeit, –en** solitude, loneliness
ein·schalten to turn on
sich **ein·schiffen** to go on board ship; die **Einschiffung** embarkation
ein·schlafen* to fall asleep
ein·schlagen* to strike
ein·schließen* to lock in
ein·schneien to snow in
ein·sehen* to look at, understand
ein·setzen to begin, establish
ein·sinken* to cave in, sink in
ein·sparen to save by making economies
ein·sperren to lock up, imprison
ein·stecken to put in; **einen Brief einstecken** to mail a letter
ein·steigen* to get on (vehicle)
ein·stellen to adjust; die **Einstellung, –en** adjustment, opinion
einstimmig unanimous
einstmals earlier, once upon a time
ein·stürzen to collapse
ein·tauschen to exchange
ein·teilen to divide
die **Eintracht** harmony, concord
ein·treffen* to arrive, come true
ein·treten* to enter, join
die **Eintragung, –en** entry, registration

der **Eintritt, –e** entrance, entry; die **Eintrittskarte, –n** admission ticket
einverstanden agreed
ein·wandern to immigrate; (der **Einwanderer, –**); (die **Einwanderung, –en**)
ein·weisen* to initiate, install, lock up
ein·wintern to accustom to wintry conditions
der **Einwohner, –** inhabitant
der **Einwurf, –e** interjection
die **Einzahl** singular
die **Einzelheit, –en** detail
einzeln single; **im einzelnen** in detail; der **Einzelne, –n** individual
die **Eisenbahn, –en** railroad, train
eisern iron
eisig icy
der **Eisschrank, –e** ice box
das **Elend** misery
der **Elektriker, –** electrician
die **Eltern** parents
empfehlen* to recommend
empfinden* to perceive, feel
der **Empfang, –e** reception, receipt; **empfangen*** to receive
empören to be indignant
das **Ende, –n** end; **letzten Endes** finally; **endlich** finally
endgültig final, conclusive; die **Endgültigkeit** conclusiveness
eng narrow
der **Engel, –** angel
entdecken to discover; (die **Entdeckung, –en**)
entfallen* to disappear
entfernen to depart, separate, remove; **entfernt** distant; die **Entfernung, –en** distance
entfliehen* to flee
entgegen·gehen* to go toward
entgegen·wirken to counteract, repel, check
entgehen* to escape, avoid
enthalten* to contain; sich **enthalten** to avoid
entkommen* to escape
entlang along
entpuppen to turn out to be
entschädigen to compensate
entscheiden* to decide; **entscheidend** decisive; die **Entscheidung, –en** decision; **Entscheidungen treffen** to make decisions
sich **entschließen*** to decide; der **Entschluß, –sse** decision
sich **entschuldigen** to excuse oneself
entsetzen to shock, terrify; **entsetzlich** terrible

entsprechen* to suit, conform to; entsprechend in accordance with
entstehen* to originate, begin
entstellen to distort
enttäuschen to disappoint (die Enttäuschung, –en)
entweder either: entweder... oder either . . . or
sich entwickeln to develop; (die Entwicklung, –en)
entzückend charming
entzünden to light
epochal epoch-making
erbieten* to offer, volunteer
erbitten* to beg for, request
die Erbse, –n pea
die Erdbeere, –n strawberry
die Erde, –n earth; zu ebener Erde on the ground floor; das Erdgeschoß, –sse ground floor
erfahren* to experience; (die Erfahrung, –en)
erfassen to seize, comprehend
erfinden* to invent; (die Erfindung, –en)
der Erfolg, –e success; erfolgreich successful
erfordern to require
erfragen to inquire about
sich erfreuen to rejoice; erfreulich delightful
erfrischen to freshen, refresh
erfroren frozen
erfüllen to comply with, fulfill, accomplish; die Erfüllung fulfillment, realization
ergänzen to complete
ergeben* to produce; sich ergeben to surrender, happen; das Ergebnis, –se result
ergeben humbly
ergreifen* to seize; das Wort ergreifen to begin to speak; ergreifend moving
ergründen to investigate, explore
erhalten* to receive, maintain
erhältlich obtainable, for sale
erheben* to lift up; sich erheben to get up; erheblich considerable
erhoffen to hope for
sich erholen to recover; (die Erholung)
erinnern to remind; sich erinnern to remember; die Erinnerung, –en memory
sich erkälten to catch cold; die Erkältung, –en cold
erkaufen to buy
erkennen* to recognize, know, perceive; die Erkenntnis, –se knowledge

erklären to explain, make clear; sich erklären to declare oneself; erklärlich explainable; die Erklärung, –en explanation
sich erkundigen to ask, inquire
erlauben to allow; Erlauben Sie mal! Now wait a minute!
der Erlaubnisschein, –e license
erleben to experience; das Erlebnis, –se experience; erlebnisreich rich in experiences
erledigen to accomplish, finish; die Erledigung, –en completion
die Erleichterung, –en easing, making easier
erleiden* to suffer
erlernen to learn; (die Erlernung)
erleuchtet lighted
erlösen to release, redeem
die Ermahnung, –en warning
ermöglichen to make possible
ermorden to murder
ermüdend tiring
ernähren to feed
erneuern to make new, repair
ernst serious; (der Ernst); ernsthaft earnest, serious
erraten* to guess
errechnen to figure
erregen to excite, arouse; die Erregung, -en agitation, excitement
erreichen to reach (erreichbar); das Erreichbare that which is attainable
sich ereignen to happen; das Ereignis, –se event
der Ersatz replacement
erscheinen* to appear
erschießen* to shoot to death
erschlagen* to kill
erschöpfen to exhaust
erschrecken* to frighten, startle
erschüttern to shake, affect strongly; die Erschütterung, –en shock, strong emotion
ersehen* to observe, distinguish
ersehnen to long for
ersetzen to replace
ersparen to spare, save
erst first, only
erstarren to become rigid
erstaunen to be astonished; erstaunlich surprising
erteilen to impart, give
ertönen to sound, resound
ertrinken* to drown
erwachsen* to grow up; der Erwachsene, –n adult
erwähnen to mention

erwärmen to make warm; sich erwärmen to take lively interest in
erwarten to expect; (die Erwartung, –en); (erwartungsvoll)
erwecken to awaken
erwidern to reply
erzählen to tell; der Erzähler, – narrator; die Erzählung, –en story
erziehen* to rear, educate; (die Erziehung)
erzielen to strive after, obtain
essen* to eat; das Essen food, eating; eßbar edible; das Eßzimmer, – dining room
die Etage, –n floor, story
etwaig possible, eventual
etwas nearly, perhaps
ewig forever; die Ewigkeit, –en eternity
das Exemplar, –e copy
der Exotenartikel, – exotic object

F

die Fabrik, –en factory
das Fabrikat, –e manufacture, make, product
fabrizieren to manufacture
das Fach, ¨er subject, speciality
das Fachwerk half-timbered construction
die Fahne, –n flag
fähig able, capable; (die Fähigkeit, –en)
fahren* to drive, travel; fahrbar navigable, practicable; (der Fahrer, –); der Fahrgast, ¨e passenger
das Fahrrad, ¨er bicycle
der Fahrstuhl, ¨e elevator
der Fall, ¨e case; auf alle Fälle certainly; auf jeden Fall in any case; auf keinen Fall in no case
fallen* to fall, die in a war; es fällt ihm schwer it is difficult for him
falls if, in case
falsch false; der Falsch deceit
fanatisieren to agitate, to make enthusiastic
fangen* to catch
die Fantasie imagination
die Farbe, –n color, paint; der Farbton, ¨e hue; sich färben to stain, give color to
das Faß, ¨sser barrel
fassen seize, hold
fast almost
faul lazy

die **Faust,** ⸚e fist
fehlen to be lacking, absent
der **Fehler,** – mistake, error; **fehlerfrei** errorless
die **Feier,** –n celebration, party; der **Feierabend,** –e evening leisure, quitting time; **feiern** to celebrate; der **Feiertag,** –e holiday
der **Feind,** –e enemy; **feindlich** hostile
feinfühlig sensitive
das **Feld,** –er field
der **Feldwebel,** – sergeant
die **Ferien** vacation
fern far, distant; die **Ferne** distance, distant place or time; **sich fern·halten*** to keep distant
das **Fernsehen** television; **fern·sehen*** to watch television
die **Fernsicht** perspective, view
fertig ready, finished
fertig·bringen* to complete, accomplish
fest firm, fast, permanent
das **Fest,** –e festival, holiday; das **Festspiel,** –e festival play
fest·legen to determine, decide upon
fest·liegen* to be stuck, to be certain
fest·nehmen* to arrest
feststehend stable
fest·stellen to confirm, determine; die **Feststellung,** –en opinion, determination
feucht damp; die **Feuchtigkeit** moisture, dampness
das **Feuer** fire
fiebern to have a fever
der **Filmschauspieler,** – movie actor
finden* to find
finster dark, gloomy
fixieren to look at
flach flat
flackern to flicker
die **Flasche,** –n bottle
flattern to wave
der **Fleck,** –e spot, stain
flehen to implore
das **Fleisch** meat
fleißig industrious
fliegen* to fly, tremble; der **Flieger,** – pilot
fliehen* to flee
fließen* to flow; **fließend** fluent
die **Flucht,** –en flight; der **Flüchtling,** –e refugee
der **Flugplatz,** ⸚e airport
das **Flugzeug,** –e airplane
der **Flur,** –e hall, corridor
der **Fluß,** ⸚sse river
die **Flüssigkeit,** –en liquid

die **Folge,** –n consequence, result
folgen to follow; **folgend** following, as a result; **folgendes** the following
die **Formel,** –n formula
der **Förster,** – forester
fort away; **in einem fort** continual
fort·fahren* to continue
der **Fortschritt,** –e progress
fort·setzen to continue
fort·ziehen* to drag along
die **Fotografie,** –n photograph; **fotografisch** photographic
fragwürdig questionable
Frankreich France
der **Franzose,** –n Frenchman; **(französisch)**
frech impudent; **(die Frechheit, –en)**
frei free; **ins Freie** into the open, outside **(im Freien)**
frei·geben* to free
der **Freistaatler,** – citizen of free state
frei·stehen* to be at liberty
freiwillig voluntarily; der **Freiwillige,** –n volunteer
fremd strange; der **Fremde,** –n foreigner; die **Fremde** abroad; das **Fremdenbuch,** ⸚er guest book; der **Fremdling,** –e stranger
fressen* to eat (used for animals); das **Fressen** food for animals
die **Freude,** –n joy; **freudig** joyful
sich **freuen** to rejoice; **es freut mich** I am glad
der **Freund,** –e friend; **(freundlich);** die **Freundlichkeit,** –en kindness; die **Freundschaft,** –en friendship; **freundschaftlich** friendly
der **Friede(n)** peace; **(friedlich)**
frieren* to freeze
frisch fresh, gay; **frisch und fröhlich** happy
froh happy
fröhlich merry; die **Fröhlichkeit,** –en gaiety
fromm pious
frösteln to shiver, feel chilly
die **Frucht,** ⸚e fruit
früh früher former; **frühzeitig** early, premature
das **Frühjahr,** –e spring
der **Frühling,** –e spring
das **Frühstück,** –e breakfast
fügen to add, unite; **sich fügen** to happen; die **Fügung** arrangement, fate
fühlen to feel; **fühlbar** perceptible
führen to lead; **(der Führer, –);**

die **Führung** leading, management
der **Führerschein,** –e driver's license
füllen to fill
der **Füller,** – pen
der **Funke,** –n spark
die **Furcht** fear; **furchtbar** terrible, frightful; **fürchten** to fear; **(furchtlos); (die Furchtlosigkeit); furchtsam** fearful
die **Fürsprache** intercession
der **Fürst,** –en prince
der **Fuß,** ⸚e foot; der **Fußboden,** ⸚ floor; der **Fußgänger,** – pedestrian
das **Futter** food for animals

G

die **Gabe,** –n gift
gähnen to yawn
der **Gang,** ⸚e gait, walk, corridor; **in Gang bringen** to start up; **gang und gäbe** customary; **gangbar** customary, current
ganz entirely; **ganz und gar** completely; **gänzlich** complete, entire
gar complete, finished
die **Garderobe,** –n closet, cloak room
die **Gardine,** –n curtain
die **Gasse,** –n narrow street, alley
der **Gast,** ⸚e guest; das **Gasthaus,** ⸚er inn; die **Gastwirtschaft,** –en inn
gastieren to give a performance
die **Gästeanmeldung,** –en guest registration
die **Gebärde** gesture
das **Gebäude,** – building
geben* to give; **es gibt** there is
das **Gebiet,** –e territory, area
gebildet educated, cultured
das **Gebirge** mountains
geboren born, native
die **Geborgenheit** security
das **Gebot,** –e rule
der **Gebrauch,** ⸚e use, custom; **gebrauchen** to use
gebräunt tanned
die **Gebrüder** brothers
die **Gebühr,** –en fee
die **Geburt,** –en birth
das **Gedächtnis,** –se memory
der **Gedanke,** –n thought; **gedankenlos** thoughtless; die **Gedankenwelt** world of thought and ideas
gedenken* to intend, remember
das **Gedicht,** –e poem
geduldig patient(ly)
geehrt honored
die **Gefahr,** –en danger; **gefährlich** dangerous

gefallen* to please
gefällig pleasing
der Gefangene, –n prisoner
das Gefängnis, –se prison
das Gefühl, –e feeling; gefühllos unfeeling; die Gefühlsbewegung emotion
der Gegensatz, ⸗e contrast
gegenseitig mutual
der Gegenstand, ⸗e article, object
das Gegenteil, –e opposite
gegenüber opposite
gegenüber·stehen* to face
gegenüber·treten* to approach
die Gegenwart presence; gegenwärtig present
die Gegend, –en locality, area
das Gehabe unnatural manner
das Gehalt, ⸗er salary
gehässig hateful
geheim secret; das Geheimnis, –se secret; (geheimnisvoll)
gehen* to walk, go; daran·gehen to begin
der Gehilfe, –n assistant
das Gehirne, –e brain
das Gehör hearing
gehorchen to obey
gehören to belong to
der Gehorsam obedience; gehorsam obedient
der Geist, –er intellect, spirit; geistig intellectual, witty; geistreich clever, witty
das Gelächter laughter
gelähmt lame
die Gelassenheit composure
gelaunt: gut gelaunt in a good mood
das Geld, –er money; der Geldschein, –e paper money, bill; die Geldstrafe, –n fine; das Geldstück, –e coin; die Geldtasche, –n purse
die Gelegenheit, –en opportunity
gelehrt learned; der Gelehrte, –n scholar
geleistet finished, accomplished
gelingen* to succeed
gelten* to be seen, be worth, be considered as
das Gemälde, – painting
gemein common, low; die Gemeinheit, –en mean trick; gemeinsam common, together
die Gemeinde, –n community
das Gemeinschaftswerk, –e co-operative work
das Gemüse, – vegetable
die Gemütlichkeit, –en geniality
genau exactly; die Genauigkeit, –en precision; genauso in the same way; genausowenig as little, so rarely; genaustens most precisely

generös generous
genial talented; die Genialität originality, genius
genießen* to enjoy
der Genosse, –n companion
die Genüge sufficiency
genügen to suffice; genügend enough
der Genuß, ⸗sse enjoyment, consumption (food)
das Gepäck, –e luggage
das Gepolter rumbling noise
gerade just, straight, even; geradewegs directly; geradezu straight, very
geraten* to come, get
das Geräusch, –e noise
gerecht just, impartial
das Gerede gossip, stupid talk
das Gericht, –e court, dish; der Gerichtsdiener, – bailiff; der Gerichtsschreiber, – clerk of court
gering little, small
gern willing
gerötet reddened
gerührt moved
das Gesamtbild collective picture
der Gesang, ⸗e song
das Geschäft, –e store, business; geschäftig busy, bustling; der Geschäftsführer, – businessman
geschehen* to happen; das Geschehnis, –se happening
gescheit clever, sensible
das Geschenk, –e present
die Geschichte, –n story, history
geschickt clever
das Geschirr, –e dishes, china
der Geschmack, ⸗e taste; geschmackvoll tasteful, stylish
das Geschwätz prattle, idle talk
geschwind quick, fast; (die Geschwindigkeit, –en)
geschworen sworn
die Geschwister brothers and sisters
die Geselligkeit, –en sociability
die Gesellschaft, –en society; Gesellschaft leisten to keep someone company; gesellschaftsfähig mature
das Gesetz, –e law
gesichert secured, safe
das Gesicht, –er face
gesinnt: wie ist er gesinnt? what are his views?; freundlich gesinnt well-disposed toward
das Gespenst, –er ghost, apparition
das Gespräch, –e conversation; der Gesprächsstoff topic of conversation

die Gestalt, –en form, figure; gestalten to create
das Geständnis, –se admission, confession; ein Geständnis ablegen to make a confession
gestatten to allow
die Geste, –n gesture
gestehen* to confess
das Gesträuch, –e bushes
gestrichen with a line through
gesund healthy; (die Gesundheit); der Gesunde, –n healthy person
das Getöse confused noise
das Getränk, –e drink
gewagt daring
die Gewalt, –en force, power; gewaltig powerful, huge; gewaltsam violent
das Gewand, ⸗er clothing
das Gewehr, –e rifle, weapon
geweht blown
der Gewinn, –e gain, profit; gewinnen* to win
gewiß certainly
das Gewissen conscience; gewissenhaft conscientious; die Gewissensbisse pangs of conscience
die Gewißheit, –en certainty
das Gewitter, – storm
die Gewohnheit, –en custom, habit
gewöhnlich usual, ordinary
sich gewöhnen to become accustomed to
gewohnt accustomed
gießen* to pour
das Gift poison
die Girlande, –n garland
glänzen to gleam
glauben to believe
glatt smooth
gleich the same, immediate(ly)
gleichberechtigt having equal rights; der Gleichberechtigte, –n one who has equal rights
gleichgültig indifferent; die Gleichgültigkeit, –en indifference
die Gleichheit similarity
gleichmäßig regular
gleichzeitig at the same time
gleiten* to glide, slip
das Glied, –er part, member
die Glocke, –n bell; der Glockenschlag stroke
das Glück luck; zum Glück luckily; glücklich happy, fortunate
glücklicherweise fortunately
glühen to glow, burn
die Gnade grace
die Goldschmiedekunst art of goldsmithing

gönnen to grant, not envy

der **Gott,** ⸚**er** God, god; **gottes-**
  fürchtig God-fearing

das **Grab,** ⸚**er** grave

der **Grad, –e** degree

die **Graphik** graphics

  gräßlich terrible

  gratulieren to congratulate

  grau gray

  grauen to dread; **das Grauen**
    horror

  grausen to shudder, to feel
    horror

  greifen* to grasp, touch

die **Grenze, –n** border

der **Griff, –e** handle, movement

die **Grille, –n** cricket, whim

  grinsen to smirk

  grob coarse, rude

  groß large, tall; **im großen und**
    ganzen generally speaking

  großartig splendid

die **Größe, –n** size

die **Grotte, –n** grotto

der **Grund,** ⸚**e** basis, ground,
    reason; **grundfest** solid, real

die **Grundlage, –n** basis

der **Grundsatz,** ⸚**e** principle

  gründen to be based, to found;
    die Gründung, –en estab-
    lishment

  gründlich thorough

der **Gruß,** ⸚**e** greeting; (**grüßen**)

  gucken to look

  gültig valid, authentic, current

  günstig advantageous

die **Gurke, –n** cucumber

die **Güte** kindness, goodness

  gut·heißen* to approve

  gütig good, kind

  gut·machen to make up for a
    wrong or mistake

  gutmütig good-natured

H

der **Hafen,** ⸚ harbor

die **Haferflocken** oat meal

die **Haft** arrest, imprisonment

die **Hälfte, –n** half

der **Hals,** ⸚**e** neck; **die Halskette,**
    –n necklace

der **Halt, –e** support; **halt** really,
    in my opinion; **die Haltung,**
    –en prop, attitude

  halten* to hold, keep

die **Haltestelle, –n** car stop

  halt·machen to stop

das **Halteverbot** no stopping

der **Handschuh, –e** glove

  handeln to manage, treat, act;
    es handelt sich um it is a
    matter of; **die Handlung,**
    –en action, plot

der **Handwerker, –** worker, artisan

  hängen* to hang

  harren to wait

  hart hard, difficult; **härtlich**
    hardish

der **Haß** hatred

die **Hast** haste; **hastig** hasty

das **Haupt,** ⸚**er** head, principal,
    main; **der Hauptmann,**
    –leute captain; **die Haupt-**
    sache, –n main considera-
    tion; **hauptsächlich** espe-
    cially; **die Hauptstadt,** ⸚**e**
    capital; **die Hauptstraße, –n**
    main street, highway

  Haus und Hof one's all, every-
    thing

die **Haushälterin, –nen** house-
    keeper

die **Haut,** ⸚**e** skin; **mit Haut und**
    Haaren completely

der **Hebel, –** lever

  heben* to lift

die **Heide, –n** heath

das **Heim, –e** home; **der Heim-**
    kehrer, – person coming
    home

die **Heimat** home, homeland;
    heimatlich private; secluded,
    native; **der Heimatzei-**
    tungsleser, – reader of a
    local newspaper

  heimlich secret, mysterious

  heiser hoarse

  heiß hot

  heißen* to be called, command

  heiter cheerful; (**die Heiterkeit**)

  helfen* to help; (**der Helfer, –**)

  hell light, bright; (**die**
    Helligkeit)

der **Helm, –e** helmet

das **Hemd, –en** shirt

  herab downward

  heran up, near

  heran·gehen* to begin

  herauf up

  heraus out

  heraus·finden* to discover, find
    out

  heraus·fordern to challenge

  heraus·kramen to bring out, to
    find

sich **heraus·stellen** to prove to be,
    turn out

  herbei·führen to cause, bring
    about

  herbei·holen to bring

die **Herberge, –n** hostel, shelter

der **Herbst, –e** autumn

  herein in

  her·hören to listen to

der **Herr, –en** gentleman, God

  herrlich splendid

  herrschen to rule; **die Herr-**
    schaft, –en authority, master

and mistress, guests; **der**
    Herrscher, – ruler

  her·stellen to manufacture;
    (**der Hersteller, –**); (**die**
    Herstellung, –en)

  herüber over, across

  herum around

  herum·meckern to complain

  herunter down

  hervor out, forth

  hervor·gehen* to result, to go
    forth

  hervor·rufen* to call forth,
    cause

  heutig present day

das **Herz, –en** heart; **herzlich**
    sincere

  heulen to cry, howl

der **Hexenstab,** ⸚**e** witch's wand

  hie: hie und da now and then

  hiermit herewith

  hiesig local, of this place

die **Hilfe, –n** help; (**hilflos**); (**die**
    Hilflosigkeit); **das Hilfs-**
    mittel, – reserve, remedy

der **Himmel, –** heaven, sky

  hin there; **hin und her** back and
    forth; **der Hin– und Rück-**
    weg the way there and back;
    hin und wieder now and
    then

  hinab downward

  hinauf up

  hinaus out

  hinaus·beugen to lean out

  hinaus·gehen* to go beyond

  hin·deuten to point to, indicate

  hindern to hinder

  hin·fallen* to fall down

  hin·geben* to surrender, resign

  hin·halten* to hold out, hand
    to

  hin·legen to lay down; **sich**
    hinlegen to lie down

sich **hin·setzen** to seat oneself

  hinter behind, after

  hinterher·hetzen to run after

das **Hinterteil, –e** back part, stern

  hinüber·flitzen to dash across

  hinunter down

  hinweg away

der **Hinweis, –e** hint, allusion

  hinzu in addition, to it

das **Hirn, –e** brain

die **Hitze** heat

  hoch high; **hocherfreut** very
    pleased; **hochgestellt** highly
    placed; **hochselig** most
    gracious; **höchstens** at the
    most

das **Hochdeutsch** High German

das **Hochhaus,** ⸚**er** tall building,
    skyscraper

das **Hochwasser** flood

  hocken to squat, sit on stool

der **Hof**, ‐e farm, court, court-yard; **die Hofluft** court air; **der Hofmann**, –leute courtier

hoffen to hope; **hoffentlich** it is to be hoped; (**die Hoffnung**, –en) (**hoffnungslos**); (**die Hoffnungslosigkeit**)

höfisch courtly

höflich polite; (**die Höflichkeit**, –en)

die **Höhe**, –n height; **in die Höhe bringen** to lift up; **die Höhenlage** height, altitude

höhnisch scornful

holen to get

das **Holz**, ‐er wood

das **Honigkuchenpferd**, –e cookie made with honey

hörbar audible

horchen to listen

hören to hear

das **Hörsaalgebäude**, – building with lecture halls

das **Hörspiel**, –e radio play

die **Hose**, –n trousers; **der Hosenboden**, ‐ trouser seat

hübsch pretty

das **Huhn**, ‐er chicken

die **Hüfte**, –n hip

der **Hund**, –e dog

hungern to go hungry, starve

hupen to honk

der **Husten** cough

der **Hut**, ‐e hat

hüten to guard, tend

---

die **Illustrierte**, –n magazine with many pictures

der **Imbiß**, –sse snack

immer always; **immer wieder** again and again; **immerhin** anyway

imponieren to impress

imstande capable of

indessen in the meanwhile

der **Inhalt**, –e content

inkarniert embodied

inmitten in midst of

innen inside

innerhalb inside of, within

das **Innere** interior

das **Inserat**, –e advertisement

inserieren to advertise

insgesamt all together

insofern to that extent

die **Inspirierung** inspiration

interessieren to interest; **sich interessieren** to be interested in

inzwischen meanwhile

irdisch earthly

irgend any, some; **irgendwann** sometime

irrtümlich by mistake

die **Isolierung** isolation

Italien Italy; (**italienisch**)

J

die **Jacke**, –n jacket, suit or sport coat

jagen to hunt, chase; **die Jagd** hunt

jäh sudden

das **Jahr**, –e year; **das Jahrhundert**, –e century; **das Jahrzehnt**, –e decade; **die Jahreszeit**, –en season; **–jährig** years old; **jährlich** annual

jawohl yes, of course; **das Jawohlsagen** saying "Yes sir."

jedoch nevertheless, yet, still, however

jedenfalls in any case

jedermann everyone

jeglich each

jener that, the former

jetzt now

jodeln to yodel

der **Jude**, –n Jew; **jüdisch** Jewish

die **Jugend** youth; **das Jugendheim**, –e boarding house for youth, Boys' Home; **der Jugendliche**, –n youth

der **Junge**, –n boy

K

die **Kachel**, –n tile

die **Kaffeemühle**, –n coffee grinder

kahl bare

der **Kaiser**, – emperor; **kaiserlich** imperial

die **Kälte** cold

der **Kamin**, –e fireplace

der **Kampf**, ‐e battle; **kämpfen** to fight

der **Kanal**, ‐e canal, channel

die **Kanzleisprache** official government language

die **Kapelle**, –n orchestra, band

das **Kapitel**, – chapter

kaputt broken

der **Karneval** Mardi Gras

die **Karriere**, –n career

die **Karte**, –n ticket, card, map

die **Kartoffel**, –n potato

die **Kasse**, –n ticket window, cashier, cash

der **Kasten**, – box, mailbox

kauen to chew

kaufen to buy; **der Käufer**, – buyer; **der Kaufmann**, –leute merchant

kaum hardly

die **Kegelbahn**, –en bowling alley

der **Kegel**, – pin

keinerlei not any

keineswegs by no means

der **Keller** – cellar, basement

der **Kellner**, – waiter

kennen* to know; **kennen·lernen** to meet; **kenntlich** distinguishable

das **Kennzeichen**, – symbol, characteristic

der **Kerl**, –e guy, fellow

die **Kerze**, –n candle

keuchen to breathe hard, pant

das **Kind**, –er child; **das Kindermädchen**, – nursemaid; **die Kindheit** childhood; **kindisch** childish

kippen to tilt

die **Kirche**, –n church

das **Kissen**, – pillow

die **Kiste**, –n box, chest

der **Kittel**, – smock

die **Klage**, –n complaint; **klagen** to complain

der **Klang**, ‐e sound

klappern clatter, chatter

der **Klassiker**, – classicist; **klassisch** classical

klatschen to clap

klauen to steal

das **Klavier**, –e piano

kleben to paste, glue; **der Klebstoff**, –e paste

das **Kleid**, –er dress; **kleiden** to clothe, dress; **die Kleidung** clothing; **das Kleidungsstück**, –e article of clothing

die **Kleinigkeit**, –en trifle

klemmen to squeeze

klettern to climb

das **Klima**, –s climate

klingeln to ring; **der Klingler**, – one who rings

klingen* to sound, ring

klirren to clink, clank

klopfen to knock, beat; **der Klopfton**, ‐e tapping or knocking sound

klug intelligent, smart

der **Knabe**, –n boy

knapp in short supply

kneifen* to pinch, squeeze

der **Knopf**, ‐e button

knurrend growling

der **Koch**, ‐e cook; (**kochen**)

der **Koffer**, – suitcase

die **Kohle**, –n coal

der **Kollege**, –n colleague

komisch comical, funny

kommen* to come

der **Kommentar, –e** commentary
der **Kommissar, –e** commissioner
komplizieren to complicate
der **Komponist, –en** composer
der **König, –e** king; **königlich** royal
der **Konkurrent, –en** competitor
die **Konserven** preserved fruit, canned meat
konstruieren to construct, build
der **Konsument, –en** consumer
das **Kontor, –e** office
der **Kopf, ̈e** head; **der Kopfschützer, –** cloth cap
der **Korb, ̈e** basket; **körbeweise** by the basket, in large amounts
der **Körper, –** body; **körperlich** physically
korrigieren to correct
kostbar costly
der **Kostenanschlag, ̈e** cost estimate
der **Krach** noise
die **Kraft, ̈e** strength; **kräftig** strong; **(die Kraftlosigkeit)**
der **Kragen, –** collar
der **Kram** rubbish, trash
krank sick; **der Kranke, –n** sick person; **das Krankenhaus, ̈er** hospital; **der Krankenpfleger, –** male nurse; **die Krankenschwester, –n** nurse; **der Krankenwagen, –** ambulance; **die Krankheit, –en** illness
kränken to insult, grieve
kratzen to scratch; **der Kratzer, –** scratch
die **Kreide** chalk
der **Kreis, –e** circle
das **Kreuz, –e** cross; **kreuzen** to cross; **kreuz und quer** zigzag, in all directions; **die Kreuzung, –en** crossing
kriechen* to creep
der **Krieg, –e** war; **die Kriegserklärung** declaration of war
die **Krise, –n** crisis
die **Kritik** criticism; **Kritik üben** to criticize; **(kritisieren)** **kritisch** critical
die **Krone, –n** crown
der **Krug, ̈e** mug, jug
krümmen to bend; **sich krümmen** to shape itself, grow crooked
die **Küche, –n;** der **Küchenherd, –e** kitchen stove
der **Kuchen, –** cake
kucken = gucken to look
der **Kuckucksruf, –e** cuckoo's call
die **Kugel, –n** ball, sphere
die **Kuh, ̈e** cow
die **Kühle** coolness
die **Kultur** culture; **das Kulturgut** cultural value; **der Kulturhistoriker, –** scholar who studies culture; **die Kulturpolitik** government concern for preserving its culture
kümmern to grieve; **sich kümmern** to care for
die **Kunst, ̈e** art; **der Künstler, –** artist; **künstlerisch** artistic; **künstlich** artificial
die **Kur** cure, health resort; **der Kurort, –e** health resort
kurz short; **die Kürze** shortness; **kürzlich** a short time ago
die **Kusine, –n** cousin
küssen to kiss

L

lächeln to smile
lachen to laugh
lächerlich ridiculous
laden* to load
der **Laden, ̈** store
die **Lage, –n** position, situation
das **Lager, –** foundation, camp, place to sleep, warehouse; **lagern** to be stored
lahm lame
das **Land, ̈er** land, country; **das Landgericht** county court; **die Landschaft, –en** landscape; **die Landsleute** countrymen; **die Landstraße, –n** highway; **der Landtag** legislative assembly
lang long, tall; **langjährig** of long standing
langen to stretch, be sufficient, reach
langsam slow
längst long ago
die **Lang(e)weile** boredom; **langweilen** to bore; **sich langweilen** to feel bored; **langweilig** boring
der **Lappen, –** cloth
der **Lärm** noise; **lärmen** to make noise
lassen* to leave, allow, have done
der **Lastwagen, –** truck
der **Lauf** course; **im Laufe** during **laufen*** to run, pass; **laufend** continually
die **Laune, –n** mood
der **Laut, –e** sound; **lauten** to sound, run, read; **das Lautzeichen, –** vocal signal
lauter nothing but
läuten to sound
leben to live; **Leben Sie wohl!** Farewell!; **das Leben, –** life;

lebensecht true to life; **lebenslänglich** perpetual; **lebenslustig** jovial; **die Lebensweise** life style; **das Lebewesen, –** living thing; **lebhaft** lively
die **Lebensmittel, –** food
lecken to lick
die **Lederhose, –n** leather shorts
leer empty
legen to lay, set; **sich legen** to lie down, cease
lehnen to lean
lehren to teach; **der Lehrberuf** teaching profession; **das Lehrerkollegium** teaching staff; **der Lehrling, –e** apprentice; **der Lehrplan** curriculum; **die Lehrzeit** time of apprenticeship
der **Leib, –er** body; **die Leibgarde** body guard
leicht light, easy
das **Leid** sorrow; **leiden** to suffer, tolerate; **leidend** ailing
leider unfortunately
leihen* to lend
leise soft
leisten to accomplish; **die Leistung, –en** accomplishment; **die Leistungssteigerung** increased productivity
leiten to guide, lead; **die Leitung, –en** leadership
die **Lektüre, –n** reading
lenken to direct, lead
lesen* to read; **(der Leser, –)**
letzt last; **letzthin** recently
leuchten to light, shine
die **Leute** people
das **Licht, –er** light; **der Lichtkreis, –e** luminous circle; **der Lichtschein, –e** glow
lieb dear; **die Liebe** love; **lieben** to love; **Mein Lieber** My dear sir
liebenswürdig kind, amiable; **(die Liebenswürdigkeit, –en)**
lieber rather
der **Liebling, –e** favorite
das **Lied, –er** song
liefern to deliver; **(die Lieferung, –en)**
liegen* to lie
die **Limonade** carbonated drink, soda pop
links left
das **Lob, –e** praise; **(loben)**; **lobenswert** praiseworthy
das **Loch, ̈er** hole
der **Löffel, –** spoon
der **Lohn, ̈e** reward, payment; **sich lohnen** to pay, be worthwhile
das **Lokal, –e** restaurant, bar

los away, off, loose

sich **lösen** to become loose

los·legen to begin

los·schießen* to go ahead; to begin (story), fire off

die **Lösung, –en** solution

los·werden* to get free from, dispose of

das **Lotto** lottery

die **Luft, ∸e** air

lügen * to tell a lie

die **Lust, ∸e** desire, pleasure; **lustlos** listless, without interest

lustig funny, humorous, fun; **sich über etwas lustig machen** to make fun of

lutschen to suck

M

machen to make, do, cause

die **Macht, ∸e** power

der **Magen, –** stomach

mähen to mow

die **Mahlzeit, –en** mealtime

mahnen to warn; **das Mahnmal, –e** monument, reminder; **die Mahnung, –en** warning

das **Maiblatt, ∸er** a piece of hard candy

mal times

malen to paint; **das Malbuch, ∸er** book for painting or coloring; (**der Maler, –**); **die Malerei, –en** painting, picture; **malerisch** picturesque

manchmal sometimes

mangeln to lack, be insufficient

männlich male, masculine

die **Mannschaft, –en** team

der **Mantel, ∸** coat

das **Märchen, –** fairy tale; **märchenhaft** fairy tale-like

markieren to indicate

der **Markt, ∸e** market

der **Maschinengewehrschütze, –n** machine gunner

das **Maß, –e** measurements

die **Massenflucht** streams of refugees

mäßig moderate

maßlos immoderate, boundless

matt dull, faint

die **Mauer, –n** wall; **der Maurer, –** mason; **mauern** to build a wall

das **Maul, ∸er** mouth (of animals)

die **Mechanik** mechanics; **die Mechanisierung** mechanization

das **Mehl** flour

mehrere several

mehrmals several times

die **Mehrzahl** plural, majority

meinen to think, say; **die Meinung, –en** opinion

meinethalben for all I care

meist most; **meistens** usually

der **Meister, –** master; **meisterlich** perfect; **meistern** to master

melden to report, send word; **sich melden** to announce, register; **die Meldestelle, –n** registration office; **die Meldung, –en** notice, report

die **Menge, –n** pile, a great deal, crowd; **Es tut sich eine Menge** Much is going on

der **Mensch, -en** man, mankind; **der Menschenfreund** philanthropist; **der Menschenkenner, –** keen observer of human nature; **menschenleer** deserted; **menschenwürdig** worthy of a human being; **die Menschheit** humanity; **menschlich** human

merken to notice; **sich merken** to remember

merkwürdig remarkable, strange

das **Messer, –** knife

mieten to rent; **die Miete, –n** rent

mildern to lessen, soften

die **Miniburg, –en** small castle, fortress

das **Minnelied, –er** medieval love song

mischen to mix; **sich mischen** to mix, interfere

miß *negative prefix* mis–

mißachten to disregard

das **Mißbehagen** displeasure

der **Mißbrauch, ∸e** abuse

mißfallen* to displease

mißglücken to fail, turn out badly

mißmutig cross

das **Mißtrauen** mistrust; **mißtrauisch** mistrusting

mit *as verb prefix* = along, with

der **Mitbürger, –** fellow citizen

miteinander with one another

das **Mitglied, –er** member

das **Mitleid** pity

mit·machen to participate; (**der Mitmacher, –**)

mitsamt together with

der **Mitschüler, –** fellow student

der **Mitspieler, –** fellow actor

das **Mittagessen** noon meal

mittags at noon

die **Mitte** middle

mit·teilen to inform; **die Mitteilung, –en** communication

das **Mittel, –** means

das **Mittelalter** Middle Ages; **mittelalterlich** medieval

mittelmäßig average

mitunter sometimes

das **Möbel, –** furniture; **das Möbelstück, –e** piece of furniture

möglich possible; **die Möglichkeit, –en** possibility

der **Mohn, –e** poppy

monoton boringly the same

der **Mord, –e** murder

morgen tomorrow; **morgen früh** tomorrow morning

morsch weak, decayed

das **Motorrad, ∸er** motorcycle

der **Mucks, –e** faint sound

müde tired

die **Mühe, –n** effort, **sich mühen** to attempt

der **Mund, ∸er** mouth; **mündlich** oral, spoken

die **Mundart, –en** local dialect

mündig of age

munter lively, gay

der **Musiker, –** musician; **der Musikologe, –n** musicologist

musizieren to make music

mustern to examine critically

der **Mut** courage; **mutig** courageous; (**mutlos**)

Muttchen mommy

N

nach·ahmen to imitate; (**die Nachahmung, –en**)

der **Nachbar, –n** neighbor

nach·denken* to reflect, ponder; **nachdenklich** meditative, thoughtful

nachdrücklich vigorous, emphatic

nach·geben* to give way, yield

nachhaltig lasting, effective

nach·kommen* to follow, obey, fulfill

Nachkrieg(s)– post-war

nach·lassen* to lessen, discontinue

nach·machen to imitate

der **Nachmittag, -e** afternoon; **nachmittags** afternoons, in the afternoon

die **Nachricht, –en** news

nach·schicken to send after, forward to

nach·schreiben* to copy, write (dictation)

nach·sehen* to look for, attend to

nächst next
nächtlich nightly
der **Nachteil, –e** disadvantage;
    nachteilig disadvantageous
der **Nachzügler, –** straggler
der **Nagel, ÷** nail
    nah(e) near; **die Nähe** vicinity
    nähen to sew
die **Nähnadel, –n** sewing needle
die **Nahrung** food, nourishment
    namens by the name of
    nämlich namely, you see
    nanu well
die **Nase, –n** nose; **die Nasen-**
    wurzel upper part of the
    nose
    naß damp, wet
    naturgetreu true to nature
der **Nebensatz, ÷e** clause
    nebeneinander together, by one
    another
    nebst besides, with
der **Neffe, –n** nephew
    nehmen* to take
der **Neid** envy; **neidisch** envious
    neigen to lean, incline; **die**
    Neigung, –en inclination,
    preference
    nennen* to name, call
    nett nice, pretty
    neu new; **der Neuankömmling,**
    –e new arrival; **neuerdings**
    recently; **die Neuerung, –en**
    innovation; **neulich**
    recently; **der Neuling, –e**
    novice
    nicken to nod
    nie never; **nie und nimmer**
    never
    nieder down
    niedrig low
    nimmer never
    noch yet, still; **nochmals** once
    again
der **Norden** north; **nördlich** to the
    north
    Norwegen Norway; **(nor-**
    wegisch)
die **Not, ÷e** trouble, distress; **die**
    Notlage, –n difficulty,
    calamity
die **Note, –n** grade, note
    nötig necessary; **nötigenfalls** if
    necessary
    notwendig necessary
    nunmehr now
    nur only
    nutzen to use

O

    obenauf on top
    obenhin slightly, superficially
der **Ober, –** waiter
    ober upper

die **Oberfläche, –n** surface; **ober-**
    flächlich superficially
    oberhalb above
das **Oberhaupt, ÷er** chief, head
die **Oberschule, –n** secondary
    school; **(der Oberschüler, –)**
    oberst highest
das **Obst** fruit
    öd desolate, deserted
der **Ofen, ÷** stove
    offen open, frank
    offenbar obvious; **offenbaren** to
    reveal, publish
    öffentlich public
    öffnen to open
    oftmals frequently
    ohne without; **ohne weiteres**
    without further ado;
    ohnedies besides, all the
    same
das **Ohr, –en** ear; **das Ohrenleiden**
    disease of the ear
das **Öl, –e** oil; **(ölen)**; **die Ölfarbe,**
    –n oil paint
der **Omnibus, –se** bus
das **Opfer, –** victim
    ordentlich orderly, proper,
    usual
    ordnen to arrange, regulate; **die**
    Ordnung order, arrange-
    ment
der **Ort, –e** or **÷er** place; **die**
    Ortschaft, –en village
der **Osten** east
die **Osterferien** Easter holidays
    Österreich Austria; **(öster-**
    reichisch)

P

    paar: ein paar a few, some
das **Paket, –e** package
die **Packung, –en** pack
der **Palast, ÷e** palace
der **Papi, –s** daddy
das **Papier, –e** paper, document
die **Pappe, –n** cardboard
das **Parkhaus, ÷er** parking garage
die **Parkuhr, –en** parking meter
die **Partie, –n** game, match
    passen to watch, fit, harmonize,
    with; **passend** suitable,
    fitting
    passieren to happen
    passioniert impassioned
die **Pause, –n** pause, break, inter-
    mission; **pausenlos** constant
das **Pech** bad luck
    peinlich distressing, painful
der **Pelz, –e** fur
die **Perle, –n** pearl
das **Perlon** synthetic fiber similar to
    nylon
die **Persönlichkeit, –en** personality

die **Pest, –en** plague
die **Pfalz** Palatinate
die **Pfeife, –n** pipe, whistle;
    pfeifen* to whistle
das **Pferd, –e** horse
die **Pflanze, –n** plant
der **Pflaumenkuchen, –** plum cake
    pflegen to care for
die **Photographie, –n** photograph
der **Physiker, –** physicist
    physisch physical
der **Pilgervater, ÷** pilgrim
    pikiert annoyed
der **Pilz, –e** mushroom
der **Philosoph, –en** philosopher
    planmäßig according to plan
das **Plakat, –e** poster, sign
die **Plastik** plastic art
das **Plattdeutsch** North-German
    dialect
die **Platte, –n** plate, slab
der **Platz, ÷e** place, seat, town
    square
die **Plauderei, –en** chat; **plaudern** to
    chat, converse
    plötzlich sudden
    Polen Poland; **(polnisch)**
die **Polizei** police; **das Polizeiamt,**
    ÷er police station
der **Polizist, –en** policeman
das **Portemonnaie, –s** billfold, purse
der **Portier, –s** doorman
die **Post** mail
der **Posten, –** guard
    prächtig splendid, brilliant,
    beautiful
    prachtvoll splendid
der **Preis, –e** price, prize
    pressen to press, squeeze
der **Preuße, –n** Prussian; **das**
    Preußen Prussia; **das**
    Preußenende boundaries of
    Prussia; **der Preußenkopp**
    hard-headed Prussian; **das**
    Preußentum having to do
    with Prussia
    prima excellent
die **Pritsche, –n** bunk
    pro by, per
die **Probe, –n** test, rehearsal;
    proben to rehearse
    probieren to try out, taste
die **Problematik** ambiguity
    promenieren to walk
das **Protokoll, –e** report
der **Prozeß, –sse** trial, operation,
    process
    prüfen to test; **der Prüfer, –**
    examiner; **der Prüfling, –e**
    examinee; **die Prüfung, –en**
    examination
das **Pulver** powder
der **Punkt, –e** point
    pünktlich punctual
die **Puppe, –n** doll

putzen to clean, polish, adorn, dress; **die Putzfrau, –en** cleaning woman

Q

das **Quadratmeter, –** square meter
quer diagonal

R

das **Rad, ̈er** wheel, bicycle; **unter die Räder kommen** to turn bad
radeln to ride a bicycle
raffiniert clever, refined
der **Rahmen, –** frame; **aus dem Rahmen fallen** to behave unusually; **im Rahmen** in the bounds of
die **Rakete, –n** rocket
der **Rand, ̈er** edge
rar rare
rasch quickly
rascheln to rustle
rasen to rave, be delirious
der **Rasen, –** lawn, grass
der **Rat, –schläge** advice; **der Rat, ̈e** council; **raten*** to advise; **ratlos** helpless, perplexed; **die Ratlosigkeit** helplessness
das **Rätsel, –** puzzle; **rätselhaft** puzzling
der **Rauch** smoke; **(rauchen); (der Raucher, –)**
rauf colloquial for *herauf*
rauh rough, rude
der **Raum, ̈e** room, space
räumen to clear away, leave
rauschen to rustle
raus colloquial for *heraus*
reagieren to react, counteract
realisieren to make real, materialize, sell
rechnen to calculate, count
das **Recht, –e** right; **recht** right, proper; **rechtzeitig** prompt
die **Rede, –n** speech, talk; **(reden); eine Rede halten** to give a speech
die **Regel, –n** rule; **regelmäßig** regularly
der **Regen** rain; **(regnen)**
regieren to govern; **die Regierung, –en** government
reglos motionless
das **Reich, –e** empire, kingdom; **der Reichskanzler, –** Reichschancellor; **die Reichsstadt, ̈e** imperial city
reich rich
reichen to suffice, reach, hand

reif ripe, mature
die **Reihe, –n** line, row, series; **an die Reihe kommen** to have a turn; **der Reihe nach** by turn, in rows
rein pure; **die Reinheit** cleanliness
reinigen to clean
der **Reis** rice
die **Reise, –n** trip; **reisen** to travel; **der Reisende, –n** traveler, traveling salesman
reißen* to tear, rip, seize
reiten* to ride
der **Reiz, –e** charm, fascination; **reizen** to attract, excite
die **Reklame, –n** advertisement
rennen* to run; **der Rennfahrer, –** racing car driver
die **Residenz, –en** seat of the court, capital
der **Rest, –e** remains, residue
retten to save; **die Rettung, –en** rescue, salvation
das **Revier, –e** district
das **Rezept, –e** recipe
die **Rezeption, –en** reception desk
richten to adjust, address, aim at, judge; **der Richter, –** judge
richtig correct, right; **(die Richtigkeit)**
die **Richtung, –en** direction
riechen* to smell
riesig gigantic
ringen* to wrestle, grapple with
der **Riß, –sse** tear, flaw
der **Ritter, –** knight
der **Rock, ̈e** cloak, cape, jacket, skirt
die **Rolle, –n** roll (in a play); **eine Rolle spielen** to act a part, to be of importance; **rollen** to revolve, roll
der **Roman, –e** novel
rötlich reddish
rüber colloquial for *herüber*
der **Ruck, –e** sudden movement, jerk
rücken to proceed, push, advance
der **Rücken, –** back; **die Rückfahrt, –en** return trip; **der Rückflug, ̈e** return flight; **der Rückzug, ̈e** retreat
der **Rucksack, ̈e** knapsack
die **Rückständigkeit** backwardness
rückwärtig rearward
rudern to row
rufen* to call, shout
die **Ruhe** quiet, rest; **ruhestörend** disturbing the peace; **ruhig** quietly
rühren to touch, set in motion; **sich rühren** to move, stir

Rumänien Rumania; **(rumänisch)**
der **Rummel, –** carnival
rund round; **rundlich** roundish; **die Rundschau** panorama, review
der **Russe, –n** Russian; **(russisch); (Rußland)**
der **Rutsch, –e** slide, fall; **rutschen** to slip, slide

S

der **Saal, Säle** room
die **Sache, –n** affair, matter
der **Sachse, –n** Saxon; **(sächsisch)**
der **Saft, ̈e** juice; **saftig** juicy, luscious
sage und schreibe just imagine
der **Salon, –s** parlor, room
das **Salz, –e** salt
sammeln to collect; **sich sammeln** to gather; **der Sammler, –** collector; **das Sammlerstück, –e** collector's item; **die Sammlung, –en** collection
samt together; **samt und sonders** complete, one and all
sämtlich all, together, complete
sanft gentle
der **Sänger, –** singer
satt satiated, enough
der **Satz, ̈e** sentence, phrase, leap, movement (music); **die Satzbildung** building of a sentence
sauber clean; **(die Sauberkeit)**
säubern to clean
sauer sour; **der Sauerstoff** oxygen
saugen to suck
der **Saum, ̈e** hem, seam, edge
sausen to whiz, hurry, hum
schablonenmäßig mechanically, stereotyped
das **Schachspiel** game of chess
schaden to harm; **der Schaden, ̈** damage, harm; **die Schadenfreude, –n** malicious pleasure; **schadenfroh** gloating over another's misfortunes; **schädlich** harmful
schaffen* to produce, create, make, accomplish
der **Schaffner, –** conductor
sich **schämen** to be ashamed
die **Schar, –en** multitude
scharf sharp; **die Schärfe, –n** sharpness
der **Schatz, ̈e** treasure, sweetheart; **schätzen** to estimate, treasure
säuseln to rustle

schauen to look; **die Schau, –en** show, sight; **das Schaufenster, –** display window; **das Schauspiel, –** play; **der Schauspieler, –** actor
der **Schauer** trembling, awe, terror
schaufeln to shovel
der **Scheibenwischer, –** windshield wiper
scheiden* to depart
der **Schein, –e** light, gleam, appearance; **scheinen*** to shine, seem; **der Scheinwerfer, –** headlight
schellen to ring
schenken to present, give
der **Scherz, –e** joke, jest
das **Scheusal, –e** monstrosity
schicken to send
das **Schicksal, –e** fate
schieben* to shove
schief crooked, distorted, wrong
schießen* to shoot
das **Schiff, –e** ship; **die Schiffahrt** navigation
das **Schild, –er** sign
schimpfen to scold
schlachten to slaughter
der **Schlaf** sleep; **(schlafen*)**; **schläfrig** sleepy; **der Schlafrock, ⸚e** dressing gown; **der Schlafsaal, –säle** dormitory; **das Schlafzimmer, –** bedroom, bedroom furniture
der **Schlag, ⸚e** blow; **schlagen*** to strike; **sich schlagen** to fight, strike
schlau sly, smart; **aus ihm schlau werden** to understand him
schlecht bad
schleichen* to slink, sneak, crawl
schleppen to drag
der **Schlesier, –** person from Silesia
schlicht simple
schließen* to close, seal
schließlich finally, after all
schlimm bad
schlittschuh·laufen* to ice-skate
das **Schloß, ⸚sser** lock, castle; **der Schlosser, –** locksmith
schluchzen to sob
schlucken to swallow
schlürfen to drink noisily
der **Schluß, ⸚sse** end, conclusion; **die Schlußarbeit, –en** final test
der **Schlüssel, –** key
schmal narrow
schmecken to taste
schmeicheln to flatter

schmelzen* to melt, dissolve
der **Schmerz, –en** pain, grief; **schmerzen** to hurt; **(schmerzlos)**
der **Schmuck** ornament, jewels; **schmücken** to dress, decorate
der **Schmutz** dirt; **schmutzig** dirty
schneiden* to cut
schnellen to snap back, jerk
die **Schnur, ⸚e** string, cord
schon already
schonen to spare, be careful of; **die Schonung, –en** consideration
schöpfen to scoop out, obtain; **der Schöpflöffel, –** ladle
die **Schöpfung, –en** creation
schräg oblique, diagonal
der **Schrank, ⸚e** closet
die **Schraube, –n** screw; **(schrauben)**
der **Schreck, –e** fright; **schrecken** to frighten; **schrecklich** terrible
schreiben* to write; **die Schreibarbeit** writing; **der Schreibtisch, –e** desk
schreien* to cry out, scream
die **Schrift, –en** writing, text; **schriftlich** written; **die Schriftsprache, –n** written language; **der Schriftsteller, –** author
der **Schritt, –e** step
schrubben to scrub
schrumpfen to shrivel, shrink
schüchtern shy, timid
die **Schuld, –en** fault, blame, debt; **schulden** to owe, be indebted to; **schuldig** guilty, at fault
der **Schulleiter, –** school principal
die **Schulzeit, –en** school days
die **Schulter, –n** shoulder
die **Schürze, –n** apron
der **Schuß, ⸚sse** shot
schütteln to shake
schützen to protect
schwach weak; **die Schwäche, –n** weakness
der **Schwamm, ⸚e** sponge, mushroom
schwarz black
schweben to hover, soar
schweigen* to be quiet, silent; **schweigsam** silent, taciturn
das **Schwein, –e** pig
die **Schweiz** Switzerland
schwer difficult, heavy, hard
die **Schwester, –n** sister, nurse
die **Schwierigkeit, –en** difficulty
schwimmen* to swim; **das Schwimmbad, ⸚er** swimming pool, beach
der **Schwindel** fraud

schwindlig dizzy, extravagant
schwingen* to swing, oscillate, jump; **die Schwingung, –en** movement, oscillation
schwören to swear
SED *Sozialistische Einheitspartei Deutschlands* Socialist Unity Party of Germany
der **See, –n** lake
die **See, –n** sea; **seekrank** seasick
das **Segelflugzeug, –e** glider
der **Segler, –** sailor, yachtsman
sehbar visible
sehen* to see
sehnen to long for; **die Sehnsucht** longing, yearning; **sehnsüchtig** yearning, fond; **sehnsuchtsvoll** yearning, fond
das **Seil, –e** rope
seit since; **seitdem** since
die **Seite, –n** side; **der Seitentisch, –e** table on the side
selbst self, oneself, even; **selbstbewußt** self-confident; **das Selbstbewußtsein** self-confidence; **das Selbstgespräch, –e** monologue; **selbstverständlich** naturally
selbständig independent
selten seldom; **die Seltenheit, –en** rarity
seltsam strange
die **Sendung, –en** shipment, broadcast
senken to sink, lower
der **Sessel, –** easy chair
setzen to set, place
seufzen to sigh
sicher certain, sure; **(sicherlich)**; **sichern** to guarantee, protect
sichtbar visible; **(die Sichtbarkeit)**
die **Siebensachen** belongings, goods
siedeln to settle; **(der Siedler,–)**; **(die Siedlung, –en)**
das **Silber** silver; **silbrig** silver
der **Sinn, –e** sense, meaning; **sinnlos** foolish, thoughtless; **sinnreich** sensible, clever; **sinnvoll** significant
sirren to hum, whir
die **Sitte, –n** custom, morals; **sittlich** morally
der **Sitz, –e** seat, domicile
sitzen* to sit; **sitzen·bleiben** to remain seated, to be left
die **Sitzung, –en** conference
ski·laufen* to ski
die **Skizze, –n** sketch; **skizzieren** to sketch, make a rough draft
der **Sklave, –n** slave; **der Sklavenhandel** slave trade; **die Sklaverei** slavery

so thus, so; **sobald** as soon as; **sodann** in that case; **sofort** immediately; **sogar** even; **sogenannt** so-called; **sogleich** immediately; **soundsoviel** such and such an amount; **soweit** so far; **sowohl...wie (als)** as well as

der **Sohn,** ⸚e son

solch such; **solcher Art** of such a kind

der **Soldat, –en** soldier; der **Soldatensender** armed forces radio station

sommerselig happy in summer

sonderbar strange, odd

die **Sonderstellung, –en** exceptional position

sonst otherwise

die **Sorge, –n** worry, trouble; **sorgen** to look after, be anxious; die **Sorgfalt** attention, care; **sorgfältig** careful, attentive; **sorglos** carefree, thoughtless; die **Sorglosigkeit** unconcern, light-heartedness

die **Spalte, –n** cleft, crack

Spanien Spain; (**spanisch**)

spannend exciting, tense; die **Spannung, –en** excitement, tenseness, suspense

sparen to save

der **Spaß,** ⸚e fun, joke; **Spaß machen** to be fun

spät late

der **Spaziergang,** ⸚e walk; **spazieren** to take a walk

der **Speicher, –** attic, warehouse

sperren to close, lock

der **Spickzettel, –** crib notes, cheat notes

der **Spiegel, –** mirror; **sich spiegeln** to be reflected

das **Spiel, –e** play, game; **spielen** to play

spitz pointed; die **Spitze, –n** point; **spitzen** to sharpen

spontan spontaneously

der **Spott** ridicule; **spotten** to mock; **spöttisch** sarcastic, ironic

die **Sprache, –n** language; der **Sprachgenosse, –n** speaker of the same language; **sprachlich** oral; **sprachlos** speechless

sprechen* to speak; der **Sprecher, –** speaker; die **Sprechweise** manner of speaking

springen* to jump

der **Sprung,** ⸚e crack, leap

spucken to spit; die **Spucke** saliva

spüren to notice, feel; (**spürbar**)

der **Staat, –en** state

das **Stadion, –dien** stadium

die **Stadt,** ⸚e city; das **Stadtgewühl** bustle of the city; **städtisch** of the city, municipal; die **Stadtverwaltung, –en** city government; das **Stadtzentrum** center of the city

die **Staffel, –n** step, echelon

der **Stahl** steel

der **Stamm,** ⸚e tribe, race, trunk; **stammen** to be descended from; der **Stammtisch, –e** table reserved for regular customers

stampfen to stamp

ständig continual, regular

stark strong; die **Stärke, –n** strength

starren to stare at

die **Stätte, –n** place, room

statt·finden* to take place, happen

staunen to be astonished; **staunend** surprised

stechen* to pierce, prick

stecken to stick, stay, put

stehen* to stand; **stehen·bleiben*** to stop

stehlen* to steal

steif stiff

steigen* to climb

steigern to increase, raise

steil steep

der **Stein, –e** stone

der **Steinpilz, –e** mushroom

die **Stelle, –n** place; **stellen** to place, put; **auf sich gestellt** dependent upon oneself

die **Stellung, –en** position, job

der **Stellvertreter, –** representative, substitute

der **Stempel, –** stamp

sterben* to die; der **Sterbliche, –n** mortal

der **Stern, –e** star

stets always

die **Stichprobe, –n** sample

die **Stille, –n** silence, quiet

die **Stimme, –n** voice

stimmen to tune, dispose, agree; **es stimmt** it is correct

die **Stimmung, –en** mood

die **Stirn, –en** forehead

stochern to poke about

der **Stock,** ⸚e staff, cane, story (house); das **Stockwerk, –e** floor, story

der **Stoff, –e** material, matter, topic

stöhnen to groan

stolz proud

stopfen to stuff

stören to disturb

der **Stoß,** ⸚e push, shove; **stoßen*** to push

die **Strafe, –n** punishment, fine; **strafbar** punishable; **strafen** to punish, fine; der **Strafzettel, –** traffic ticket

strahlen to beam, gleam

der **Strand, –e** shore, beach

die **Straße, –n** street; die **Straßenbahn, –en** street car

sich sträuben to oppose

streben to strive

die **Strecke, –n** distance, tract, area

der **Streich, –e** prank

streichen* to cancel

der **Streit, –e** dispute; **streiten*** to quarrel, fight; **sich streiten** to fight; **streitig** quarrelsome, contending

streng stern, strict

streuen to scatter, sprinkle

der **Strich, –e** line

der **Strom,** ⸚e stream, current; **strömen** to flow, pour

die **Strophe, –n** stanza

der **Strumpf,** ⸚e stocking

das **Stück, –e** piece, play

der **Studienrat,** ⸚e secondary school teacher

die **Studienreise, –n** study trip

das **Studium, –ien** study

die **Stufe, –n** step

der **Stuhl,** ⸚e chair

die **Stulle, –n** bread and butter

das **Stümpchen, –** stump

stumpf dull, blunt

die **Stunde, –n** hour, class; **stündlich** hourly

stur stubborn

der **Sturm,** ⸚e storm

der **Sturz,** ⸚e fall; **stürzen** to fall down, plunge, rush; **sich stürzen** to plunge, rush

stützen to support

suchen to seek; die **Suchung, –en** search

der **Süden** south

süß sweet

der **Szenenwechsel, –** change of scenes

T

die **Tablette, –n** pill

der **Tadel** blame, censure

tagaus...tagein daily

das **Tagebuch,** ⸚er diary

täglich daily

die **Tagung, –en** conference, meeting

der **Takt, –e** beat, measure

das **Tal,** ⸚er valley

der **Taler, –** dollar

die **Tankstelle, –n** filling station

der **Tanz,** ⸚**e** dance; **der Tanzabend** dance; (**tanzen**)
tapfer brave
die **Tasche,** –**n** pocket
die **Tasse,** –**n** cup
die **Tat,** –**en** deed; **tatenlos** idle
die **Tatsache,** –**n** fact; **tatsächlich** actual, really
taub deaf
tauchen to plunge, dive; **die Taucherkappe,** –**n** bathing cap
taufen to baptize
tauschen to exchange, barter
täuschen to deceive, cheat; **die Täuschung,** –**en** illusion, deception
der **Teil,** –**e** part; **teilen** to divide, separate; **die Teilung,** –**en** division, separation
teil·nehmen* to participate; **der Teilnehmer,** – participant
der **Teller,** – plate
der **Teppich,** –**e** rug, carpet
der **Teufel,** – devil
teuer expensive, dear
die **Textstelle,** –**n** place in the text
der **Theaterbesucher,** – playgoer
das **Theaterstück,** –**e** theater play
die **Theke,** –**n** counter, bar
die **These,** –**n** thesis
tief deep
das **Tier,** –**e** animal
die **Tinte** ink
der **Tisch,** –**e** table; **die Tischplatte** table top
der **Tischler,** – cabinet maker
toben to rage
die **Tochter,** ⸚ daughter
der **Tod** death; **der Todeskandidat,** –**en** candidate for execution; **das Todesurteil,** –**e** death sentence; **todmüde** dead tired
toll crazy, wild, marvelous
der **Tonfall** speech melody, accent
tönen to sound, ring
der **Topf,** ⸚**e** pot
das **Tor,** –**e** gate, goal
die **Torte,** –**n** layer cake
tot dead; **der Tote,** –**n** dead person; **sich tot·lachen** to laugh oneself to death
töten to kill
das **Trachtenkleid,** –**er** local costume
träge lazy
tragen* to carry, wear; **der Tragkorb,** ⸚**e** hamper basket; **der Träger,** – porter, bearer
die **Tragödie,** –**n** tragedy
die **Träne,** –**n** tear; **tränenblind** blind with tears; **tränend** tearful

trauen to trust
der **Trauerfall,** ⸚**e** death
der **Traum,** ⸚**e** dream; (**träumen**)
traurig sad
treffen* to meet, to hit upon, to hit the mark; **sich treffen** meet, assemble; **das Treffen** meeting; **der Treffpunkt,** –**e** meeting place
treiben* to carry on, pursue, push, drive
trennen to separate; **sich trennen** to divide, separate; **die Trennung,** –**en** separation, division
die **Treppe,** –**n** stair, staircase; **das Treppenhaus** staircase hall
treten* to step, kick
treu faithful; **die Treue** loyalty
die **Tribüne,** –**n** platform
trinken* to drink
trocken dry
die **Trommel,** –**n** drum; (**trommeln**)
tropfen to drip
trösten to comfort; **tröstlich** consoling
trotzdem in spite of
trotzig defiantly
die **Trümmer** ruins, wreckage
die **Truppe,** –**n** troop; **die Truppeneinheit,** –**en** unit of troops (company, regiment, etc.)
die **Tschechoslowakei** Czechoslovakia; (**tschechisch**)
das **Tuch,** ⸚**er** cloth, towel, sheet; **das Tüchlein,** – a little piece of cloth
die **Tüchtigkeit** industriousness
tun* to do
die **Tür,** –**en** door
der **Turm,** ⸚**e** tower
turnen to do gymnastics
die **Tüte,** –**n** bag, sack

U

der **U-Bahnhof,** ⸚**e** subway station
übel evil, bad; **der Übeltäter,** – evil doer
üben to practice
überall everywhere
überbevölkert overpopulated
der **Überblick** view, summary
über·bringen* to deliver, bring to; (**der Überbringer,** –)
übereinander one upon another
die **Übereinkunft,** ⸚**e** agreement, contract
überein·stimmen to agree; (**die Übereinstimmung,** –**en**)
die **Überfahrt,** –**en** crossing, passage
überflüssig superfluous,

abundant; **die Überflüssigkeit** superficiality
überfressen* to overeat
übergeben* to turn over, deliver, give up; **sich übergeben** to vomit
überhaupt generally, at all, moreover
überklug know-it-all, conceited
überkommen* to transmit, seize, receive
überlassen* to leave up to
überleben* to survive; **der Überlebende,** –**n** survivor
überlegen superior
überlegen to consider; **sich überlegen** to reflect, think about; **die Überlegung,** –**en** consideration, thought
überliefern to hand over, surrender, preserve
übermäßig extreme, exorbitant
übernachten to spend the night
übernehmen* to take over, take possession of, undertake
übernommen taken over, accepted, traditional
überqueren to cross
überraschen to surprise; (**die Überraschung,** –**en**)
überreden to persuade
überreichen to hand over, stretch over
die **Überschrift,** –**en** headline, title
die **Übersee** overseas
übersehen* to survey, overlook
übersetzen to transport, translate; **die Übersetzung,** –**en** translation
übersiedeln to move
überstehen* to endure, overcome, survive
übertragen* to bring forward, transmit, relay (radio)
übertreiben* to exaggerate
überwältigen to overpower
überwinden* to overcome, conquer
über·werfen* to overthrow
überzeugen to convince
üblich usual
übrig·bleiben* to remain, be left over
die **Übung,** –**en** practice, exercise
UdSSR *Union der Sozialistischen Sowjetrepubliken* Union of the Soviet Socialist Republics
das **Ufer,** – shore, river bank
ulkig humorous, frolicsome
umarmen to embrace
um·bringen* to kill
um·drehen to turn around; **sich umdrehen** to turn, rotate, revolve

umfallen* to fall over, fall down
umfassen to include
umfunktionieren to change
der **Umgang** going round, association, acquaintance
umgeben* to surround; **die Umgebung, –en** surroundings, neighborhood
um·gehen* to go round, revolve, walk around, evade
umher·irren to wander around
um·kehren to turn around, turn back
um·kommen* to die
der **Umkreis, –e** circle, extent
umlegen to surround, transfer, move
der **Umschlag, ⸚e** envelope
um·schlagen* to turn (pages in a book), change
um·schmeißen* to throw over, knock over
um·schreiben* to rewrite
umsonst in vain, free, for nothing
der **Umstand, ⸚e** circumstance, situation
der **Umstehende, –n** bystander
um·stellen to change over, reverse; **sich umstellen** to change places, change one's attitude
um·stoßen* to knock over, overturn
die **Umwelt, –en** environment; **umweltsauber** pollution free; **die Umweltverschmutzung** environmental pollution
un– see the positive of words not listed here
unabhängig independent; **die Unabhängigkeit** independence
unabsichtlich unintentional
unauffällig inconspicuous
unaufhörlich constant, endless
unbändig unrestrained
unbeachtet unnoticed
unbedeutend insignificant
unbedingt certain, absolute
unbegabt untalented
unbegreiflich incomprehensible
unbegründet unfounded
unbeweglich motionless, unmovable
unbezahlbar priceless
und so weiter (usw) and so forth
unendlich endless, immense; **die Unendlichkeit** infinity
unentschlossen undecided; **die Unentschlossenheit** indecision
unentwegt firm
unerhört unheard of

unermeßlich immeasurable, immense
unermüdlich untiring
unerträglich intolerable; **(die Unerträglichkeit)**
unerwünscht undesired, unwelcome
der **Unfall, ⸚e** accident
der **Unfug** mischief, misconduct; **grober Unfug** gross misconduct, breach of the peace
der **Ungar, –n** Hungarian; **(ungarisch)**
ungefähr approximately
ungeheuer gigantic
ungemütlich uncomfortable, unpleasant
ungenießbar unenjoyable
ungezwungen free, natural
unglaublich unbelievable
das **Unglück** misfortune, accident
unheimlich powerful, mysterious
die **Unkenntlichkeit** unrecognizable condition
unmittelbar immediate, direct
unnachahmlich impossible to copy
unordentlich untidy, disorderly
die **Unordnung, –en** disorder, confusion
unparteiisch unbiased
die **Unruhe, –n** unrest, anxiety; **unruhig** restless, agitated
der **Unsinn** nonsense; **unsinnig** absurd, foolish
unsympathisch unpleasant
unten downstairs, below
unter under, below
der **Unterbeamte, –n** subordinate official
unterbrechen* to interrupt; **(die Unterbrechung, –en)**
untergeordnet subordinate
unterhalten* to entertain; **sich unterhalten** to converse; **die Unterhaltung, –en** conversation, amusement
das **Unterholz** underwood, copse
unter·kommen* to find shelter, be taken in
die **Unterkunft, ⸚e** shelter
unternehmen* to undertake; **das Unternehmen** enterprise
die **Unterordnung, –en** dependence, subordination
der **Unteroffizier, –e** sergeant, non-commissioned officer
die **Unterredung, –en** conversation, conference
der **Unterricht** class instruction; **unterrichten** to teach
unterschreiben* to sign
unterscheiden* to differentiate; **sich unterscheiden** to differ from

der **Unterschied, –e** difference
unter·schlüpfen to find shelter
die **Unterschrift, –en** signature, inscription
unterstützen to support; **(die Unterstützung, –en)**
untersuchen to investigate; **(die Untersuchung, –en)**
unterwegs on the way, underway
unüberlegt thoughtless, rash
unüberwindbar invincible, insurmountable
ununterbrochen continuous
die **Unveränderlichkeit** immutability
unverschämt shameless, impudent
unvorsichtigerweise imprudently
unvorstellbar unimaginable
das **Unwetter** bad weather
uralt ancient, original
der **Urlaub, –e** vacation, furlough
der **Urpreuße, –n** long-time Prussian
die **Ursache, –n** cause
ursprünglich original
das **Urteil, –e** judgment; **urteilen** to judge
der **Urwald, ⸚er** jungle

V

väterlich paternal
Venedig Venice
die **Verabredung, –en** appointment, date
verabschieden to dismiss; **sich verabschieden** to take leave of
verallgemeinern to generalize; **(die Verallgemeinerung, –en)**
veraltet out-of-date
verändern to change, alter; **sich verändern** to change, vary; **(die Veränderung, –en)**
die **Veranstaltung, –en** arrangement
verantwortlich responsible; **die Verantwortung, –en** responsibility
die **Verarbeitung, –en** working up, manufacture
verärgert annoyed, vexed
verbessern to improve, correct
verbeugen to bow
verbieten* to forbid
verbinden* to connect, join, bandage; **verbindlich** courteous, obliging; **die Verbindung, –en** connection, club
verbleiben* to remain
verblüffend amazing
das **Verbot, –e** prohibition; **verboten** forbidden

das **Verbrechen,** – crime
verbreiten to spread
verbringen* to spend time
verbunden united, obliged
verdanken to owe, be obliged
verdecken to hide
verderben* to spoil
verdeutschen to translate into German
verdichten to thicken, condense
verdienen to earn, deserve; **der Verdienst, –e** gain, wages; **das Verdienst, –e** merit
verehren to honor, respect; **der Verehrer,** – admirer
der **Verein, –e** club
vereinen to unite; **vereint** united; **die Vereinten Nationen** United Nations
vereinigen to unite; **sich vereinigen** to agree; **vereinigt** united; **die Vereinigten Staaten** United States of America; **die Vereinigung, –en** union
vereist icy
verfallen* to fall into ruins, collapse
verfließen* to flow away, elapse
verfolgen to pursue, follow
die **Verfügung, –en** disposal; **zur Verfügung** at one's disposal
die **Vergangenheit** past
vergasen to be gassed
vergeben* to forgive, dispose of
vergehen* to pass, disappear
vergessen* to forget
vergleichen* to compare; **vergleichbar** comparable
das **Vergnügen** fun, pleasure
vergönnen to grant, not grudge
vergrößern to increase
verhaften to arrest
verhalten* to keep, hold; **sich verhalten** to behave; **das Verhalten** behavior
das **Verhältnis, –se** relationship
sich **verheiraten** to marry; **verheiratet** married
verhindern to hinder, prevent
verhungert starved
verjagen to drive away
der **Verkauf, ⸚e** sale; **verkaufen** to sell; **der Verkäufer,** – salesman
der **Verkehr** traffic, communication, association
verkehrt wrong, backward
verklagen to accuse, sue
verkommen* to go to ruin, decay
verkörpern to embody
der **Verlag, –e** publishing house
verlangen to demand, ask for

verlängern to extend; **(die Verlängerung, –en)**
verlassen* to leave, quit; **die Verlassenheit** abandonment, forlorn condition
verlaufen* to pass, run
verleben to pass, spend (time)
verleihen* to lend, grant
verlernen to unlearn, forget
verletzen to injure
verlieren* to lose
verlöschen to extinguish
vermeiden* to avoid
vermeintlich supposed, alleged
vermieten to rent
vermischen to mix; **die Vermischung, –en** mixture
vermitteln to negotiate, arrange
vermögen to have capacity to
vermuten to guess, suppose, presume
vernehmen* to hear, examine, interrogate
vernichten to destroy
veröffentlichen to publish
die **Vernunft** reason; **vernünftig** reasonable
verreisen to go on a journey
verrichten to perform, accomplish
verrücken to displace, disturb
verrückt crazy
versagen to fail; **das Versagen** failure; **der Versager,** – failure
die **Versammlung, –en** meeting
verschaffen to secure, provide; **sich verschaffen** to get
verschicken to send away
verschieden different; **die Verschiedenheit, –en** difference
verschlafen* to oversleep
verschlingen* to swallow, consume
verschmutzt dirty, polluted
verschneien to cover with snow; **verschneit** snowed in
verschonen to spare; **verschont** spared
verschönern to beautify, adorn; **die Verschönerung, –en** beautification
verschweigen* to conceal, pass over in silence, suppress
verschwinden* to disappear
versehen* to provide; **sich versehen** to make a mistake; **das Versehen** mistake, oversight; **aus Versehen** by mistake
versetzen to put, place, transpose, misplace
versiegeln to endorse, to affix one's seal

sich **verspäten** to be late; **die Verspätung, –en** delay, coming too late
versprechen* to promise; **das Versprechen** promise
der **Verstand** intellect, judgment
verständigen to inform of; **sich verständigen** to come to an understanding, make oneself understood; **die Verständigung, –en** agreement
verständlich intelligible, clear
das **Verständnis, –se** understanding; **(verständnisvoll)**
das **Versteck, –e** hiding place; **sich verstecken** to hide
verstehen* to understand
sich **verstellen** to pretend
verstört disturbed
verstoßen* to violate, offend
der **Versuch, –e** attempt; **(versuchen)**
verteidigen to defend; **die Verteidigung, –en** defense
verteilen to distribute
vertonen to set to music
der **Vertrag, ⸚e** contract
verursachen to cause
vertrauen to trust, confide; **das Vertrauen** trust
vertreiben* to drive away
vertreten* to represent, replace; **der Vertreter,** – representative, salesman; **die Vertretung, –en** representation, agency
vertun* to waste
verurteilen to sentence, condemn
vervielfältigen to duplicate
verwahren to preserve; **die Verwahrung** custody, preservation
verwahrlosen to neglect
verwandeln to transform; **sich verwandeln** to alter, change
verwandt related; **der Verwandte, –n** relative; **die Verwandtschaft, –en** relationship
verweinen to weep, pass time in crying
verweisen* to reprove, rebuke
verwenden* to use; **die Verwendung, –en** application, use
verwirklichen to realize, come true
verwirren to confuse; **die Verwirrung** confusion
verwunderlich strange, surprising
verwundert surprised
verwüsten to lay waste
verzehren to consume
verzeihen* to pardon, excuse; **(die Verzeihung)**
verzerrt crooked, deformed

verzichten to renounce, give up
verzweifeln to despair; **die Verzweiflung, –en** despair
der **Vetter, –n** male cousin
das **Vieh** cattle, animal
vielmehr much more, rather
vielleicht perhaps
der **Vogel, ∺** bird
die **Vokabel, –n** word, vocabulary
der **Vokal, –e** vowel
die **Volksschule, –n** elementary school
die **Volkszählung, –en** census
voll full; **voll und ganz** completely
vollbelegt completely reserved
vollführen to execute, do
völlig complete, entire
vollkommen complete; **die Vollkommenheit** perfection, completeness
der **Vollpreuße, –n** real Prussian
voll·schreiben* to fill with writing
vollständig complete, entire
voneinander from each other
voraus in advance; **die Vorausbezahlung, –en** payment in advance
vorbei past
sich **vorbereiten** to prepare; **(die Vorbereitung, –en)**
das **Vorbild, –er** model
vorder– front
der **Vordergrund** foreground
vorerst above all
vor·fahren* to drive up, drive to the door
der **Vorfall, ∺e** event
die **Vorführung, –en** performance
vorgebracht brought forth, uttered
vor·gehen* to go ahead, happen
vorgeschoben forward, in front of
vorgesehen planned
vorgestern day before yesterday
vorgetragen performed
vor·haben to plan, intend
vorhanden at hand, present
der **Vorhang, ∺e** curtain, drape
vorher in advance, previously
vorhin before, a short time ago
vor·kommen* to occur, seem, happen
vorläufig temporarily, preliminary
vor·legen to present
vor·lesen* to lecture, read aloud; **die Vorlesung, –en** lecture
die **Vorliebe** preference
vor·liegen* to lie before, be submitted

der **Vormittag, –e** forenoon, morning
vornehm elegant
sich **vor·nehmen*** to decide, undertake
der **Vorrat, ∺e** stock; **vorrätig** at hand, available
vorrücken to push forward, advance
der **Vorschlag, ∺e** suggestion; **vor·schlagen** to suggest
vor·schreiben* to prescribe, order
die **Vorsicht** care; **vorsichtig** careful
vor·spielen to play for, perform
der **Vorsteher, –** chief, administrator
vor·stellen to place before, introduce; **sich vorstellen** imagine, represent; **die Vorstellung, –en** performance, idea
der **Vorteil, –e** advantage; **vorteilhaft** advantageous
der **Vortrag, ∺e** lecture
vor·turnen to do gymnastics before others
vorüber·gehen* to pass by, pass away; **vorübergehend** temporarily, transitory
vorwärts ahead
vorwurfsvoll reproachfully
vor·ziehen* to prefer

W

wach awake; **wach werden** to awaken; **wach·halten*** to keep the memory alive
die **Wache, –n** guard, guard duty; **wachen** to guard, watch
wachsen* to grow
der **Wächter, –** caretaker, guard
die **Wachmannschaft, –en** men on guard
die **Waffe, –n** weapon
wagen to dare, risk
die **Wahl, –en** choice, vote
wählen to choose, elect
wahnsinnig wild, insane
wahr true; **(die Wahrheit, –en)**
währenddessen meanwhile
wahrnehmbar perceptible
wahrscheinlich probable
die **Waise, –n** orphan
der **Wald, ∺er** forest
die **Wand, ∺e** wall
wandeln to change
der **Wanderer, –** hiker; **die Wanderlust** call of the open; **wandern** to hike; **die Wanderschaft** journey
die **Ware, –n** ware, commodity
die **Wärme** warmth; **wärmen** to warm

die **Warnung, –en** warning
warten to wait, wait for
waschen* to wash; **die Wäsche** laundry
waten to wade
wechseln to change
wecken to awaken
der **Wecker, –** alarm clock
weder . . . noch neither . . . nor
der **Weg, –e** way, path
weg away
weg·bringen* to remove
der **Weggang** departure, going away
weg·machen to remove
weg·stürzen to rush away
das **Weh** misery, woe, misfortune, pain; **Weh und Ach** woe; **wehe** alas; **weh tun** to hurt
sich **wehren** to defend oneself
weich soft
weichen* to depart, yield
weigern to refuse, deny
die **Weile** leisure, awhile
der **Wein, –e** wine, vine
die **Weise, –n** way, manner
der **Weise, –n** wiseman
weisen* to point, show
weiß white; **weißgeschminkt** with white makeup
weit broad, large; **weit und breit** far and wide
weiter farther, further, continue on
die **Weiterbeförderung** transportation, sending on
weiterhin for the future, from now
weiter·machen to continue
die **Welt, –en** world
wenden* to turn; **sich wenden** to turn round, turn to
werden* to become
werfen* to throw
das **Werk, –e** work, factory
die **Werkstatt, –stätten** workshop
wert worth; **der Wert** worth, value; **die Wertarbeit** craftsmanship; **wertlos** worthless; **die Wertschätzung** recognition; **wertvoll** worthwhile
das **Wesen, –** being
wesentlich essential, real
weshalb why
die **Weste, –n** vest
der **Westen** west (**westlich**)
die **Westmacht, ∺e** Western Power
die **Wette, –n** competition; **der Wettbewerb** competition, contest; **der Wettlauf** race; **der Wettläufer, –** runner
wetterleuchten summer lightning
wichtig important; **das Wichtige** the important thing

widerlich revolting, ugly
widerlegen to refute
die **Widerrede** objection
sich **widersetzen** to oppose
widersinnig illogical, absurd
widerspenstig unruly, obstinate; **der Widerspenstige, –n** unruly person
wieder again
der **Wiederaufbau** reconstruction
wieder·bekommen* to recover
wieder·geben* to produce, return, reproduce
wieder·herstellen to repair, re-establish
wiederholen to repeat; (**die Wiederholung, –en**); **wiederholt** repeatedly
wieder·kehren to return
das **Wiedersehen: auf Wiedersehen** goodby
wiederum again, anew
die **Wiedervereinigung** reunion
wiegen to rock
wiegen* to weigh
Wien Vienna
die **Wiese, –n** meadow
willig willing
willkommen welcome
winken to invite, wave
der **Winterschlaf** hibernation
winseln to whine, whimper
winzig tiny
wirken to affect, work, operate; **die Wirkung, –en** effect, operation; **wirkungsvoll** effective
wirklich really; **die Wirklichkeit** reality
die **Wirtschaft** economy; **wirtschaftlich** economic
das **Wirtshaus, ¨er** inn, tavern
wissen* to know; **das Wissen** knowledge
die **Wissenschaft, –en** science, knowledge; **der Wissenschaftler, –** scientist, scholar; **wissenschaftlich** learned, scientific
wissentlich intentional
wittern to smell, perceive
der **Witz, –e** joke; **witzig** witty
woanders somewhere else
die **Woche, –n** week; **die Wochenschau** newsreel; **wöchentlich** weekly
wodurch whereby, by means of which
wohl well, certainly; **wohlbekannt** well-known; **wohlmeinend** well-meaning; **wohlriechend** fragrant
das **Wohl** welfare, well-being; **das Wohlstandskind** child growing up in prosperity

wohnen to live; **wohnlich** comfortable, pleasant to live in
der **Wohnsitz** residence, seat
die **Wohnung, –en** dwelling, apartment
die **Wolke, –n** cloud
die **Wolldecke, –n** wool blanket
die **Wonne, –n** pleasure, enthusiasm
das **Wort, ¨er** word; **der Wortlaut** wording, text; **das Wortpaar, –e** word pair; **der Wortschatz** vocabulary; **der Wortwechsel** argument
das **Wörterbuch, ¨er** dictionary
wörtlich literal
wozu why
die **Wunde, –n** wound
wunderbar wonderful; **wundern** to wonder at; **sich wundern** to be surprised; **wundervoll** wonderful
der **Wunsch, ¨e** wish; (**wünschen**)
die **Wurst, ¨e** sausage
wurstig indifferent
die **Wut** fury, anger; **wütend** furious

Z

die **Zahl, –en** number, size; **zahlenmäßig** numerical; **zahllos** countless; **zahlreich** numerous
zahlen to pay; **die Zahlung, –en** payment
zählen to count
der **Zahn, ¨e** tooth; **der Zahnarzt, ¨e** dentist
der **Zank, ¨e** argument
zart fragile, delicate, weak
der **Zauber** magic, spell; **die Zauberei, –en** magic tricks; **zauberhaft** enchanting; **zaubern** to make magic; **der Zauberstab, ¨e** magic wand
z.B. = zum Beispiel for example
die **Zehe, –n** toe
das **Zeichen, –** sign; **die Zeichensprache, –n** pantomime, cipher, sign language
zeichnen to draw, sign, subscribe; **das Zeichnen** drawing, sketching; **der Zeichner, –** sketcher; **die Zeichnung, –en** drawing, sketch
zeigen to show
die **Zeile, –n** line
die **Zeit, –en** time, tense (verb); **eine ganze Zeit** a good while; **der Zeitabstand, ¨e** interval; **das Zeitalter** age, epoch; **zeitlang** a while; **zeitlich** temporal; **der**

Zeitpunkt, –e moment; **der Zeitraum** period
die **Zeitung, –en** newspaper
die **Zelle, –n** cell
das **Zelt, –e** tent
die **Zentralheizung, –en** central heating
zerbrechen* to break into pieces, shatter
zerbeißen* to bite, chew
zerfallen* to fall apart
zerkleinern to reduce to pieces
zerren to pull
zerspringen* to break to pieces, burst
zerstören to destroy; **die Zerstörung, –en** destruction
zerstreuen to disperse, scatter; **zerstreut** absent-minded
der **Zettel, –** scrap of paper, note; **das Zettelchen, –** little scrap of paper, notes
der **Zeuge, –n** witness
das **Zeugnis, –se** report card, grades, testimony
ziehen* to move, pull
das **Ziel, –e** goal, objective
ziemlich rather
die **Zitrone, –n** lemon
zittern to tremble; **zitternd** shivering
der **Zivilist, –en** civilian
zögern to hesitate
zornig angry
zuallererst at the very beginning
der **Zuchthäusler, –** convict
zucken to move with a jerk, shrug
der **Zucker** sugar
zu·decken to cover up
zu·drücken to close by pressure
zu·eilen to hurry toward
zuerst at first
der **Zufall, ¨e** coincidence, chance; **zufällig** accidental; **die Zufälligkeit, –en** unforeseen occurrence
zu·fliegen to fly toward
der **Zufluchtsort, –e** place of refuge
zufrieden satisfied; **die Zufriedenheit** satisfaction
der **Zufrühgekommene, –n** one who comes too early
der **Zug, ¨e** train, procession; **das Zugmaterial** railroad cars
zu·geben* to admit, allow
zugegeben granted, admittedly
zugehörig belonging to
zugleich at the same time
zu·greifen* to seize, help oneself to
das **Zuhause** home
zu·hören to listen to
zu·kehren to turn toward

zu·kommen* to approach, suit, be due

zu·kneifen* to pinch shut, squeeze shut, narrow

zu·knöpfen to button up

die **Zukunft** future; **zukünftig** future

zu·legen to increase; **sich zulegen** to provide or procure for oneself

zuletzt finally, in the end

zuliebe as a favor

zu·machen to close, shut

zumal especially

zumindest at least

die **Zumutung** demand, too great an expectation

zunächst at first

zu·nicken to nod to

zurecht as it ought to be, in good order

sich **zurecht·finden*** to find one's way, to adjust

zu·reden to urge

zurück back, behind

zurück·greifen* to reach back, begin farther back

zurück·halten* to hold back, detain

zurück·kehren to come back, return

zurück·müssen to be obliged to return

zurück·nehmen* to take back, retract

zurück·reichen to reach back, go back (in memory)

zusammen together

die **Zusammenarbeit** cooperation

zusammen·brechen* to collapse

zusammen·bringen* to join, unite, collect

zusammen·fassen to summarize

zusammengeschlossen united

der **Zusammenhang,** ⸚e connection; **zusammen·hängen** to hang together

zusammen·setzen to compose, construct

zusammen·sparen to save up

zusammen·sperren to lock up together

zusammen·stellen to put together

zusammen·stürzen to collapse

das **Zusammentreffen** meeting

zusammen·zucken to shudder

der **Zuschauer,** – spectator; **der Zuschauerraum,** ⸚e hall

zu·schicken to send to

zu·schließen* to close, lock

zu·sehen* to look on, watch, look after

zu·senden* to send to, forward to

zu·schreiben* to attribute to

der **Zustand,** ⸚e condition

zu·stoßen* to happen, befall

zu·strömen to flow or stream toward

zutiefst at the bottom

die **Zuversicht** confidence, conviction

zuvor previously

der **Zuwachs** growth

der **Zuwiderhandelnde,** –n violator

zuwider·laufen* to run counter to

zu·ziehen* to draw together, call in, cause

zwar indeed

der **Zweck,** –e purpose; **zwecklos** aimless; **zweckmäßig** appropriate

zweideutig ambiguous

der **Zweifel,** – doubt, **zweifelhaft** doubtful; **zweifellos** certain; **zweifeln** to doubt

der **Zweig,** –e branch, twig

zweit- und drittrangig second and third rate

der **Zwieback** rusk

zwingen* to compel, force

zwischendurch at times, in between

der **Zwischenpunkt,** –e intermediate point

der **Zwischenraum,** ⸚e gap, interval, space

das **Zwischenspiel** interlude

Index

accusative case, with impersonal constructions 314; prepositions with, Appendix

adjectives, with *alle,* Appendix; with dative 314; participles 358; with suffix *-haft* 199; with suffix *-isch* 319; with suffix *-lich* 362; strong, Appendix; weak, Appendix

adverbs, participles 358–359; with suffix *-ens* 30; with suffix *-erweise* 30

all 243

als, with simple past 27; *als, wenn, wann* 26

auf, with expressions of time 124

commands in indirect discourse 120

compound past, with double infinitives 194–195; passive 150; strong verbs, Appendix

conditional, with *als ob* 77; conditions contrary to fact 77; polite expressions 77; wishes 77

da(r), anticipatory 359

daß, clause preceded by *da(r)* 359; clause preceded by *es* 315

dative, with adjectives 314; dative object in passive voice 151; impersonal constructions 314–315; prepositions with, Appendix; prepositions with dative or accusative, Appendix; with verbs 314

dennoch 363

doch 81–82; 363

durch, agent of action in passive 152

dürfen, subjective use 275

eben 200–201

einfach 282

-ens 30

erst 320

-erweise 30

es, anticipator of infinitive phrase with *daß-* clause 315; impersonal construction 314–315; sentence starter 315

expressions of time 124

für, with expressions of time 124

future time 25; conditional 118; passive 150; subjunctive 118, 120

ganz 243

genitive, with prepositions, Appendix

gerade 201

-haft 199

impersonal constructions, with accusative and dative 314–315

indirect discourse, with alternate subjunctive 119–120; with regular subjunctive 118–120

infinitives, dependent 194–195; double, with modals 194–195; double, with *sehen, hören, lassen* 194; with phrase preceded by *da(r)* 359; with phrase preceded by *es* 315; *sein + zu +* infinitive as substitute for passive 238

irgend- 155

-isch 319

können, subjunctive use 275

lassen, with dependent infinitive 194; with double infinitive 195; *sich lassen* as substitute for passive 237

-lich 362

man, as substitute for passive 237

mehr 82

miß- 242

mit, as agent of action with passive 152

modal auxiliaries, double infinitive 194–195; objective use in present and past time 274–275; passive 151; with simple past 25; subjective use 275

mögen, subjective use 276

müssen, subjective use 275

noch 81

nouns, participles 358; with suffix *-schaft* 200; with suffix *-ung* 80

nur 320

objective use of modals 274–275

obwohl 363

participles, adjectives 358; adverbs 359; extended participial constructions 358; with *kommen* or *bekommen* 358–359; nouns 358; past 358–359; present 358

passive voice, actional passive 237; agents of action 151–152; compound past 150; dative objects 151; *durch* 152; *es* 151; future 151; impersonal 151; *mit* 152; modals 151; past perfect 150; present time 150; simple past 150; statal passive 237; substitutes 237–238; *von* 151

Photographs

p. **2–3,** Meier-Ude, Bavaria-Verlag; p. **14,** Bildagentur Mauritius; p. **22,** Robert Rapelye, Photography International; p. **36–37,** David Asgard; p. **46,** David Asgard; p. **53,** Max Jacoby; p. **61,** Robert Rapelye, Photography International; p. **68,** Rudi Otto, Bavaria Verlag; p. **84–85,** Reichmann, Monkmeyer; p. **101,** Henri Cartier-Bresson, Magnum; p. **112,** Patricia Hollander Gross, Stock, Boston; p. **128–129,** Paul Arnaud; p. **135,** Spitzkatz, Anthony Verlag; p. **154,** Robert Rapelye, Photography International; p. **160–161,** Planet News Ltd., Black Star; p. **166,** Ewald Gnilka, Black Star; p. **176,** Leonard Freed, Magnum; p. **185,** Patricia Hollander Gross, Stock, Boston; p. **192,** Photo courtesy of Galerie St. Etienne, New York; p. **204–205,** Leonard Freed, Magnum; p. **211,** Robert Rapelye, Photography International; p. **221,** Erich Lessing, Magnum; p. **230,** Robert Rapelye, Photography International; p. **241,** Henri Cartier-Bresson, Magnum; p. **248–249,** Roger Malloch, Magnum; p. **269,** Eastfoto; p. **279,** Eastfoto; p. **286–287,** David Asgard; p. **297,** Lopez & Medino, Rapho Guillumette; p. **316,** Robert Rapelye, Photography International; p. **324–325,** Jäger, Ffm.; p. **332,** Graphische Sammlung, Albertina, Vienna; p. **341,** D. Hauswald, Dieter Hauswald & Otmar Heckenroth; p. **352,** Robert Rapelye, Photography International; p. **368–369,** Keystone.